Heinz Kotte • Rüdiger Siebert

Der Traum von Angkor

Vietnam • Kambodscha • Laos

HORLEMANN

Die Deutsche Bibliothek – CIP-Einheitsaufnahme
Für diese Publikation ist ein Titeldatensatz der
Der Deutschen Bibliothek erhältlich

Umschlaggestaltung: Karl Debus, Bonn
Titelmontage unter Verwendung von
Angkor- und Mekong-Bildmotiven.

Bitte fordern Sie unser aktuelles Gesamtverzeichnis an:
Horlemann Verlag • Postfach 1307 • 53583 Bad Honnef
Telefax (0 22 24) 54 29 • e-mail: info@horlemann-verlag.de
Internet: http://www.horlemann-verlag.de

Gedruckt in Deutschland

2 3 4 5 | 02 01

Inhaltsverzeichnis

Vorwort

Scherben im Reisfeld

Grenzbereiche

Gewalt

Hoffnung

Das große Finale

Anhang

LAOS
Angkor
Battambang
Siem Reap
Tonle Sap-See
Stoung
KAMBODSCHA
Kompong Thom
Kampong Chhnang
Tonle Sap
Mekong
Kompong Cham
Udong
Phnom Penh
VIETNAM
Svay Rieng
Moc Bai
Chau Doc
Saigon
(Ho-Chi-Minh-Stadt)
Cao Lanh
Long Xuyen
Sa Dec
My Tho
Rach Gia
Vinh Long
Ben Tre
Can Tho
Vi Thanh
Tra Vinh
Long My
Soc Trang
U Minh
Ca Mau
Bac Lieu
Song Doc
Gia Rai
100 km
Nam Can
© Horlemann

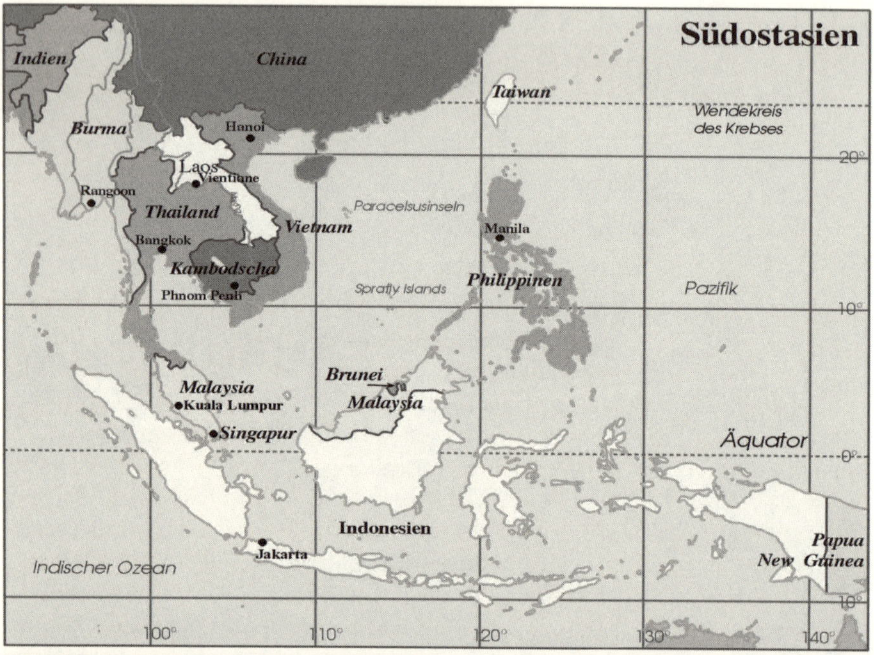
Südostasien
Indien
China
Taiwan
Wendekreis des Krebses
Burma
Hanoi
Laos
Vientiane
Rangoon
Thailand
Paracelsusinseln
Vietnam
Manila
Bangkok
Kambodscha
Phnom Penh
Spratly Islands
Philippinen
Pazifik
Brunei
Malaysia
Kuala Lumpur
Malaysia
Singapur
Äquator
Indonesien
Jakarta
Indischer Ozean
Papua New Guinea
20°
10°
0°
10°
100°
110°
120°
130°
140°

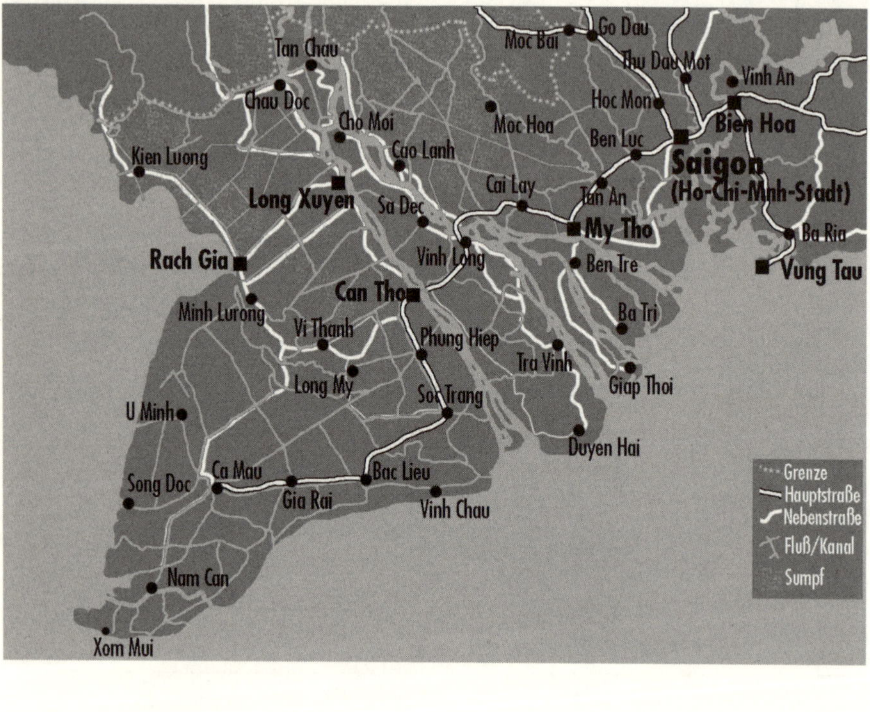
Go Dau
Moc Bai
Tan Chau
Thu Dau Mot
Vinh An
Chau Doc
Hoc Mon
Cho Moi
Moc Hoa
Bien Hoa
Ben Luc
Kien Luong
Cao Lanh
Saigon
(Ho-Chi-Minh-Stadt)
Cai Lay
Long Xuyen
Tan An
Sa Dec
My Tho
Ba Ria
Rach Gia
Vinh Long
Ben Tre
Vung Tau
Can Tho
Minh Luong
Ba Tri
Vi Thanh
Phung Hiep
Tra Vinh
Giap Thoi
Long My
Soc Trang
U Minh
Duyen Hai
Ca Mau
Bac Lieu
Song Doc
Gia Rai
Vinh Chau
Nam Can
Xom Mui
Grenze
Hauptstraße
Nebenstraße
Fluß/Kanal
Sumpf

Die Zukunft liegt vor uns, Genossen

Von Erhard Haubold*

Es ist gerade zwanzig Jahre her, da war ein Journalisten-Visum für Vietnam nur nach Fürsprache des (längst verstorbenen) Außenministers Nguyen Co Thach zu bekommen. Für das von Hanois „bo doi" gerade „befreite" Kambodscha dagegen genügte ein Telegramm Hor Nam Hongs, später Außenminister und Botschafter in Moskau ("Welcome at Pochentong Airport"). Die Schwierigkeiten begannen später, nach der Ankunft in Phnom Penh. Da mußte auf dem Flughafen in Windeseile ein Uniformierter, der weder Englisch noch Französisch sprach (und die „deutschen" Khmer aus der DDR waren noch nicht einmal abgefahren) dazu gebracht werden, einen Stempel in den Pass zu drücken: „Sonst nehme ich dich mit zurück", hatte der Kapitän des gecharterten Hilfsflugzeugs gedroht, der von Singapur aus gestartet war und, eine besondere Schikane des Kommunistenhassers Lee Kuan Yew, die dringend benötigten Lebens- und Arzneimittel nicht direkt über Malaysia und den Golf von Siam nach Kambodscha fliegen durfte, sondern den Umweg über Saigon nehmen und dort auch noch tanken mußte. Kolossales Glück hatte, wer gleich in Pochentong auf eine junge Amerikanerin namens Eva Mysliwiec stieß. Sie arbeitete für die Quäker, hatte einen Jeep und konnte helfen, eines der begehrten Zimmer im „Monorom" zu bekommen, die einzige Bleibe für einen ausländischen Besucher, wenn er nicht in eine der verwahrlosten Villen ziehen wollte, die Pol Pots Rote Khmer vor dem Einmarsch der Vietnamesen fluchtartig verlassen hatten, so schnell, daß Außenminister Ieng Sary angeblich nicht einmal seine Sandalen mitnehmen konnte und bis zur thailändischen Grenze barfuß laufen mußte. Solche Geschichten und manch andere erfuhr man im fünften Stock des „Monorom", der zu Fuß erstiegen werden mußte (Strom und Wasser gab es nur wenige Stunden am Tag), dafür aber immerhin ein Frühstück mit Baguette und Papaya verhieß. Dort oben, mit einem Blick auf die halbzerstörte Stadt, den Bahnhof und den großen Fluß, konnte man William Shawcross („Sideshow: Kissinger, Nixon and the Destruction of Cambodia") treffen; oder Wilfred Burchett, den in seiner australischen Heimat wenig geliebten, angeblichen „fellow traveller" (er reiste mit einem kubanischen Paß), dessen persönliche Kontakte mit Ho Chi Minh und General Giap bis ins Jahr 1954 zurückreichten. Alt und gebrechlich wirkend, ließ er sich, ein nimmermüder Raconteur, von jungen französischen Ärzten, die

* *Erhard Haubold ist langjähriger Asien-Korrespondent der Frankfurter Allgemeine Zeitung und intimer Kenner der Region.*

mit einer Delegation der Zeitung „Humanité“ gekommen waren, Arznei in Augen und Ohren träufeln.

Im nahegelegenen „Samaki“, das heute wieder „Hotel Royal“ heißt, zur Raffles-Gruppe gehört und Wahnsinnspreise für seine Zimmer nimmt, hatte der laotische Botschafter den Einmarsch der Vietnamesen schlafend überstanden. Was an einen Ausspruch Henry Kissingers erinnert, der in Laos keinen Staat, sondern einen Zustand sehen wollte. Auskunftspersonen waren damals nur schwer zu finden. In der Regierung Pen Sovans (der bald in einem vietnamesischen Gefängnis verschwinden sollte) wurde, auch aus Ängstlichkeit, stalinistisch gemauert; die Vertreter der UN-Organisationen bevorzugten „committed journalists“, und den belgischen Pater, der im „Samaki“ einen kleinen Hilfsdienst betrieb, Khmer sprach und ein einigermaßen realistisches Bild der Lage zeichnen konnte, hatte die Polizei bald, mit Armen und Beinen strampelnd, zum Abflug nach Pochentong transportiert. Ausnahmen waren, neben der verdienten Eva Mysliwiec (die immer noch im Lande ist), der damalige Landwirtschaftsminister Kom Som Ol, der Journalist (und heutige Regierungssprecher) Khieu Khanharit und der (mehrmalige) DDR-Botschafter Rolf Dach, der nichts dabei fand, einen „kapitalistischen“ Journalisten in die Geheimnisse des Khmer-Sozialismus einzuführen und ihm auch noch Radeberger Pils aufzuwarten. Er sitzt heute als Frühpensionär in Berlin-Marzahn und hätte einem wißbegierigen Regierungchef Hun Sen doch so viel zu erzählen über das Ende des Sozialismus im Osten Deutschlands.

Auf ein Telefongespräch nach Deutschland wartete man damals drei Tage, die einzige Leitung ging über Moskau, und das war den Geheimdiensten ganz recht so. Heute klingeln in Phnom Penh die Handys, und in Vietnam trifft man junge westliche Touristen, die das einstmals so unzugängliche Land von Süd nach Nord mit dem Motorrad durchquert haben. Aber wissen wir deshalb mehr über Indochina? Das Interesse der politischen Klasse im Westen ist bemerkenswert gering. Vor den letzten, immerhin „demokratischen“ und von der Europäischen Union mitfinanzierten Wahlen in Kambodscha war der deutsche Botschafter sieben Wochen auf Heimaturlaub gegangen. Und an westlichen Universitäten ist in den letzten zehn Jahren kaum ein bemerkenswertes Buch produziert worden. Um so begrüßenswerter ist die hier vorliegende Arbeit der Kollegen Kotte und Siebert.

Freilich, an revolutionärem Glanz hatte Vietnam schon vor dem Ende von Totalitarismen und Welterlösungslehren verloren. Während die Achtundsechziger noch „Ho, Ho, Ho Chi Minh“ riefen, distanzierten sich führende europäische Intellektuelle schon zehn Jahre später von ihrem einstigen Ideal: Rund eine Million von siegreichen Kommunisten auf die gefährliche Reise getriebene „boat people“, die meisten ethnische Chinesen, gaben Stoff zum Nachdenken. Sartre unterstützte die Hilfsaktion „Ein Boot für Vietnam“, zu deren Förderern auch Aaron, de Beauvoir, Bukowski, Glucksman, Ionesco und Revel gehörten. Ein glühender Verehrer Ho Chi Minhs, Jean Lacouture, gestand seinen „Irrtum“ ein. Und Olivier Todd schrieb im „L'Express“ vom vietnamesischen

Gulag. In Deutschland und in Schweden dauerte es etwas länger, wie Ha Van Duong vom Bund der freien vietnamesischen Studenten in der Bundesrepublik Anfang 1979 in einem Leserbrief an die Frankfurter Allgemeine Zeitung klagte. „Frau Ranke-Heinemann ... und Heinrich Böll zum Beispiel sehen sich nicht einmal dazu veranlaßt, eine Stellungnahme über Vietnam-Flüchtlinge abzugeben."

Nur in Amerika, das dort schließlich seinen ersten Krieg verloren hat, bleibt Indochina „ein Argument ohne Ende", so Douglas Pike in der „Indochina Chronology". Das Streitgespräch zwischen Robert McNamara und General Vo Ngyuen Giap habe gezeigt, daß der ehemalige Verteidigungsminister die Vietnamesen und ihre Kultur auch heute noch nicht verstanden habe. Einen neuen, menschlicheren Ton hat Pete Peterson, der amerikanische Botschafter, in die Debatte gebracht. Er war lange Jahre ein Kriegsgefangener der Vietnamesen, saß zusammen mit John McCain, dem möglichen Präsidentschaftskandidaten der Republikaner, im „Hanoi-Hilton" ein. Während Washington in Indochina noch immer nach den Gebeinen seiner knapp dreitausend vermißten Soldaten graben läßt – die Vietnamesen wollen nicht einmal die Zahl ihrer Toten (drei Millionen?) und Vermißten (dreihunderttausend?) nennen –, drängt es in Kambodscha darauf, daß die überlebenden Henkersknechte Pol Pots, allen voran Leute wie Ieng Sary und Ta Mok, vor ein internationales Tribunal gestellt werden. Das finden manche Khmer als eine Missachtung der nationalen Souveränität, die nach zwei vom Westen mit mehr als zwei Milliarden Dollar finanzierten „demokratischen" Wahlen doch einigermaßen gewachsen sei. Zum ersten Mal in dreißig Jahren genieße Kambodscha, auch dank des wie immer faulen Amnestie-Kompromisses Huns Sens mit den ehemaligen Roten Khmer, eine Periode des Friedens und der politischen Stabilität. Und erinnert wird auch daran, daß die Verbrecher, die einen Genozid mit mehr als einer Million Toter auf dem Gewissen haben, von Amerika und den Asean-Ländern mehr als ein Jahrzehnt lang mit Geld und Waffen unterstützt wurden: Um das vietnamesische Marionettenregime in Phnom Penh zu bestrafen, wurde ihm jede direkte westliche Hilfe verweigert, wurde der Platz Kambodschas bei den Vereinten Nationen für den Vertreter des Pol-Pot-Regimes freigehalten.

Seit sich die Domino-Theorie als Schimäre herausgestellt hat und der Kalte Krieg zu Ende ist, hat der Westen noch weniger Interesse an Vietnam, das jetzt wie ein ganz normales, armes Entwicklungsland behandelt wird. Und keiner redet mehr von den Hegemonie-Plänen Hanois für eine Indochina-Föderation. Denn am Anfang des dritten Millenniums zählt nicht Ideologie oder militärische Macht, sondern allein die wirtschaftliche Kraft. Und da halten sich die Laoten doch lieber an Thailand und die Khmer an Singapur oder Malaysia – und an China, jenen Altfeind, den Hanoi doch so gerne vor der Tür gehalten hätte. In mancherlei Hinsicht ist Vietnam eine „verspätete Nation". Es hat länger und mit einem kolossalen Blutzoll um die Unabhängigkeit kämpfen müssen als andere ehemalige Kolonialländer. Und es wird jetzt, eines von nur mehr fünf sozialistischen Ländern auf der Welt, von einer Partei und von Männern geführt, denen es deutlich an Visionen gebricht. Während „doi moi eins", der Umbau der Wirtschaft und die Einführung des „Marktsozialismus" von 1986 an ein großer Erfolg war (Abzug aus Kambodscha, Reorientierung der völlig von der Sowjetunion abhängigen Wirtschaft, Beitritt zur „kapitalistischen" Asean-Gemeinschaft), stagniert „doi moi zwei", weil von einer geistigen Verjüngung der Parteispitze auch nach der Ernennung des gelernten Soldaten Le Kha Phieu zum Generalsekretär keine Rede sein kann. Er hat Altvordere wie Do Muoi und Vo Van Kiet als Einflüsterer hinter sich; er muß auf „konservative" Genossen hören, denen die Asien-Krise, allgemein als „Taifun Nummer vier" bezeichnet, Auftrieb gegeben hat. Immer und ewig wird darüber diskutiert, mit wieviel an politischer Öffnung, gar an demokratischer Evolution (immer noch ein Unwort) für die nächste wirtschaftliche Reform zu bezahlen sei. Der Zusammenbruch der Sowjetunion, der DDR und der Suharto-Diktatur in Indonesien malen „bat an", das Gespenst der Instabilität an die Wand, den Legitimitätsverlust der Partei. Der doch, sagen die „Reformer", am besten dadurch aufzuhalten wäre, daß der ungemein niedrige Lebensstandard einer Bevölkerung von achtzig Millionen Menschen, die immer noch mit rund 300 Dollar pro Kopf im Jahr auskommen muß, allmählich angehoben wird.

Es geht um die Privatisierung von rund sechstausend, oft maroden und hochverschuldeten Staatsbetrieben, die Umstrukturierung eines korrupten und ineffizienten Bankensystems und die Reform der Handelspolitik, von denen die Weltbank und die übrige westliche Gebergemeinschaft weitere Hilfe abhängig machen. Aber da stehen tausende von Arbeitsplätzen und die Interessen „verdienter" Parteimitglieder auf Dorf-, Provinz- und nationaler Ebene auf dem Spiel. Ein freier Markt und mehr Privatwirtschaft unterminieren die Macht der Partei, und viele ihrer Funktionäre finden den status quo weniger bedrohlich. Nicht nur sie haben ein ausgeprägtes Geschichtsbewusstsein. Die Angst vor ausländischer Einmischung sitzt tief, die militärische Intervention der NATO im Kosovo wird immer wieder thematisiert und die Bauernaufstände in der Provinz Thai Binh und anderswo (1997 und 1998) sind nicht vergessen. Für viele „Kader" gilt deshalb die Maxime, „Sicherung der internen Stabilität und der Einheit der Partei, Bewahrung der kulturellen und anderen Werte Vietnams angesichts der vordringenden Kräften der Globalisierung." (Carlyle Thayer). Das aber könnte bedeuten, daß Vietnam gegenüber seinen Nachbarn, die gerade dabei sind, die Asien-Krise zu überwinden, weiter zurückfällt. Als nachteilig erweisen sich kollektive Führung und Konsens-Prinzip auf allen Entscheidungsebenen und die damit verbundene Risikoscheu. Dazu kommt ein empfindlicher, angesichts der vielen Demütigungen durch ausländische Mächte aber verständlicher Nationalismus. Es fehlen, was China hatte und hat: ein Deng Xiaoping und eine große, wohlhabende Gemeinde von Auslandsvietnamesen.

Vietnam stehe zwischen zwei Welten, die eine bereits tot, während die andere sich weigere, geboren zu werden, meint Douglas Pike, der Herausgeber der „Indochina Chronology". Und er erinnert an einen ehemaligen Parteichef, der die Seinen mit dem Schlachtruf „Die Zukunft liegt vor uns, Genossen", in den Alltag zurückschickte. Nicht viel geistreicher, nicht viel inspiriender war die Rede Le Kha Phieus zum Beginn des neuen Jahrtausends. Anstatt und mit Stolz an den Frieden nach beinahe hundert Jahren der Kämpfe gegen Frankreich, Amerika und China zu erinnern, erklärte er die „Verteidigung der nationalen Unabhängigkeit und den Aufbau des Sozialismus im nächsten Jahrhundert" zu den Prioritäten. Das wird weder die jungen Menschen, von denen in jedem Jahr mindestens 1,3 Millionen auf einen bereits überfüllten Arbeitsmarkt drängen, noch ihre Eltern von den Stühlen reißen, die sich die zunehmend privatisierte Gesundheitsfürsorge nicht mehr leisten können und überall auf eine endemische Korruption stoßen. Die Armutslücke wächst und viele stellen fest, daß in ihrem Sozialismus nurmehr die Reichen Zugang zu den besten Schulen, Universitäten und Krankenhäusern haben. Wenn das Ho Chi Minh wüßte, immer noch der unbefleckte Held der Revolution, der stolz auf die Schule, auf die Krankenstation noch im kleinsten aller Dörfer war, und dessen einstiger Mitstreiter Pham Van Dong, einer der letzten noch lebenden, der 33 Jahre lang Ministerpräsident war, immer wieder einmal eine scharfe Attacke gegen Korruption und Machtmißbrauch reitet und sie als Bedrohung des Einparteienstaats bezeichnet. Über neunzig Jahre alt, blind und kränklich, hat Pham Van Dong auch die Behauptung seiner Nachfolger, daß „siebzig bis achtzig Prozent" der 2,3 Millionen Parteimitglieder „sauber" seien, ins Reich der Fabel verwiesen.

„Die Partei ist wie eine große Kiste. Beeindruckend von außen und mit einem guten Klang, wenn du hinklopfst. Aber wenn du den Deckel aufmachst, wirst du sehen, daß nichts drin ist." So zitiert Robert Templer, dem mit „Shadows and Wind" das beste Vietnam-Buch in Jahren gelungen ist, einen einfachen Bürger Hanois während des Parteikongresses im Juni 1996. Während Carlyle Thayer für 1998 über hunderttausend neue Parteimitglieder ausmacht, von denen wiederum mehr als die Hälfte jünger als dreißig Jahre sei, bezeichnet Templer (und mit ihm Pike und viele einheimische Beobachter) die Gleichgültigkeit der jüngeren Generation als die langfristig größte Bedrohung der Partei. Nach seiner Berechnung dominieren die Rentner, machen die Unter-Dreißigjährigen sechzig Prozent der Bevölkerung, aber nur knapp zwölf Prozent der Parteimitglieder aus. Tendenz sinkend, fügen Beobachter in Hanoi und Hoville (Saigon) an. Denn ein junger Mensch braucht die Partei nicht mehr, um im Leben, im Beruf voranzukommen. Sie gehört den Alten, die ihren Machtanspruch damit begründen, daß sie „schließlich den Krieg gewonnen" haben. Nach dreißig Jahren des Kampfes fordern sie ein wenig Wohlstand ein, teilen sich mit zwei oder drei anderen Familien eines der Häuser in Saigon, aus dem sie, aus dem Dschungel kommend, die Eigner vertrieben haben. Jede Fraktion paßt auf, daß sie und nicht eine andere von einer politischen Maßnahme, einem Geschäft profitiert. Das ist lähmende sozialistische Zivilisation, von der rasche Reformen nicht zu erwarten sind. Es gibt keine politische Diskussion, keine Vorausplanung, die Partei reagiert auf das jeweils letzte Ereignis. Wenn sie so weitermacht, wird es sie in zwanzig Jahren nicht mehr geben.

Weil nämlich die junge Generation Computer haben, Englisch lernen und schicke Partys feiern möchte. Die Großmutter, die für den Vietcong Munitionskisten geschleppt hat, der Onkel, der an der Seite der Amerikaner kämpfte und dafür Jahre im Umerziehungslager saß – sie sind für dies „kids“ nurmehr Nostalgie. Ihre Ansprüche an die Regierung (und damit an die Kommunistische Partei) werden wachsen, der „Schutz“, den dreißig Jahre Indochinakrieg den Kadern gewährt haben, ist zu Ende, jetzt dringt die moderne Welt herein: Bevölkerungswachstum, Reisversorgung, Ökologie des Mekong-Deltas, Brücken, Staudämme und Kraftwerke an einem der größten Flüsse der Welt, Abholzung der Wälder, Fortschrittsgläubigkeit gegen Umweltschutz – so lauten einige der Fragen, die in Hanoi und Phnom Penh diskutiert werden müssen.

Heinz Kotte und Rüdiger Siebert gehen ihnen auf den folgenden Seiten in einer Reihe von Reportagen mit solidem historischen Hintergrund nach. Sie erinnern an das große kulturelle Erbe Indochinas, die Verbindungen nach Indien im Westen, China im Osten und mit der malaiischen Welt im Süden. Sie schreiben über die verfolgten Minderheiten, etwa die Khmer Krom im Süden Vietnams, über die Opfer (in der dritten Generation) des von Amerika versprühten Entlaubungsmittels Agent Orange, über die neuen Rollen der buddhistischen und der christlichen Kirchen in einem weniger der Xenophobie verfallenen Sozialismus. Sie zeichnen das Wunder von Angkor, aber auch das verlorene Gedächtnis mancher in Kambodscha, die den Genozid der Roten Khmer überlebt haben. Und sie entlassen den Leser ihrer hervorragend recherchierten Geschichte mit ein paar Gedanken an die Zukunft, an einen vielleicht einmal blühenden Kern Südostasiens entlang des mächtigen Mekong von Burma über Thailand, Vietnam und Kambodscha bis nach Laos.

Scherben im Reisfeld

Wo Asien endet und beginnt

Das Tragflächenboot der „Greenline" gewinnt an Tempo, schlägt ab und zu mit hundertfacher PS-Wucht hart aufs Wasser und zieht dann halb schwebend, halb schwimmend an Frachtern, Schleppern und Kränen vorbei hinein in den Saigon-Fluß. Ein kraftvoller Aufbruch und verheißungsvoller Vorstoß in den südlichsten Zipfel Vietnams. Hinein in die Ebene des Wassers, aus der eine der monumentalsten Kulturen Asiens erwuchs, die Kultur der Khmer. Ihren Ursprüngen wollen wir folgen, ihren Aufstieg und Niedergang lokalisieren, dem Geist nachspüren, der ein einzigartiges Zeugnis menschlicher Möglichkeiten schuf. Der Besuch der Tempelanlagen von Angkor im Norden Kambodschas wäre unvollständig, ohne den Anfängen an den Küsten des Mekong-Deltas nachgegangen zu sein. Hier unten in der Fruchtbarkeit, die der gewaltige Strom aus dem Innern Asiens anlandet, wurden die Keime gelegt, die schließlich in einem Panorama von zwei Jahrtausenden aufblühten zum Erbe der Menschheit.

Saigon bleibt zurück. Vietnams widerspruchsvolle Mischung aus Kommunismus und Kapitalismus ragt vor allem hier bereits wolkenkratzend in den Himmel. Saigon, offiziell Ho-Chi-Minh-City genannt, gibt sich alle Mühe, den großen Schwestern Hongkong, Bangkok und Kuala Lumpur nachzueifern. Die neue Silhouette der Bürohochhäuser, Banken und Hotels fällt einem besonders auf, wenn sie langsam als Totale vermeintlichen Fortschritts hinter den gewundenen Ufern schrumpft und schließlich verschwindet.

Wir tauchen ein in die amphibische Welt des Mekong-Deltas. Neben dem Amazonas-Bekken und dem Schwemmland des südlichen Bangladesh gehört es zu den großartigsten Mündungslandschaften der Welt. „Fluß der neun Drachen" – Song Cuu Long – werden die weitverzweigten, sich immer wieder teilenden Ströme des Mekong genannt, der sich hier, nahezu 5.000 Kilometer von der Quelle in Tibet entfernt, in das Südchinesische Meer ergießt. Die weite Ebene so groß wie die Niederlande ist das Werk des Mekong, geformt und geschaffen aus den in Jahrmillionen mitgeführten Ablagerungen des asiatischen Festlandes, das der Strom in China, Burma, Laos, Thailand und Kambodscha durchzieht, ehe er das Meer erreicht als Vollendung majestätischer Größe. Diesen Eindruck vermittelt schon der Rundumblick vom Schnellboot aus, das im Bug wie das Cockpit eines Flugzeuges wirkt. Der Mekong, der da unaufgeregt und in wunderbarem Gleichmaß dahinströmt, streckenweise die Ausmaße von Binnenseen erreicht und in ein verästeltes Labyrinth von Kanälen einbezogen ist, strahlt die zeitlose Ruhe einer durch nichts zu störenden Persönlichkeit aus.

Man kann mit dem Bus oder dem Auto von Saigon ins Mekong-Delta fahren. Die Landstraßen werden immer mehr erschlossen. Bei Vinh Long entstand gerade die erste gigantische Brücke über den nördlichen, oberen Mekong-Arm, 1.500 Meter lang. Die klapprigen Busse, für die es den Zustand „überfüllt" nicht gibt, weil sich immer noch ein paar Menschen hineinzwängen können, sind für manche Strecken unvermeidlich geworden; auf vielen Flußläufen pendeln keine regelmäßig verkehrenden Fährboote mehr, wie das vor Jahren noch der Fall war.

Eine Rundreise durchs gesamte Delta ist kaum möglich. Das Netz der Fluß- und Landwege zwingt immer wieder zu Hin- und Rückfahrten, durch Fähren bedingt, von Busrouten vorgezeichnet. Gelegentlich läßt sich ein abkürzender Pfad durch Reisfelder oder zwischen zwei Kanälen finden, der auf dem Rücksitz einer mit Fahrer gemieteten Honda zurückgelegt wird. Wir gewinnen zwei grundverschiedene Eindrücke, je nachdem ob sich uns die Delta-Landschaft von der Straße oder vom Wasser her erschließt. Naturgemäß liegt der Reiz der Reise darin, den Mekong und seine Mündung aus der Schiffsperspektive zu erleben. Alles, was da schwimmt und tuckert und paddelt, werden wir in den folgenden Wochen ausprobieren.

Mit dem allmorgendlich von Saigons Flußhafen startenden Tragflächen-Flitzer der „Greenline" dringen wir ebenso elegant wie bequem ins Delta ein. Erwartungsvolle Spannung. Aus den Bordlautsprechern plätschert sanfte Unterhaltungsmusik. Die wegen der Geschwindigkeit nicht zu öffnenden Fenster schaffen Distanz. Wir haben das Gefühl, in einem dreidimensionalen Kulturfilm zu sitzen. Rasch wechselnde Bilder. An den Ufern stehen Palmen Spalier wie ein endloses Empfangskomitee. Dörfer mit Stelzenhäusern rauschen vorbei. Wir überholen dickbauchige Reisschiffe, deren hochgezogene Bretterwände goldgelbe Berge stützen. Von den entgegenkommenden Booten blicken uns die schwarz-weißen Augen auf rotem Grund an, die jedem der hölzernen Wasserfahrzeuge an den Bug gemalt sind. Starr der Blick, die Mekong-Geister beschwörend. Die Augen haben Kriege und wechselnde Regime überdauert. Der bodenständige Glaube in ihre beschützende Kraft ist stärker als Ideologien und Dogmen weithergekommener Herren. In den Augen der Boote ruht das Vertrauen der Fahrensleute auf den Beistand jenseitiger Mächte. Beim ständigen Unterwegssein haben die Augen etwas merkwürdig Beharrendes. Es ist, als sei jedes der Schiffe ein lebendes Wesen, das seinen Kurs fixiert und Übel abwehrt und in die Ferne schaut. Bei vielen der schnurgeraden Kanäle reicht sie bis zum Horizont, wo ein solcher Wasserlauf direkt in den Himmel fließt.

Nach zwei Stunden steigen wir in My Tho aus. Im Nu ist das Tragflächenboot den Blicken entschwunden, seinem Ziel Can Tho zueilend, im Herzen des Deltas gelegen. My Tho ist Provinzhauptstadt, von Kanälen umarmt; der Markt zieht sich am Ufer entlang, wo luftige Restaurants zum Fischessen einladen. Vom Balkon eines der mehrstöckigen Hotels älterer Bauart, leider schon ziemlich verkommen, öffnet sich ein phantastischer Fernblick über niedrige Häuser, vorbeituckernde, wellenschlagende Boote, die Türme einer Kirche und das Gewirr der Menschen, Fahrräder, Lastkarren auf den engen Straßen. Der immer wieder erneuerte Eindruck im Mekong-Delta drängt sich hier erstmals in aller die Sinne packenden Intensität auf, die Erkenntnis der alten Griechen illustrierend: „panta rhei", alles fließt, ist in Bewegung, unterwegs. Das Leben auf den Flüssen als eine endlose Szenenfolge. Mit der Kamera werden Momente festgehalten; doch nichts bleibt, und ständig wechseln auf den Gewässern die Motive.
Bei My Tho setzen die Autofähren über den Mekong-Arm über, der Cua Dai heißt; die mit Freizeitanlagen und Restaurants ausgestattete Kokosnuß-Insel Con Phung zur Rechten, die durch einen asketischen Mönch berühmt und vom Tourismus vermarktet wurde. Ein paar Kilometer Landstraße, dann ist Ben Tre erreicht, am Mekong-Seitenfluß Ham Luong gelegen und als die Delta-Stadt in die Geschichte des Vietnamkrieges eingegangen, die den Amerikanern und ihren südvietnamesischen Verbündeten besonders erbitterten Widerstand leistete. Ein gigantisches Denkmal am Ortseingang erinnert daran. Geschichte? Nicht nur. Die bettelnden Veteranen am Straßenrand, beinamputiert, einarmig, zeigen sichtbar die Blessuren der Überlebenden. Von seelischen Wunden ist erst bei Gesprächen zu erfahren. In den Dörfern draußen zwischen den Reisfeldern werden noch heute Kinder mit Mißbildungen geboren. Spätfolgen der Entlaubungsflüge, bei denen Agent Orange gesprüht wurde, um den Vietcong die Verstecke zu zerstören. Unter den Folgen leidet bereits die dritte Generation. Das Mekong-Delta hat viele Geschichten. Wir werden sie erfahren, unerbittlich, bedrängend. Wir dringen ein in die Region unermeßlichen Leidens. Der Sonnenaufgang des neuen Tages, der die Hotelveranda in Ben Tre zum Logenplatz eines atemberaubenden Naturschaupiels werden läßt, überstrahlt blutrot die Vergangenheit, der wir unausweichlich nahekommen werden.
Vom Markt aus fahren die robusten Fährschiffe ab, die Menschen und Frachten transportieren. Wir brechen nach Tra Vinh auf und sind von den Morgenstunden bis zum Nachmittag unterwegs auf verschlungenen Wasserwegen, die den Ortsunkundigen an seinem Orientierungssinn zweifeln lassen. Das Bootsdach bietet sich als Beobachtungsposten an. Die Kanäle sind von dichten Kokospalm-Wäldern gesäumt. Schiffe sind vollbeladen mit den Nüssen. Immer wieder legt die Fähre an, behäbig wie ein Arbeitselefant. Dort steigt an alter Mann aus, hier eine Gruppe von Schülern zu. Auf einem langen schmalen Boot fährt eine ganze Hochzeitsgesellschaft vorbei, die Frauen in knallbunten Ao Dais, den wehenden, luftigen Hosenanzügen vietnamesischer Tradition. Es ist ein freundlicher Farbtupfer in der vom dunklen Grün der Palmen, dem Himmelsblau und dem lehmigen Gelb des Wassers bestimmten Flußlandschaft. Unser Winken wird erwidert.

Aus solcher Natur zwischen Festem und Fließenden kommend, überrascht eine Stadt wie Tra Vinh. Modern die Häuser. Die Markthalle mit dem Porträt des Onkel Ho über dem Portal ist geschäftiges Handelszentrum. In den Straßen das unaufhörliche Gedröhn der Hondas, der Motorräder made in Japan, die zum Markenzeichen des konsumorientierten Vietnam geworden sind. Die Städte im Delta zeigen es: Das ist eine Boom-Region.

In Tra Vinh und weiter südlich in Soc Trang sind die buddhistischen Pagoden der Khmer die malerischen Sehenswürdigkeiten. Hochgezogen die geschwungenen Dächer, prächtig bemalt die Innenräume mit märchenhaften Szenen buddhistischer Legenden und Frömmigkeit. Nach Jahren der Diskriminierung ist Klosterleben wieder erlaubt. Wir kommen mit jungen Mönchen ins Gespräch und staunen über deren Englisch und ihr freundliches Entgegenkommen, mit den Fremden zu reden. Sie erzählen von ihrem Studium der alten Schriften in Pali und nennen ihre Muttersprache Khmer, ganz so wie im benachbarten Kambodscha. Hier wie dort sind die Mönche ins leuchtende Orange ihrer Gewänder gehüllt.

Die Mönche und ihre Familien gehören zu der Minderheit im Delta, die sich als Khmer des Unterlandes – „Khmer Krom“ – bezeichnen, und gewissermaßen die Nachfahren des alten Kambodscha sind, das im fruchtbaren Schwemmland des Mekong vor zwei Jahrtausenden seine kulturellen Wurzeln hatte. Hier liegen die Ursprünge der Tempelanlagen von Angkor, die vierhundert Kilometer nördlich als eines der Weltwunder zu besichtigen sind. Das berühmte Khmer-Lächeln, das in die Steine der Angkor-Bauten gebannt ist, finden wir in den Gesichtern der Mönche wieder. Buddhas Jünger im Delta berichten von ihrem Traum, einmal die Stätten der Khmer-Reiche in Siem Reap besuchen zu können. Doch eine solche Reise ist ihnen aus politischen Gründen noch verwehrt.

Genau diese Reise hat für uns begonnen. Davon wird in diesem Buche berichtet. Wir überschreiten Grenzen und Grenzbereiche. Wir folgen dem weiten Bogen durch Raum und Zeit, der die Anfänge der Angkor-Kultur im Mekong-Delta umfaßt und als berauschendes Finale im nördlichen Kambodscha endet. Es ist eine Reise durch mehr als zwei Jahrtausende und über mehr als zweitausend Kilometer. Wir reisen zwischen den Eckpunkten des Aufstiegs und Falls der Khmer-Reiche. Wir pendeln zwischen den Epochen.

Die in vielen Kriegen und Streitigkeiten bis hinein in die jüngste Geschichte umstrittene Grenze bei Chau Doc teilt Vietnam und Kambodscha und damit einen Kulturraum, der mehr Gemeinsames als Trennendes hat und erst seit dem vorigen Jahrhundert als Folge der französischen Kolonialzeit von vietnamesischen Interessen und Mächten intensiv durchdrungen wird.

Zwischen Tra Vinh und Soc Trang läßt sich keine Schiffsverbindung ausmachen. Die Weiterfahrt erfolgt umständlicherweise und zeitraubend mit dem Bus über Vinh Long und Can Tho, fürs erste nur en passant durchfahren, weil zuvor Ca Mau und schließlich Nam Can als Endpunkte im äußersten Süden des Deltas angepeilt werden. Schon Kilo-

meter vor Ca Mau prägen die shrimpsverarbeitenden Fabriken das Bild der Orte und Straßen. Vom „Rosa-Gold" ist die Rede, das die Region gründlich verändert und zutiefst ruiniert hat. Ca Mau boomt. Luxushotels sind ausgebucht mit Funktionären, Kaufleuten, Händlern. Die neue Bank hat die Dimensionen eines postmodernen Palastes. Amtsgebäude und das Zentrum der kommunistischen Partei sind cremefarben gestrichen und mit Balkonen, Säulen und Zierrat versehen, den der Volksmund spöttisch „Beverly-Hills-Stil" nennt.
Vier, fünf Stunden braucht das Fährschiff von Ca Mau bis Nam Can. Das vermeintliche Dorf am Ende der Welt erweist sich als überquellender Markt, dicht bevölkert, von Popmusik beschallt, Zentrum der im weiten Umkreis angelegten Ponds für die Shrimps-Zucht. Wo vor wenigen Jahren die Mangrovenwälder den Bestand eines höchst empfindlichen Ökosystems im fließenden Grenzbereich zwischen Meer und Land sicherten, wurde rigoros abgeholzt. Längst sind die Schäden, die der Natur zugefügt wurden, größer und nachhaltiger als die der Entlaubungsaktionen während des Krieges. Shrimps sind ein lukrativer Exportartikel geworden. Eine ganze Landschaft wurde in Teiche und Ödnis verwandelt. Ebenfalls eine Sehenswürdigkeit – freilich eine der traurigen Art. Auch dies wird genauer zu untersuchen sein.
Die geografische Besonderheit lohnt gleichwohl den Ausflug. Wir haben die südöstlichste Spitze des asiatischen Festlandes erreicht. Hier beginnt und endet der ganze Kontinent; auf der Landkarte wie ein vorgeschobener Faustkeil anzusehen, in Wirklichkeit eine flache Brackwasser-Landschaft, die so gar nichts Erhabenes hat – in des Wortes doppeltem Sinne. Wenn man erst das lautstark-geschäftige Nam Can hinter sich hat, wo alles und jeder von der Shrimps-Zucht lebt, lastet ein seltsames Schweigen über der Region, die nicht mehr ganz Land und noch nicht Meer ist, von einem gewaltigen Himmel überwölbt.
Den Stern des Südens entdecken wir allerdings nicht am Firmament, sondern zurückgekehrt im Herzen des Deltas. Der Stern heißt Phung Hiep. Man müßte auf den stählernen rot-weißen Sendemast der Post klettern dürfen, um die sieben Zacken in voller Draufsicht bewundern zu können. Leider verboten. Sieben in diesem Ort zusammenfließende Kanäle bilden den Stern. Ein einzigartiges Naturschauspiel, das den Besucher im Zweifel darüber läßt, in welche Himmelsrichtung die einzelnen Gewässer eigentlich strömen. Wenn man das Gewimmel eines Ameisenhaufens auf Boote, Sampans, Frachtkähne und sonstige Schiffe überträgt, hat man ungefähr eine Vorstellung von Phung Hiep. Außer einigen Brücken und den Häusern und Werften entlang der Ufer steht hier nichts still. Dieselmotore geben den Ton an. Schiffsschrauben peitschen die Wellen. Marktfrauen auf winzigen Booten preisen Fisch und Gemüse an. Nirgends ist im Delta ein solch buntes amphibisches Durcheinander zu beobachten wie an und auf diesem Knotenpunkt der Kanäle.
Stundenlang lassen wir uns mit einem Flachboot durch das scheinbare Chaos treiben. Der Bootsführer steht am Heck, die Stangen der Kreuzpaddel in Händen. Rhythmisch stößt er damit ins Wasser; eine anstrengende Arbeit, die den Eindruck graziler,

tänzerischer Leichtigkeit erweckt. Wir gleiten an Tankstellen auf Betonstelzen vorbei; sehen Kleinkinder auf Schiffsplanken herumtoben als bestünde nicht die mindeste Gefahr, ins Naß zu fallen; blicken in die Ärmlichkeit der Hütten und grüßen Großfamilien auf kleinen Hausbooten, über deren Runddächern aus Bambus und Plastikplanen drahtige TV-Antennen schwanken.

30 Kilometer nördlich liegt Can Tho, mit 250.000 Einwohnern die größte Stadt im Delta, Verwaltungszentrum, Sitz einer renommierten Universität, von breiten Straßen durchzogen. An der gepflegten Uferpromenade steht mit Silberbronze angestrichen ein winkender Onkel Ho in Überlebensgröße; gleich daneben die Markthallen, und ein paar hundert Meter weiter ist Endstation des Tragflächenbootes der „Greenline" aus Saigon. Trotz der Weitläufigkeit der Stadt wirkt sie übersichtlich. Can Tho empfiehlt sich mit zahlreichen Hotels und Restaurants als Etappenziel und Ausgangsort, von dem das Delta erkundet werden kann.

Dem gewaltig-breiten Mekong-Arm entlang, der hier Hau Giang heißt, führt die Straße via Long Xuyen nördlich nach Chau Doc. Frachten werden da wie eh und je auf dem Wasser befördert, aber die Passagierfähren sind längst von den Bussen verdrängt worden. So weit das Auge reicht wird Reis angebaut. Endlos die grünenden Felder, auf denen Vietnams drittwichtigstes Exportgut reift. Mehr als die Hälfte der gesamten Reisproduktion des Landes wird im Mekong-Delta erzeugt. Drei Ernten im Jahr sind möglich. Darüber informieren die Mitarbeiter des Rice Research Institute in Omon, 30 Kilometer nördlich von Can Tho; es ist das einzige Reis-Forschungsinstitut Vietnams. Besucher sind willkommen. Wir profitieren davon.

Chau Doc als nördlicher Wendepunkt der Delta-Tour ist berühmt wegen seiner Hausboote, die mit Wellblechdächern die Ausmaße solider schwimmender Dörfer haben. Ein paar Kilometer westlich ragt einer der wenigen Berge des Deltas auf, der Nui Sam, 230 Meter hoch; seiner Besonderheit wegen mit Dutzenden von Tempeln und Pagoden bebaut und von endlosen Pilgerscharen besucht. Alles, was die von Indien und China beeinflußte Frömmigkeit in farbenprächtigen Gebetsstätten für Auge und Nase zu gestalten vermag, ist hier im süßlichen Duft der Räucherstäbchen zu bewundern. Weit reicht von diesen Höhen der Blick über Reisfelder und Kanäle bis hinüber nach Kambodscha. Dessen Hauptstadt Phnom Penh ist nur noch hundert Kilometer entfernt, aber von hier aus nicht erreichbar. Es gibt keinen offiziellen Grenzübergang; der ist bei Moc Bai, 60 Kilometer nordwestlich von Saigon. Von den Pagoden auf dem Nui Sam ist das schnurgerade Wasserband des Vinh-Te-Kanals zu erkennen. Dessen Anlage zum Ende des 18. Jahrhunderts diente der wirtschaftlichen Erschließung des nördlichen Deltas. Tausende von Arbeitern kamen bei der Schufterei ums Leben. Zur französischen Kolonialzeit wurde der Kanal vollendet.

Den Spuren der einstigen weißen Herren Indochinas folgen wir in Sa Dec. Ein Mietauto bringt uns von Chau Doc dorthin. Einst war es Zentrum der Kolonialverwaltung. Ein paar repräsentative Villen der 20er Jahre stehen noch, zur Schule umfunktioniert eine, verwahrlost die anderen; umgeben von den Hütten der Armen, die ehedem großflächige Grundstücke mit Flußblick zu Slums werden ließen.

Sa Dec ist zum literarischen Schauplatz geworden, nachlesbar in den Romanen der Marguerite Duras. Hier lebte sie als junges Mädchen, hier traf sie an der Fähre den Chinesen, der als ihr Liebhaber in ihrer offenherzigen Schilderung der Affäre weltberühmt werden sollte. Ob die gelbe Villa am Fluß, in der nun lärmende Jungpioniere mit roten Halstüchern die Schulbank drücken, tatsächlich das Haus der Mutter Duras mit ihren beiden Söhnen und der Tochter Marguerite war, kann trotz der Bestätigung der Lehrer nicht zweifelsfrei geklärt werden. Das nostalgische Ambiente indes, morbid und schäbig, ist authentisch französisch mit einem im Orient verfremdeten Jugendstil.

Später war die Kolonialregierung nach Vinh Long verlegt worden, 30 Kilometer südlich. Das wuchtige Gebäude des Gouverneurs, nun Provinzmuseum; das einstige Rathaus, nun Sitz einer Behörde der kommunistischen Partei, und einige sehr gut erhaltene, in jüngster Zeit fein herausgeputzte Villen zeugen von dieser Vergangenheit. Vinh Long wird zum grandiosen Finale der Entdeckungen im Mekong-Delta. Der Balkon des Cuu-Long-Hotels, direkt ans Wasser gebaut, bietet den Fernblick einer überwältigenden Galerie. Da wälzt sich einer der Mekong-Arme durch das weite Panorama, ein gigantisches Gemälde, das sich ständig verändert. Madame Duras hat das Bild beschrieben. Wir schauen schweigend und lesen begeistert nach: „Der Fluß hat alles zusammengerafft, was ihm seit dem Tonle Sap, dem kambodschanischen Urwald, begegnet ist. Er nimmt mit, was kommt: Strohhütten, Wälder, Reste von Feuersbrünsten, tote Vögel, tote Hunde, ertrunkene Tiger und Büffel, ertrunkene Menschen, Fischköder, Inseln aus zusammengewachsenen Wasserhyazinthen, alles treibt auf den Pazifik zu, nichts hat Zeit dahinzufließen, alles wird erfaßt von dem tiefen und reißenden Sturm der inneren Strömung, alles bleibt in der Schwebe auf der Oberfläche des machtvollen Stroms."

Das Abenteuer auf den Spuren der Khmer beginnt.

r.s.

Die Schöne aus dem Schlamm

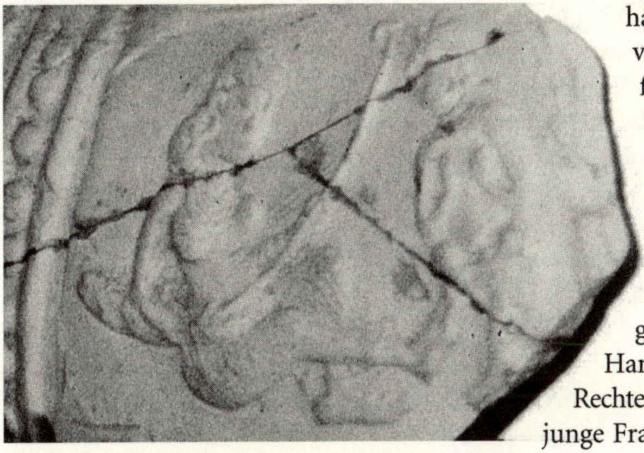

Welche eine Frau! Halb liegt sie, halb schwebt sie. Die Augen verträumt gesenkt. Wohl geformt das ovale Gesicht. Eine wallende Haarpracht umschmeichelt Hals und Schulter. Die weiblichen Formen in üppiger Rundung. Im Schoß ruht ein Saiteninstrument mit langem hohen Steg, das die linke Hand hält und der Bogen in der Rechten zum Schwingen bringt. Die junge Frau ist eins mit ihrem Spiel, verführerisch ihr Anblick, reizvoll offenbar ihre Musik, die dem Betrachter leider verborgen bleibt. Genau schauen wir hin. Das ist Inbegriff weiblicher Vollkommenheit, ewige Lockung, immer wieder aufs Neue die Sinne anstachelnd. Andacht und Anmache zugleich.

Eine Schwester der Apsaras, so scheint es, eine frühe Verwandte der himmlischen Tempeltänzerinnen, die wir am Ende der Reise als Reliefs an den Fassaden der Wunderbauten von Angkor bestaunen werden. Hier treffen wir die ältere Schwester, die in allen Künsten der Verführung erfahrene Frau aller Zeiten. Ihre erotische Ausstrahlung überdauerte die Epochen. Auf einer eierschalenfarbenen Tonscheibe ist sie festgehalten. Ein kleines Abbild, gerademal einen Handteller füllend. Die Scherbe eines Gefäßes ist mehrfach gekittet und rührt in solch fragmentarischer Zufälligkeit merkwürdig zart und zerbrechlich an. Der Charme der Dame ist auf verblüffende Weise lebendig geblieben. Ein zeitloses Wesen mit geheimnisvoller Vergangenheit. Aus dem 1. bis 6. Jahrhundert, so nennt der sachlich erklärende Hinweis das Alter der Schönen, das bei einem solch zauberhaften Wesen, wen wundert's, eben nicht wirklich und genau zu bestimmen ist.

Wir entdecken das fragile Fundstück im Museum von Rach Gia. Eigens für uns war das einstige Herrenhaus chinesisch geprägten Reichtums geöffnet worden. Dunkelbraun und von den Wettern gebeizt die Holzschnitzereien am Portal; verborgen hinter schattigen alten Bäumen in einer Seitenstraße der kleinen Stadt. Rach Gia breitet sich an der nordwestlichen Küste des vom Mekong-Delta geschaffenen südlichen Zipfel Vietnams aus. Der Strand öffnet die Sicht über ein paar vorgelagerte Inseln hin zum Horizont des Golf von Siam. Bei Sonnenuntergang laufen die Meereswellen träge und rotgolden aus.

Die Fischerboote erstarren zu Scherenschnitten. Eine zauberhafte Stimmung, um darüber nachdenken, wer hier zu Zeiten der reizenden kleinen Dame auf der weißen Scherbe die Segel strich, landete und Kostbarkeiten an Gütern und Geist mitbrachte. An diesen Gestaden begegneten und befruchteten sich vor mehr als zweitausend Jahren die Kulturen Asiens. Hier lassen sich die Anfänge jenes Gebens und Nehmens lokalisieren, aus dem die gewaltigen Reiche der Angkor-Dynastien erwuchsen.

Davon ist einiges im Museum von Rach Gai zu sehen und mehr noch zu erahnen. Auf den ersten Blick wirkt es in seiner spärlichen Beleuchtung wie ein vergessenes Heimatmuseum der hintersten Provinz. Ausgestopftes Kleingetier. Nachgedunkelte Fotos der jüngeren vietnamesischen Kriege. Verstaubte Heldenverehrung in Gips. Sozialistisches Pflichtprogramm mit schlaffen roten Fahnen. Doch das alles ist nur buntes Beiwerk zu dem, was eine viel tiefer wurzelnde Geschichte hat. Wir erkennen den Torso eines Nandi, die Kuh, die Shivas Reittier ist. Als kleine Bronce mit vier Händen ist der Gott, der erschafft und zerstört, selbst zu sehen. Ein steinerer Linga ragt auf, vor Männlichkeit strotzend; daneben liegt die den Samen aufnehmende flache viereckige Schale, die als Yoni die Weiblichkeit darstellt; beides zusammen gewährt Fruchtbarkeit und pflanzt Leben fort. Es sind die abstrahierenden Symbole jener Sinneslust, die uns die dralle Musikantin so bruchstückhaft wie vollendet vorführt.

Die Objekte der kleinen Sammlung haben ebenso wie die Schöne auf der Scherbe die Jahrhunderte im Schlamm überdauert. Bei Ausgrabungen der frühen 40er Jahre unter Leitung des französischen Archäologen Louis Malleret waren die Zeugnisse der ersten historisch faßbaren Periode der südostasiatischen Festlandreiche wieder ans Tageslicht gekommen und wurden nach dem Fundort Oc Eo benannt, nur ein paar Dutzend Kilometer von Rach Gia entfernt. Im Museum hängt eine großflächige Wandkarte mit den eingezeichneten Plätzen, wo vor mehr als einem halben Jahrhundert systematisch gebuddelt worden war. Wir steigen auf Tisch und Stuhl, um im dämmrigen Licht mit der Taschenlampe die Orte zu lokalisieren. Oc Eo erweist sich auf der von Millimeterlinien geäderten Karte als das, was diese Stätten früher Kultur auch in spärlich überliefertem Erbe und ebenso wissenschaftlich in vielen noch ungeklärten Fragen ausmacht: als geheimnisvoll und versunken in mystischem Dunkel der Geschichte.

In den kambodschanischen Märchen taucht variationsreich das Motiv vom König auf, der sich in eine Schlangenjungfrau aus dem Meere verliebt, bei ihr in den Tiefen des Ozeans unermeßliche Schätze sieht, vom Schlangenkönig willkommen geheißen wird und die amphibische Tochter heiratet: Es ist die Vermählung des Erd-Reichs mit dem Wasser-Reich. „Sieben Tage lang wohnte der König der schönen Schlangentochter bei, dann bat er seinen Schwiegervater um Urlaub, um mit seiner Frau zum Menschenreich heimzukehren. Der würdige Schlangenkönig ließ Gaben und Geschenke von unschätzbarem Wert zusammentragen, nicht weniger als fünf Dschunkenladungen. Die Dschunken sollten den Menschenjüngling heimgeleiten, damit er wohl ausgestattet sei, auf der Menschenwelt ein bedeutender König zu werden.“ So wird die

Urbarmachung des vom Mekong durchflossenen Landes märchenhaft umschrieben; und als Ergebnis der Mühen heißt es: „Lange Zeit später hob sich der Boden des Meeres, und der Ozean begann zu verlanden. Bald ragte trockenes Land überall da heraus, wo vorher nur Wasser gewesen. Die Dschunken wurden von der sich aufwölbenen Erde emporgehoben. Ihre Schiffsleiber wurden zu Stein und versanken allmählich im Boden. Nur die fünf Segel kann man noch heute in den Himmel ragen sehen." Das blumige Schöpfungsepos, wie es als Märchen in volktümlicher Überlieferung fortlebt, gibt zwar keine direkten Anhaltspunkte für die Geografie, läßt aber doch Rückschlüsse auf Kanäle, Hügel, auf das Werden einer Kulturlandschaft zu.

Wir starten zur Spurensuche. Hondas, Japans millionenfacher Beitrag zur Mobilität der Region, erweisen sich als ideale Gefährten. Wendig, schnell, billig, geeignet für den schmalsten Pfad und ausgesprochen menschlich, weil das Gespräch mit dem Fahrer über Ziel und Obulus und die folgende Auskundschaftung der Wege eine hautnahe Kontaktnahme mit den Leuten vor Ort erbringt. Auf dem Rücksitz des Motorrades führt die Route zuerst zwölf Kilometer gen Norden auf breiter asphaltierterder Straße der Küste entlang, dann rechts ab beim Straßendorf Soc Son in die schier endlose Landschaft des Reises. Die weite Ebene ist von Kanälen durchzogen, die wie die Linien eines Schachbrettes verlaufen: schmale Wassergräben, die nur einem Paddelboot die Passage erlauben, und breite Flüsse, auf denen hölzerne Lastkähne dieselgetrieben dahintuckern. Die Forscher haben herausgefunden, daß solche Kanäle bereits vor zwei Jahrtausenden angelegt worden sind. Es waren die Lebenslinien des Oc Eo-Staates, Verbindungslinien zwischen den urbanen Zentren und den Häfen der Küste; Transportwege und Projekte zur Entwässerung des weiten Schwemmlandes, das nahezu in Meereshöhe liegt.

Über die Seitenkanäle ragen aus Zement gefertigte graue Brücken, steil die beiderseitige

Auffahrt, die den Honda-Vorstoß ins Land von Oc Eo zur immer neuen Sprungschanze werden läßt, die Nerven und das Sitzfleisch strapazierend. Die dichte Besiedlung erstaunt. Holzhäuser säumen die Deiche der Hauptkanäle. Die Erde der holprigen Wege wird während der Trockenzeit von der Sonnenglut hart wie Beton gebrannt. Darüber rollen die Ochsenkarren. Deren zwei mannshohe hölzerne Speichenräder aus vorindustriellen Zeiten sind nun durch abgefahrene Gummireifen ersetzt worden, doch das Ochsengespann unter unendlichem Himmel strahlt wie ehedem unerschütterliche Ruhe und Gelassenheit aus. Immer dann, wenn sich der Eindruck aufdrängt, wir hätten uns den Straßen und Dörfern endgültig entfernt, schieben sich weitere Hütten ins Bild; Kinder springen zur Seite; Bauern, Fischer, Marktfrauen schlurfen auf Plastiksandalen ihrem Gewerbe nach.
Je weiter wir ins Landesinnere gelangen, zehn, zwölf Kilometer ostwärts, desto bestimmter werden die Hinweise zu Oc Eo. Ausgestreckte Arme zeigen auf einen Doppelberg, die einzige Erhebung weit und breit: Nui Ba The auf vietnamesisch. An einem Abhang werden Kies und Steine abgebaut. Lastwagen befördern die staubige Fracht. Schwergewichtiges Baumaterial nur, keine archäologischen Funde. Doch hier war es. Eine der lachenden rundlichen Bauersfrauen fuchtelt mit den Händen und bezeichnet einen weiten Bogen über die vor uns liegenden Reisfelder. Oc Eo, sagt sie und nickt. Wir wechseln ein paar Worte. Die Frau gehört der Khmer-Minderheit der Region an. Im Garten erhebt sich bunt und prächtig bemalt eine drei Meter hohe Stupa, an deren Spitze sich vier Gesichter in alle Himmelsrichtungen wenden. Die Motive wirken wie die volkstümliche Version der prächtigen Pagoden der Khmer im südlichen Teil des Mekong-Deltas und denen in Kambodscha. Den buddhistischen Einflüssen wird noch nachzugehen sein; den historisch weitläufigen Zusammenhängen zwischen diesem Oc Eo und dem alles durchdringenden und beflügenden Geist Indiens. Daß er in diesem Winkel zu spüren ist, einbezogen in den ganz vom heutigen Vietnam bestimmten Alltag, macht die Gemeinsamkeit des die modernen Grenzen überschneidenden Kulturraums im Einzugsgebiet des unteren Mekong deutlich. Ja, in ihrer Familie werde nicht nur das Vietnamesisch der neuen Heimat gesprochen, sondern eben auch das Khmer der Vorfahren, die aus Kambodscha kamen, berichtet die Frau mit dem rot-weiß karierten Baumwolltuch um den Hals.
Vom Ba The-Berg aus bringen uns auch die Hondas und deren durch unsere Vergangenheitssuche neugierig gemachten Fahrer nicht mehr weiter. Wir gehen zu Fuß über die schmalen Dämme zwischen den Reisfeldern, einer hinter dem anderen. Hochbeinige Brückengebilde aus Bambusstangen, Ästen und verknoteten Seilen, die hier wie Rieseninsekten über den Kanälen stehen, bieten eine schwankende Passage. Oc Eo, sagt bestätigend auch eine kleine, freundlich lachende Frau, die mit ihrer Familie und einer gackernden Hühnerschar in einer der wenigen Holzhäuser der Ebene lebt. Wir fragen nach den Ausgrabungen und vergleichen in Gedanken das düstere Gemälde der Malleret'schen Feldarbeit vor der Silhouette des Nui Ba The, das im Nationalmuseum von Saigon hängt – Abteilung Oc Eo –, mit den sonnenüberfluteten Reisfeldern

um uns herum. Da will sich nur entfernt eine Ähnlichkeit einstellen. Kein Wunder. Längst sind über die Erdbewegungen der Mitarbeiter der Malleret-Forschung wieder Generationen von Ochsengespannen gezogen. Neuere Untersuchungen sind hier nur noch partiell in jüngerer Zeit gemacht worden. Da hinten, so unsere erfahrene bäuerliche Führerin, da hinten könnten wir uns ja mal umschauen. Wir stapfen durch vertrocknete Maisfelder. Die Frau bückt sich und hebt eine Tonscherbe auf, als sei dies das selbstverständlichste von der Welt. Tatsächlich nichts besonderes. Wir sehen bald selbst, was hier herumliegt. Bruchstücke von Gefäßen. Einige der Terrakotta-Scherben mit eingeritzten Streifen, Kreisen, Ovalen geschmückt. Da ein Dachziegel, quadratisch und mit einem Sporn an der Unterseite, der einst den Halt gab. Wir stolpern über die ausgedörrte Erde oberhalb von Reisfeldern, die noch immer den Schutt einer folgenreichen Kultur birgt und längst nicht alle ihre Geheimnisse preisgegeben hat. Wir berühren geschichtsträchtigen Boden. Ein eigenartiges Gefühl. Unter uns die Fundamente früher menschlicher Besiedlung. Wo heute nur vereinzelte, weit voneinander getrennte Holzhäuser stehen, lebten vor eineinhalb Jahrtausenden in städtischer Dichte die Menschen von Oc Eo.

Verblüffend die Anziehungskraft, die von solchem Ort auf Sonderlinge unserer Zeit auszugehen scheint. Hinter niedrigen Bäumen und Büschen sehen wir unvermittelt ein Steinhaus, schon diese robuste Bauweise ungewöhnlich. Dazu zwei Fenster in Herzform, davor ein kleiner runder Teich mit giftgrünen Wasserpflanzen, ein gepflegter Garten drumherum. Und als einziger Bewohner ein Mann in mittleren Jahren. Er heißt uns willkommen, bittet ins kühle Innere seiner Behausung. Aus Stein der Tisch, ebenso die Sitzgelegenheiten, festgefügt wie für die Ewigkeit. Welch ein Sonderling. Ein Künstler, der den Menschen davonlief? Ein meditierender Eremit? Ein Verrückter? Von allem mag etwas in ihm stecken, in dem kleinen muskulösen Mann, der sich hier 1986 in die Einsamkeit zurückzog. Die Jahreszahl ist am Türgiebel zu lesen. Seemann sei er gewesen. Er weist mit erkennbarem Stolz auf das gerahmte Papier an der Wand, das sein Patent dokumentiert. Ob er die Nase voll hatte von der großen weiten Welt, ob er sich vor den politischen Veränderungen jener Jahre flüchtete? Die Antwort bleibt im Vagen. Sicher ist nur, daß der seitherige Lebensraum bewußt und gewollt gewählt wurde. In die Wände sind die besonders gut erhaltenen Fundstücke aus dem Nachlaß der Oc Eo-Kultur eingemauert. Scherben mit kunstvoll geschwungenen Ornamenten. Ton- und Keramiksplitter. Gebrauchsgegenstände des Alltags, vor vielen Gene-

rationen bereits zerborsten. Ein Mann hat sie aus Schlamm und Dreck gezogen, der im Banne einer versunkenen Zivilisation lebt und den ozeanischen Weiten und dem Lärm fragwürdigen Fortschritts entsagte.
Dieser Faszination war sicher auch ein Wissenschaftler wie der Franzose Malleret verfallen, der mit seinen Grabungen etwas Licht in das Dunkel von Oc Eo gebracht hat und späteren Kollegen, auch den vietnamesischen, den Weg für die Erkundung dieser Kultur ebnete.
In der geschäftigen Stadt Long Xuyen setzen wir die eigene Spurensuche fort. Hundert Kilometer weiter östlich, am Mekong-Arm Hau Giang gelegen, regt nämlich dort ein weiteres kleines Museum zum Nachdenken über die Fluß- und Reiskultur im Delta der frühen Jahre an. Es sind die Fundstücke, die vietnamesische Archäologen in den 80er Jahren außerhalb der Stadt beispielsweise im Gebiet von Da Noi bargen. Damit wurde bewiesen, daß das Reich, das bei Oc Eo möglicherweise seinen Mittelpunkt hatte, sich über einen sehr viel weiteren Raum erstreckte. Die ausgehängten Karten verweisen auf mehr als 20 Fundstellen vor allem im nordwestlichen Mekong-Delta.
Die Präsentation im Museum von Long Xuyen ist moderner, professioneller als die in Rach Gai. Auch dieses Oc Eo-Erbe wird in einem ehemaligen Gebäude bodenständiger Wohlhabenheit ausgebreitet. Die weitläufige ehedem vornehme Villa von gestern wird zum Gehäuse für die Zeugnisse der Kultur von vorvorgestern. Hier stellt eine jüngere Generation vietnamesischer Wissenschaftler die Ausbeute ihrer Grabungen zur Schau. Sie setzten die Arbeit der Franzosen fort, doch es ist spürbar: In dieser Sammlung steckt der Geist neuen Selbstbewußtseins und wohl auch der Stolz, mit eigenen Mitteln den Grundlagen der südostasiatischen Geschichte nachzuforschen. Alle schriftlichen Hinweise sind ausschließlich in vietnamesischer Sprache verfaßt.
Herausragend im wahrsten Sinne des Wortes ist eine hölzerne Buddha-Figur, die sich in der Überlebensgröße von 2,25 Meter erhebt. Sie wurde 1986 ist der Nähe von Ba The gefunden und wurde zwischen dem 5. und 7. Jahrhundert geschaffen. Zwei Skulpturen dieser Art hatten wir bereits im Nationalmuseum von Saigon gesehen; deren Alter wird um zwei, drei Jahrhunderte älter angegeben. Eine erreicht die Größe von 2,44 Meter. Sie gehören zu den eigenwilligsten Kunst-Stücken, die in der fruchtbaren Erde des Mekong-Deltas mehr als ein Jahrtausend lang Verwesung und Verwitterung standhielten, obwohl ihre materielle Substanz doch so vergänglich ist. Der aus einem Baum-

stamm geschnitzte Buddha im Museum von Long Xuyen ist hoch aufgerichtet, schlank und einem dünnbeinigen Wanderer gleich, der durch die Zeitenlosigkeit schreitet. Ein unvorbereiteter Besucher könnte darin eine moderne Plastik vermuten, genial auf das Wesentliche reduziert. Die Maserung ist rissig, gleichsam zerzaust von urgewaltigen Stürmen; dunkel und wie verbrannt das Holz. Die rechte Hand fehlt, die linke nur noch ein zerfaserter Stumpf. Hager das asketische Gesicht, das der Betrachter mehr zu erahnen als zu erkennen vermag. Würde geht von der Gestalt aus, die einer anderen Hemisphäre zu entstammen scheint und sich längst nicht mehr mit irdischem Kleinkram herumzuplagen hat. In seinem Äußeren das Abbild des Leidens, Hungerns, Darbens; in seiner Aura die Gewißheit, solches Elend überwunden zu haben. Eben dies macht die Fazination einer zweifachen, fortgesetzten Schöpfung aus: Das Schnitzmesser des anonymen Künstlers bannte einst Charakter, Ausdruck, gläubige Ehrfurcht ins Holz. Im Prozeß des Alterns dann, der sich im zugleich konservierenden wie zerstörenden Erdschoß vollzog, hat die Natur ein weiteres, ein verändertes Wesen gestaltet, das von den Archäologen entdeckt, wieder-entdeckt, eine neue Form des Da-Seins erhielt. Stirb und Werde. Wir müssen den Blick heben, um die Figur in ihrer Gesamtheit bewundern zu können.
Daneben ein Brahma-Kopf aus Stein, viergesichtig: Ein Antlitz, das in die Himmelsrichtungen weist – ganz so wie wir es in Angkor wiederfinden werden; hier um Jahrhunderte früher entstanden, doch von verblüffender Ähnlichkeit mit den weltberühmten Gesichtern des Bayon. Die wulstigen Lippen im ovalen Gesicht, die so typisch für die Khmer-Kunst sind, der nach innen gekehrte Blick, der den Betrachter „übersieht" und in eine andere Welt als die unsere schaut; ein Wesen, das in sich selbst ruht und das diesseitige Hasten und Trachten und Jagen in seiner Nichtigkeit „durchschaut" hat. Es ist, als hatte dieser in Angkor ein halbes Jahrhundert danach zu unvergleichlicher Kunst und Vollkommenheit gestaltete Ausdruck hier bereits seine Vorbilder und Ursprünge.
Darüber freilich streiten sich die Gelehrten; und sie haben bei Oc Eo eine Menge an Spekulationen und Theorien, doch nur wenige historische Quellen. Der Name des ersten Reiches, das mit Oc Eo seinen Be-

zugspunkt hatte und als Vorläufer der Khmer-Kultur gilt, wird in der Wissenschaft mit Funan angegeben. Der Begriff geht auf die Beschreibungen chinesischer Reisender zurück, und es ist kennzeichnend, daß es die Söhne aus dem Reiche der Mitte waren, die ihre Beobachtungen in sehr pragmatischer, sachlicher Weise der Nachwelt hinterließen. Von den frühen Bewohnern und Siedlern des Mekong-Deltas, die uns die immer wieder bestaunten Kunstwerke hinterließen, ist selbst nichts in solcher Schriftform festgehalten worden. Während die chinesischen Gäste, Händler und Abgesandten der Könige im Norden in einem ganz modernen Sinne ihre Beobachtungen aufschrieben, sind es vor allem Legenden und Mythen, die Rückschlüsse auf die Entstehungsgeschichte großflächiger Lebens- und Wirtschaftsräume im Mekong-Delta zulassen. Einer der vielen Unterschiede zwischen China und Indien; pointiert ausgedrückt: zwischen Wahrheit und Dichtung, zwischen Rationalität und Rauchzeichen.
Erstmals wird Funan um 225/230 n. Chr. in den chinesischen Aufzeichnungen erwähnt. Niemand kann eindeutig sagen, was das Wort bedeutet; vermutlich ein Sammelbegriff für die frühen Siedlungen an den Küsten des westlichen Mekong-Deltas, das seit Beginn der (christlichen) Zeitrechnung mehr und mehr landeinwärts kultiviert und von urbanen Zentren wie Oc Eo organisiert worden war. Die folgenreichen Fremdeinflüsse kamen aus Indien. Deren hochentwickelten Großreiche, hinduisiert und vom Buddhismus geprägt, hierarchisch geordnet, von Kastenwesen geteilt, strebten nach Osten, suchten Handelsbeziehungen, verbreiteten den Geist der Götter und das Verlangen nach Gold. Ganz wichtig für das Verständnis der Geschichte Südostasiens, einschließlich des Archipels, aus dem Indonesien und Malaysia geformt wurden: Die indischen Seeleute, die Händler, die Brahmanen, die Mönche zogen nicht als Invasoren los, nicht als Krieger, die mit kolonisatorischem Anspruch ferne Völker unterjochen wollten – solches Tun blieb den später aufkreuzenden Europäern vorbehalten –, die Inder kamen in friedlicher Absicht. Sie hatten die Wirkung der Monsunwinde herausgefunden und waren mit solch natürlichem Antrieb für weite Seereisen gerüstet, doch auch mit periodisch wechselnden Windrichtungen jeweils für Monate zum Bleiben gezwungen. Genügend Zeit für den Austausch der Waren und der Gedanken. Indischer Geist und Handelssinn hatte eine Ahnung vom Wunderland Indien gebracht: Berichte von einem streng von oben nach unten strukturierten Staat, an dessen Spitze ein gottgleicher Alleinherrscher regierte; Erzählungen von religiösen Bauwerken gigantischer Ausmaße; Mitteilung davon, wie Befehle, Wissen, Information in Zeichen der Schrift zu setzen sind. Über Tausende von Kilometern des Indischen Ozeans, der Malakka-Straße, des Südchinesischen Meeres, mit Zwischenstationen an den Küsten Javas, Sumatras, sprang ein Funke von epochalem geistesgeschichtlichen wie machtpolitischen Format über.
So entstanden Niederlassungen mit indischer Besatzung; es kam zu Einheiraten in bodenständige Familien. Die Kulturen vermischten sich. Mit Beginn des ersten Jahrtausends setzte ein, was für Südostasien bis in die Gegenwart hinein bestimmend werden sollte: Da wurde nicht einfach ein Vorbild in allen Einzelheiten kopiert, sondern

in vorhandene Lebensweise nur das übernommen, was mit den lokalen Bedürfnissen in Einklang zu bringen war, das heißt natürlich in besonderer Weise: mit den Bedürfnissen der Oberschicht. Das Nebeneinander hinduistischer Kulte und verschiedener buddhistischer Richtungen war möglich; niemand mußte den alten, gewachsenen Stammesreligionen mit Ahnenverehrung und Schamanentum abschwören. Kein eifernder Bonifazius fällte mit der Axt und der Anmaßung, die einzig gültige Wahrheit zu besitzen, einheimische Bäume volkstümlichen Glaubens. Aber mit der aus Indien übernommenen Gleichsetzung von Gott und göttlicher wie weltlicher Macht konnten sich die nun aufstrebenden neuen Herrscher über diese Stammesverbände stellen und ein Herrschaftsprinzip durchsetzen, das für die nächsten Jahrhunderte prägend wurde. Was später den inneren Halt der Angkor-Reiche ausmachte, bildete sich bereits in Ansätzen bei Funan heraus. Mit dem adaptierten Geist Indiens erstarkten zuerst die Fürstentümer an den Küsten, wo mit der Kontrolle über den Seehandel und der eigenen Beteiligung daran die materielle Grundlage für die Machtausübung gegeben wurde.

In seiner Blütezeit zwischen dem 1. und 6. Jahrhundert war Funan auf die Küsten hin orientiert und von einer Weltoffenheit bestimmt, die am geografischen Scharnier zwischen Indien und China eine frühe Art von Kosmopolitik und Globalisierung einleitete. Die Handelsbeziehungen reichten bis ins ferne Europa. Im Nationalmuseum von Saigon sind Münzen aus Rom zu sehen, die im Gebiet von Oc Eo gefunden worden waren. Das Bild Mark Aurels ist ins runde Metall geprägt, Kaiser Trajan im Zahlungsmittel verewigt. Über welche Zwischenhändler und verschlungenen See- und Landwege solches Geld ins Mekong-Delta gelangte, wird wohl immer ein Geheimnis bleiben.

Die Menschen von Funan übten sich mit Indiens Hilfe nicht nur im Aufbau straff organisierter Siedlungsformen, die Meere überspannender Handelsbeziehungen und beim Gestalten religiöser Kultfiguren – bei denen freilich nie mit völliger Gewißheit zu bestimmen ist, daß sie tatsächlich an den Orten entstanden, an denen sie gefunden wurden –, die Menschen von Funan machten sich auch das Schwemmland zum Lebensraum. Nicht Bewässerung war die Herausforderung, sondern Entwässerung: die Bändigung der Wassermassen, die der Mekong aus Asiens Weiten heranschwemmt, durch wohlüberlegte und eben nur durch ein autoritäres Herrschaftssystem durchführbare Kanalisation.

Das seither immer mehr verästelte System der Wasserwege, mit dem das Mekong-Delta über viele Generationen hinweg erschlossen und besiedelt wurde, hält den heutigen Besucher in Bann. Abermals spüren wir den Fundplätzen nach, deren kostbare Ausbeute nun zu Museums-Objekten geworden ist. In Long Xuyen vertrauen wir uns wieder den Hondas und ihren Fahrern an. Das Ziel heißt Da Noi.

Erst zehn Kilometer in südwestlicher Richtung Nui Sap, noch sind die Straßen asphaltiert; beim Dorf Phu Hoa links abbiegen. Wir verlassen den Verkehrsfluß der Hondas, Ochsenkarren, Fahrräder und der wenigen Autos und tauchen ein in das dörfliche Hinterland der knarrenden schmalen Holzbrücken aus Bambuslatten, der Kanäle

und endlosen Reisfelder. Immer wieder fahren wir an Holzhäusern vorbei, die mit roten Ziegeln gedeckt und mit kunstvollen Ornamenten wie Laubsägearbeiten und geschnitzten Geländern geschmückt sind, blau und weiß gestrichen die Fassaden. Ein labyrinthisches Wegenetz entlang der Wasserläufe. Auch unsere Fahrer müssen immer wieder fragen. Beim Stichwort Grabungsstätte wird freilich sachkundig die Richtung gewiesen. Den Menschen der Region bei den Häusergruppen von Huyen Dien und Kinh Dau ist die Erinnerung geblieben, wo Mitte der 80er Jahre vietnamesische Archäologen ihre Spaten ins feuchte Erdreich stießen. Ein Bauer weist über den weiten grünen Teppich der Reisfelder, die unter dem gewaltigen Himmelsgewölbe strahlenden Blaus dem unkundigen Auge so gar keinen Halt bieten. Da hinten, so die Auskunft, da hinten sei Da Noi zu finden. Die Herkunftsstätte der Funan-Funde, die in Long Xuyen bewundert worden waren? Das scheint angesichts dieser Ebene und ihrer sonnenüberfluteten Monotonie nicht recht vorstellbar. Kein Anhaltspunkt für urbane Fundamente. Nichts, was im Rundumblick auf historische Spuren oder gar Zeugnisse deutete. Wenn das Wort von den versunkenen Kulturen angebracht ist, im buchstäblichen Sinne, dann hier.
Nguyen Thang My, der Sohn des Bauern, führt uns. Mit sicherem Schritt schreitet er aus, gewohnt, über die schmalen Dämme zwischen den Feldern zu gehen. Mal sind sie hart gebacken von sengender Sonne, mal überflutet und glitschig wie schwarze Schmierseife. Ein Eiertanz für die ungeübten Besucher. Gelegentlich rutscht der Fuß aus. Bis zu den Knieen steht man dann im Wasser und ist froh, nicht der Länge nach in den Schlamm gefallen zu sein. Auch das Hemd ist bald völlig durchnäßt. Der Schweiß rinnt in Strömen. Nirgends ein Hauch von Schatten. Männer und Frauen arbeiten in den Feldern, setzen Stecklinge, spritzen die jungen Pflanzen. Weithin leuchten die Spitzhüte der Bäuerinnen. Einsame Holzhütten, die Schutz vor Regen bieten. Zu Fuß über die Dämme zu wandern, ist eine Möglichkeit, sich durch die Felder zu bewegen. Mit schmalen Booten den Kanälen zu folgen, staksend, paddelnd, ist die andere Art, schwimmend voranzukommen. Schließlich waten wir, die Schuhe in Händen, durch Morast. Unsere Suche nach Funan wird zum Vorstoß in eine amphibische Welt. Und

je drückender die Sonne lastet, je feuchter die Klamotten werden von Schweiß und vom Wasser der Felder, desto bedrückender die Frage, was denn nun eigentlich zu sehen, zu erkennen sein werde. Weiter, sagt Nguyen Thang My, der 16jährige, der hier aufwuchs und offenbar völlig unbeeindruckt von Hitze und Schwüle bleibt.

Dann erreichen wir dieses Da Noi wie eine flache Insel im grünen Meer, eine leichte Erhebung nur, im Innern ein Tümpel, vermutlich die längst wieder vollgelaufenen Grabungsfelder, von einigen weit ausladenen alten Bäumen beschattet. Lastende Stille. In der Mittagsglut schweigen die Vögel. Kein menschliches Wesen außer unserer kleinen Gruppe. Eine phantasieanregende Atmosphäre umgibt uns, die trotz der hier bereits ausgebuddelten Kultobjekte die Frage aufdrängt, was wohl noch alles in dieser schweren, schwarzglänzenden Erde verborgen sein mag. Welche Behausungen standen vor eineinhalb Jahrtausenden in dieser Landschaft, die heute wie eine Einöde anmutet? Welche sakralen Gebäude erhoben sich über die Ebene? Daß wir an merkwürdigem Orte sind, wird nach ein paar hundert Schritten durch matschigen Untergrund noch deutlicher. Eine weitere Landmarke. Neben einem riesigen Baum leuchtet ein doppeltes, aufgerichtetes Ziegeldach auf, das einen Tempel beschützt. Der Junge Nguyen Thang My faltet die Hände, um auf den geheiligten Platz zu weisen. Plötzlich findet der Fuß festen Halt. Die großen Steine im Untergrund fallen auf. Ungewöhnliche Brocken in diesem weichen, wässrigen Gelände; wie sich zeigt: bearbeitete Quader, einstiges Baumaterial, zweifellos. Funan läßt grüßen. In der Horizontalen der Gegenwart ist die historische Dimension auszumachen. Die Zeugnisse der Zeiten vermischen sich. Der buddhistische Tempel ist erst 1998 gebaut worden, ein bescheidenes Haus mit unverputzten Wänden. Auf dem Altar schaut uns das Porträt Ho Chi Minhs an, eines aus der von der Partei angeregten Massenproduktion der Marke: dreidimensional. Das plastisch geformte Antlitz aus Kunststoff wird von echten grauen Bartfäden geziert. Wir sind bereit, auch dieses moderne Beispiel in die lange währende Tradition des künstlerischen Drangs zur Perfektion einzuordnen.

Neben dem schmucklosen Tempel steht eine baufällige Bretterhütte. Hier leben einige Menschen. Barfüßige Kinder umringen uns. Wir dürfen uns ausruhen auf niedrigen Holzhockern. Ein Mann offeriert heißes Wasser in winzigen Keramikbechern. Die Armut ist offenkundig. Nicht einmal Tee scheinen sich die Leute leisten zu können. Gierig schlürfen wir das Naß, ausgedörrt nach stundenlanger Wanderung. Wir schauen in die verwaschenen müden Augen eines Greises, dessen Gesicht ein einziger Faltenwurf ist. Am Kinn sprießt ihm ein schütteres Ziegenbärtchen, dessen Silberfäden ebenso in die braune Haut gesteckt zu sein scheinen, wie die am Plastik-Gesicht des Onkel Ho. Gebeugt ist der Alte, geschrumpft wie eine ausgetrocknete Kartoffel. Gefragt nach seinen Lebensjahren, sagt er mit dünner, piepsiger Stimme: 104.

Zwei Steinhaufen werden uns als Gräber bezeichnet, offensichtlich Schutt aus grauer Vorzeit. Zwei weitere mannshohe Steinsammlungen aus behauenen Stücken sind erst in jüngerer Zeit mit Zement zu einer künstlichen Gebirgslandschaft gestaltet worden. Miniatur-Tiger tummeln sich an den Abgründen. Winzige Treppen führen auf die Gipfel, wo eine puppenhafte Buddha-Wallfahrtsstätte in naiver Frömmigkeit bemalt und geschmückt ist. Die Steine könnten sehr wohl aus den Bruchstücken Funanscher Siedlungen stammen. Der Ort hat eine mystische Ausstrahlung. Die Grenzen von Zeit und Raum verschwimmen. Unverkennbar, daß eine solche Insel des festen Untergrundes die Menschen seit langem anlockte. Und doch mutet es eigenartig an, daß in solch schwankender Umgebung die Fundamente der Vor-Khmer-Kultur liegen. Aber die Grabungen beweisen es. Hier breiteten sich Siedlungen mit straffer politischer und religiöser Führung aus. Hier lebten Kunsthandwerker, gebildete Leute, Priester, Händler, Reisbauern. Die damals ausgebauten Kanäle erlaubten den Verkehr, waren Verbindung zur Welt da draußen jenseits von Küsten und Horizonten. Hier herrschte jene Wohlhabenheit, die sich kostbar geformte Steinköpfe des Brahma, aufwendig gestaltete Shiva-Figuren aus Bronze, mehr als zwei Meter hohe Buddah-Statuen aus geschnitztem Holze leisten konnte. War hier die sinnenfrohe Musikantin zuhause gewesen, deren Abbild in Ton gebrannt die jugendliche Frische so anregend erhalten hat? Vermutungen bloß wie so vieles, was Funan bedeutet.

Daß wir von rauschender Fruchtbarkeit der Reisfelder umgeben sind, üppige Ansichten des Reichtums vor Augen haben, und von ausgemergelten Menschen willkommen geheißen werden, denen das Elend die Gesichter zerfurcht, gehört zu den gegenwärtigen Ungereimtheiten der Region. Wir seien die ersten Europäer, die ersten Langnasen, die bis zu solch unzugänglichem Orte gelangt seien, so beteuern unsere Gastgeber in Da Noi. Solche Typen wie uns habe er natürlich schon mal in der Zeitung gesehen oder auch im Fernsehen, erklärt nach der Rückkehr der Bauer Phan Van Lam, der seinen Sohn als Pfadfinder mitgeschickt hatte. An langer Bambusstange schwankt über seiner Hütte eine TV-Antenne. Einen elektrischen Anschluß könne man sich zwar nicht leisten, aber mit einer Autobatterie lasse sich ein Fernsehapparat eben auch in Gang setzen, erfahren wir. Daß mit uns nun die virtuellen Figuren jenes flimmernden Mediums sogar einmal leibhaftig sein Haus besuchten, das freue ihn sehr, sagt der alte Mann in herzlichem Ton. Die ganze Familie und die Nachbarn schauen zu, als wir uns wieder auf die Hondas schwingen.

Wir danken für die Begleitung in die Vergangenheit und lassen kein Kleingeld mit den Porträts zeitgenössischer westlicher Potentaten zurück wie es einst Kaufleute taten, die mit Münzen zahlten, die das Profil römischer Kaiser zeigten. Wir hinterlassen keine Spuren im fruchtbaren schwarzen Schlamm, durch den wir gehen mußten, um eine der Stätten aufzuspüren, wo sich die Kulturen der Menschheit formten.

r.s.

Das „weiße Gold" im Mekong-Delta

Den Ungereimtheiten zwischen natürlichem Reichtum und bäuerlicher Armut wollen wir auf den Grund gehen. Grünwogende Reisfelder – soweit das Auge reicht. In der schier endlosen Ebene zwischen den Städten Can Tho und Chau Doc ist besonders eindrucksvoll zu sehen, warum das Mekong-Delta die Reisschüssel Vietnams genannt wird. Tagelang ist der Besucher unterwegs und blickt zumeist auf nichts anderes unter einem gewaltigen Himmelszelt als auf Reisfelder. Zwischendrin ein paar Bäume, daneben die Ziegeldächer vereinzelter Dörfer. Die Bauern sind auch hier mit kleinen Booten unterwegs zu ihren Feldern. Ein dichtverästeltes Netz von Kanälen und Flüßchen ermöglicht den Transport zu Wasser. Unterschiede sind zu registrieren. In den Reisanbaugebieten Indonesiens oder der Philippinen haben die Menschen die höchst komplizierte Kunst entwickelt, ihre Felder zu bewässern und über weite Strecken das kostbare Naß heranzuführen. Das ist auch im Kernland der Angkor-Reiche in Kambodscha die landschaftsgestaltende Grundlage dynastischer Macht und dynamischer Ausbreitung von Kultur geworden. Ohne den auf höchst komplizierte Weise betriebenen Reisanbau unter Berücksichtigung der natürlichen Gegebenheiten mit dem Anspruch, sich eben diese Natur zur nützlichen Gehilfin zu machen und den Fluß des Wasser zu bestimmen, wäre es nie zum Aufstieg der Khmer-Könige gekommen. Es galt, den Wassermangel zu meistern. Im Mekong-Delta aber geht es hauptsächlich darum, die Felder zu entwässern und im Jahresrhythmus von Pflanzen und Ernten den jeweils angemessenen Zu- und Abfluß zu organisieren. Es gilt, den Überfluß zu steuern.

Der kunstvolle Umgang mit Wasser und Land reicht mehr als zwei Jahrtausende zurück. Die Siedlungen von Oc Eo waren durch ein dichtes Netz von Kanälen miteinander verbunden, die sowohl der Wasserzu- und -abflüsse als auch als Transportwege dienten. Die Zivilisation von Funan gründete gewissermaßen auf der Kultivation von Reis und der Beherrschung der Mekong-Fluten. Erst als das Gleichgewicht von bodenständiger Wirtschaft, internationalen, über die Meere reichenden Handelsbeziehungen und die Bändigung der Wassermassen ins Wanken geriet und auseinanderfiel, leitete dies Mitte des 6. Jahrhunderts auch das Ende der Funan-Reiche und die Verlagerung der Machtzentren ins nördliche Hinterland ein. Das Kanalsystem hat den Aufstieg und Fall der prä-angkorianischen Reiche überdauert. Bauern, die mit Booten zur Feldbestellung paddeln, sind bis heute ein typisches Bild im Delta geblieben.

Doch der Schein vermeintlicher Harmonie von Mensch und Umwelt trügt. Das Mekong-Delta, eine besonders komplizierte Landschaft mit höchst sensiblem Öko-Haushalt, ist bereits krank – krank gemacht von seinen Bewohnern. Der Mensch hat mit intensivem Reisanbau, dem Abholzen der Mangrovenwälder, der großangelegten

Shrimps-Zucht und durch immer dichtere Besiedlung tiefgreifend zur Veränderung der Region beigetragen. Zwei Institute im Kerngebiet des Deltas untersuchen die Entwicklung mit wissenschaftlichen Methoden. Die Forschungsergebnisse der Universität in der Delta-Metropole Can Tho und des benachbarten Reisforschungsinstituts in Omon belegen die massiven Eingriffe und Folgen für den besonders empfindlichen Naturhaushalt der Flußlandschaft.
Dr. Nguyen Huu Chiem, Head of Department „Environment and Natural Resources Management“ der Universität Can Tho, weiß aus eigener Erfahrung, daß die Welt des Deltas längst aus dem natürlichen Gleichgewicht geraten ist: „Um die gegenwärtige Situation zu verstehen, müssen wir in die Zeit vor 1975 zurückblicken. Bis dahin wurde auf den meisten Feldern hauptsächlich lokaler Reis angebaut. In Regionen mit hohem Wasserstand wie den Provinzen Dong Thap und An Giang wurde normalerweise ‚schwimmender Reis‘ angebaut. Man sät den Reis aus. Eine einfache Methode mit geringem Ertrag. Damals war die Welt noch in Ordnung, weil die Bauern keinen Kunstdünger verwendeten und noch nicht über neue Technologien verfügten. Ich erinnere mich, daß ich als Kind aufs Feld ging und das Wasser aus dem Reisfeld trinken konnte. Es war sehr schön, es gab wilde Tiere und sehr viele Fische in den Flüssen und Kanälen.“
Das klingt bereits nach Nostalgie, denn diese Idylle gibt es nicht mehr. Nach dem Ende des Vietnamkriegs und mit der Einführung der Privatwirtschaft als Folge des Zusammenbruchs der sozialistischen Planwirtschaft wurde das Mekong-Delta zur Hochleistungsregion entwickelt. Mit importierten Reissorten aus den Philippinen gelang der völlige Neubeginn. IR 8 war die erste Sorte, die vom International Rice Research Institute (IRRI) auf den Philippinen übernommen wurde. Etwa 60 Varietäten sind hier lokal entwickelt worden. Im Cuu Long Delta Rice Research Institute Omon (CLRRI), 30 Kilometer nördlich von Can Tho, wurden die importierten Hochertragssorten unter den besonderen Bedingungen des Mekong-Deltas getestet und mit einheimischen Sorten gekreuzt.
Es ist das einzige Institut dieser Art in Vietnam; 1977 mit indischer Hilfe gegründet. Die Reisexperten haben wesentlich zur Propagierung der neuen Sorten und Technologien beigetragen. Mit berechtigtem Stolz führt Dr. Tran Ngoc Thach interessierte Gäste durch das klimatisierte „Heiligtum“ des Institutes. In Hunderten von Glasbehältern reifen da die neuen Züchtungen heran. Im Freigelände, wo Dr. Pham Trung Ngha gewissermaßen als Chef-Gärtner fungiert, müssen die neuen Reissorten ihre Überlebenskräfte beweisen. Auf einer Gesamtfläche von 360 Hektar kann deren Qualität unter denselben Bedingungen getestet werden wie auf den Feldern im Mekong-Delta gleich nebenan. Enger könnte also die Praxisnähe gar nicht sein.
Die gesamte Mannschaft der 270 Forscher und ihrer Helfer stammt aus Vietnam. Im Gegensatz zu IRRI in den Philippinen, das mit internationalen Geldern und internationalen Experten ausgestattet ist, muß sich das Institut von Omon aus einheimischen Mitteln finanzieren. Für einzelne Projekte wird mit Partner-Instituten kooperiert, bei-

spielsweise: IRRI und PhilRice in den Philippinen, JIRCAS in Japan, IAEA in Österreich, CRRI in Indien, MARDI in Malaysia oder dem Rice Research Institute of Thailand.

Was die Ertragssteigerung betrifft, so ist von einer eindrucksvollen Erfolgsstory zu berichten. Heute wird im Mekong-Delta die Hälfte der gesamten vietnamesischen Reisproduktion erwirtschaftet. Mehr als zwei Drittel des Reisexportes stammen aus dieser Region. Mußte Vietnam 1988 noch 1,2 Millionen Tonnen Getreide importieren, konnte es ab 1990 bereits 1,5 Millionen Tonnen Reis exportieren. Die Anbaugebiete im Delta wurden enorm ausgedehnt. 1976 gedieh auf etwa zwei Millionen Hektar das „weiße Gold" des Reises. 1997 waren dafür bereits 3,5 Millionen Hektar erschlossen worden. Die staatlichen Pläne sehen eine weitere Nutzbarmachung von Flächen vor. Die von staatlichen und privatwirtschaftlichen Interessen forcierte Exportpolitik drängt auf Mehr und Mehr. Die Deviseneinnahmen haben indes einen hohen einheimischen Preis. Langfristig droht die Erfolgsstory zum ökologischen Desaster zu werden.

Dr. Nguyen Huu Chiem von der Universität Can Tho: „Die Bauern brauchen für den Anbau von Hochertragssorten große Mengen chemischen Düngers, Insektizide, Pestizide, Herbizide und andere Hilfsmittel. Natürlich können sie damit hohe Erträge erzielen, und deshalb verwenden sie immer größere Mengen an Kunstdünger. Im Vergleich zu den lokalen Reissorten lassen sich mit angepaßtem IRRI-Reis die Ernten vervielfachen. Aber die Qualität ist nicht so gut. Durch die Anwendung von Kunstdünger und Pestiziden wurde eine Menge an Fisch und Geflügel vernichtet. Der von Insektiziden und Pestiziden kontaminierte Fisch wird von Vögeln und Geflügel gefressen und läßt sie erkranken."

Die Verwendung chemischer Düngemittel nahm stetig zu. Im Jahre 1985 wurden je Hektar knapp 63 Kilogramm ausgestreut, fünf Jahre später waren es bereits knapp 74 Kilogramm. Tendenz weiter steigend. Durch die zusätzliche Anwendung von Pestiziden wird der gesamte Naturhaushalt grundlegend verändert. Mit der Vielzahl von Kleintieren in und an den traditionellen Reisfeldern und mit dem Gemüseanbau in der Nachbarschaft war Reis früher keine Monokultur. Dazu ist es erst unter den modernen

Bedingungen in seiner großflächigen Bearbeitung und mit den immer umfangreicher werdenden chemischen Hilfsmitteln gekommen. Im Cuu Long Rice Research Institute befürchten die Fachleute deshalb, daß die Naturschäden irreparabel werden. Frau Dr. Tran Thi Ngoc Son, Expertin für Bodenuntersuchungen, kommt bei den ermittelten Daten klar zu dem Schluß, daß sich die Bodenqualität stetig verschlechtert. Die natürliche Fruchtbarkeit nimmt ab. Mit immer höheren chemischen Zusätzen wird das Defizit ausgeglichen. Ein Teufelskreis. Es zeichnet sich ab, daß mit immer mehr Input immer weniger Output erzeugt wird. Anders ausgedrückt: Es ist absehbar, daß die finanziellen Aufwendungen für die Ertragssteigerungen nicht mehr im wirtschaftlichen Verhältnis zu den Erträgen stehen werden, wenn man die langfristigen Folgen der Naturzerstörung in eine solche Rechnung einbezieht.

Weite Flächen sind sauer und sulfathaltig. Während der Trockenzeit dringt das Salzwasser des Meeres bis zu 50 Kilometer ins Hinterland vor und überschwemmt die nördlichen Gebiete. Die sauren Böden entwickeln sich im Delta besonders stark durch die natürliche Gegebenheit der sogenannten Pyrite-Schichten im Schwemmland. Wenn sich die eisenhaltigen Teile des Flußwassers mit den Sulfaten des Meereswassers verbinden, entstehen die Pyrite-Ablagerungen, die eine durchschnittliche Tiefe von 1,20 Metern erreichen. In der Entstehungsgeschichte des Mekong-Deltas über Jahrtausende als ein gewaltiges Zusammenwirken vom einfließenden Strom und dem eindringenden Meeres wurden die Pyrite-Schichten von fruchtbarem Schwemmland bedeckt, auf dem die Reiskultur erblühen konnte. Durch den intensiven Anbau, durch die künstliche Düngung und chemische Schädlingsbekämpfung, durch Drainage und Entwässerung in großem Stile kommt es zur Austrocknung des Bodens und zur Versalzung. Die ehedem bedeckten

Pyrite werden freigelegt und vermindern und verhindern eine weitere landwirtschaftliche Nutzung.
„Die Erde wird immer ärmer und kränker“, so Dr. Tran Thi Ngoc Son, „wenn Sie die grünenden Reisfelder sehen, erkennen Sie eben nicht die wahren Probleme.“ Die sind einer Wissenschaftlerin wie ihr sehr vertraut. Wenn Dr. Tran Thi Ngoc Son mit ihrem Fahrrad entlang der Felder zu den Dörfern fährt, den typischen Spitzhut auf dem Kopf, dann sieht sie nicht nur wie eine der üblichen Bäuerinnen aus; sie ist ihnen auch innerlich verbunden: eine Frau, die aus der Region stammt und die Sprache der kleinen Leute spricht. „Die sind so sehr mit dem täglichen Überleben beschäftigt, daß sie gar keine Zeit haben, sich um Politik und die größeren Zusammenhänge ihres Dasein zu kümmern“, stellt sie mit gewisser Resignation fest, „das gilt besonders für die Landfrauen. Weil die mit ihren Familien, mit ihren Kindern so überlastet sind, ist es ziemlich schwierig, Frauen zu organisieren.“ Das aber wäre eine wichtige Voraussetzung, um die Anbaumethoden zu verändern.
Nicht zu vergessen die Umweltbelastung durch die enorme Bevölkerungszunahme im Delta. Dr. Do Ngoc Quynh vom Institut für erneuerbare Energie der Universität Can Tho, der in Deutschland studiert hat: „In den letzten 30 Jahren hat sich die Bevölkerung des Mekong-Deltas durch natürliche Vermehrung und Zuwanderung etwa verdoppelt. Von damals acht Millionen auf jetzt sechzehn Millionen.“ Und noch ein Problem: An Vietnams Reisschüssel werden diejenigen am wenigsten satt, die sie mit ihrer Arbeit füllen: die Bauern. Dr. Nguyen Huu Chiem: „Meine eigene Erfahrung ist, daß der Bauer beim Reisanbau arm bleibt. Den Gewinn erzielen Händler und Zwischenhändler. Sie kaufen den Reis auf und verkaufen ihn mit Gewinn. Wir sagen in Vietnam, daß man ohne Handel nicht reich werden kann. Das heißt: Wir müßten Geschäftsleute sein, um reich zu werden. Ein Bauer kann das gar nicht schaffen.“
Vor diesem Hintergrund fallen die guten Ratschläge der Wissenschaftler auf ziemlich kargen Boden. Dr. Do Ngoc Quynh: „Die Zusammenarbeit in eigener Initiative der Bauern, in einer Genossenschaft wäre wünschenswert. Dazu gibt es bereits Ansätze und Bewegungen. Um die ökologischen Schäden zu überwinden und zu vermeiden, müßte eine Bewußtseinsveränderung der Produzenten einsetzen. Sie müssen das Land so erhalten, daß auch die nächste Generation davon leben kann.“
Schöne Worte, doch die Realität sieht anders aus. Professor Nguyen Van Luat, der Direktor des Reisforschungsinstitutes in Omon, bringt das Dilemma in seinem Jahresbericht 1998 auf den Punkt: „Unter Berücksichtigung der Umwelt- und Sozialbedingungen bleiben die Bauern arme Leute trotz der gesteigerten Ernten. Die waren nur durch gesteigerten Gebrauch von chemischen Düngemitteln und Pestiziden möglich. Dies wiederum verursacht Umweltschäden und stetig abnehmende Produktivität.“
Ein Teufelskreis à la Vietnam.
r.s.

Shrimps, die aus der Ödnis kommen

Vom Boot aus sehen wir die nackten Stelzwurzeln unterspülter Mangroven-Wälder und weggebrochenes Land, das mit großen Büscheln von Farnen ins Wasser gestürzt ist. Wir sind mit einem Frachtboot auf dem Bay Hap nach Nam Can unterwegs, der südlichsten Spitze des Mekong-Deltas. Hinter uns liegt die Stadt Ca Mau, das Zentrum der Provinz Minh Hai. Dort enden die Straßen ins Delta, und es beginnt eine weite amphibische Landschaft. Die Flüsse weiten sich zu Seen, und das Land ragt nur wenige Zentimeter aus dem Wasser. Auf schwarzem Schlamm und Schlick wächst ein grüner Teppich aus Farnen und Seegras. Auf festerem Boden steht das Buschwerk der Mangroven mit dunkelgrünen Blättern, die fest wie Leder sind und in Sonne und Wind glitzern. Hinter dem Horizont liegt das Südchinesische Meer, sein salziger Geruch weht mit dem Wind ins Land. Ständig fahren Schnellboote mit röhrenden Außenbordmotoren an uns vorbei. Der starke Wellenschlag reißt große Klumpen Land aus der Böschung, die das Wasser am Ufer schwarz färben. Die Boote sind mit Wassertanks und großen Kühlboxen für Shrimps beladen. Man könnte meinen, wir bewegen uns unter Touristen, die sich mit solchen Luxusgefährten vergnügen und Wasserski proben. Wir sind tatsächlich einem großen Reichtum auf der Spur, der Jagd nach dem „rosa Gold" des Mekong-Delta. Das sind Shrimps, Garnelen, Krabben oder Krevetten, die auf Shrimp-Farmen im Mekong-Delta gezüchtet und für den Export gemästet werden.
In Nam Can stoßen wir auf eine große Siedlung mit dicht gedrängten Häusern mitten im Wasser. Es gibt kaum Grün und nur wenige Bäume, nur das Grau der Häuser und Hütten auf hohen Stelzen am Bay Hap. Am Ufer stehen kleine Cafés, Bars mit lauter Musik, Geschäfte und Betriebe für Schiffszubehör. Dahinter liegt ein langgestreckter Markt mit einem reichen Angebot an Gemüse, Obst und Textilien. Im Inneren ist die Kleinstadt mit Betonstegen ausgestattet, die auf dem Schlamm liegen. Nach der Schule wimmeln alle Stege und Plätze von Kindern in Schulunifomen. Die Stadt ist übervölkert, man wundert sich, daß sie nicht im Wasser versinkt. Die wenigen Häuser aus Ziegeln sind Geschäfte und tragen an ihren Fassaden die Symbole des Booms: knallrote Riesenshrimps mit Stielaugen am Kopfpanzer und langen Fühlern oder Armreifen, Ketten und Ringe aus leuchtend gelbem Gold. Seit der Freigabe des privaten Handels boomt die Shrimp-Industrie in Vietnam und ist zu einem wahren „Goldrausch" geworden. Nam Can ist eine Frontstadt der Shrimp-Produktion. Aber in der Stadt und Umgebung gibt es keine Shrimp-Farmen mehr, die Teiche sind verseucht und verödet. Die Shrimp-Farmen sind tief in die Mangroven-Wälder verlegt worden. In der Stadt leben nur noch die kleinen Unternehmer und Arbeiter des Shrimp-Geschäftes, aber auch die Opfer des Goldrausches. Die multinationalen Firmen und Strategen des vietnamesischen Shrimp-Geschäftes sitzen in Saigon, Bangkok und Singapur.

Wo dichte Mangroven-Wälder standen, gähnt jetzt eine öde Kraterlandschaft. Das biologische Leben des Bodens ist tot. Der schwarze Schlick, mit dem die Wälle um die Shrimp-Teiche aufgeschüttet sind, ist von der Sonne gebrannt und hart wie Beton geworden. Arme Siedler haben ihre kleinen Hütten darauf gebaut und versuchen, etwas Gemüse anzubauen und ein paar Schweine zu mästen. Mit einer Handpumpe holen sich die Menschen Trinkwasser aus einem Brunnen, der fast ungenießbares Brackwasser enthält.

Zwei Kinder kommen auf uns zu und bieten uns ein paar große Shrimps zum Kauf an, die sie im Wasser einer alten Konservendose frisch halten. Auf unsere Frage, wo sie die Shrimps gefangen oder besorgt haben, zeigen sie über die weite Kraterlandschaft, wo der Kanal am Horizont verschwindet. Dort sind die Mangroven-Wälder gerodet und riesige Shrimp-Farmen angelegt worden. In einem Kanal fließt die stinkende salzige Brühe aus verfaultem Futter, Shrimp-Kadavern und Giften aus den Shrimp-Farmen ab. Die Kloake wird vom Außenbordmotor eines Bootes aufgewirbelt und verpestet die Luft.

Mangroven-Wälder scheinen in Vietnam als Niemandsland und wirtschaftlich wertloses Gebiet betrachtet zu werden. Die Regierung überläßt den Shrimp-Firmen das Staatseigentum zu einem niedrigen Preis und zur unbeschränkten Nutzung. Bedenken bestehen höchstens aus ökonomischen Gesichtspunkten, auf die sozialen und ökologischen Auswirkungen wird keine Rücksicht genommen. Doch die Küste verdankt ihre Existenz den Farnen, Mangroven und Küstenwäldern. Die Stelzwurzeln der Mangroven haben sich den Gezeiten angepaßt und halten und schützen das Schwemmland vor der Strömung von Ebbe und Flut. Die Mangroven sorgen für einen ausgeglichenen Wasserhaushalt, halten wie ein riesiger Filter das Salzwasser des Meeres zurück und stabilisieren das regionale Klima. Sie bilden schützende Nischen und

Kinderstuben für viele Fischarten und Meerestiere, die Brackwasser, die Mischung aus dem Süßwasser der Flüsse und dem Salzwasser des Meeres, lieben. Was in Tausenden von Jahren für den Schutz des Lebens gewachsen ist, wird in ein paar Jahren für kurzfristigen Profit zerstört.

Der Mangroven-Bewuchs der Südspitze des Mekong-Deltas von Ca Mau und der Region Mien Tay, südwestlich des Hau Giang, des unteren Mekong, war bis in die 50er Jahre trotz der starken Besiedlung relativ gesund. Durch die Ablagerungen des Mekong wächst die Küste aus dem Wasser und schiebt sich stellenweise jährlich bis zu 80 Meter weit ins Meer vor. Das Mekong-Delta hat den zweitgrößten Mangroven-Gürtel der Welt, nur vom Mündungsdelta des Amazonas übertroffen. In dem 120.000 Quadratkilometer großen Biotop leben seltene Vögel und Fischarten. Der U-Minh-Wald an der Westküste von Ca Mau ist ein einmaliges Vogelparadies.

Die jüngste Geschichte der Zerstörung beginnt mit der Entlaubung von Mangroven- und Küstenwäldern durch das dioxinhaltige Pflanzen-Vernichtungsmittel Agent Orange durch die US-Luftwaffe von 1964 bis 1971. Ca Mau und Nam Can waren am stärksten betroffen. Im Distrikt Nam Can gab es 1972 nur noch 260 Quadratkilometer Mangroven, nicht einmal die Hälfte des Bestandes von 1965. „In 30 Tagen fielen die Blätter ab, nach drei Jahren stürzten die Bäume um", berichten die Bewohner von Ca Mau. In einer einmaligen Anstrengung wurde in den Jahren von 1976 bis 1982 fast der gesamte Verlust wieder aufgeforstet. Aber mit der Privatisierung von Landbesitz und der Öffnung der Märkte, der Wirtschaftsreform „doi moi", setzte ein Sturm auf die Küste ein, und Shrimp-Farmen schossen wie Pilze aus dem Mangroven-Wald. Das Brackwasser des Mekong-Deltas ist ein ideales Habitat für Krustentiere wie Shrimp. Seit 1979 sind 70 Prozent des Mangroven-Bestandes der Provinz Minh Hai für die Anlage von Shrimp-Farmen zerstört worden. Jährlich fallen ihnen 50 bis 100 Quadratkilometer Küstenwald zum Opfer. „Was im Krieg Agent Orange war, ist jetzt doi moi", stellen die Küstenfischer resigniert fest. Bei steigender Nachfrage nach billigen Shrimps aus tropischen Gewässern und ohne Widerstand der Bevölkerung ist kein Ende der Zerstörung abzusehen.

Die Begehrlichkeit internationaler Shrimp-Firmen auf das unverbrauchte und saubere Wasser im Mekong-Delta ist sehr groß, seitdem die Küsten Thailands, Indonesiens und Indiens ausgelaugt und zerstört sind. Die Firmen sind flexibel und verlagern ihre Produktion nach Vietnam und Kambodscha, wo sie enorme Gewinne erzielen. Ein Kilogramm des vietnamesischen „Black Tiger Shrimp", Riesenshrimp von zehn Zentimetern Länge, erzielt auf dem internationalen Markt über zehn US-Dollar. In der Provinz Minh Hai werden jährlich 30.000 Kilogramm Shrimp für den Export produziert, die Hälfte der gesamten Produktion Vietnams. Der Flächenverbrauch von 900 Quadratkilometern entspricht ebenfalls der Hälfte aller Shrimp-Farmen entlang der vietnamesischen Küste. Teils werden 300 Kilogramm Shrimp pro Hektar erzielt, zumeist besteht jedoch noch extensive Kultur mit 90 Kilogramm. Die Steigerungsfähigkeit ist von Thailand abzulesen, wo das Fünffache aus den Farmen herausgeholt wurde,

bevor viele Anlagen der „Massentierhaltung“ mit Shrimp durch Seuchen und Verschmutzung ganzer Regionen zusammenbrach.

Das Geschäft mit Shrimps des Mekong-Deltas liegt in der Hand von 17 Firmen, fast ausschließlich „joint ventures“, größtenteils mit den multinationalen Shrimp-Unternehmen Charoen Pokphan Group aus Thailand und der Gold Coin aus Singapur. Die größte Firma in Nam Can ist die Southeast Asia Enterprise mit Kapital und Management aus Rußland und Singapur und einem Flächenverbrauch von 1.000 Hektar Mangroven-Wald.

Der Export von Shrimp boomt in Vietnam, die Wachstumsraten liegen über zehn Prozent. Im Jahre 1998 brachte das Exportgeschäft 450 Millionen US-Dollar ein und stand nach Rohöl, Reis und Textil an vierter Stelle der Exportbilanz. Die Hälfte des Exports geht nach Japan, gefolgt von den USA und der EU. Mitte der 90er Jahre stockte der Export nach Japan, weil japanische Gourmets Angst vor dem Toxin des Agent Orange in der Nahrungskette hatten. Mit Werbung wurde die Gefahr heruntergespielt und das Geschäft wieder in Gang gesetzt. Seitdem wird in Vietnam nicht mehr über die zahlreichen Mißbildungen bei Neugeborenen im Mekong-Delta berichtet, und die Chloroform-Gläser mit mißgestalteten Föten sind aus den Revolutionsmuseen des Landes verschwunden.

Das Milliardengeschäft mit Shrimps

Nach Angaben der Food and Agriculture Organization der UNO, FAO, stammen 80 Prozent der Shrimps auf dem Weltmarkt aus Südostasien. Daran hat Thailand den Löwenanteil von einem Viertel der Weltproduktion mit über einer Million Tonnen, gefolgt von den Armutsländern Indonesien, Ecuador und Indien. Thailands Produktion stammt aus 20.000 Shrimp-Farmen und riesigen Aquakulturen. Die Verknappung von

Trinkwasser in Bangkok und den thailändischen Ballungszentren ist wesentlich auf Shrimp-Aquakulturen zurückzuführen, deren Wasser täglich zu einem Drittel erneuert werden muß. Die Verlagerung der Produktion von Thailand ins Mekong-Delta hängt vor allem mit Exporteinbußen wegen Geschmacksverlust von Shrimps aus der „Massentierhaltung" der Aquakulturen zusammen.

Das internationale Shrimp-Geschäft hat eine ungeheure ökonomische Dynamik angenommen. In zehn Jahren, von 1985 bis 1995, ist die Produktion verdoppelt worden und hatte 1995 einen Marktwert von 9,4 Milliarden US-Dollar erreicht. Dafür operieren die Unternehmer international und nutzen globale Standortvorteile aus. Shrimp-Futter wird aus Fisch in Lateinamerika hergestellt, und die Produktion findet in Billiglohnländern Asiens mit unverbrauchten Ressourcen und ohne Umweltauflagen statt. Die profitablen Märkte für das „Edeleiweiß" Shrimp sind Japan, die USA und die EU, wo es bereits Eiweißträger im Überfluß gibt. In Deutschland sind Shrimp-Importe mit einem Gegenwert von drei Millionen US-Dollar pro Jahr bescheiden. Der Import von Riesengarnelen wächst jedoch jährlich um 28 Prozent, forciert von Supermärkten, die für den Massenkonsum von Shrimps wegen der großen Gewinnspanne werben.

Welche Auswirkungen die Strategie des globalen Shrimp-Geschäfts für die örtliche Bevölkerung hat, können wir auch in Nam Can erfahren. Wir sitzen in einem kleinen Café am Ufer des Bay Hap und kommen bei einem Glas Kaffee mit den Menschen ins Gespräch. Viele sind durch das Shrimp-Geschäft ins Mekong-Delta gelockt worden und haben längst ihre Arbeit verloren. „Das Shrimp-Geschäft ist für uns tot, seitdem die Teiche unbrauchbar geworden sind und die Farmen weit in die Mangroven-Wälder verlegt wurden", klagt die Wirtin des Cafés. Sie stellt uns ihre kleine Tochter vor, die nicht mehr zur Schule geht, weil sie das Schulgeld nicht bezahlen kann. Der Vater ist mit einem Shrimp-Unternehmer weggezogen und hat die Familie verlassen. Als wir den Kaffee bezahlen wollen, kann die Wirtin keinen 50.000 Dong-Schein (dreieinhalb US-Dollar) wechseln, ihre Nachbarinnen auch nicht. Es dauert eine halbe Stunde, bis jemand mit Wechselgeld vom Markt zurückkommt.

Die Shrimp-Firmen sind mobil und ziehen weiter, wenn sich das Geschäft für sie nicht mehr lohnt, aber kümmern sich nicht um die Bevölkerung. Sie haben die Strategie von „rape and run", wie die zurückgelassenen Arbeiter in Nam Can sagen. Es gibt keine Gesetze und Regeln für die Produktion und den Handel mit Shrimp, ganz abgesehen von sozialen und ökologischen Auflagen. Die örtliche Verwaltung und das Volkskomitee der KP sind für die Regelung zuständig, aber fast überall selbst am Geschäft beteiligt. Die Firmen steuern die Einnahmen am Staat vorbei und entziehen sich der Kontrolle der Finanzbehörde. Sie waschen das Geld und legen es in Gold an. Daher gibt in Nam Can und Ca Mau auffällig viele Goldgeschäfte. Das Zentrale Volkskomitee in Saigon hat 1992 ein Verbot der Zerstörung von Mangroven erlassen, woran sich niemand hält. Lizenzen für Shrimp-Farmen werden unter dem Aspekt der Exportförderung vergeben, Auflagen wie eine Umweltprüfung sind nicht vorgesehen. Die FAO, auch für Fischereiwesen und Aquakultur zuständig, verlangt von den nationa-

len Regierungen einen „Code of Conduct", einen Verhaltenskodex, und einen rechtlichen Rahmen für die expandierenden Shrimp-Farmen und Aquakulturen. Danach sollten die Produktionsmethoden der Umwelt angepaßt und örtliche Gemeinden an der Entwicklung beteiligt werden. Der Vorschlag ist vernünftig, wie auch der Appell zum allgemeinen Schutz der Küstenregionen, die nicht überlastet werden dürfen. Die Hälfte der Menschheit lebt inzwischen in Küstenregionen. Aber wie können solche Appelle in die Wirklichkeit umgesetzt werden?

Öffentliche Kritik wird in fast allen Erzeugerländern gewaltsam unterdrückt, und in Verbraucherländern existiert kein ausreichendes Problembewußtsein und keine Gegenbewegung. In Vietnam sind Umweltorganisationen nicht zugelassen und regierungsunabhängige Organisationen verboten. Nur in akademischen Kreisen beschäftigen sich einzelne Personen mit den Problemen und warnen auch öffentlich vor den Folgen der Umweltzerstörung, wie der Zoologe Professor Vo Quy an der Staatsuniversität von Hanoi oder der emeritierte Ornithologe Professor Thai Van Trung in Saigon. In Indien hat der Widerstand von Küstenbewohnern 1996 dazu geführt, daß in einem Abstand von 500 Metern an den Küsten keine Aquakulturen angelegt werden dürfen. Umweltgruppen aus 14 Erzeugerländern haben zusammen mit Greenpeace das Industrial Shrimp Network ISN ins Leben gerufen, das von Wissenschaftlern und Umweltexperten unterstützt wird. Auf einer Konferenz vom Oktober 1996 in Choluteca in Honduras wurden Richtlinien zum Schutz von Küsten und für eine nachhaltige Shrimp-Kultur aufgestellt. Die Umweltorganisationen fordern von den nationalen Regierungen Bewirtschaftungspläne und die Kontrolle der Shrimp-Produktion sowie die Beteiligung örtlicher Gemeinden an der Planung und Errichtung von Shrimp-Farmen. Außerdem verlangen sie ein Öko-Audit, den Schutz der Küsten und Feuchtgebiete und die Entsorgung von Schadstoffen der Shrimp-Farmen. Es soll keine Gentechnik angewandt, der Schutz der Artenvielfalt garantiert und kein hochwertiges Fischeiweiß zu Shrimp-Futter verarbeitet werden. Was sich davon verwirklichen läßt, bleibt abzuwarten.

h.k.

Trommeln der Todlosigkeit

Trügerische Harmonie bei Sonnenuntergang

Politik und Religionen vermischen sich zu einem Klangbild. Aus der Nachbarschaft schallt das Glockengeläut der katholischen Kirche als frommer Ruf zur Abendandacht herüber. Von der gegenüberliegenden Schule tönt der Sprechgesang der Jungen Pioniere. Die Kinder üben sich lautstark in patriotischen Parolen, mit ihren roten Halstüchern die Zugehörigkeit zur staatlichen Jugendorganisation Vietnams demonstrierend. Derweil vereinen buddhistische Mönche in der Khleang-Pagode ihre Stimmen zu monotonem, meditativen Gebet, das die edlen Wahrheiten zwischen Himmel und Erde beschwört. Die kahlköpfigen Männer gehören der Minderheit der in Vietnam lebenden Khmer an. Die Pagode, von der aus diese Töne unterschiedlicher Akteure und Absichten zu vernehmen sind, steht in Soc Trang, einer der geschäftigen Städte im Delta des Mekong-Flusses. Es ist diese wunderbare Stunde zwischen Tageshitze und nächtlicher Kühle, die angenehme Zeit des geistigen und leiblichen Wohlbefindens. Friede liegt in der weichen, milden Luft; verführerisch die Stimmung, an das Gute im Menschen zu glauben.

Doch die Harmonie bei Sonnenuntergang trügt. Das Verhältnis des vietnamesischen Staates zu Religionsgemeinschaften ganz allgemein ist verkrampft und von gegenseitigem Mißtrauen geprägt. Die Situation der Khmer-Minderheit im besonderen ist kompliziert und von der historisch begründeten Feindschaft zwischen Kambodscha und Vietnam belastet. In den 60er Jahren schätzte das CIA-Handbuch amerikanischer Kriegsführung ihre Zahl in Vietnam auf 350.000 bis 400.000. Ein halbes Jahrhundert danach wird die Minderheit der vor allem im Mekong-Delta lebenden Khmer in unterschiedlichen Quellen mit 700.000 angegeben. Dr. Heike Löschmann als eine Kennerin der Region merkt an: „...daß die Bevölkerungszahl der Khmer in Gesamt-Südvietnam wesentlich höher ist, als die offiziellen Zahlen es suggerieren. Das hängt mit willkürlichen Entscheidungen darüber zusammen, wer in der Statistik als Khmer und wer als Vietnamese aufgenommen wird. Darüber hinaus hat es eine zwangsweise Vietnamisierung von Khmer-Namen gegeben." Eine genaue Bevölkerungs-Statistik ist nicht zu bekommen, aber eines dürfte klar sein: Die umstrittene Volksgruppe hat sich behauptet. Trotz Kriege, Verfolgung und der Schwierigkeiten, die buddhistische Identität in einem sozialistischen Staat zu bewahren. Wie keine andere Minderheit waren die Khmer im Mekong-Delta als Opfer der tiefsitzenden und fortwährenden Feindschaft zwischen Kambodscha und

Vietnam zwischen die Mahlsteine der Geschichte geraten. Sie müssen ein typisches Minderheiten-Problem meistern.
Wir kommen mit den Mönchen ins Gespräch. Heitere Freundlichkeit umfängt uns. Woher, wohin? Hier wie in den anderen Khmer-Pagoden des Mekong-Deltas sind wir schnell von Mönchen umringt. Die Neugier der jungen Männer in den weiten, luftigen leuchtendgelben Gewändern ist von ehrlicher Wißbegier getragen, naiv im besten Sinne. Den Nöten und Bedrängnissen wird erstmal ausgewichen. Der Mönch Kim Khan, der seit einem Jahrzehnt in der Khleang-Pagode lebt und die alten buddhistischen Schriften studiert, ein Mann Mitte 20, antwortet sehr vorsichtig und ganz im offiziellen Sprachgebrauch auf die Frage, wie er das Verhältnis zwischen den Khmer und den Vietnamesen einschätzt: „Es ist sehr freundlich. Die Vietnamesen haben die gleiche Lebens- und Arbeitsweise wie wir. Es ist ein enges Verhältnis. Kein Problem." Das klingt zu glatt um wahr zu sein. Wie sich bei Gesprächen gerade mit Mönchen „off the record" zeigt, sind Leben und Überleben der Khmer-Minderheit auf vietnamesischem Territorium sehr viel komplizierter, als es ein solches Statement und der Augenschein in einer Pagode vermuten lassen. Das Problem wurzelt tief in der Geschichte.
Während der Blütezeit der Khmer-Reiche beherrschten deren Könige im 12. Jahrhundert das gesamte Südostasien. Weit über die Grenzen des heutigen Kambodschas hinaus, der Heimat des Khmer-Volkes, reichte der Einfluß. Es gab noch kein Thailand, und Vietnam in seinen gegenwärtigen Grenzen hatte sich in der Rivalität um die Vorherrschaft ebenfalls noch nicht durchgesetzt. Die Tempelanlagen von Angkor bildeten das Zentrum eines damaligen Weltreiches. „Wir waren so mächtig wie heute die USA", so sollten wir es von jungen Kambodschanern, rückblickend mit einer Mischung aus Selbstironie und Stolz, in Kambodscha zu hören bekommen.
Nach dem Niedergang des Khmer-Imperiums im 13. Jahrhundert behauptete sich das aufsteigende Vietnam als neue dominierende Macht der Region. Kambodscha wurde im Osten durch Vietnam und im Westen durch das sich ebenfalls herausbildende und erstarkende Thailand in die Zange genommen. Durch das Eingreifen der französischen Kolonialherren im 19. Jahrhundert wurden die Grenzen Indochinas festgeschrieben, die das Mekong-Delta in den Verwaltungsbereich von Vietnam brachte, die Besiedlung mit ethnischen Vietnamesen forcierte und die dort seit vielen Generationen ansässigen Khmer-Familien zur Minderheit werden ließ.
Unter dem Vietnamkrieg hatten sie ebenso zu leiden wie ihre Nachbarn auch. Doch nach dem Einmarsch der Kommunisten aus dem Norden und der Wiedervereinigung des Landes 1975/76 unter deren Kommando begann eine lange Zeit der Unterdrükkung und Bevormundung. Die eigene Schrift und Sprache, die Religionsausübung, die Beschäftigung mit den eigenen Traditionen und Bräuchen – alles, was eigenständige Kultur und Identität ausmacht, wurde ihnen untersagt. Als die nordvietnamesischen Truppen Südvietnam eingenommen hatten, wurden die Khmer als kambodschanische Minderheit verdächtigt und an den Rand der Gesellschaft gedrängt. Aber auch

in Kambodscha waren sie nicht willkommen; sie galten als Kollaborateure Vietnams und wurden von den Roten Khmer verfolgt und ermordet.
Die Lage wurde noch wesentlich schlechter, als Vietnam 1979 das benachbarte Kambodscha militärisch besetzte, um das Pol-Pot-Regime der Roten Khmer zu vertreiben. Die hatten in ihrer Propaganda die Wiedereingliederung des Mekong-Deltas in ihr Herrschaftsgebiet gefordert, von ihnen „Kampuchea Krom" genannt, das Nieder-Kambodscha, „Khmer Krom", wie das bereits von früheren Regierungen in Phnom Penh bezeichnet worden war. Mönche aus Kambodscha flohen vor dem Terror der Roten Khmer nach Vietnam und lebten dort jahrelang im Exil. Die Khmer-Minderheit im Grenzbereich des Mekong-Deltas geriet vollends zwischen die Fronten: als Sympathisanten oder erpreßte Gefolgsleute der Roten Khmer, als deren Opfer oder von den Vietnamesen als deren Fünfte Kolonne verdächtigt und verfolgt.
Seit der Entmachtung der Roten Khmer, dem Rückzug der vietnamesischen Truppen und dem staatlichen Neubeginn Kambodschas Anfang der 90er Jahre ist die Grenze zwischen beiden Ländern bis auf einen streng kontrollierten Übergang nordwestlich von Saigon geschlossen. Die familiären Kontakte zwischen der Khmer-Minderheit im Mekong-Delta und Verwandten in Kambodscha sind ebenso unterbrochen wie die Beziehungen zwischen den Khmer-Klöstern beider Länder.

Der Traum von Angkor

In den Pagoden der Khmer im Mekong-Delta hängen neben den üblichen Motiven der buddhistischen Welt auch die Bilder von Angkor Wat. Unverkennbar die weltberühmten Umrisse der Türme, die als Symbol auch in der kambodschanischen Nationalflagge wehen und alle Regime überdauerten. Ob sie denn schon einmal die Tempelanlagen von Angkor besuchen konnten, fragen wir die Mönche der Khleang-Pagode. Sanftes Kopfschütteln. Bedauern. Der Mönch Kim Khanh antwortet, ob er denn Angkor Wat kenne: „Aber ja, doch ich habe es nie gesehen, dieses Angkor Wat. Wir sind nie dort gewesen. Ich kann Ihnen darüber nichts erzählen." Ja, dorthin würden sie gern einmal pilgern, um an die Ursprungsstätten ihrer Kultur zu gelangen. Aber eine solche Reise ist ihnen verwehrt. Die Nachfrage, wie wichtig ihnen denn eine Begegnung mit den heiligen Orten ihrer Geschichte sei, wird sofort in ihrer politischen Brisanz aufgenommen und dementsprechend vorsichtig beantwortet: „Das ist schwierig, auf diese Frage zu antworten. Davon verstehe ich nichts. Wir sind Mönche. Wir verstehen nur etwas von der Disziplin der Buddhisten. Nur das. Wir reden nicht über Politik. Ich verstehe deshalb ihre Frage nicht."

In solch abwehrender Äußerung schwingt die Minderheitenpolitik Vietnams mit. Sie ist vom Anspruch der Anpassung bestimmt. Motto: Wir sind alle Vietnamesen. Die einheitliche, auf Vietnams Rolle in Südostasien bezogene Schulbildung läßt keinen Raum für ethnische Eigenheiten zu. Auch die Geschichtsinterpretation ist klar, wie uns in der Pagode versichert wird: „Die Khmer-Leute in Vietnam müssen die vietnamesische Geschichte lernen. Sie lernen nichts von der kambodschanischen Geschichte."

So haben auch die Mönche in Soc Tran noch nie etwas davon gehört, daß die Ursprünge der Khmer-Kultur in den fruchtbaren Weiten des Mekong-Deltas liegen. Die frühen Reiche, von den Archäologen Oc Eo-Kultur und Funan genannt, bildeten sich im wasserreichen Kanalsystem der Mekong-Mündung heraus, genauer: im westlichen Delta, Mien Tay genannt. Vor nahezu zwei Jahrtausenden ist das gewesen; und der geistige Einfluß aus Indien prägte das religiöse Weltbild ebenso wie die Machtausübung der Herrscher. Da wurzeln die folgenden Reiche der Khmer, die mit den Anlagen von Angkor im Binnenland von Kambodscha ihren Höhepunkt erreichten. Die Bewohner der frühen Reiche im Mekong-Delta sind vermutlich nicht die eigentlichen Vorfahren der Khmer, aber doch ihre Verwandten. Nein, davon sei in ihrem Unterricht nie die Rede gewesen, so hören wir in der Pagode von den Mönchen. Es ist ihnen spürbar peinlich, auf solche geistig-existentielle Lücken ihrer Bildung hingewiesen zu werden. Es fehle an Büchern, so wird uns entschuldigend beteuert. Wo solle denn nachgeforscht werden, wenn nicht in den zugelassenen, von vietnamesischen Behörden erlaubten Schriften? Die Mittel und Möglichkeiten der Information seien äußerst beschränkt. Bücher politischen Inhalts, gar kritischer, die offizielle Politik infrage stellender Autoren, seien ihnen unbekannt. „Oc Eo? Funan?", wiederholen die jungen Mönche die nie vernommenen Worte, und in ihren Mündern klingen sie wie magische Formeln einer fremden, jenseitigen Welt, von der sie mehr und ausführlich etwas wissen wollen. Wir sollten ihre Väter danach fragen; vielleicht hätten die eine Ahnung davon. Die jungen Männer in den saffrangelben Roben sind froh, daß sie ihre buddhistischen Studien betreiben können. Wenn sie sich darauf beschränken, bleiben sie von den Behörden unbehelligt. Fragen unerwünscht.

Der auf das Innere der Pagoden und Klöster bezogenen Religionsausübung wird in jüngerer Zeit offiziell ein Freiraum zugestanden. Wenn die Khmer-Minderheit ihre Kul-

tur als Folklore darbietet – oder in Werbeprospekten des Tourismus darbieten läßt –, dann findet dies die behördliche Zustimmung. Acht Kilometer außerhalb der Stadt Tra Vinh ist dies ganz im Stil der vietnamesischen Minderheitenpolitik zu besichtigen. Dort steht in ländlicher Abgeschiedenheit, nur über Feldwege zu erreichen und offenbar gewolltermaßen nicht für den großen Publikumsandrang gebaut, ein Museum der Khmer-Kultur. Der Kontrast zum Wat Angorea Cheaborrey gleich gegenüber könnte nicht radikaler sein. Die Pagode in der Nachbarschaft ist spirituelle Heimstatt traditionellen kambodschanischen Mönchslebens. Das zweistöckige Beton-Gebäude des Museums mit großzügiger Raumaufteilung, Freitreppen und Innenhof wirkt pompös und bedrükkend zugleich. Kostüme, Handwerkszeug, Musikinstrumente, Alltagsgegenstände der Khmer sind da ausgestellt. Fotos an den Wänden signalisieren die offizielle Botschaft vom angeblich ungetrübten Zusammenleben der Khmer und ihrer vietnamesischen Nachbarn. Der Museumsbau wirkt auf eigenartige Weise tot und leer. Er strotzt von Propaganda. Über allem weht die vietnamesische Fahne.
Ein ganz anderes Museum, das den Khmer und ihren Besonderheiten gewidmet ist, steht in Soc Trang gegenüber der Khleang-Pagode, von einer Straße getrennt. Das Gebäude im traditionellen Stil wurde 1935 errichtet und beherbergte einst eine Pali-Schule. 1940 zog eine Gesellschaft darin ein, die sich um die Belange der Khmer in der Diaspora kümmerte: „Association pour l'amélioration morale, intellectuelle et physique des Cambodgiens de Cochinchine", so steht es noch heute auf der dreigliedrigen Steintafel der einstigen Spender. Deren Liste wird von „S.M. Norodom Sihanouk, Roi du Cambodge" angeführt, der sich mit tausend amerikanischen Dollar an dem Werk beteiligte, gefolgt vom „Gouvernement Général de l'Indochine", dem „Gouvernement de la Cochinchine" und einzelnen Persönlichkeiten. In diesen Räumen bewundern wir die persönliche Grundausstattung eines Mönches: Robe, Gürtel, Umhängetasche, Schirm, Bettelschale, ein vierstöckiger Henkelmann aus Aluminium. Auch hier sind ähnliche Stücke wie im Museum von Tran Vinh ausgebreitet, aber über allem liegt bereits historischer Staub. Es ist eine Art Khmer-Heimatmuseum in würdiger Umgebung, aus einem ganz anderen Geist heraus entstanden als der moderne kalte Beton-Palast auf den Feldern von Tran Vinh.

Pagoden mit eigener Geschichte und Atmosphäre

Die Khleang-Pagode ist in jüngerer Zeit renoviert worden. Diese buddhistische Stätte gehört zu den eindrucksvollsten Tempeln in Soc Trang. Hoch geschwungen das Ziegeldach, schwarz-golden die geschnitzten Drachenmotive der Säulen, an der Decke in wunderbarer Bewegung die Himmelstänzerinnen, Apsaras genannt. Architektur und kunstvolle Ausgestaltung zeigen deutlich die Beziehung zu den Vorbildern in Kambodscha. Die Khleang-Pagode wirkt besonders edel und elegant und unterscheidet sich in der strengen Linienführung und Bescheidung auf dunkle würdevolle Farben von der bunten Bildervielfalt anderer solcher Gebetsstätten.
Die Khmer-Pagoden allein lohnten die Reise durchs Mekong-Delta. Jede hat ihre eigene

Atmosphäre und Geschichte. Etwas außerhalb von Soc Trang verbirgt sich hinter hohen Bäumen Wat Mahatub, auch beziehungsvoll Fledermaus-Pagode genannt. Nach Sonnenuntergang setzt ein durchdringendes, schrilles Geschrei ein. Die im Geäst kopfunter hängenden Fliegenden Hunde, bis dahin wie eingerollte Tüten aussehend, erwachen zu nächtlichem Leben. Mit weit ausgebreiteten Flughäuten flattern sie in den dunkler werdenden Himmel, gespenstisch die schwarzen Silhouetten, die zu Hunderten, zu Tausenden auf die Suche nach vegetarischer Nahrung davonschweben. In den Morgenstunden kehren sie zurück wie verwunschene Wesen, die in den Bäumen der Pagode allmählich zur Ruhe kommen, die spitzen, mit Zähnen bewehrten Schnauzen nach unten, die Krallen der Flügelenden eingeklinkt in den Ästen. Das Wat wirkt wie eine seltsame Oase, zu der sich auch die Gläubigen zurückziehen.
Einen solchen Eindruck der Weltentrücktheit einer Gartenanlage in unwirtlicher Umgebung vermitteln auch andere Pagoden. Besonders stark wirkt der Kontrast von quirliger, lärmender, stinkender Stadt und zur Meditation einladender Geborgenheit in Ca Mau. Wat Monivongsabopharam liegt am Rande der Shrimp-Metropole. Es ist wie ein Spießrutenlauf, wenn man durch die Gassen eines dichtbevölkerten Viertels läuft, von einer aufdringlichen Kinderschar verfolgt wird, und schließlich durch das eiserne Gitter-Tor der weiträumigen Klosteranlage mit stilisierten Angkor-Türmen eine vermeintlich andere Welt betritt. Alles Geschrei, alle Aufgeregtheit, alles Bedrängende bleibt zurück. Ein traumhaft schöner Lotosblüten-Teich liegt vor dem Besucher. Der Blick schweift über die farbenfreudigen Pagoden und verliert sich in der grünen Ferne. Im sanft gekräuselten Wasser spiegelt sich das Krematorium mit hohem Schornstein als Symbol der Vergänglichkeit.

Hier ist das Ideal des Gartens zu erleben, der dem Dschungel abgetrotzt wurde, symbolhaft wie sich die buddhistische Lehre versteht; nämlich Ordnung in bedrohliches Chaos zu bringen. Aus solchem Verlangen heraus ist die Anlage von Pagoden zu verstehen; und diesen Geist bestimmte auch die Anlage der großen Tempel von Angkor. Dem Urwald waren sie entrissen worden; dessen Undurchdringlichkeit blieb stets in der Nachbarschaft präsent. Natur zu gestalten, sie einzubeziehen in die vom menschlichen Willen gestaltete Ordnung, die Neuschöpfung also, spürt der Besucher am Rande von Ca Mao in dieser Pagode auf beglückende Weise, wo längst der städtische Dschungel an die Mauern der Gärten wuchert.
Auch die heile Welt ist vor Bomben und Granaten nicht gefeit. Davon kündet Wat Kompong Chrey, einige Kilometer außerhalb von Soc Trang. Das Dach wird gerade repariert, Zerstörungen, die Jahrzehnte zurückliegen, werden beseitigt. Fotos in der Pagode dokumentieren die Luftangriffe. Das Wat ist im Februar 1968 durch amerikanische Bomben ruiniert worden. 62 Menschen starben bei dem Angriff, darunter 17 Mönche, 59 Menschen wurden verletzt. Der Wiederaufbau begann 1971. Als Begründung der US-Attacke wird überliefert, daß sich in dem Wat Kämpfer des Vietcong eingeschlichen und den Gong geschlagen hatten, um den Eindruck zu erwecken, die buddhistische Stätte sei ein Stützpunkt ihres Kampfes gegen den amerikanischen Feind. Es ist eine der immer wieder erzählten Geschichten, deren Wahrheitsgehalt nicht mehr überprüft werden kann. „Das Wat ist dieser Version zufolge also absichtlich geopfert worden, um ein Stück Khmer-Kultur zu zerstören", berichtet Dr. Heike Löschmann von ihrem Besuch 1994. Sie fand auch heraus, daß die Bibliothek zwischen 1975 und 1984 verschleppt und vernichtet worden war, daß Mönche inhaftiert und zur Exordination gezwungen wurden.
Das Klosterleben hat sich im Vergleich zu solchen Auswüchsen der Verfolgung und Unterdrückung wieder normalisiert. Die Pagoden sind heute Zentren der Gelehrsamkeit. Die Studien gelten vor allem den Sprachen: den alten und den modernen, den östlichen und den westlichen. Erstaunlich ist die Begeisterung vieler Mönche, die sie dem Englischen entgegenbringen. Darin steckt der ausdrückliche Wille, sich der Herausforderung der neuen Zeit zu stellen und ganz bewußt die Welt auch jenseits der Klostermauern wahrzunehmen. Vietnamesisch lernen die Khmer-Kinder bereits in der Schule. Die Khmer-Sprache in der familiären Umgebung ist die eigentliche Muttersprache geblieben. Für die Mönche gilt es, die heilige Sprache der alten Schriften zu erwerben. „Wir müssen Pali lernen, eine tote Sprache. Wenn wir die alten Texte verstehen wollen, müssen wir selbstverständlich Pali lernen und in Khmer übersetzen", so klingt es immer wie ein Glaubensbekenntnis.

Die Lehre der Alten

Vor zweieinhalbtausend Jahren hatte Buddha nach seiner Wandlung vom nordindischen Prinzen Siddharta zum predigenden Asketen mit seiner Rede im Tierpark von Sarnath nahe des heutigen Benares am Ganges „das Rad der Erkenntnis“ in Bewegung gesetzt: „Wer nun aber, ihr Mönche, im heiligen Wissen belehrt ist, ein edler Hörer, welcher die edlen Wahrheiten schaut, der wohl unterwiesen ist in der Pflicht für einen guten Menschen, wer nicht die Gestalt, das Gefühl, das Unterscheidungsvermögen, die Triebkräfte und das Bewußtsein als das Selbst betrachtet, auch nicht das Selbst als ein solches, das Bewußtsein besitzt; nicht im Selbst das Bewußtsein und auch nicht im Bewußtsein das Selbst schaut, der läuft nicht um die Gestalt herum, kreist nicht um sie, wie um das Fühlen, um das Unterscheidungsvermögen, um die Triebkräfte und um das Bewußtsein. Dieser wird, während er sich (äußerlich) noch um die Gestalt bewegt, um sie seinen Kreislauf des Lebens vollbringt, von der Gestalt erlöst; er wird von dem Fühlen, dem Unterscheidungsvermögen, den Triebkräften, dem Bewußtsein frei. Frei ist er von Geburt, Alter, Tod, Unglück, Klagen, Kummer, Niedergeschlagenheit und Unruhe, vom Leiden wird er erlöst; so verkündige ich euch dies.“

Ein ethisches Grundprinzip, das immer wieder neu interpretiert wurde. Der Buddhismus ist Suche nach Wahrheit und Erleuchtung; und diese Ziele können erreicht werden, wenn das Dharma, die von Buddha erläuterten allumfassenden Prinzipien der Rechtschaffenheit, befolgt wird. „Buddha kann dir nur den Weg zeigen“, so der Kern seiner Lehre, „bemühen mußt du dich selbst.“ Der Buddhismus bietet keine Gottheit, kein Glaubensdogma, kein Versprechen der Unsterblichkeit, kein Paradies abendländischer Frömmigkeit. „In der verblendeten Welt will ich die Trommel der Todlosigkeit rühren“, so hatte Buddha verkündet.

Die Khmer bekennen sich zum Hinayana-Buddhismus, dem sogenannten kleinen Fahrzeug. Auch Theravada-Buddismus geheißen, die Lehre der Alten. Sie berufen sich auf die ursprünglich von Buddha gepredigte Lehre, die dem einzelnen Menschen den Weg ins Nirvana, ins endgültige Verlöschen weist. Diese ursprüngliche Ausrichtung der Buddha'schen Erkenntnis entwickelte sich nach dessen Tod im Jahre 480 vor Christus bis zum Beginn des ersten Jahrtausends. Der Theravada-Buddhismus war während der Regierungszeit Jayavarman VII. zwischen 1181 und 1218, während der größten Ausdehnung des Khmerreiches, zur kambodschanischen Staatsreligion erklärt worden. Dem Hinayana-Buddhismus liegt die Vorstellung zugrunde, daß nur für jene wenige, die den strengen Geboten des Mönchstums folgen, die Fahrt möglich sein werde zum Heilsziel des Nirwana. Das hat elitäre Züge und lebt aus der klösterlichen Mönchsgemeinde heraus, der Sangha. Der Hinayana-Buddhismus beruft sich auf eine dreiteilige Textsammlung, die als Dreikorb – in Sanskrit „Tripitaka“, in der mittelindischen Sprache Pali „Tipitaka“ genannt –, als umfangreichste heilige Schrift der Religionsgeschichte gilt. Es ist die Reflektion des Werdens und Vergehens, deren Vermittler die Mönche sind.

Damit unterscheiden sich die Khmer von den vietnamesischen Buddhisten, die sich dem Mahayana-Buddhismus zugehörig fühlen, dem sogenannten großen Fahrzeug. Die Lehre ist sehr viel volkstümlicher und weiter in der asiatischen Welt verbreitet als der Theravada-Buddhismus. Der wird auch die südliche Schule genannt, weil er sich von Indien aus

in Ceylon, Burma, Thailand, Laos und Kambodscha ausbreitete. Der Mahayana-Buddhismus wird dementsprechend als nördliche Schule bezeichnet, weil er in den zentral- und ostasiatischen Ländern Tibet, China, Mongolei, Vietnam, Korea, Japan heimisch wurde, zahlreiche Sonderformen bildete und den Laien außerhalb der Klöster einen großen Einfluß zubilligt. Demnach können alle das Heilsziel des Buddhismus erreichen. Ihnen zur hilfreichen Seite wirken die Bodhisattva, die Erleuchtungswesen, die auf dem Wege zur Buddhaschaft vor dem Eintritt ins Nirwana durch Übertragung ihrer Verdienste auf alle Wesen zu deren Erlösung beitragen, nämlich: den Geburtenkreislauf zu überwinden.

Weil die Pagoden der Mittelpunkt der Khmer-Kultur sind, kommen sowohl dem mönchischen Nachwuchs wie der Ausstrahlung der Mönche auf die Glaubensgemeinschaft eine so große Bedeutung zu. Es gilt, den achtfachen Pfad zu beschreiten, der da heißt: „rechte Anschauung, rechte Gesinnung, rechtes Wort, rechte Tat, rechtes Leben, rechtes Streben, rechtes Überdenken und rechtes Sichversenken." Und Buddha gab seinen Jüngern mit auf den beschwerlichen Weg der Wahrheitssuche: „So, ihr Mönche, eröffnete sich mir bei diesen früher noch nicht gehörten Lehren die innere Schau, entstand mir das Erkennen, ward das Verstehen mir zuteil, erlangte ich die Wissensmacht und ward die Einsicht mir zu eigen."

Die vietnamesischen Behörden gestatten es heute eher, daß Khmer-Jungen mit zehn oder zwölf Jahren einem Kloster beitreten; erst wenn sich junge oder ältere Männer berufen fühlen, macht der Staat Schwierigkeiten. Der gebildete Nachwuchs soll möglichst in geringer Zahl gehalten werden. Es gibt freilich auch andere Mittel der Repression. Es fehlt nicht nur an zeitgenössischer Lektüre, es mangelt auch – was von den jugendlichen Mönchen noch mehr bedauert wird – an buddhistischer Literatur. In den Glasvitrinen des Wat Khleang stehen sorgsam gehütet einige Dutzend Bände der Tripitaka, prächtig gebunden mit dem Angkor-Wat-Motiv auf den Rücken. Es sind Bücher, die in den 60er Jahren vom Buddhistischen Institut in Phnom Penh publiziert worden waren und weite Verbreitung auch in den Pagoden des Mekong-Deltas fanden. Aus Kambodscha dürfen schon lange keine Schriften mehr eingeführt werden. Die geistigen Bindungen, die zwischen den Klöstern beiderseits der Grenze bestanden und über diese Grenze hinweg sich gegenseitig befruchteten, sind zerstört. Der Aufbau neuer Bibliotheken beginnt ansatzweise und wird vermutlich noch Generationen von Mönchen dauern.

Ein Mönch muß sich keineswegs ein Leben lang einem Kloster verpflichten. Kim Khanh, der Mönch in Soc Trang, erklärt uns: „Wir begrenzen die Zeit des mönchischen Lebens nicht. Wie lange einer Mönch sein will, hängt von ihm selbst ab. Ob ein Leben lang oder eine kurze Zeit, entscheidet jeder selbst. Wer den Tempel verlassen will, kann das tun."

Nicht nur die Pagode in Soc Trang wirkt fein herausgeputzt. Überall im Mekong-Delta, wo etwa 400 Khmer-Pagoden stehen, fällt deren in jüngster Zeit mit großem Aufwand erfolgte Erneuerung auf. Da wird gestrichen, geschnitzt, gebaut. Das Gemeindeleben blüht. Die Ausgaben werden von den Mitgliedern selbst erbracht. Es sind Bauern, Handwerker, kleine Leute zumeist. Mit ihren bescheidenen Einkünften helfen sie gemeinsam an der Wiederherstellung der Pagoden. Selbstverständlich ist es ihnen, einen der Söhne zumindest zeitweise in ein Kloster zu schicken. Wenn die jungen Mönche in den Morgenstunden mit der Bettelschale von Haus zu Haus wandern, werden sie erwartet und erhalten Reis und Gemüse und Früchte, wie es der buddhistische Brauch verlangt, durch die Speisung der Mönche eine gute Tat zu vollbringen.

Von diesen Pagoden wird das Überleben als Minderheit mit eigener Identität erwartet. Venerable Kim Khanh: „Das Wichtigste ist, die buddhistischen Bräuche und Traditionen und damit die kambodschanische Kultur zu erhalten: für alle Zeiten – for ever and ever –, damit wir auf keinen Fall in unserem Wesen zerstört werden." Lächelnd und leise sagt dies der Mönch und seine Mitbrüder nicken. In ihrem religiösen Leben können sie sich heute ungestörter als vor einigen Jahren bewegen. Die vietnamesische Regierung hat Zugeständnisse gemacht. Aber eines ist für die Khmer im Mekong-Delta klar: Politik ist tabu. Die Mönche und ihre Anhänger dürfen sich mit dem Nirvana beschäftigen, solange sie sich in die irdischen Verhältnisse, wie sie die Herren in Hanoi bestimmen, widerspruchslos einfügen. Im weitesten Sinne gilt dies für alle Religionsgemeinschaften in Vietnam. Die Kommunistische Partei hat eine höllische Angst vor dem wachsenden Einfluß der Religionen auf die Bevölkerung, die sich enttäuscht von ihr abwendet und Zuflucht in Pagoden und Kirchen sucht.

Da wächst eine neue Generation von Mönchen heran. Die Seinsfragen sind nicht nur

auf das Danach, das Jenseits, das Verlöschen gerichtet, sondern auch diesseitig orientiert. Darin wird kein Widerspruch gesehen. Die Mönche gehen auf Touristen zu, wollen ihr englisches Vokabular ausprobieren, hören die Sendungen der Voice of America, fragen uns nach dem Euro, nach dem Preis eines Flugtickets. Wir reden über Wünsche und berufliche Vorstellungen. Einer träumt davon, Journalist zu werden. Ein anderer sieht sich nach den Klosterjahren in Wirtschaft und Handel, um dereinst die eigene Familie zu unterstützen. Ganz selbstverständlich klingt das an jenem Abend, als wir uns nach der Meditationsübung in der Pagode vor der Kantine zu einem Gedankenaustausch treffen. Freimütig bekennen die Mönche: „Wir sind eine Minderheit in einem fremden Land. Wir müssen uns mit Bemerkungen zurückhalten, dürfen nicht alles sagen, was uns auf dem Herzen liegt." Sie sind unter der Khmer-Bevölkerung die Intellektuellen. Sie müssen sich um die eigene Geschichte kümmern, um eine Zukunft zu haben. Sie müssen die Fragen stellen, sanftmütig und ausdauernd. Wer sonst? Buddha sagte: „Klar bewußt möge ein Mönch verharren und achtsam; das sei für euch, ihr Mönche, unser Gebot."
r.s.

GRENZBEREICHE

Das Gift der späten Jahre

Wir fahren von Ben Tre südostwärts. Die leuchtend grünen Reisfelder üppiger Fruchtbarkeit bleiben hinter uns. Die Delta-Landschaft verändert sich, ohne, daß man gleich sagen könnte, was diesen Wechsel ausmacht. Die Farben verblassen. Die Natur wird karger, trister. Wir nähern uns der Küste, an dessen sumpfigen Ufern das Südchinesische Meer und der Golf von Siam zusammentreffen. Der Boden ist kilometerweit versalzt, Trinkwasser eine Kostbarkeit. Vor den ärmlichen Holzhütten stehen braune bauchige Tongefäße, in denen der Regen aufgefangen und das spärliche Süßwasser der wenigen Quellen gespeichert wird. Es ist eine typische Region zwischen Meer und Festland: das eine noch nicht, das andere nicht mehr ganz.
Wir stoßen in einen geografischen Grenzbereich vor, der auch zum existentiellen Grenzbereich seiner Menschen geworden ist. Hier besonders hatten sich während des Vietnamkrieges die Männer und Frauen des Vietcong zurückgezogen. Es war der zweite Vietnamkrieg, der gegen die Amerikaner und deren Verbündete; nachdem die Vietnamesen den ersten Vietnamkrieg bereits gewonnen hatten: den gegen die Franzosen, die 1954 nach ihrer Niederlage bei Dien Bien Phu das Land als geschlagene Kolonialherren hatten verlassen müssen. Die Amerikaner brauchten Jahrzehnte, um ihre historische Lektion zu lernen. Mit der überlegenen Militärtechnik waren sie überzeugt, das kleine Vietnam und die vermeintlich kleinen Vietnamesen in die Steinzeit zurückbomben zu können.
Hier im südöstlichen Mekong-Delta, wo es keine Industrie, keine strategischen Militäreinrichtungen, keine handfesten Ziele für die zerstörerische Wucht von Sprengstoff-Bomben gab, hier wurde eine chemische Keule abgeworfen, deren satanische Zeitzünder noch heute Tod und Verderben bringen. Schleichend, versteckt, unsichtbar in den Ursprüngen; grauenhaft in den Folgen. Während der Blick aus dem Autofenster über diese eher langweiligen Lande gleitet, die dem Auge so wenig an Unterhaltung bieten, gewinnen die Bilder wieder erschreckende Gegenwart, die Tage zuvor in Saigon zu sehen gewesen waren.

Im Frauenkrankenhaus Tu Do von Ho-Chi-Minh-Stadt ist hinter sorgsam verschlossenen Türen ein Horror-Kabinett verborgen. Zugang nur mit besonderer Genehmigung. Man ahnt, was einen erwartet; in gewisser Weise wird das Schockierende geradezu herausgefordert, gesucht, provoziert. Und dann ist die Wirklichkeit noch viel schlimmer. In Glasbehältern und grünlicher Alkohollösung wird da eine ungeheuerliche Sammlung menschlicher Mißbildungen konserviert. Babys mit zwei Köpfen. Embryos, die eher Tieren als Menschen gleichen. Einäugige Fratzen. Herausquellende Gehirnmasse. Gummiartiges Fleisch, das in makabrer Deformation jegliche Ähnlich-

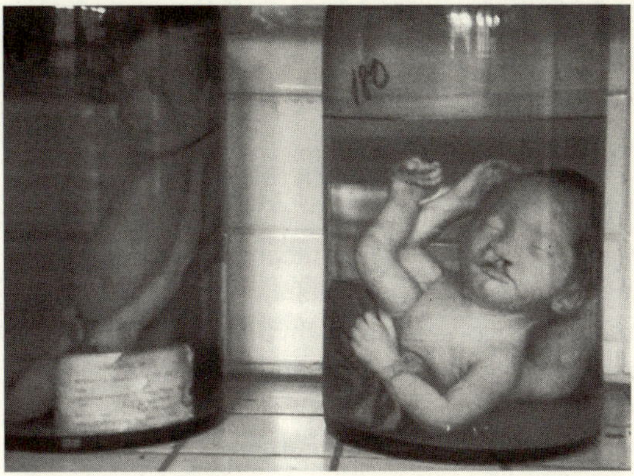

keit mit menschlichen Wesen verneint. Es ist, als habe der Herr der Hölle persönlich experimentiert und Gottes Schöpfung zur grotesken Farce verkommen lassen. In mehr als zweihundert solcher Gläser stecken grauenhafte Zeugnisse einer außer Rand und Band geratenen Natur, die sich den Worten entzieht. Auch hartgesottenen Besuchern verschlägt es die Sprache. Man blickt in die Abgründe einer Schreckenswelt. Sie ist nicht etwa teufelgewollt, sondern von Menschen zu verantworten.

Der Fluch des Vietnamkrieges wirkt in der zweiten, dritten Generation weiter. Mit dem von Flugzeugen versprühten Gift Agent Orange haben die Amerikaner in den 60er und 70er Jahren die Verstecke des Vietcong entlaubt. Die dioxinhaltigen Chemikalien verwandelten aber nicht nur fruchtbare Regionen in Wüsten; Agent Orange veränderte über Generationen die Erbanlagen der dortigen Bewohner. Die Miß- und Totgeburten im Frauenkrankenhaus Tu Do wurden 1980/81 präpariert und der Nachwelt erhalten. Der Vietnamkrieg war 1975 zu Ende gegangen. Die vietnamesischen Sieger wollten dokumentieren, welche Auswirkungen der massenhafte Einsatz des Entlaubungsgiftes Agent Orange hatte. Überall dort, wo die Amerikaner aus der Luft dieses dioxinhaltige Mittel versprühten, waren derart unmenschliche Folgen zu registrieren. In jenen Jahren machte die Gläser-Kollektion im Frauenkrankenhaus von Saigon weltweit Furore. Hanoi benutzte das Horror-Kabinett auch zu propagandistischen Zwecken.

Danach gerieten die Mißbildungen in Vergessenheit. Bei der vietnamesisch-amerikanischen Annäherung auf dem Felde der Politik und Wirtschaft seit dem Ende der 80er Jahre galten solche Bilder als störend. Neuer Pragmatismus war angesagt. Den Zusammenhängen zwischen Agent Orange und den genetischen Folgen wurde offiziell nur zögernd nachgegangen. Auch die Ärzte und Ärztinnen im Frauenkrankenhaus von Saigon antworten ausweichend, wenn sie auf die Kausalität von Sprühaktionen und Mißbildungen angesprochen werden. Devise: Nichts Genaues weiß man nicht.

Der Krieg ist Geschichte. Niemand will gern daran erinnert werden. Wer die Monster in den Gläsern sieht, könnte sich der Illusion hingeben, dies seien die bedauerlichen Opfer von gestern. Das Teufelszeug Agent Orange habe sich doch längst in Luft und Wasser aufgelöst und seinen Schrecken verloren. Eine fatale Fehleinschätzung! Eine unverantwortliche Verharmlosung! Ein paar Ecken weiter vom „Collection Room“, so der Hospital-Jargon, sehen wir die lebenden Opfer – wenn man das euphemistische Verb „leben“ angesichts des stummen Leides gelten lassen will. Da liegen die Frühgeburten, die Ausgeburten, die Krüppel. Kein Glas mehr, kein Formalin. In einem Bettchen sabbert ein Riesenkopf aus einem Froschmund vor sich hin, das Gesicht ein aufgeblasener Ballon, der Hinterkopf eine reife Jackfrucht, so langgezogen, so aufgedunsen.

Im Nachbarzimmer turnt ein Junge mit einer Krücke umher. Ihm war das eine Bein gegönnt. Das andere hat der Zwillingsbruder, von dem er in langwieriger Operation getrennt worden war. Der dämmert auf seinem Bett dahin, nicht ansprechbar, geistig wohl in einer anderen Welt zuhause. Kafkas Käfer ohne Verstand. Was haben die Brüder gemeinsam, außer dem Schicksal, das ihnen jeweils nur ein Bein gab, das der eine Junge nicht einmal gebrauchen kann? Hieronymus Boschs gemalte Alpträume haben die Leinwand verlassen. Apokalypse now.

Ein Knirps springt fröhlich auf den Besucher zu, die Fingerstummel der verkürzten Linken umklammen dessen Beine. Das bißchen Hand, das aus dem Hemdärmel herauskommt, tätschelt den Oberschenkel. Der Blick von da unten aus zwergenhafter Perspektive ist so heiter, so vital, so kindlich normal, daß man an seiner eigenen Wahrnehmung zweifelt, wer da behindert ist, wer nicht.

Das Frauenkrankenhaus mit fast tausend Betten ist das größte derartige Hospital in Vietnam. Zwischen zwei- und dreihundert Mißgeburten werden hier Jahr für Jahr behandelt. Ob es den berüchtigten Zusammenhang mit Agent Orange gibt, wird nicht untersucht. Zu aufwendig wäre derartige Forschung. Aber hier ist zumindest eine Chance auf Hilfe. Hier wenigstens werden die behinderten Kinder registriert. Hier nehmen Statistiken ihre Krankengeschichte auf. Von hier aus gibt es Wege zu anderen Institutionen, wo die Möglichkeit der Rehabilitation besteht. Doch niemand vermag zu sagen, wieviele Kinder mit von Agent Orange verursachten Schäden irgendwo in der Provinz und in abgelegenen Gebieten geboren werden. Dunkelziffer heißt das. Ein besonders finsteres Kapitel der vietnamesischen Nachkriegsgeschichte, die unmittelbare Gegenwart ist und in die Zukunft reichen wird.

Das sind die Bilder, die die Fahrt an jenem Morgen von Ben Tre südostwärts begleiten. Wir sind unterwegs, im Mekong-Delta einige Seiten dieses Dramas aufzuschlagen. Staubig die unbefestigten Straßen zwischen den Dörfern. Tümpel mit schmutzig-trübem Wasser. Schließlich 40 Kilometer von Ben Tre entfernt: das Dorf Thanh Tri, dessen ebenerdigen Holzhäuser über einen weiten Umkreis verstreut sind. Vergebens suchen

wir so etwas wie ein Zentrum. Wir sehen das Mädchen Ho Thi Ngan. Es ist drei Jahre alt. Der linke Arm endet in einem Stumpf. Das Kind kam ohne Hand auf die Welt. Die Mutter führt einen armseligen Laden, der die Familie schlecht und recht ernährt. Schützend umarmt sie ihre Tochter, als wir nach der möglichen Ursache der Körperbehinderung fragen. Sie lächelt verlegen. Sanftes Kopfschütteln. Dann füllen sich die Augen der Mutter mit Tränen. Verzweifelt wendet sie den Blick.
Mißbildungen können viele Ursachen haben. Doch der Gang durch das Dorf Than Tri wird zum bedrückenden Erlebnis. Wir lernen eine Außenstelle des „Collection Rooms“ kennen. Ein Junge mit verkürztem Bein humpelt mit Hilfe eines Knüppels umher. Ein geistesgestörtes Baby ruht apathisch in den Armen der Mutter. An Kinderhänden fehlen einzelne Finger. Ein Halbwüchsiger schleift seinen Klumpfuß über den sandigen Weg. Immer wieder treffen wir auf verkrüppelte Kinder. Der Besucher schaut genauer hin und ist über die Vielzahl derartiger Schädigungen entsetzt. Die Leute vom Dorfvorstand haben nachgezählt: Von gegenwärtig 358 behinderten Kindern im ganzen Kreis Binh Dai leben allein in der Gemeinde Thanh Tri 59. Die meisten von ihnen leiden an Cerebral Palsy mit verschiedenen körperlichen Deformationen. Ein Zufall? Ein böses unerklärliches Schicksal?
Dr. Nguyen Te The, der Vietnam-Repräsentant des deutschen Kinderhilfswerks Terres des Hommes, erklärt den Zusammenhang: „Diese Gemeinde ist im Krieg mehrmals besprüht worden, von 1969 bis 1971 mehr als zehnmal. Wir haben hier unheimlich viele behinderte Kinder ausfindig gemacht. Wir nehmen an, daß dies die Folge der Sprühaktionen ist.“
Der Bauer Pham Chau Ha erinnert sich an die Jahre des Krieges. Der 54jährige Mann stammt aus dem Dorf, wuchs hier auf, kannte auch die Verstecke der Vietcong. „Wenn Bomben fielen, dann explodierten am Himmel kleine Wolken von Puder“, so erzählt er, „pink und grün sah das aus. Ja, das habe ich oft gesehen. Wir wußten doch damals gar nicht, was da aus der Luft auf uns niederkam. Im Wasser sahen wir dann ein weißes Segment. Die Leute fühlten sich unmittelbar nach einer solchen Aktion matt und schwach und kamen erst Tage nach dem Abwurf wieder zu Kräften.“ Der Mann berichtet in klaren Worten, er braucht nicht lange zu überlegen. Die Erinnerung ist präsent. Über Veränderungen in ihrer Umgebung wunderten sich die Dorfbewohner schon

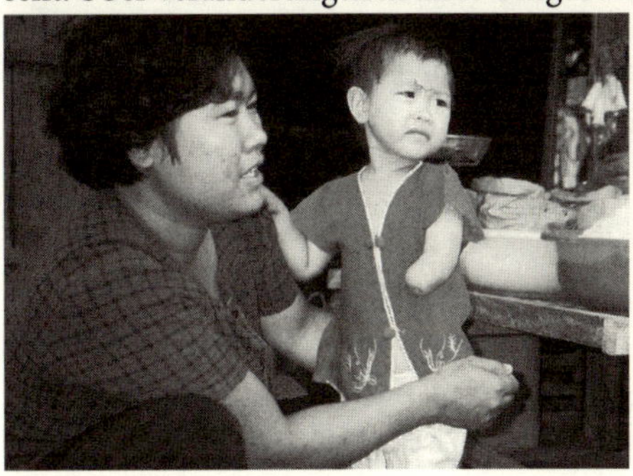

damals. Bananen wuchsen schneller, wurden größer als die normalen Früchte und verrotteten schnell: ungenießbar. Die Blätter welkten. Bäume verdorrten. Der mögliche Zusammenhang mit dem „himmlischen Puder“ wurde von ihnen vermutet, ohne daß jemand eine plausible Erklärung hätte geben können. Von den nun über Generationen währenden Folgen hatten sie keine Ahnung. Die völlige Unberechenbarkeit des Agent Orange ist als genetischer Sprengsatz geblieben, und niemand vermag zu sagen, nach welchen biologischen Gesetzen er seine Wirkung entfaltet. Der 54jährige Mann Pham Chau Ha bearbeitet einen halben Hektar Land. Er hat fünf Kinder. Alle sind gesund. Der Bauer wirkt greisenhaft, verbraucht, kraftlos. In das faltenreiche Gesicht des Mannes haben sich die Kümmernisse jahrzehntelangen Schuftens eingegraben. Sein Leben und das der Nachbarn wurde nachhaltig von den politischen Interessen verpfuscht, die weit, weit weg von Thanh Tri den Einsatz von Agent Orange ausgelöst hatten.

Ein Dorf wie dieses liegt auch für vietnamesische Verhältnisse völlig im Abseits von Geografie und öffentlicher Aufmerksamkeit. Brackwasser durchdringt die Felder. Der Boden ist arm. Die Menschen gehören zu den vergessenen Bürgern Vietnams. Wenn in einer Familie ein behindertes Kind geboren wird, dann erscheint dies als Schicksalsschlag; und die Frage, ob es einen Zusammenhang mit dem Agent Orange von gestern geben könnte, ist für die betroffenen Menschen unwichtig – die wissenschaftlich gesicherte Antwort würde ja doch nichts am unmittelbaren Leid ändern.

Wird überhaupt ein solcher Zusammenhang gesehen? Dr. Nguyen Te The von Terre des Hommes: „Wo viel besprüht wurde – ja. Aber es kann auch andere Ursachen der Behinderung geben. Die Bevölkerung sehr abgelegener Gebiete mit sehr niedrigem Bildungsniveau denkt manchmal, das ist ein Schicksal oder eine Bestrafung durch Gott. Dann denken sie nicht, daß Behinderungen die Folge von Agent Orange sind. Sie wissen es nicht, weil keine genauen Untersuchungen gemacht wurden. Wir haben aber festgestellt: Wo früher viel besprüht wurde, kamen unheimlich viele behinderte Kinder zur Welt."

Zusammenhänge? Es ist weit auszuholen. 1961 hatte der amerikanische Präsident John F. Kennedy den Einsatz von Sprühgiften angeordnet, um den Nachschub der nordvietnamesischen Armee in den Süden zu behindern und die Stellungen der Vietcong zu enttarnen. In den folgenden zehn Jahren wurden von der amerikanischen Luftwaffe und ihren südvietnamesischen Verbündeten mehr als 70 Millionen Liter von Herbiziden über 10 bis 14 Prozent der Landfläche versprüht, hauptsächlich das berüchtigte Agent Orange. Mehr als zwei Millionen Hektar an Wald, Feldern, Dörfern und Mangroven-Dickicht im Mekong-Delta sind davon betroffen worden. Das dioxinhaltige, hochgiftige Agent Orange entlaubte nicht nur Bäume, ruinierte Mangroven und machte die Menschen krank; es verursachte Krebs, schädigte die Erbanlagen und vernichtete den Lebensraum von Millionen von Menschen. Die Langzeitwirkung ist bislang nicht abzuschätzen. Vietnamesische und russische Wissenschaftler fanden heraus, daß die zwei Millionen Überlebenden, die mit Agent Orange in Berührung kamen, durchschnittlich eine um zehn Jahre verkürzte Lebenserwartung haben. Davon sind auch amerikanische Vietnam-Veteranen in den USA betroffen: Täter und Opfer gleichermaßen.

Wieviele Spätgeborene im heutigen Vietnam unter den Folgen zu leiden haben, ist nur eine geschätzte Zahl. Sie wird mit 100.000 angegeben. Für die meisten Familien ist dies ein privates Problem. Bislang wurde dem Zusammenhang von Agent Orange und Behinderungen in der zweiten, dritten Generation wenig Aufmerksamkeit geschenkt. Das Problem wurde eher tabuisiert. Vietnam hat bei der amerikanischen Regierung nie offiziell eine Kompensation dieser Schäden eingeklagt. Die landesweite Untersuchung von Agent Orange und den Spätfolgen wurde von Premierminister Phan Van Khai erst im April 1998 angeordnet. Ein vietnamesisches Gremium, das vorbereitende Untersuchungen einleitete, war im Oktober 1980 gegründet worden.

Dr. Nguyen Te The, der sein Büro in Saigon hat, zur Frage, ob denn diesem Problem heute in Vietnams Medien mehr Aufmerksamkeit gegeben wird als noch vor Jahren: „Ich glaube schon. Heute liest man von sehr vielen Stiftungen für Agent Orange-Opfer. Das geht von der Regierung aus, aber auch von Menschenrechtsorganisationen und von der Bevölkerung." Die Zeit der Tabuisierung scheint vorbei zu sein. Dr. Nguyen Te The: „Das kommt jetzt auch sehr oft in den öffentlichen Medien. Es gibt auch ein Pogramm der vietnamesischen Regierung, den Opfern des Agent Orange während des Krieges zu helfen. Das Problem ist nicht nur in Mittel- und Südvietnam. Der Norden Vietnams wurde nicht besprüht, aber viele Väter oder Großväter, die früher im Süden gekämpft haben, in diesen besprühten Gebieten, haben nun behinderte Nachkommen."

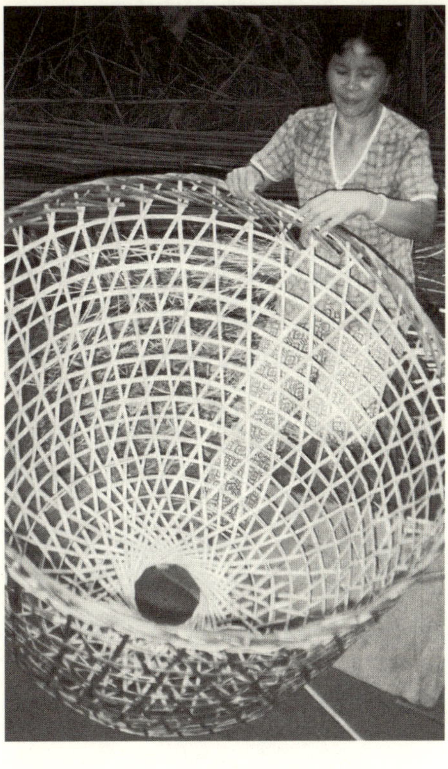

Im Dorf Tranh Tri leben die meisten Menschen von der Hand in den Mund. Der Anbau von Gemüse, Reis, Mais reicht bestenfalls für den eigenen Bedarf. Die Familien, die eines der behinderten Kinder ernähren müssen, sind in ihrer Armut besonders betroffen. Bislang waren sie sich selbst überlassen. Keines der geschädigten Kinder erhielt eine angemessene medizinische Betreuung. Gehhilfen, Trainingsprogramm, Rehabilitierung durch Fachleute: Fehlanzeige.

Das einzige größere Gebäude der Region, das in jüngster Zeit für die örtlichen Verhältnisse protzig errichtet wurde, ist die Zentrale der Kommunistischen Partei. Das weißgestrichene Gebäude als steinerne Machtdemonstration zeigt weithin sichtbar den Widerspruch zwischen dem in Funktionärshierarchie erstarrten Apparat und den in ihren Nöten alleingelassenen Menschen. Trotz aller offiziellen Beteuerungen bleibt eine spezielle Hilfe für die behinderten Kinder und ihre Familien aus. Parteiobere verweisen im Gespräch auf die allgemeine Armut des Staates Vietnam.

Die Frauenunion der Region, eine staatliche Organisation zur Selbsthilfe ganz unten, wurde aktiv. Die eigenen Mittel sind eher kümmerlich. Aber immerhin gibt es ein Netz von ehrenamtlichen Mitarbeiterinnen. Mit Unterstützung von Terre des Hommes Deutschland richteten sie ein Programm für Kleinkredite ein. Codewort: „Orange". Es soll den Müttern behinderter Kinder zu zusätzlichen Erwerbsquellen helfen. Dr. Nguyen Te The erklärt: „Die Leute dort sind der Meinung, wenn es mit der wirtschaftlichen Situation besser wird, können sie später auch mit der Rehabilitierung ihrer Kinder anfangen. Wir sind damit einverstanden, wenn die Leute vor Ort das schon so entschieden haben. Deswegen haben wir mit einem kleinen Kreditprogramm angefangen. Wir hoffen, daß diese Kleinkredite den Familien helfen werden, damit sie ihren Kindern direkt oder indirekt helfen können."

Mit solchen Krediten werden Bast und Bambus zum Flechten von Matten gekauft, Küken für die Entenzucht, Schweine, die später vermarktet werden. 37 Mütter sind im ersten Teil des Projekts dabei. Es ist ein Anstoß für Eigeninitiative und eine Stärkung des Selbstbewußtseins. Zum erstenmal überhaupt erfahren die Familien in der Einöde des Mekong-Deltas, daß sich jemand um ihre Sorgen kümmert, daß sie nicht allein sind. Es sind bescheidene Ansätze, die bittere Armut zu mindern und den behinderten Kindern das Leben etwas zu erleichtern. Der zweite Teil der Aufgabe übersteigt aber die Mittel von Terre des Hommes: die medizinische Betreuung der Kinder und deren Rehabilitierung unter ärztlicher Aufsicht. Das ist die weitere Dimension des Problems. Es reicht über Vietnams Grenzen hinaus.

Bei der umfassenden, langfristigen Schadensbegrenzung sind die Verursacher dieser Umweltkatastrophe namens Agent Orange herausgefordert. Aber bis heute gibt es kein Programm der USA, das den gepeinigten Kindern eine angemessene Hilfe zuteil werden ließe. Nur eines ist klar: Die Schuld verjährt ebensowenig wie die Langzeitwirkung des Giftes.

r.s.

Menschen im Delta

Die Schattenstimme

Im abendlichen Marktgewühl von Long Xuyen war er uns aufgefallen. Mitten im Delta des Mekong. Ein schmächtiger Junge, zehn, zwölf Jahre alt. Er verbeugte sich, zog seinen Hut mit runder, verbeulter Krempe und bat um eine Gabe. Wir schauten in ein offenes, freundliches Gesicht, das scheu wirkte und verlegen. Ein Auge war blind und grau. Der Junge lächelte sanft und senkte den Blick. Wir steckten dem Kind einen Geldschein zu.

"Thank you", sagte der Junge und verbeugte sich wieder. Er wirkte zerbrechlich und sehr verletzbar. In der Dunkelheit lief er ein paar Schritte neben uns her, ein Schatten, der auf merkwürdige Weise unser Mitleid erregte und all das schlechte Gewissen der so unverhältnismäßig reichen Gäste in diesem Lande anstachelte.

"Good night", sagte er in mildem Tonfall eines kindlichen Bettlers, der nichts zu geben vermag als einen herzlichen Wunsch und ein paar englische Brocken, flüsternd und liebenswert ausgesprochen, kaum hörbar im Lärm der Autos und Passanten. Es war spürbar: Dieser Junge gehörte zu den Verlierern im Lande, hineingeboren in Hunger, Mangel, Leid. Noch ehe er eine Chance hatte, seine Talente, Begabungen, seinen Lerneifer auszuprobieren, war er schon auf der Strecke geblieben. Ein Junge der Straße.

Uns war, als verfolgte uns diese Schattenstimme noch lange in der Provinzstadt des Mekong-Deltas und auch andernorts. Eine Stimme von so vielen, die keine Stimme haben. Wir waren einer Gestalt begegnet, wie sie in den alten europäischen Missionszeitschriften abgebildet ist: demutsvoll, leise und dankbar. So wollten die reichen Spender die Empfänger ihrer milden Gaben und anmaßenden Botschaften stets am liebsten sehen. Eine Figur war da in der Dunkelheit von Long Xuyen aufgetaucht aus der Zeit, bevor Revolution und Krieg die Weißen, die Kolonialisten, die Fremden aus Vietnam vertrieben. Erst mußten die Franzosen gehen, geschlagen und besiegt; dann wurden die Amerikaner weggejagt vom kommunistischen David, der den Goliath aus der Neuen Welt das Fürchten gelehrt hatte. Alles schon Geschichte. Vielleicht war es dieses historische Wissen, das uns bei der Begegnung mit dem Jungen so emotional anrührte. Der Junge paßt nicht in das Bild des kämpferischen Vietnam, dessen revolutionäres Image einst die Welt elektrisierte. Wer heute durch das Land reist, wird ständig mit Widersprüchen konfrontiert, die eben auch etwas mit dem eigenen Lebensalter zu tun haben. Ist man jung genug, um sich von Kriegsbildern unbeschwert dem vielfältigen

und im Süden so phantastisch tropischen Land zu öffnen? Oder ist die Auseinandersetzung um Vietnam in den 60er und 70er Jahren ein Teil der eigenen Biographie gewesen, die die politischen Maßstäbe prägte, an denen nun das Land und seine Verhältnisse gemessen werden?
Der sanfte Junge im abendlichen Marktgewühl von Long Xuyen zeigte eines der vielen Gesichter Vietnams. Eines, das die Welt kaum zur Kenntnis genommen hat. Der Junge verschwand im Dunkel der Nacht.

Der Englischlehrer

Plötzlich saßen wir im Mittelpunkt allgemeiner Neugier. Erschöpft nach der Erkundung der Shrimp-Metropole Ca Mao hatten wir uns am Markt auf die kleinen bunten Plastikstühlchen gesetzt und bei einer der Händlerinnen etwas zu trinken bestellt. Hinter uns die moderne Markthalle, vor uns das Boots-Gewimmel auf dem Fluß, der zu den vielen Verästelungen des Mekong gehört. Ein Logenplatz, um die unendliche Aufführung des Wasser-Theaters zu beobachten. Doch der Blick auf das bewegte Schauspiel wurde uns mehr und mehr verstellt. Wir als Publikum erregten Aufsehen. Unser stilles Schauen und Staunen war für die, denen die Mekong-Darbietungen vertraute Szenerie sind, attraktiver Anlaß für Neugier und muntere Kommentare. Die Marktfrauen kamen; Kinder drängelten sich heran; Lastenträger, Bootsführer, Tagelöhner blieben stehen. Woher, wohin? Fragen, in verschiedenen Sprachen geäußert, umschwirrten uns. Es wurde eng um uns herum. Jeder wollte es genau wissen.
In der Menge der vielen wechselnden Gesichter fällt eines auf. Eine alte Frau schiebt sich an den Leibern vorbei, kommt uns nahe. Eine der Losverkäuferinnen, die ein

Bündel Papier feilbietet und schnell begreift, daß bei uns kein Geschäft mit der Hoffnung auf das große Glück zu machen ist. Sie fragt in einem kümmerlichen, kaum verständlichen Englisch nach unserer Herkunft. Die dürftigen Worte in krächzendem Ton ausgesprochen, klingen so armselig und kraftlos wie die Frau aussieht. Eine ausgemergelte, dürre Gestalt, auf den wirren grausträhnigen Haaren der übliche Spitzhut, ausgefranst das Stroh, verblichen das einstige Gelb. Woher sie denn ihre Englischkenntnisse habe, fragen wir sie. Ein verächtliches Grinsen macht den fast zahnlosem Mund noch häßlicher; nein, Lächeln ist diese Regung in dem verwüsteten Gesicht nicht zu nennen.

"My teacher was a colonel", sagt sie mit heiserer Stimme, jedes Wort betonend.

„Ein Offizier? Ein Amerikaner?"

Sie scheint die Frage nicht zu hören und wiederholt: "My teacher was a colonel." Es dringt ins Stimmengewirr der Neugierigen wie eine einstudierte Phrase; ein fernes Echo aus einem früheren Leben, das längst vorbei ist.

Vor uns steht ein Gespenst. Es berichtet stockend in der Sprache des einstigen Lehrers von der Jugend in jenem anderen Leben, das damals war: zu Zeiten des Krieges. Das Wesen, das als Hülle aus Haut und Knochen diese Jahre einstiger Blüte überdauerte, sinnt der Vergangenheit nach. Der Mund ist eine offene Wunde, blutleer die dünnen Lippen, nie vernarbt wie die Erinnerung an die verkaufte Jugend. Wir ahnen etwas von der ausgelöschten Schönheit, sehen die Blume, die ein Colonel gepflückt, genossen und weggeworfen hat. Der Mund verzieht sich schmerzhaft zu einem zerschundenen Lächeln. Noch einmal halten uns knöchrige Finger das Losbündel hin.

Am Abend wird uns im Hotelzimmer telefonisch eine Massage angeboten. Wir nächtigen im staatlichen Hotel „Ca Mao", dessen Discothek durch die Gänge dröhnt. Lokkend die weibliche Stimme im Hörer. Die Offerte zu sinnlicher Entspannung wird in englischer Sprache erteilt, verführerisch, flüsternd, jugendlich. Es könnte eine Tochter der Losverkäuferin sein, die da um Kunden wirbt. Das Gespenst geht um. Hat sich denn nichts geändert in Vietnam? Doch. Heutzutage wird Englisch schon in der Schule gelehrt.

Boatpeople

Lan ist zehn Jahre alt. Sie kennt sich aus. Mit zupackendem Griff hält sie uns Minas Hinterteil hin und sagt bestimmt: „Es ist ein Mädchen." Der treublickende Hund Mina gehört zur Familie wie der kleine neunjährige Bruder Dung, der Vater Nguyen Van Thanh und die Mutter Hanh. Alle zusammen leben auf einem Holzboot, das sechs Meter lang und eineinhalb Meter breit ist. Es ist ihr Zuhause: Wohn- und Schlafzimmer, Küche, und die Wellen des Mekong bieten Wasserleitung, Toilette, Dusche. Ein mit Palmblättern, Säcken und Blechen gedecktes Runddach schützt vor Regen und Sonne. Unter diese Wölbung kriecht die Familie wie in den Bauch eines wohlwollenden Tieres. In der schwimmenden Hütte liegen ein paar Kissen und zusammengeroll-

te Matten, die nachts ausgebreitet werden; es gibt Töpfe, Teller, ein Transistorradio. An den Seiten des Daches sind innen Kleidungsstücke in die stützenden Stöcke geklemmt. In diesem schwankenden Heim sind Lan und Dung gezeugt und geboren worden. Hier wachsen sie auf, spielen mit Karten und einer aufblasbaren Plastikpuppe und turnen entlang der Außenbretter mit der Sicherheit von Geschöpfen, denen das Wasser vertraut ist und keine Angst einflößt. Die Kinder kennen Stürme, sengende Hitze, heftigen Wellenschlag. Doch daß zwei weiße Männer mit ihnen einen Tag lang durch die Kanäle von Vinh Long und das wässrige Labyrinth der Inseln An Binh und Binh Hoa Phuac tuckern und unbedingt zu den schwimmenden Märkten von Cai Be wollen, das haben sie noch nicht erlebt. Für Touristen liegen eigens Schiffe am Ufer, große lange Motorschiffe mit Reihen von Bänken. Daß wir die Unbequemlichkeit ihres engen Bootes vorziehen, uns auf den Boden hocken und Mühe haben, die langen Beine unterzubringen, macht die Kinder neugierig. Ohne eine Spur von Scheu beginnt Lan, uns alles zu zeigen und zu erklären. Einschließlich Minas Geschlecht.

Mutter Hanh war in Long Vinh zurückgeblieben, um auf dem Markt einzukaufen; eine zierliche Frau mit Bubikopf. Vater Nguyen Van Thanh besorgte mit einem Plastikkanister das erforderliche Dieselöl und startete den Motor. Bei etlichen Landgängen muß der Spritvorrat nachgefüllt werden, weil wir immer noch ein paar Flußbiegungen weiter wollen und der Bootsführer es mangels Bargeld gar nicht gewohnt ist, für längere Strecken zu tanken. Gelegentlich springt Lan ans Ufer einer Siedlung und läuft barfüßig mit dem Kanister los. Lan ist ein robustes kleines Mädchen, das in der Abwesenheit der Mutter mit dem Selbstbewußtsein einer Frau, die ihre Aufgaben kennt, den Haushalt auf den Wellen in Gang hält. Lan bereitet Reis und Trockenfisch zu, schiebt dem Bruder einen Teller hin und füllt den Napf für Mina. Dann flicht Lan zum Spaß aus Trinkröhrchen bunte Plastikzöpfchen. Als wir aus einem der Kanäle auf den breiten Fluß treiben, übernimmt Lan das Steuer und steht breitbeinig am Heck des Bootes. Ist sie wirklich erst zehn Jahre alt?

Der Vater bestätigt es lachend. Der Mann hatte bis 1975 auf einer der Flußwerften gearbeitet. Mit dem neuen Regime, das aus dem kommunistischen Norden kam, hatte er vermutlich Ärger. Der kleine, zähe Mann weicht bei der Nachfrage aus; doch den Job war er los. Seither ist das winzige Hausboot seine Heimat geworden. Auch ein Fahrrad gehört zu den Gerätschaften an Bord. An der Lenkstange klemmt ein kleines Schild, auf dem eine Nähmaschine gemalt ist. Damit preist Nguyen Van Thanh in den Städten und Dörfern entlang der Flüsse seine Dienste als Reparateur an. Ein Schraubenzieher, eine Zange und ein Ölkännchen werden uns stolz vorgeführt. Ein kümmerliches Geschäft. Man lebt von der Hand in den Mund.

Die Kinder wirken ausgesprochen munter. Lan strahlt eine zupackende Energie aus, die ihr Alter vergessen läßt. Mit Paddeln und Bambusstangen versteht sie zu hantieren. Alles, was ein Bootskind wissen und können muß, hat Lan fest im Griff. Doch Lesen und Schreiben lernt sie nicht. Nein, zur Schule geht keines der Kinder. „Kein Geld“, sagt Lan mit der unveränderlichen Selbstverständlichkeit eines Menschen, der seinen Platz auf diesem Erdball kennt und weiß, daß sich die Orte ändern, nicht aber die Grundlage ihrer Existenz. Sie ist beziehungsvoll schwankend. Für das Leben auf dem Wasser ist Lan gut vorbereitet. Ob es für die sich ändernden Bedingungen an Land ausreicht, bleibt die Frage.

Vater Nguyen Van Thanh bedeutet uns geheimnistuerisch, daß er gar keine solche Weißgesichter wie uns durch die Kanäle schippern dürfe. Die Mafia der Touristenboote will schließlich das Geschäft mit den Fremden alleine machen. So landen wir nicht an einem der offenen Ufer in Long Vinh. Das Boot wird unter eine Brücke gebracht, den Blicken von oben verborgen. Ein kräftiger Händedruck mit dem Vater. Wir springen über Bord. Lan und Dung winken uns nach. Wir waten durch Dreck und Unrat. Es stinkt abscheulich. Die angeschwemmten Auswürfe der Armut machen das Unterteil der Brücke zur Müllkippe.

Müllkippe? Es ist ein Lebensraum. Kinder, Babys, alte Frauen, ausgemergelte klapprige Gestalten hocken und liegen im Unrat. Unsere plötzliche Ankunft läßt sie aufschrekken. Die mit Kleiderfetzen behangenen Gestalten stürzen uns entgegen. Wir werden umringt. Aufgerissene Hände verlangen einen Obulus. Eine Frau deutet auf ihren Bauch und schreit nach Essen. Wir sind in die Unterwelt geraten.

Männergeschichten

Die Uferpromenade von Can Tho ist gepflegt. Unter schattigen Bäumen laden Bänke zum Verweilen ein. Der Blick schweift über den Fluß zu den riesigen, nachts beleuchteten Reklametafeln der neuen Zeit. Für Bier und elektronische Geräte wird geworben auf diesen potemkinschen Glitzerwänden, hinter denen sich die Hütten der Armut zusammendrängen.

„Sie sehen hier immer nur die Fassade", sagt der hagere ältere Mann, der uns im Vorübergehen anspricht. Seine Rechte beschreibt einen Bogen von den konsumanreizenden Fortschrittszeichen am jenseitigen Ufer zu den Hotels und modernisierten Cafés hinter uns. „Alles nur Fassade", in den Worten schwingt Bitterkeit mit, die zur Grundsubstanz eines langen Lebens geronnen ist. Auf den schmächtigen Schultern des Mannes hockt ein kleiner Junge. „Mein Enkel", so hören wir, und die leise alte Stimme wechselt in einen liebevollen Tonfall, „er soll es mal besser haben als ich." Die alten Hände streicheln die baumelnden Beine des Kindes.

Offenbar drängt es den Großvater, uns hinter die Fassaden blicken zu lassen. Er erzählt leise wie in erprobter Manier, die ungewollte Mithörer außen vorzulassen gewohnt ist. Ein Mann aus Can Tho. In Saigon hatte er studiert, war in die südvietnamesische Armee eingetreten und hatte wegen seiner guten Englischkenntnisse engen Kontakt mit den amerikanischen Militärberatern. Solche Verbindungen wurden nach 1975 zum Verhängnis. Zweimal versuchte er übers Wasser zu fliehen, wie es Hunderttausende jener Boatpeople taten, die ihr Leben riskierten, um es zu retten. Zweimal mißlang die Flucht, obwohl er jedesmal die unvermeidlichen Bestechungsgelder an die neuen Herren aus dem Norden Vietnams entrichtet hatte. Das Haus der Familie wurde konfisziert. Der ehemalige Soldat kam für zwei Jahre in ein Umerziehungslager, mußte hart arbeiten, Bäume fällen, Felder pflügen. Auch er einer, der zu den Verlierern im neuen Vietnam gehörte.

Nach der Entlassung schlug er sich und seine Familie als Honda-Om durch; als Fahrer eines Motorrades, das Taxidienste leistet. Einen bürgerlichen Beruf mit geregeltem Einkommen fand er nicht mehr. Die vier Kinder sind längst verheiratet. Einer war Soldat in der siegreichen vietnamesischen Armee, die in Kambodscha einmarschierte, um die Roten Khmer zu verjagen und den neuen, uralten Machtanspruch Hanois durchzusetzen. Der Sohn wurde dabei schwer verletzt, ist seit Jahren arbeitsunfähig, bekommt eine geringe Rente. Auch er ein Verlierer.

„Alles wurde mir genommen", sagt der Großvater, „doch meinen Selbstrespekt konnte mir in all den Krisen und Konflikten niemand rauben." Er schaut sich um. Ein Mann, der beobachtet und wohl lange beobachtet wurde. „Sie sehen Zeichen einer florierenden Entwicklung, nicht wahr. Aber Sie sehen nichts von der Korruption dahinter. Die

Partei hält nach wie vor alle Schlüsselstellungen. Ohne Parteizugehörigkeit oder Zusammenarbeit mit den Kadern läuft hier gar nichts. Geld ist der einzige Wert geworden, an dem alles und jedes gemessen wird. Jedermann ist käuflich." Es ist, als halte er einen Vortrag mit dem Titel „Vietnam heute".

Wäre ihm damals die Flucht übers Meer geglückt, vielleicht hätte er in den USA, in Australien, in Deutschland ein neues Leben aufbauen können; vielleicht zählte er nun zu den erfolgreichen Auslands-Vietnamesen, den Viet kieu, deren Geldüberweisungen von der Regierung so geschätzt werden, weil die Millionen den Staatshaushalt bereichern. Solche, einst vertriebene, gescholtene Landsleute sind nun als zahlungskräftige Besucher und Devisenbringer willkommen. Sie dürfen wieder einreisen. Einer wie er, der zum Bleiben verdammt war, ist ein Nichts, ein Opfer des offiziellen Zynismus'. An der Uferpromenade neben den Hallen des Marktes steht stramm aufgerichtet ein silbern angestrichener Onkel Ho, die Jacke lässig über die Schultern gehängt. Zehn Meter hoch plus Sockel. Unermüdlich weist seine Rechte in eine unbestimmte Ferne über dem Mekong. Zeigt er auf die Zukunft oder meint er die Vergangenheit? Der überlebensgroße alte Mann auf dem bunt angestrichenen Betonpodest bleibt stumm. Was er zu sagen hatte, was über ihn gesagt wurde, ist in Geschichtsbüchern nachzulesen. Der andere alte Mann hat nichts zu sagen und erzählt deshalb seine Geschichte im Vorübergehen. „Damit Sie Vietnam ein bißchen besser verstehen", fügt er leise an; und fast klingt es so, als wolle er sich dafür entschuldigen.

Die Geburtstagsfeier

Die Fröhlichkeit vom Nebentisch überträgt sich auf uns. Gesang und Gelächter wirken ansteckend. Wir können gar nicht anders, als begeistert hinzuschauen, hinzuhören bei solch präsenter Jugend. Im Restaurant, das in Vinh Long gegenüber des alten, aus französischer Kolonialzeit stammenden Museums an den Fluß gebaut ist, feiern

junge Leute in hörbar unbeschwerter Lebenslust einen Geburtstag. Zwei Dutzend Jungen und Mädchen um einen großen Tisch. Jeans, weiße Hemden, ein paar Krawatten. Zierliche Mädchenfüße stecken in klobigen Bricketschuhen der neuesten Mode. Die Garderobe hat westlichen Zuschnitt. Nur eine der jungen Damen trägt ein hochgeschlossenes, geschlitztes Kleid chinesischer Machart. Man nippt Pepsi Cola aus blauen Blechdosen. Unter lautem Hallo werden Luftballons mit einer Nadel zum Platzen gebracht und die darin versteckten lustigen Sprüche verlesen.
Das Geburtstagskind wird 22, so wird uns mitgeteilt. Ein zartes, kleines Geschöpf mit erfrischendem Lachen. Jedes Geschenk wird mit allgemeiner Anteilnahme geöffnet. Die Präsente sind mit buntem Papier und Schleifen aufwendig verpackt. Ein Wecker kommt zum Vorschein. Ein Plastik-Schiff mit erstarrten Segeln. Ein Buch.
Die sich da so heiter geben, studieren Wirtschaft und Management. Aus ihren Reihen kommt die künftige Elite. Es sind die Kids der Konsumgesellschaft. Die hier können daran teilnehmen. Als das Geburtstagskind zur Welt kam, hatte der Norden den Süden bereits einbezogen in die neue Zeit. Diese Kinder wuchsen hinein in die kapitalistische Öffnung namens „Doi moi". Ihre Großmütter schleppten Nachschub für den Vietcong durch die Mangrovenwälder. Ihre Großväter trugen auf seiten der US-Armee ihre Haut zum Markte des Mars. Ihre Onkel waren in Umerziehungslagern. Ihre Tanten servierten sich und anderes in den Hotels der Truppenbetreuung. Wenn es Schnee im Mekong-Delta gäbe: Das alles wäre der von gestern. Auch so will von diesen Jungen und Mädchen keiner mehr etwas aus der Vergangenheit wissen. Sie sind mit ihrer Gegenwart voll beschäftigt und denken an ihre Zukunft. Die zarten und zähen Mädchen von heute tragen keine Munitionskisten mehr in den Untergrund, sie tragen Schminke auf.
Wir schauen einem amüsanten Spektakel zu. Es heißt: „Nachkriegsgeneration". Die jungen Leute singen die Internationale des Geburtstagsfeierns, und weithin schallt es: „Happy Birthday to you!" Wir summen mit und bekommen ein Stück der knatschgelben Torte.
r.s.

Islam schafft Identität

Ein einfühlsamer Kenner vietnamesisch-kambodschanisch-laotischer Kulturen zeigte sich erstaunt: „Zu Beginn meines Aufenthaltes überraschten mich die fast brüderlichen Beziehungen zwischen den Cham und den Khmer, einem mohammedanischen und einem buddhistischen Volk. Jetzt wurde mir die bedeutende Rolle klar, der ererbte Einfluß, den eine nebelhafte, fast vergessene Vergangenheit, reich an wunderbaren Dingen und verhängnisvollen Ereignissen, auf die Einbildungskraft und die Empfindungen beider Rassen ausübte, die Seite an Seite auf gleichem Boden ihre Glanzzeiten erlebt hatten."

Auguste Pavie, 1847 im französischen Dinan geboren, war 1868 als Telegrafenbeamter nach Cochinchina entsandt worden, lebte einige Jahre in Kampot am Golf von Siam und verstand es mit diplomatischem Geschick und guten Beziehungen zur einheimischen Elite, Laos in den Einflußbereich Frankreichs zu bringen. 1885 wurde Auguste Pavie französischer Vizekonsul in Laos, Sitz Luang Prabang. Einer der Wegbereiter der Kolonialverwaltung, an der mitzuwirken er sich aber verweigerte – vielleicht, weil er ein zu aufmerksamer Beobachter von Land und Leuten mit ausgesprochener Sympathie für die Menschen gewesen war. Dies ist nachzulesen in seinen Erinnerungen „A la Conquéte des Cœurs" (deutscher Titel: „Eine friedliche Eroberung Indochina 1888"); die höchst lebendigen Aufzeichnungen sind 1921 vier Jahre vor seinem Tode erschienen.

Das Erstaunen über das gute Verhältnis zwischen der Minderheit der Cham und der Mehrheit der Khmer im südlichen Kambodscha ist bei Auguste Pavie eher eine Fußnote zur gesamten Situation am Ende des 19. Jahrhunderts und am Beginn der französischen Kolonialherrschaft, immerhin sehr aufschlußreich für das im historischen Zusammenhang ganz und gar nicht spannungsfreie Verhältnis der beiden Volksgruppen, die im Werden Südostasiens und um dessen Vorherrschaft rivalisierend eine zentrale Rolle spielten. Auguste Pavie beschreibt ein Neujahrsfest der Cham, zu dem auch die Khmer-Nachbarn eingeladen waren: „Auf Grund ihrer großen Toleranz in religiösen Dingen bertrachtete ich die Cham nie als fanatische Anhänger Mohammeds. Ich fand Gefallen an der angeregten Unterhaltung nach der Zeremonie und verließ abends die Gesellschaft, nachdem sich die Menge auf den Heimweg begeben hatte."

Schon zu Pavies Zeiten waren die Cham in politische und wirtschaftliche Bedeutungslosigkeit verdrängt worden, eine der zahlreichen Minderheiten in Vietnam und eine Randgruppe in Kambodscha. Es sind die Nachfahren der Champa-Reiche. Sie ließen zwischen dem Wolkenpaß im zentralen und dem Delta des Mekong im südlichen Vietnam für eineinhalb Jahrtausende eine Hochkultur erblühen, die länger währte als die Reiche der Khmer. Vom 2. bis zum 15. Jahrhundert hatten sich die Cham als regionale Macht behaupten können. Durch ihre Geschichte zieht sich eine endlose Kette von Kriegen, mal in der Defensive, mal in der Offensive. Mit den Khmer lieferten sich die Cham in Haßliebe eine Dauerfehde.

Die Herkunft der Cham liegt im Zwielicht der südostasiatischen Gestade und Archipele. Die Volksgruppe ist wahrscheinlich austro-asiatischer Abstammung, das bedeutet: die Ahnen kamen aus der malaiisch-indonesischen Inselwelt, waren erprobte Seefahrer und siedelten entlang der Küsten des südlichen Vietnam. Im zweiten Jahrhundert werden sie erstmals in chinesischen Annalen unter dem Namen Lin Yi erwähnt, ein Begriff, der ab dem 7. Jahrhundert von den fortan gebrauchten Namen Cham für die Ethnie und Champa für deren Reiche verdrängt wird. Ob sie tatsächlich die historische Weiterentwicklung der Lin-Yi-Siedlungen bildeten und mit denen in verwandtschaftlicher Beziehung standen oder ob sich unter dem Sammelbegriff nicht nur eine Vielzahl verschiedener Stämme zusammentat, gehört zu den ungeklärten Fragen der Cham-Genesis. Sehr früh kamen die Clanführer mit dem Geist Indiens in Kontakt. Der historische und religionsgeschichtliche Zusammenhang sowohl mit den malaiischen „Vettern" jenseits des Südchinesischen Meeres als auch Gemeinsamkeiten mit den frühen Reichen der Oc Eo-Kultur und Funan sind offenkundig. Auf Stelen aus den Anfängen der Cham-Reiche wird Sanskrit verwendet. Die staatliche Ordnung basierte auf den hinduistischen und buddhistischen Ideen von Werten und Macht. Ähnlich wie in anderen Regionen Südostasiens verschmolz das Neue mit den vorherrschenden Weltbildern und wurde zur starken Kraft, die auf den Grundlagen des Überschuß produzierenden Naßreisanbaus, des überseeischen Handels und der Seefahrt und Piraterie wohlhabende Reiche mit wechselnden Hauptstädten, aufwendigen Tempelanlagen und gottgleichen Königen hervorbrachte. Die Gemeinsamkeiten mit den Khmer-Reichen sind vielfältig, die sich zwischen dem 8. und dem 13. Jahrhundert im immer wieder kriegerisch ausgetragenen Streit um die fruchtbaren Reisebenen Kambodschas und die üppigen Fischgründe des Mekong und des Tonle Sap herausbildeten.

Was von Champa blieb, sind vor allem die baulichen Zeugnisse einer Kultur, die bis zu ihrem Absterben im 15. Jahrhundert zwei Epochen durchlebte und sich in eindrucksvollen Formen und Motiven auszudrücken verstand: bis zum 10. Jahrhundert animiert von den Impulsen aus Indien und Indonesien ist die Kunst ausdrucksstark, sinnlich, gefühl- und kraftvoll gestaltet; und danach in der Auseinandersetzung mit den Khmer verarmend und sichtlich an Lebendigkeit und Schwung verlierend, formalistisch, statisch werdend, fast nur noch die Kopie eigener vergangener Kreativität. Dies ist an den Statuen, Steinreliefs, Tempelresten zu beobachten, die im Cham-Museum von Da Nang seit 1915 zusammengetragen worden sind. Die Brüste der ursprünglichen Cham-Kultur, die als pralles Symbol mit rundlaufenden Wölbungen der Mutterschaft und Fruchtbarkeit und Leibesfreuden auch in der musealen Nüchternheit zu sehen sind, waren schließlich für immer ausgetrocknet.

Noch eindrucksvoller sind die Cham-Türme, die phallusartig aufragenden Tempel aus roten Backsteinen, die mehr oder weniger gut erhalten und teilweise vorzüglich

restauriert zu Hunderten im südlichen und zentralen Vietnam zu bewundern sind. Es hatten sich zwei Reiche im Machtkampf durchgesetzt: das Nordreich Amaravati zwischen Hue und Da Nang und das weniger bedeutsame Südreich Panduranga zwischen Nha Trang und Phan Rang. Ein Zentrum der Cham-Kultur ist My Son gewesen, die größte noch erhaltene Tempelstätte, landeinwärts von der einstigen kosmopolitischen Hafenstadt Hoi An gelegen. Hier wurde vom 4. bis zum 13. Jahrhundert gebaut, erst in Holz und später in massivem Mauerwerk, das die Epochen überdauerte. Keine andere Tempelanlage der hinduistisch beeinflußten Kulturen Südostasiens war so lange und so kontinuierlich von Menschen besucht, bewundert, benutzt worden wie My Son, der „schöne Berg". Die Blütezeit der anderen Monumente in Süd- und Südostasien, vergleichbar in Geist und Größe, blieb von kürzerer Dauer: Borobudur auf Java, Pagan in Burma, Ayudhya in Thailand und auch Angkor in Kambodscha – kulturgeschichtlich verwandt und doch jedes eine Stätte mit eigener Ausstrahlung und dem eigenen Ausdruck regionalen Wechselspieles von Religion und weltlicher Macht, von Göttlichem und Irdischem. Von den ehedem mehr als 70 Tempeln der My Son-Gruppe sind nur noch zwei Dutzend erkennbar. Die Tempel, Meditationshallen, die einstige Bibliothek, die Grabstätten sind gedrungen, erdverbunden, nicht in der kühnen Aufrechtarchitektur wie Angkor Wat oder hinduistischer Tempel auf Java, wenngleich die Silhouette von My Son einstens auch höher aufragte, als es nun im Verfall den Anschein hat.
An den Küsten lagen die Häfen des Handels, jenes Hoi An beispielsweise: Tore zur südostasiatischen Welt an der Nahtstelle zwischen Indien und China, wo der Reichtum zu mehren war, mit dem die Pracht von My Son bezahlt wurde. Die Cham beherrschten zwischen dem 4. und 10. Jahrhundert den Gewürz- und Seidenhandel der Region mit Außenbeziehungen bis hin zu arabischen Kaufleuten. Dabei waren die Cham nicht zimperlich, ihre wirtschaftlichen Interessen auch militärisch durchzusetzen und Fürstentümer der südlichen Gefilde bis in den malaiischen Raum zu Vasallen zu machen. Ebenso legten sie sich mit den zu Ruhm und Macht gekommenen Khmer an. Dies ist in den Tempelbezirken von Angkor zum Kunstwerk gestaltet worden und als steinernes Erbe der Menschheit erhalten geblieben. Der Bayon, in der Regierungszeit Jayavarmans VII. (1181 bis 1218) erbaut, ist ein Siegesmal über die Cham-Rivalen. Den Mekong waren sie stromaufwärts gesegelt und hatten Angkor überfallen. Auf den Reliefs des Bayon im Zentrum der einstigen Stadt Angkor Thom sind die Kriege zwischen den Cham und den Khmer, zu Wasser und zu Lande, in Stein gehauen wie ein gigantisches Bilderbuch.
In den längst verfallenen, vergessenen Hauptstädten der Cham regierten die Herrscher über Dinge des Diesseits und versuchten, mit ihren Heeren die Grenzen der Territorien zu erweitern. An einer spirituellen Stätte wie My Son waren die Priester und Gelehrten beauftragt, die in der Person des Königs verkörperte Beziehung zwischen oben und unten, zwischen Diesseits und Jenseits, zwischen den Göttern und den Menschen im Gleichgewicht der stets gefährdeten Harmonie zu halten. Es wurde

dem Gott Shiva gehuldigt, dem Schöpfer und Zerstörer, dargestellt im Lingam, dem kraftstrotzenden steinernen Phallus, stets begleitet von Nandi, dem Rind als Shivas Reittier. Ein solcher Geist ist spürbar geblieben in My Son – stärker als weltliche Macht und gefallene Reiche. Die Bauten der religiösen Kulte überdauerten endlose Kriege und Katastrophen, die Paläste und Lagerhallen sind vom Winde verweht.
Im zentralen Vietnam strahlen die Ruinen der Champa noch immer eine vom indischen Erbe inspirierte Größe aus. Aber auch dort stehen einzelne, kleine, bescheidene Moscheen, die den geistigen und religiösen Wandel der Cham verdeutlichen. Im nördlichen Delta des Mekong und im zentralen Kambodscha ist es noch auffallender, daß die Cham vermutlich im 12. und 13. Jahrhundert die Lehre des Propheten Mohammed in sich aufnahmen und Shiva bei ihnen mehr und mehr in Vergessenheit geriet. Über Ursachen, Anlaß und Verbreitung des Islam unter den Cham wird in Fachkreisen mehr spekuliert, als daß man sich auf gesicherte Quellen berufen kann. Der Islam erreichte die Cham in der Zeit des Niedergangs ihrer politischen und wirtschaftlichen Macht. Von Norden drangen die Vietnamesen vor und besetzten das Cham-Gebiet. Die Fürstensitze der Cham wurden schließlich Vasallen der vietnamesischen Feudalherren, die im 17. Jahrhundert Hue zu ihrem Sitz ausbauten. Einzelne Cham-Gruppen blieben bis heute dem Hinduismus und Buddhismus verbunden. Im sunnitisch geprägten Islam fanden andere Cham-Gruppen während der umwälzenden historischen Veränderungen einen neuen Halt, eine neue Identität. Der Zusammenhang mit der zeitgleichen Islamisierung im malaiisch-indonesischen Raum dürfte außer Zweifel sein; die Verbindungen zwischen den Cham und dem südostasiatischen Archipel waren nie gerissen. Auch für die Wiederbelebung des Islam in der heutigen Zeit spielen diese alten Gemeinsamkeiten eine wichtige Rolle.

Chau Doc wird zum Lehrbeispiel, im nördlichen Mekong-Delta gelegen, fast schon an der Grenze zu Kambodscha. In der quirligen Stadt mit Märkten und den an den Ufern vertäuten Hausbooten herrscht konfuzianischer Geist vor. Die Tempel sind vom vietnamesischen Buddhismus der Mahayana-Ausprägung durchdrungen. Wir waren mit der Fähre zur Flußinsel Chau Giang übergesetzt und hatten die Welten gewechselt. In Sichtweite, von Chau Doc nur durch einen der Mekong-Arme getrennt, richten sich die Menschen streng nach Mekka aus. Auf dem dicht besiedelten Eiland mit einer gartenähnlichen Landschaft, mit kleinen Reisfeldern und rauschenden Kokospalmen ist das Leben vom Islam bestimmt. Hier siedelt eine Volksgruppe der Cham, die ihre Religionszugehörigkeit demonstrativ und selbstbewußt sichtbar und hörbar macht. Es sind vietnamesische Staatsbürger.
Die behördlich vorgeschriebene Staatsverbundenheit flattert im Winde. Über der blendend weißen Mubarak-Moschee weht die vietnamesische Fahne. Eine Urkunde mit offiziellem Stempel bescheinigt die Rechtmäßigkeit der Moschee. Der Bau mit Kuppeln und Minarett im arabischen Stil von 1001 Nacht vermerkt als Jahr der Vollendung 1967. Seither wurde restauriert, erweitert, gestrichen, verschönert. Auf dem Fried-

hof sind auf den kleinen Grabsteinen die Namen der Verstorbenen in arabischer und lateinischer Schrift zu lesen. Die Koranschule, die Madrasah, gleich daneben wurde 1997 errichtet. In dem schmucklosen Gebäude werden die Jungen im Namen Allahs unterrichtet. Zum Maghrib, dem Gebet am frühen Abend, kommen die Erwachsenen. Die Männer tragen bis zum Boden reichende Sarungs. Auf den Köpfen die weiße Kappe. Die Frauen haben mit Tüchern die Haare verhüllt, die Gesichter bleiben frei. In der grün-weißen Kühle der Moschee wird gebetet. Islamischem Brauch gemäß ertönen die Suren in auswendig gelerntem Arabisch.

Moschee und Atmosphäre erinnern an ähnliche Stätten in Malaysia und Indonesien. Wir werden als Gäste spontan und freundlich aufgenommen. Keine Berührungsängste. Keine abweisende Geste, wie sie der Europäer an Moscheen im streng islamischen Aceh in Nordsumatra oder im Sultanat Brunei erleben kann. Die Stimmung auf der Flußinsel Chau Giang ist entspannt. Wir reden Vietnamesisch mit den Leuten vom Volke der Cham. Und dann die Überraschung: Einige der Männer können sich mühelos in Malaiisch unterhalten. Manche sind zu Studien in Malaysia gewesen, andere haben diese in ganz Südostasien verbreitete Sprache, die auch mit der indonesischen eng verwandt ist, von den eigenen Glaubensbrüdern in Vietnam gelernt. Ein Blick in die Koranausgaben bestätigt die Beziehungen zu Malaysia: die Bücher stammen aus dortigen Druckereien.

Der Bummel durch die Straßen der Insel Chau Giang führt immer wieder an Moscheen entlang. Weiß gestrichen leuchten sie in dörflicher Umgebung der Holzhäuser, die in kambodschanischer Weise auf Pfählen stehen. Die Leute sitzen plaudernd auf den Treppen. An einem Minarett ist die Jahreszahl 1929 zu lesen. Eine der Moscheen ist 1959 gebaut. Immer wieder ein freundliches Wort, ein Lächeln. Wir erfahren, daß die Religionsausübung seit einiger Zeit frei ist. Wenn sich die Beschäftigung mit Koran und islamischen Werten auf das Gelände der Moschee beschränkt, bleibt das Gemeindeleben unbehelligt. Es fällt auf: Straßen, Gärten, Häuser, Moscheen sind gepflegt. Überall der Eindruck einer lebendigen Kommunität im Zeichen des Halbmondes. Überall die Anzeichen einer islamischen Renaissance.

Ein Mann mit Vollbart und einem Gesichtsausdruck, der ganz an Gesichter der malaiischen Welt erinnert, ruft uns beim Abschied lachend und bewundernd zu: „Germany number one!“ Wir erwidern:

„Vietnam number one!“ und meinen, ihm und seinen Nachbarn einen Gefallen zu tun. Die Reaktion kommt spontan: „No, not Vietnam“, weist er das vermeintliche Kompliment zurück und fügt ohne Zögern an: „Champa number one, not Vietnam.“ Da wurzelt historisch begründetes Selbstbewußtsein, das seine Identität aus dem Islam bezieht. Im zentralen Vietnam leben heute noch schätzungsweise 60.000 Angehörige der Cham-Minderheit; im Mekong-Delta sind es einige Zehntausend.
In Kambodscha wurde ihre Zahl Mitte der 70er Jahre mit etwa 250.000 angegeben, die als größte eigenständige Minderheit traditionellerweise entlang der Flüsse siedelten und vom Fischfang lebten. Solchen Spuren gehen wir im weiteren Verlauf der Reise nach; jenseits der für die Cham vom Mekong-Delta undurchdringlichen Grenze nach Kambodscha; sinnvollerweise muß an dieser Stelle bereits davon berichtet werden. Entlang des Tonle-Sap-Flusses zwischen Udong und Phnom Penh reihen sich die Moscheen fast aneinander. Weithin leuchten die weißen Türme. Entweder stammen die Gebetsstätten aus jüngster Zeit oder sind gerade restauriert worden. Weitere Moscheen sind im Bau. Wir treffen in einem der Dörfer auf eine Gruppe von Muslimen wie aus dem Bilderbuch. Im Winde wallende lange weiße Gewänder. Graue lange Bärte. Auf den Köpfen die weiße Kappe, die den Träger als Haji ausweist. Beim Gespräch stellt sich schnell deren Herkunft heraus. Es sind Muslime aus Bangladesh, die auf einer Reise durch die Cham-Enklaven Kambodschas sind. Fromme Männer mit Sendungsbewußtsein. In englischer Sprache erzählen sie uns, wie sie den Glaubensbrüdern helfen, sich zu organisieren und den Wiederaufbau ihres Gemeindelebens zu betreiben. Bei der Frage, ob die Bangladeshis auch finanziell etwas zu bieten haben, bleiben sie uns die Antwort schuldig. Doch es ist offenkundig: So wie die Kontakte mit Malaysia gepflegt werden, so kommt zumindest ideelle Hilfe auch aus anderen islamischen Ländern. Da werden in den vergangenen Jahrzehnten zerstörte Netze neu geknüpft. Islam schafft Identität. Islam versteht sich international.
Kompong Cham am Mekong im zentralen Kambodscha wird zum beziehungsreichen Schauplatz. Der Name deutet bereits unmißverständlich auf die malaiischen Beziehungen und auf die völkische Minderheit hin. Kompong, das heißt Dorf, Siedlung, Wohnbezirk, in der malaiischen Sprache „Kampung“ geschrieben; also am Mekong das Dorf der Cham. Ein paar Kilometer flußabwärts von der neuen Stadt entfernt verläuft auf dem hoch aufragenden westlichen Ufer das Dorf Phum Roka. Wieder dieses Staunen der Besucher. Hier sind die Cham kambodschanische Staatsbürger.

Wir geraten in eine höchst lebendige Cham-Gemeinde. Solide die Holzhäuser auf Stelzen. Eine prächtig restaurierte Moschee mit silbern blinkender Kuppel; 1998 in dieser Form fertig geworden. Die Kinder zeigen uns stolz die Koranausgaben in arabischer Sprache. Das Impressum teilt auch hier malaysische Herausgeber mit; gedruckt 1996 in Malaysia. Wir kommen mit einem alten Mann ins Gespräch, der sich als Mekkapilger zu erkennen gibt. Ein hageres faltiges Gesicht, dünner, langer Kinnbart; eine Autorität. Er spricht die Sprache der Cham und Khmer. Ein Überlebender. Nichts deutet auf den ersten Blick im Straßendorf unter den schattenspendenden Blättern der Palmen in friedlicher Mittagsruhe darauf hin, daß auch hier der Horror der Roten Khmer wütete. Erst vor diesem Hintergrund wird das Ausmaß des islamischen Aufschwungs verständlich. Ein Neubeginn aus Asche, Blut und Tränen.

Was in Gesprächen anklingt, verhalten, zögernd, das ist als Untersuchungsbericht bei Sorya Sim nachzulesen. Er hatte als erster Cham mit einem Stipendium der Fullbright-Stiftung in den USA studieren können und 1997 an der Yale University sein Master Degree gemacht. Seine Recherche ist 1998 vom Kambodschanischen Dokumentationszentrum in Phnom Penh veröffentlicht worden. Im Distrikt von Kompong Cham lebten 1975 nach seinen Angaben etwa 20.000 Cham islamischen Glaubens. Die meisten von ihnen wurden während des Pol-Pot-Terrors vertrieben oder/und umgebracht. Was die Cham in diesem Ort zu erleiden hatten, widerfuhr den meisten Cham. Sorya Sim zitiert aus vielen Gesprächen mit Überlebenden, Hinterbliebenen, Nachfahren. Die Cham wurden nicht nur mißhandelt wie ihre Khmer-Nachbarn, die Cham mußten zusätzliche Demütigungen wegen ihrer Religion erdulden. So wurde ihnen verboten, sich in ihrer eigenen Sprache zu unterhalten, weil die Khmer Rouge in ihrer paranoiden Furcht vor Revolten und Abweichlern stets in jedem fremden, unverständlichen Wort eine konspirative Verschwörung fürchteten. Die Muslime wurden gezwungen, Schweinefleisch zu essen, wenn sie mangels anderer Nahrung nicht verhungern wollten. Ihnen wurde untersagt, die vorgeschriebenen Gebete zu verrichten. Cham-Frauen mußten die in ihrer Tradition üblichen langen Haare abschneiden. Bei befohlenen Massenhochzeiten wurden Cham und Khmer zwangsweise verheiratet. Die Lektüre des Korans wurde nicht nur verboten; herausgerissene Seiten des heiligen Buches sollten als Toilettenpapier verwendet werden. Moscheen dienten als Lagerhallen oder es wurden darin Schweine gehalten. Mit perfider Grausamkeit und System sollten die Cham nicht nur vernichtet werden, die Pol-Pot-Politik raubte ihnen vor dem physischen Tod den geistlichen Halt.

Die Cham haben als Volksgruppe überlebt. Der Islam war stärker als der Wahn der Roten Khmer. Diesen Eindruck vermittelt das Dorf Phum Roka auf unerhört vitale Weise. Hier war bei der Vertreibung der Pol-Pot-Schergen kaum mehr ein Cham anzutreffen. Erst im Laufe der folgenden Jahre kehrten Familien aus ihren Verstecken zurück; andere siedelten sich neu an. Eine Schar fröhlicher Kinder umringt uns. Geballte Neugier. Hellwache Augen. Die Generation der 90er Jahre hat keine eigenen Erinnerungen an die Hölle der Eltern und Großeltern. Der Lebenswille aus islamischem Geist heraus ist spürbar. Die Zahl der Familien wird mit 600 angegeben, schätzungsweise also 6.000 Menschen. Die Moschee von 1998 bildet den Mittelpunkt. Doch in der Nachbarschaft ragen auch die geschwungenen Dächer einer buddhistischen Pagode auf, ebenfalls in jüngerer Zeit erneuert und frisch gestrichen. Es ist ein gemischtes Dorf. Eines der Pfahlhäuser wird von Cham bewohnt; das daneben, in Form, Größe, Bauweise nicht zu unterscheiden, ist Heim der Khmer-Nachbarn, die eine farbenfreudige Mini-Pagode mit Räucherstäbchen auf einer Säule vor ihre Treppe gestellt haben. Die Menschen bestätigen das Bild: man lebe friedlich miteinander. Die Nachbarschaft der muslimischen Cham und der buddhistischen Khmer ist harmonisch. Nach all den gemeinsamen Leiden. Nach den Jahrhunderten der Kriege um die Vorherrschaft in Südostasien. Wir sind an die Anmerkungen des Auguste Pavie vor einem Jahrhundert erinnert. Von brüderlichen Beziehungen zwischen den Khmer und den Cham berichtete er. Trügt der Friede? Der muslimische Vorbeter schlägt mit Wucht auf die Trommel vor der Moschee, um die Glaubensbrüder an ihre Pflichten zu erinnern. An den Dächern der Pagode bimmeln sanft die Glöckchen im Abendwinde.

r.s.

Sa Dec, Saigon – mon amour

Aus diesem Stoff sind die verbotenen Träume: Das Mädchen sagt, es sei schon 16 und ist doch erst 14; der Mann ist 27 Jahre alt. Sie geht noch zur Schule, entstammt einer französischen Familie; Mutter verwitwet und verarmt. Er ist Chinese, welterfahren und Alleinerbe eines riesigen Vermögens. Auf der Fähre über den Mekong zwischen Sa Dec und Vinh Long treffen sie aufeinander, unausweichlich und folgenreich. Für das Mädchen wird die Flußpassage zur Überfahrt vom Kind zur Frau. Die schicksalhafte Begegnung am Wasser, Beginn einer verzweifelten Leidenschaft mit Erfüllung und Verzicht, mündet viele Jahre später in einen Aufsehen und Erotik erregenden Doppel-Roman einzigartigen Reizes.
Als sie vom Tod des einstigen Liebhabers erfuhr, schrieb Marguerite Duras 1991 die Geschichte ein zweites Mal auf, sieben Jahre nach dem ersten in der literarischen Welt Furore machenden Versuch, sechs Jahrzehnte nach dem tatsächlichen Geschehen. „Der Liebhaber", so heißt die erste Darstellung dieser skandalösen Liaison. „Der Liebhaber aus dem Norden Chinas", so die sehr viel umfassendere, „die Zeit um die beiden herum" und Örtlichkeiten beschreibende Erinnerung der 77jährigen Autorin. Seit 1932 lebte sie in Frankreich, schrieb Drehbücher weltberühmter Filme wie „Hiroshima, mon amour", führte selbst Regie und war mit ihren spröden Erzählungen zu einer der bedeutendsten Wortführerinnen des Nouveau Roman geworden. Doch die Kindheit in Indochina holte sie immer wieder ein; die Frau aus Indochina schreibt sich in die Vergangenheit und fährt in der Erinnerung über den Mekong zurück nach Sa Dec,

zurück in eine versunkene Welt. „...das ist tatsächlich der Fluß. Der Mekong. Ein Dorf von Dschunken. Der Anfang des Deltas. Das Ende vom Fluß."
Ältlichen Gouvernanten gleich, die knochig und großgewachsen in schäbig und aus der Mode gekommenen Kleidern über eine wuselnde Kinderschar blicken, so ragen in Sa Dec einige der Kolonialvillen noch heute aus dem ärmlichen Durcheinander der Häuser und Hütten auf. Die Besitzer des ramponierten Luxus sind längst im Dunkel der Geschichte verschwunden. Ihr Erbe ist sozialisiert worden. Wo einstmals großzügige Parks den raumgreifenden Anspruch der französischen Damen und Herren nach Repräsentation und Distanz zum einheimischen Volke markierten, wuchern nun die Behausungen der Ärmsten. Immer dichter werden die Ufer besiedelt, immer enger rücken die Menschen zusammen. „Der Duft der Nacht ist der des Jasmins. Vermischt mit dem faden und süßen Geruch des Flusses." Lange her an dieser Stelle. Der aromatische Zauber, den Marguerite Duras beschwor, ist verflogen. Es stinkt nach dem Rauch offener Feuerstellen, nach den Dieselabgasen der Boote, nach faulenden Abfällen. Im Flußpanorama wird das koloniale Sa Dec zur Kulisse mit neuen Akteuren, sehr jungen und sehr lebendigen gerade dort, wo die Gerüchte der Leute ringsum wissen wollen, daß es das Haus der Familie Duras gewesen sei. Marguerites Mutter, in der Normandie geboren, war als Lehrerin in die Kolonien gereist und leitete in Sa Dec eine Schule für einheimische Kinder.

Die begrüßen uns in der spätfolgenden Generation lautstark und fröhlich. Das große gelb gestrichene Haus mit Erkern, Turm und Jugendstilmotiven wird seit einigen Jahren als Schule genutzt. Der vertraute Onkel Ho lächelt vom Wandbild. Die Klassenräume geben den Blick auf den Fluß frei. Im Lehrerzimmer sind wir willkommen. Den Namen Duras kennen sie alle hier, mit der Geschichte des Gebäudes, das aus den 20er Jahren stammt, ist aber keiner der Pädagogen vertraut. Und gelesen haben sie von der Autorin auch nichts. Dafür wird uns ein Gästebuch präsentiert. Besucher aus Frankreich, Holland, aus England, Spanien und Tahiti haben sich eingetragen. Doch nicht bloß Autogramme sind gefragt, sondern mehr noch Geldspenden. In drei Sprachen ist die Aufforderung zu lesen: „Die Menschen hier sind wegen der alten Schönheit stolz auf diese Villa. Aber wir alle sind zutiefst besorgt wegen des Verfalls." Kein Geld für die Restaurierung, keine Hilfe von der Regierung, so heißt es weiter – und: „Bitte haben Sie Nachsicht, wenn wir Sie herzlich um freundliche Unterstützung bitten, eine der schönsten Villen im Sa-Dec-Distrikt zu erhalten."

Ein solcher Hilferuf in einer staatlichen Schule erstaunt den Besucher, der immer wieder vor pompösen Parteizentralen steht, die in jüngerer Zeit postmodern und mit allerlei Zierrat erbaut werden. Dafür sind staatliche Mittel vorhanden; zur Restaurierung kolonialer Hinterlassenschaft, die längst den Charakter eines historischen Denkmals hat, fehlen in solch abseits gelegenen Orten wie Sa Dec das Geld und der Willen. So blättert der Putz ab.

Der morbide Charme hat seinen Reiz. Ein halbes Dutzend Villen ist im Stadtgebiet von Sa Dec noch auszumachen; umgeben von Müll und bescheidenen Hütten, besiedelt und besetzt von den Armen. Die Trennung zwischen der Stadt der Weißen und ihrer Domestiken ist längst verwischt. Sa Dec als Zentrum der einstigen Kolonialverwaltung ist nicht mehr erkennbar, zu sehr wuchs und wucherte das vietnamesische Sa Dec darüber hinweg. So gewinnt die Weltkarte, die wir im Büro der vietnamesisch-französischen Gesellschaft entdecken, geradezu nostalgische Dimensionen. „Association d'Amieté Vietnam-France", ist auf der Tafel über dem Tor zu lesen. Ein Buch von Marguerite Duras sucht der Gast auch hier vergebens. Aber diese Weltsicht der Frankophonie, wie sie in Paris gezeichnet wurde, hängt unübersehbar an der Wand. Kanada, West- und Zentralafrika, Madagaskar, ein paar andere über die Weltmeere verteilte Inseln, ein Stückchen südöstliches Indien und der südostasiatische Block, der mal Indochina hieß, sind als Regionen markiert, in der die Sprache Molières gepflegt werde. Ein frommer Wunsch in Frankreich, aber so wie andere Weltreiche untergingen, so verblaßte gerade im einstigen Indochina das französische Erbe. Das kulturelle Sendungsbewußtsein im fernen Paris hat schon lange keine Empfänger mehr in nennenswerter Anzahl. Die Lust, französisch zu parlieren, wurde verdrängt vom jugendlichen Fortschrittsglauben, der sich der englisch-amerikanischen Sprache bedient.

Mit dem Kanonenschlag der militärischen Niederlage von Dien Bien Phu war 1954 der erste der Vietnamkriege zu Ende gegangen. Die Franzosen mußten geschlagen und gedemütigt das Land verlassen, dem sie ihren Stempel aufgedrückt hatten. Es war der Anfang vom Ende der Frankophonie in Südostasien, deren Wurzeln ins 16. Jahrhundert reichen. Portugiesische Seefahrer in ihrem Drang, mit Kreuz und Kommerz die Welt zu beglücken, waren als erste Europäer 1516 in Danang an den Küsten des zentralen Vietnams gelandet. Von ihrem Stützpunkt Cochin an der südwestlichen Küste Indiens aus hatten sie Segel gen Osten gesetzt, was zur Namensgebung Cochinchina für das südliche Vietnam führte, wie die Franzosen 1867 ihre Kolonie nannten – in

Abgrenzung zu ihren Protektoraten Annam im zentralen und Tongking im nördlichen Vietnam. Unter dem Namen Indochina waren die Regionen zusammen mit Kambodscha und Laos 1887 zu einer willkürlichen Verwaltungseinheit unter französischer Herrschaft vereint worden.
Missionare hatten den Weg für Paris geebnet. Der berühmteste war der Jesuit Alexandre de Rhodes (1591 bis 1660); er kam 1627 mit einem portugiesischen Schiff. Sein Sendungsbewußtsein war mit bemerkenswerter Intelligenz und Sprachbegabung vereint. Um die Frohe Botschaft unters unchristliche Volk zu bringen, entwickelte der Jesuit für das Vietnamesische – bis dahin eine chinesische Zeichensprache – eine Schrift mit lateinischen Buchstaben, „quoc ngu“ genannt. Sie wurde erst zum Beginn des 20. Jahrhunderts durch die französische Kolonialverwaltung durchgesetzt und blieb erhalten. Ähnliche Versuche für die Khmer-Schrift erwiesen sich als unpraktikabel und hatten keine Chance. Auch dies ein Beleg für die kulturellen und eben auch tiefgreifenden sprachlichen Unterschiede in der französischen Fiktion von Indochina.
Den Missionaren aus Frankreich waren die Kaufleute, dann die Militärs, schließlich die Diplomaten und Verwaltungsbeamten gefolgt. Die innere politische Schwäche Vietnams und Kambodschas hatte den Eindringlingen Land und Leute wie eine reife Frucht in die machtergreifenden Hände fallen lassen. Die Rivalität der vietnamesischen Dynastien der Nguyen im Süden und der Trinh im Norden führten zu verminderter Außenabwehr. Der Fürst Ngyuen Anh flüchtete sich gar nach Thailand und bat dort um militärischen Beistand. Der wurde zwar versagt, aber der dort anwesende französische Jesuit Pigneau de Behain nahm sich einem der Prinzen an, brachte den Knaben nach Frankreich, wo er 1787 als exotisches Original bei Hofe in Versailles bestaunt wurde und dazu beitrug, im fernen Europa die Neugier auf den „extremen“ Orient zu wecken. 1789 ließen sich von Indien aus die ersten französischen Siedler auf das Abenteuer Vietnam ein. Dann richtete die Marine ihre Bordkanonen auf vietnamesische Gestade, griff 1847 den Hafen von Danang an, besetzte 1859 die Siedlung Saigon. Die Franzosen wurden Herren im Lande und bauten eine Kolonialverwaltung auf, die fast ausschließlich mit den eigenen Leuten besetzt wurde und in divide-et-impera-Politik die einheimischen Fürsten und Autoritäten zu Marionetten machte.
In den 20er und 30er Jahren war die Kolonialmacht gefestigt. Als in einem Außenposten wie Sa Dec die gelben Villen mit den aufragenden Dächern gebaut wurden, richteten sich deren Bewohner auf Dauer ein. Die Zeitzeugin Marguerite Duras machte nicht nur die sinnlichen Seiten zur erotischen Lektüre, sie läßt sich selbst als junges Mädchen und all die anderen Figuren ihrer Indochina-Erzählungen in historisch authentischer Umgebung auftreten. So werden die Romane auch zu Geschichts-Büchern. Die eigene Familie bot Anschauungsmaterial für die Verrottung des Kolonialsystems von innen heraus. Nachzulesen im Roman „Heiße Küste“, 1950 unter dem Originaltitel „Un barrage contre le Pacifique“ erschienen.
Die Witwe Duras hatte ihre Ersparnisse in den Kauf eines Stück Landes gesteckt, das sich in der Nähe der südkambodschanischen Hafenstadt Kampot erstreckte – und

regelmäßig von den Wellen des Meeres überflutet wurde, also landwirtschaftlich nutzlos war. Mutter Duras gehörte zu den Verlierern, zu den Betrogenen im Poker um die Pfründe Indochinas. Korruption à la französische Kolonialverwaltung: „Die Konzessionen wurden immer nur unter gewissen Bedingungen vergeben. Wenn nach einer bestimmten Zeit nicht die ganze Konzession bebaut war, konnte das Katasteramt sie zurückverlangen. So war keine Konzession in der Ebene wirklicher Besitz. Gerade dieser Vorbehalt ermöglichte es dem Kataster, aus den anderen, den guten, bestellbaren Konzessionen, bedeutenden Profit zu schlagen. Denn da die Katasterbeamten das Gelände nach eigenem Ermessen zuteilten, bildeten die unbestellbaren Grundstücke für sie eine Art stille Reserve, auf die sie immer wieder zurückgreifen konnten. Auf den etwa 15 Konzessionen in der Ebene von Kampot hatten sie nacheinander vielleicht hundert Familien untergebracht, ruiniert und dann davongejagt. Die paar Konzessionsinhaber, die in der Ebene geblieben waren, lebten vom Schmuggel mit Absinth und Opium und mußten den Beamten von ihren unregelmäßigen Einnahmen – die Katasterbeamten nannten sie illegale Einnahmen – einen Teil abgeben, damit diese nichts gegen sie unternahmen."

Ahnungslos hatte Mutter Duras ihr Geld in das unbrauchbare Land gesteckt, hatte versucht, mit Dämmen die Fluten zurückzuhalten. Vergeblich. Die Familie Duras war ruiniert. Solche schmierigen Geschäfte spielten sich unter den Franzosen ab; daß der Grund und Boden eigentlich den einheimischen Bauern und ihren Dörfern gehörte, war zu jener Zeit gar kein Thema. In den Romanen der Marguerite Duras klingen die sozialen Mißstände immerhin an, ganz nebenbei. Sie wirft auch in ihren gefühlvollen, eher depressiv stimmenden Erzählungen von den gescheiterten menschlichen Beziehungen ein Schlaglicht auf die koloniale Wirtschaft, beispielsweise bei der Gewinnung von Kautschuk im südlichen Vietnam und im mittleren Kambodscha: „Das war die große Zeit. Hunderttausende von eingeborenen Arbeitern zapften die Bäume von hunderttausend Hektar roter Erde, schufteten sich blutig, wenn sie die Bäume der hunderttausend Hektar des Landes öffneten, das schon rotes Land hieß, bevor es der Besitz von ein paar hundert weißen Pflanzern wurde, die so ungeheure Vermögen besaßen. Der Kautschuk floß. Das Blut floß. Aber nur der Kautschuk war wertvoll, wurde gesammelt, immer wieder gesammelt und brachte Geld. Das Blut verrann, ging verloren. Noch dachte niemand daran, daß eines Tages andere aufstehen würden, den Preis dafür zu verlangen."

Indochina galt als einträglichste Kolonie Frankreichs. Neben der Gewinnung von Kautschuk brachte auch die Ausbeutung der Zinnminen immense Profite. Mit Kaffee ließ sich auf dem Weltmarkt Geld verdienen. Die „Bank von Indochina" war schon damals ein einflußreiches Finanz- und Machtinstrument in einer Welt, die den Begriff „Globalisierung" noch nicht kannte, deren Bosse aber längst in diesem ganz modernen Sinne danach handelten. Die weiße Oberschicht in Indochina schlug daraus ihr Kapital – bis auf Ausnahmen. Es war erstaunlich, wie relativ gering die Anzahl der Franzosen dabei vor Ort gewesen war. Bis zum Zweiten Weltkrieg lebten nur etwa 11.000 Europäer in Vietnam; in Kambodscha und Laos waren es noch weitaus weniger. Zumindest für einige Jahrzehnte funktionierte ihr System. Auf welch tönernen Füßen es stand, machte die militärische Niederlage in Dien Bien Phu 1954 klar. Das jähe und schmähliche Fiasko einer verfehlten Kolonialpolitik.

Eigentlich hätte es Marguerite Duras verdient, mit einer Bronzetafel an einer der gelben Villen in Sa Dec gewürdigt zu werden. Doch nach solch offizieller Ehrung sucht der Gast vergebens. Entweder haben die für solchen Nachruf zuständigen Kulturfunktionäre noch nie etwas von der französischen Autorin gehört, geschweige denn den dekadenten Stoff gelesen, oder das allzu anzügliche Liebesleben, literarisch ausgebreitet, paßt eben ganz und gar nicht in das sozialistische Sittenbild, so daß auch die kolonialkritschen Passagen ihrer Bücher keine Chance haben, im heutigen Vietnam wahrgenommen zu werden. So viel Verruchtheit und so gar kein Klassenkampf.

In den 30er Jahren war die regionale Kolonialverwaltung von Sa Dec nach Vinh Long verlegt worden, 30 Kilometer weiter südlich. Das wuchtige Gebäude des Gouverneurs, nun Provinzmuseum, das einstige Rathaus, nun Sitz einer Behörde der kommunistischen Partei, und einige sehr gut erhaltene, in jüngster Zeit fein herausgeputzte Villen zeugen von dieser Vergangenheit. In der Erinnerung der Menschen lebt sie fort. Während wir in einem der Marktrestaurants eine köstlich heiße Pho schlürfen, setzt sich eine alte Frau neben uns auf eines der winzigen Plastikstühlchen. Nein, sie bettelt nicht, lehnt auch die Einladung zu einer Pho ab. Die verhärmte Frau fragt nach unserem Woher, Wohin. Sie fragt in einem erstaunlich gutem Französisch danach. Ihre Augen blicken aufmerksam auf diese Besucher inmitten des geschäftigen, lärmigen Marktlebens. Dann erwähnt sie den Namen Duras mit der Selbstverständlichkeit einer gebildeten Frau, die bessere Zeiten gesehen hat. Sie nennt Romantitel, erzählt von

dem Haus in Sa Dec und weiß vom Tod der Autorin in Paris am 3. März 1996. Da plaudert eine alte Dame in bestem Französisch von den Enttäuschungen des Lebens. Wir sind an Marguerites Mutter erinnert. Wie ein Schatten in abgetragenen Kleidern verschwindet die Frau im Getümmel des Marktes. Eine Figur von gestern mit dem ewig neuen Schicksal der Zukurzgekommenen.

An jenem Abend entlädt sich die Unberechenbarkeit des Kleinklimas im Mekong-Delta über Long Vinh mit einem grandiosen Gewitter. Der eben noch blaue Himmel verfärbt sich violett. Über dem Fluß türmen sich Wolkenberge auf, es wird schwarz am Nachmittag. Die „Hölle der unbewegten, kolossalen Hitze“, wie es Marguerite Duras nannte, explodiert. Innerhalb von Minuten gießt es in Strömen. Die Temperatur sinkt zu empfindlicher Kühle. Stürme peitschen übers nun anthrazitfarbene Wasser und scheuchen die Boote ans Ufer. Die Natur schlägt zu mit kraftvoller Faust. Nichts ist beständig, nichts stabil. Eine Stunde lang tobt ein Unwetter und fegt all die schönen Bilder tropischer Idylle über den Haufen. Blitze zerreißen die Finsternis. Der Himmel küßt wieder einmal die Erde und die Flüsse. Eine zerstörerische Leidenschaft.

Später klart es auf. Von pastellner Zartheit verschwimmen die Farben. Am nördlichen Horizont des Mekong-Armes von Vinh Long heben sich die stählernen Umrisse der neuen Brücke gegen den Himmel ab. Es ist die My-Thuan-Brücke, die als spielerisch leichte Silhouette ins 21. Jahrhundert weist. 1.535 Meter breit, von australischen Ingenieuren konstruiert, in die Zukunft Vietnams ragend. Die Fähre über den Mekong, die einst Marguerite Duras zum Schicksal wurde, wird außer Dienst gestellt.

r.s.

Mekong I: „Ungestümer Fluß" und „Großes Wasser"

Die Lebensader von sechs Ländern

Mitten im Mekong-Delta Vietnams, in der Nähe der Provinzstadt Vinh Long, ragen mächtige Betonpfeiler in den strahlenden Himmel, mit eckigen Köpfen gekrönt, an denen die Stahlseile für die erste Brücke über den Mekong in Vietnam hängen. Die steile Auffahrtsstraße macht deutlich, wie hoch die Brücke über den Tien Giang, den oberen Mekong-Arm, gespannt ist. Sie heißt My Thuan, wie die alte Fähre über den 600 Meter breiten Mekong ganz in der Nähe. Hier ist der obere Mekong am schmalsten, bevor er sich in eine breite Dolde mit sechs Flußläufen spreizt und den Menschen in den zahlreichen Dörfern das fruchtbare Schwemmland des oberen Deltas mit endlosen Reisfeldern und reichen Fischgründen beschert. Eine große Tafel an der Auffahrt gibt wie ein Buch-Impressum die Daten der Brücke an: 1.535 Meter lang, davon 660 Meter über dem Mekong; Baubeginn Juli 1997, Fertigstellung Juni 2000; Kosten 60 Millionen US-Dollar, zu zwei Drittel von Australien und einem Drittel von Vietnam finanziert; 5.000 Bauarbeiter beschäftigt. Vom Bauvolumen ein Projekt wie einst ein Großtempel in Angkor.
Die Brücke verbindet Saigon, das wirtschaftliche Boomzentrum des Landes, mit dem fruchtbaren Schwemmland des Mekong-Deltas. Bei Can Tho ist eine weitere Brücke über den unteren Mekong, den Hau Giang, geplant, um auch die „Reiskammer" im westlichen Delta enger mit Saigon zu verbinden. Die erste Brücke über den Mekong wurde bei Vientiane gebaut, eine Verbindung zwischen Thailand und Laos, 1994 auch mit australischen Geldern finanziert. In Phnom Penh führt eine Brücke im Norden der Stadt über den Tonle Sap, nach ihren Erbauern Vietnamesen-Brücke genannt, und im Süden der Stadt eine weitere über den Bassac, entsprechend Japanische Brücke oder Monivong-Brücke genannt. Die neueste Brücke spannt sich in Kompong Cham über den Mekong, von Firmen aus Korea und Singapur mit Geldern aus Japan gebaut. Sie verbindet Phnom Penh mit Ost-Kambodscha und fördert den Handel mit Vietnam. In Süd-Laos, zwischen Savannakhet und dem thailändischen Mukdahan, entsteht eine weitere Brücke, die Mekong-Überquerung des „Transasian Highway", der von Bangkok über Laos nach Danang in Zentral-Vietnam führt.

Die Pläne und Blaupausen der Infrastrukturprojekte stammen von der Asian Development Bank ADB in Manila und der Mekong River Commission MRC in Phnom Penh. Sie sollen private Banken und Investoren zur „Erschließung" der Ressourcen des Mekong anlocken, im sogenannten Entwicklungsprogramm der Greater Mekong Subregion GMS, das die sechs Mekong-Anrainerländer von Yünnan in Süd-China bis zur Mündung des Mekong in Süd-Vietnam umschließt. Projekte der Superlative – so wie der Fluß ein Strom der Superlative ist.
Der Mekong hat seinen Ursprung im ewigen Gletschereis des Himalaya, am Rup Sa-Paß auf 4.975 Meter Höhe im Tibetischen Hochland, wo im Umkreis von 60 Kilometern die größten Flüsse Asiens entspringen, der Yangtze, Salween, Irrawaddi und Brahmaputra. Man nennt ihn an der Quelle „Za Qu" – „Wasser aus dem Felsen". Die Namen, die ihm die Anwohner auf seinem dramatischen Lauf von 4.842 Kilometern durch sechs Länder voller Respekt und Zuneigung gegeben haben, bezeichnen seinen Charakter. „Langcang Jiang" – „Ungestümer Fluß" heißt er im Südwesten Chinas, wo er sich gleich auf den ersten Kilometern 1.500 Meter in die Tiefe stürzt. Auf der Länge von 2.395 Kilometern fällt der junge Mekong 3.000 Meter tief in schmale Canons und über neun große Wasserfälle den Himalaya hinab, bis er das Dreiländereck von Yünnan in Süd-China, Burma und Laos erreicht. Die Schluchten des oberen Mekong zählen zu den unheimlichsten und am schwersten zugänglichen Gegenden der Erde. Nur gelegentlich hinterläßt der ungestüme Fluß in Biegungen ein paar hundert Meter Schwemmland, auf dem die Bergvölker der Yi und Dulong Reis und Gemüse anbauen. Dafür versorgt er sie aber zu allen Jahreszeiten reichlich mit Fisch. Auf 300 Kilometer ist der Langcang neuerdings bis an die Grenze von Burma und Laos mit größeren Schiffen befahrbar. Das ist jedoch nur durch bedenkliche Eingriffe in das Flußsystem möglich geworden. Durch den Bau des Manwan-Staudamms, den ersten von 15 geplanten hydroelektrischen Staudämmen quer durch den Mekong, ist der Wasser-

stand des Flusses angehoben worden, und in die Stromschnellen sind Fahrrinnen gesprengt worden.

Die flachen Flußtäler nach dem steilen Abstieg vom Himalaya waren Siedlungsgebiete der alten Völker der Hmong, Lisu, Aka und Karen am östlichen sowie Shan und Kashin am westlichen Ufer. Sie wurden von den Thais und Lao in die Berge abgedrängt. Heute möchte die thailändische Regierung sie an die Ufer des Mekong zurückholen, um ihren Opiumanbau auf den Hochplateaus zu unterbinden. Durch den Handel mit Drogen, Holz und Frauen gegen Waffen im unkontrollierten Dreiländereck von Burma, Thailand und Laos hat der Mekong einen zweifelhaften Ruhm erlangt. Das „Goldene Dreieck" zieht Abenteurer und Touristen in den Mekongstädten Chiang Saen und Chiang Kong am westlichen und Ban Huai Sai am östlichen Ufer an. Hier wurde der Mekong im Kalten Krieg ein Teil des „Bambusvorhangs" zwischen Ost und West. Die USA forderten im Vietnamkrieg Loyalität von der Bundesrepublik Deutschland, weil sie „West-Berlin am Mekong" verteidigten, wie es hieß. Jetzt möchte Thailand die „Schlachtfelder Indochinas zu Marktplätzen" machen und unter Einschluß des chinesischen Yünnans und Burmas ein „Goldenes Sechseck" errichten. Das ergibt einen Wirtschaftsraum „Mekong" von der Größe der EU mit einem Markt von 250 Millionen Menschen. Thailands boomende Industrie hat Heißhunger auf Energie und möchte Staudämme und hydroelektrische Kraftwerke im gesamten Einzugsbereich des Mekong bauen. Die Electricity Generating Authority of Thailand (EGAT) in Bangkok kalkuliert bis 2005 einen Verbrauch von 21.000 Megawatt, ein Vierfaches der jetzigen Energieerzeugung. Außerdem soll „ungenutztes" Mekong-Wasser zur Bewässerung auf das abgeholzte und trockene Plateau von Khorat und in das Tal des Chao Phraya zur Trinkwasserversorgung von Bangkok umgeleitet werden.

Hinter dem „Goldenen Dreieck" fräst und stürzt sich der Mekong zunächst ostwärts durchs Gebirge, bis er in Luang Prabang zur Ruhe kommt und eine fruchtbare Uferlandschaft inmitten des Gebirges ausbreitet. Die alte Siedlung und Residenz der laotischen Könige atmet in ihren Wats, Stupas und Palästen die Beschaulichkeit und Gelassenheit ihres Flusses. Hier ist das Zentrum des laotischen Buddhismus, und der Mekong hat sich den Ehrentitel eines buddhistischen Flusses erworben. Berge, Wälder und Flüsse regen die Meditation an und drängen zur Besinnung auf Harmonie und das zerbrechliche Verhältnis von Natur und Leben. Das Lebensgefühl des monastischen Therawada-Buddhismus in Laos und Kambodscha lebt vom Respekt vor der Größe und Schönheit der Natur und des Lebens. Im Gegensatz dazu sind die Erforschung und Nutzung der Natur stärker in der konfuzianischen Tradition Chinas und Vietnams verankert. Am Mekong haben sich jedoch inzwischen die Profitgier und die hemmungslose Ausbeutung von Naturressourcen sowie ein Wirtschaftswachstum um jeden Preis breit gemacht. Die Ausbeutung der Mekong-Ressourcen wird von der thailändischen Wirtschaft angetrieben, obwohl das Land auch von einer buddhistischen Tradition geprägt ist.

Angereichert mit dem Wasser und den Nährstoffen des Nam Ou und zwei weiterer

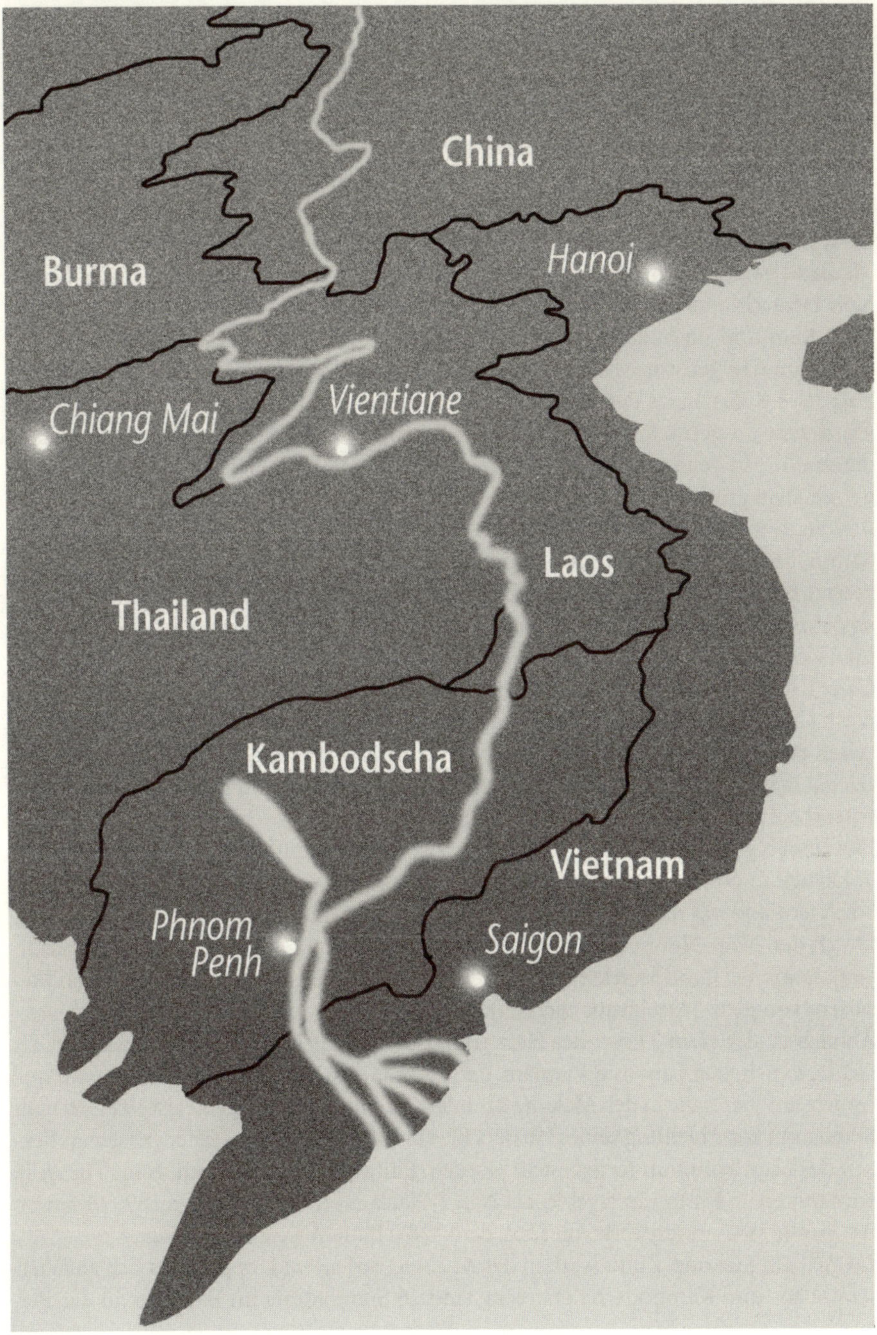
China
Burma
Hanoi
Chiang Mai
Vientiane
Laos
Thailand
Kambodscha
Vietnam
Phnom
Penh
Saigon

Zuflüsse aus den Bergen und Wäldern im Norden Laos zieht der Mekong eine drei Kilometer breite Spur von 700 Kilometern Länge mit Uferklippen, Sand- und Felsenbänken durch bewaldetes Gebirge und nimmt die Farbe von Milchkaffee an, ein Zeichen für fruchtbare Mineralstoffe und reiches Plankton. In Chiang Khan verläßt er endgültig das Gebirge und umschließt in einem riesigen südöstlichen Bogen von etwa 1.000 Kilometern das Plateau von Khorat, einen weiten „Gleithang“ auf thailändischer Seite. „Mae Nam Kong“, „Mutter aller Wasser“, nennt man ihn in Laos und Thailand, woraus „Mekong“ entstanden ist.

Thailand ist zur Hälfte Mekong-Land. Das weite Plateau von Khorat von der Größe halb Deutschlands ist im Norden von den Zuflüssen Mae Nam Sonkram und Mae Nam Kam und im Süden vom weitverzweigten Flußsystem des Mae Nam Mun und Mae Nam Chi geformt worden. Heute ist Thailands Nordosten – Isan genannt – als Folge des Kahlschlags der Wälder an den Quellen und in den Einzugsgebieten der Flüsse eine ausgetrocknete und verarmte Region. Durch die hydroelektrischen Staudämme, die in den vergangenen 25 Jahren von der „Königlichen Bewässerungsbehörde“ an allen größeren Flüssen gebaut wurden, ist das Grundwasser noch weiter abgesunken. Der Höhepunkt der Großprojekte ist der 1994 fertiggestellte Pak-Mun-Staudamm, der das fruchtbare Schwemmland eines riesigen Einzugsgebiets unter Wasser gesetzt hat und die Wanderung der Fische zur Laichzeit verhindert. Damit ist den anwohnenden Bauern und Fischern der Region die letzte Lebensgrundlage genommen worden.

Ganz Laos lebt vom Mekong und von seinen reichen Zuflüssen aus den Gebirgswäldern. Unzählige Wasseradern durchziehen die bewaldeten Gebirgshänge, die seit Urzeiten mit dem Mekong in symbiotischer Beziehung stehen. Die Wälder saugen die reichlichen Wassermengen des Monsunregens auf und sorgen in der Trockenzeit für fruchtbare Feuchtigkeit in den Tälern und Ebenen.

Der Nam Ngum reicht mit seinen weit verzweigten Nebenflüssen bis in die Ebene der Tonkrüge in Nord-Laos und versorgt das alte Siedlungsgebiet der Lao in der Ebene von Vientiane mit natürlichem Dünger für die Reisfelder und Fisch für die Reistafel. Durch den Nam-Ngum-Staudamm, das erste 1971 am Mekong gebaute Wasserkraftwerk, und zwei Großprojekte an nahegelegenen Zuflüssen des Mekong wird das Ökosystem von ganz Mittel-Laos zerrüttet.

Ähnlich ist der Nam Theun das Herz eines Ökosystems in den Hochlandwäldern des Gebirges zwischen Laos und Vietnam, der in der Ebene Nam Kading genannt wird und östlich von Vientiane in den Mekong mündet. In seinem Einzugsgebiet ist 1999 der erste Staudamm zur Ableitung seines Wassers für ein Kraftwerk in dem tiefer gelegenen Bekken des Nam Hinboun fertiggestellt worden. Ein weiterer Staudamm, Nam Theun II, wird mitten im Naturschutzgebiet des Nakai-Plateaus gebaut. Er wird mit 690 Megawatt das größte Wasserkraftwerk von Laos, dem 4.000 Bauern weichen müssen.

Im größten Mekong-Zuflußsystem des Xe Kong, Se San und Srepok, das sich auf Vietnam, Laos und Kambodscha erstreckt, sind 26 Staudämme im Bau oder in der Planung. Ganz Süd-Laos mit dem Boloven-Plateau liegt im Einzugsbereich des Xe Kong, das am besten erhaltene Fluß-Hochgebirgs-Ökosystem Südostasiens. Es wird mit 17 hydroelektrischen Staudämmen „erschlossen", in dem augenblicklich das meiste Tropenholz in Laos geschlagen wird.

Ein besonders schönes Naturschauspiel bieten die Khone-Wasserfälle kurz vor der Grenze zu Kambodscha. Auf einer Länge von 14 Kilometern und 13 Kilometern Breite stürzt sich der Mekong über eine Kaskade von neun größeren Wasserfällen 21 Meter in die Tiefe. Die Wasserschnellen und tiefen Ausspülungen in den Felsen sind beliebte Lebensräume und Laichplätze für Fische. Die Khone-Fälle mit „hundert Inseln", gefluteten Wäldern, fruchtbaren Feldern und dem immensen Fischreichtum sind ein Mikrokosmos des unteren Mekong. Hier endete 1866 die Expedition des französischen Kolonialoffiziers Francis Garnier auf der Suche nach einer Schiffsroute nach China. Frankreich hatte sich zunächst nur deswegen in „Indochina" festgesetzt, um sich im Wettlauf mit der britischen Kolonialverwaltung in Burma einen Handelsweg über den Mekong nach China zu verschaffen. Francis Garnier hatte den absurden Plan, eine Fahrrinne durch die Wasserfälle zu sprengen. Ein solches Projekt taucht auch in den Planungsbüros der Mekong-Technokraten immer wieder auf.

Auf weiteren 125 Kilometern setzen sich Stromschnellen und Wassertiefen in Kambodscha fort. Erst bei Kratie ist der Mekong auf Meereshöhe angelangt und hat die Souveränität und Gelassenheit des mächtigen Flusses in einer weiten Ebene gewonnen. Die großen Mäander und Seitenarme von Kompong Cham bis Phnom Penh, „Ochsenbuckel" genannt, zeigen, wie weich das Schwemmland ist und wie sehr das Land seine Existenz den fruchtbaren Ablagerungen des Mekong verdankt. Unter diesem Eindruck haben die Khmer den Mekong „Tonle Thom" – „Großes Wasser" – getauft. Ein Drittel des Landes von der Größe halb Deutschlands wird während des Monsunregens von Juli bis Oktober vom Mekong überflutet und mehrere Zentimeter mit fruchtbarem Lös und aufgelösten Mineralien überzogen. In Kambodscha fürchtet man sich nicht vor der Flut, sondern sehnt sie herbei, denn noch üppiger sind die Fischschwärme, die mit der Flut tief ins Land vordringen. Die kambodschanische Küche besteht aus Fisch mit Reis und nicht umgekehrt wie in den Nachbarländern. „Die heilige Naga, eine neunköpfige Schlange, trinkt so viel Wasser aus dem Mekong, daß alle Bewohner genügend Land für Reisfelder haben", sagen die Mönche.

Mitten im Schwemmland des Unterlaufs, wo heute Phnom Penh liegt, trifft der Mekong auf den Tonle Sap und stößt den Tonle Bassac als erste Abzweigung seines Mündungs-Deltas ab. Die große Vierung des Flusses wird „Chatamuk" – „Vier Gesichter" – genannt. Die Allegorie der Vierung ist in den vier Köpfen an den Stadttoren und Türmen von Angkor wiederzufinden. Die Franzosen nannten sie „Quatre Bras" – „Vier Arme".

Der Tonle Sap ist der einzige Fluß der Erde, der seine Richtung umkehrt und in der Regenzeit des Sommermonsuns die Wassermassen des Mekong in den Tonle-Sap-See wie einen natürlichen Wasserspeicher leitet. Der Binnensee im Zentrum des Landes nimmt dann das Zwanzigfache seiner Wassermenge auf und wächst um das Sechsfache seiner Oberfläche, von 2.500 auf 15.000 Quadratkilometer. Wenn der heiße Wintermonsun einsetzt und Trockenheit über die Region bringt, fließt das Wasser zurück und sorgt für einen beständigen Wasserpegel des Mekong und eine natürliche Bewässerung der Reisfelder am gesamten Unterlauf in Kambodscha und im vietnamesischen Mündungsdelta. Hier ist auch die Heimat des legendären „schwimmenden Reises", der sich dem Wasser anpaßt und bis zu sechs Meter lange Halme entwickelt. Trotz der natürlichen Wasserregulierung und des großen Fischreichtums des Tonle Sap werden im Sekretariat der Mekong River Commission in Phnom Penh und in der Asian Development Bank in Manila Pläne für den Bau eines Gezeiten-Kraftwerks zur Energiegewinnung am Tonle Sap geschmiedet.

Mit zwei mächtigen Armen umgreift der Mekong sein Mündungs-Delta mit 5.000 Kilometern natürlichen und künstlichen Flußläufen. Der untere Tonle Bassac, in Vietnam Hau Giang genannt, ist schmal und fließt geradlinig wie ein Kanal, hat eine tiefe Rinne und ist mit großen Schiffen befahrbar. Der obere, in Vietnam auch Tien Giang genannt, bleibt Inhaber des Familiennamens „Mekong" und zeigt mit seinen vielen Nebenarmen und Flußinseln eine große Verbundenheit mit seinem Schwemmland. Auf der Höhe der Städte Vinh Long und Can Tho verteilen beide Arme ihre großen Wassermengen auf acht Ströme, zu denen noch ein Kanal gezählt wird, um die mystische Zahl Neun für ein glückliches Leben und Reichtum im Mekong-Delta zu sichern. So verabschiedet sich der Mekong als „Song Cuu Long" – „Neunköpfiger Drache" – und versinkt wie ein weiser Mönch im Nirwana des Südchinesischen Meeres.

Er hinterläßt eine faszinierende Wasserlandschaft und ein reiches Schwemmland von 40.000 Quadratkilometern in Vietnam, in etwa die Größe der Schweiz, Lebensraum von 16 Millionen Menschen. Im Rhythmus der Monsume und Gezeiten gibt es bisher kaum extreme Fluten und Trockenheiten im Delta, so daß keine Deiche gebaut werden müssen. Die Schwelle der Häuser liegt nur ein paar Handbreit über dem Hochwasser des Sommermonsuns. Das Delta ist ein riesiges Treibhaus unter offenem Himmel, Anbaugebiet von Reis, Gemüse und Obst fürs das ganze Land, Habitat für viele Arten Süßwasserfische und seltene Vögel in den Feuchtgebieten. Der Reisexport von jährlich 1,5 Millionen Tonnen stammt zu zwei Dritteln aus dem Mekong-Delta.

Der forcierte Anbau von Reis ist eine wichtige Devisenquelle, aber hat die Tragfähigkeit des sensiblen Biotops bereits weit überschritten. Seit der Liberalisierung der Wirtschaft von Anfang der 90er Jahre, „doi moi" – „Grundlegender Wandel" genannt, wird dem Mekong das Doppelte an Wasser für die Bewässerung von Hochertragssorten entnommen. An der Agrochemie der Pestizide und Insektizide sterben Fische und Vögel, und die dünne und empfindliche Lösschicht auf der Oberfläche der Böden wird übermäßig belastet. Alle Projekte der Regierung zur „Erschließung" der großen Feuchtgebiete sind an der Übersäuerung des Bodens gescheitert, die Eindeichung der Küstenregion von Go Cong, die Trockenlegung der Schilfebene Dong Thap Muoi mit 8.000 Hektar im nördlichen und die Entwässerung im „Viereck von Long Xuyen" im

westlichen Delta. Nach der Trockenlegung war das Wasser so sauer wie der Saft einer Zitrone. Im Mekong-Delta wird die Gefahr der Versäuerung von Reisland „schlafender Tiger" genannt. Interessanterweise ist das Entwässerungssystem für den Reisanbau im frühen Mekong-Reich Funan vom 1. bis 6. Jahrhundert im westlichen Delta so angelegt worden, daß der „Tiger" nicht geweckt wurde.

Von Schlachtfeldern zu Marktplätzen

Es ist eine Ironie der Geschichte, daß 30 Jahre Krieg den Bau von Staudämmen am Mekong verhindert haben. Aber jetzt wird er um so stärker in Angriff genommen. Die Kraftwerksindustrie der USA stürzte sich bereits in den 40er Jahren auf den Mekong, als am Colorado, Columbia und Mississippi die großen Staudämme fertiggestellt waren und sie neue Absatzgebiete suchte. Nach dem Vorbild des Hoover-Staudamms am Colorado von 1935 sollte am Mekong von Luang Prabang in Laos bis Sambor in Kambodscha eine Kaskade von sieben riesigen Mehrzweckdämmen quer durch den Mekong gebaut werden, zur Gewinnung von Energie, zur Flußregulierung, Bewässerung, für die Schiffahrt und selbst für den Tourismus. Aber auch die Entwicklung von Landwirtschaft und Fischerei, Bergbau und Transport im unteren Mekong-Becken war Teil des Vorhabens. Die Pläne wurden von Raymond Weeler, einem ehemaligen Armee-Ingenieur, entwickelt und stammten aus der technologischen Fortschrittsgläubigkeit der 50er Jahre. Sie entsprachen den Vorstellungen der USA von Herrschaft durch die Ausbeutung reicher Ressourcen im Weltmaßstab. Durch die „grüne Revolution" sollten die Reisanbaugebiete Südostasiens zur „Reisschüssel" der Welt entwickelt werden,

vergleichbar mit den Getreidefeldern der großen Ebenen der USA. In den 60er Jahren war die Entwicklung des unteren Mekong ein Bestandteil der amerikanischen Einkreisungs-Strategie (containment) des kommunistischen China. „Staudämme für Frieden und Zusammenarbeit" hieß es, wobei man nicht bedachte, daß China am längeren Hebel des oberen Mekongs sitzt und eines Tages selbst Staudämme durch den Mekong bauen könnte, wie es heute geschieht. Der im Kalten Krieg errichtete „Bambusvorhang" des Mekong erweist sich heute als Hindernis für eine friedliche Zusammenarbeit aller Anrainerstaaten für eine vertretbare Nutzung und den Schutz der Ressourcen des Mekong.
Auf der Grundlage von Empfehlungen der Wheeler-Mission gründete die UNO 1957 das „Komitee zur Koordination von Untersuchungen des unteren Mekong-Beckens", kurz „Mekong-Komitee" genannt. Es bestand aus den Delegierten nationaler Komitees aus Thailand, Kambodscha, Laos und Süd-Vietnam. Die Mitglieder einigten sich darauf, alle nationalen Vorhaben am Mekong dem Komitee vorzulegen. Beschlüsse wurden einstimmig gefaßt, waren aber nicht bindend. Zum Schutz vor Benachteiligung durch Nachbarländer hatte jedes Land ein Vetorecht. Die USA, die Niederlande, Großbritannien, Schweden, Australien und Japan zeigten sich an Projekten interessiert und finanzierten das Komitee mit jährlich 120 Millionen US-Dollar. Geplant waren 180 Projekte mit einem Volumen von 10 Milliarden US-Dollar. Darunter war der Plan des gigantischen Pa-Mong-Staudamms quer durch den Mekong etwa 20 Kilometer flußaufwärts von Vientiane. Eine 250 Meter hohe Staumauer sollte zwei Drittel des Mekong-Wassers in einem Reservoir von 3.700 Quadratkilometern speichern, ein Zehntel der Fläche Deutschlands. Das Projekt war zur Erzeugung von 4.800 Kilowatt Energie geplant und sah die Umsiedlung von 250.000 Menschen vor, eine kleinere Version von „nur" 60.000 Menschen. Obwohl der Staudamm nicht gebaut wurde, sind die Vorstellungen von solchen Großprojekten ungebrochen. Die thailändische und burmesische Regierung planen am Salween in Burma sechs Staudämme von vergleichbarer Größenordnung. Darunter ist das Tha Sang-Wasserkraftwerk im Lebensraum der Shan-Minderheit, mit einer 222 Meter hohen Staumauer fast eine Kopie des vor 40 Jahren entworfenen Mega-Projekts.
Während des zweiten Indochinakriegs konnte nur der Nam-Ngum-Staudamm in Laos 1971 fertiggestellt werden, finanziert von der Weltbank und der japanischen Regierung sowie mit Turbinen aus der Bundesrepublik ausgestattet. Er hat eine Leistung von 150 Megawatt, die zu 80 Prozent nach Thailand exportiert werden. Der Staudamm überflutet 400 Quadratkilometer Wald und Ackerland, eine Fläche von der Größe des Bodensees. In Fachkreisen der Energiewirtschaft gilt er wegen ständiger Versandung und akuten Wassermangels als ökonomischer Flop und in der laotischen Öffentlichkeit als soziales und ökologisches Desaster. Am Mam Song, einem Mekong-Zufluß in der Region, ist 1995 ein Speichersee fertiggestellt worden, und am Nam Leuk wird der riesige Stauseen Nam Ngum II gebaut, um das verfehlte Projekt wieder mit Wasser aufzufüllen und auf Kosten anderer Flußsysteme zu retten.

Mit dem Sieg der kommunistischen Parteien in Vietnam, Kambodscha und Laos 1975 war die Arbeit des Mekong-Komitees zunächst beendet. Die thailändische Regierung nahm 1978 die Zusammenarbeit mit Vietnam und Laos wieder auf, was zur Gründung eines Interim-Komitees führte, von den Niederlanden mit jährlich 15 Millionen US-Dollar finanziert. Kambodscha, von den Roten Khmer beherrscht, lehnte die Kooperation ab und protestierte aus Angst vor einer Umklammerung durch Thailand und Vietnam gegen den Bau von Staudämmen am Mekong. Erst als sich das Ende des Kalten Krieges abzeichnete, konnte Thailand wieder die alten Pläne aus der Schublade ziehen, angetrieben vom Hunger auf Energie für die boomende Wirtschaft. Hinzu kamen der Wassermangel in der Landwirtschaft und die Knappheit von Trinkwasser in den Städten aufgrund zerstörter Wälder. Vietnam suchte nach dem Zusammenbruch des Ostblocks neue Wirtschaftspartner im Westen, wofür Thailands Premierminister Chatichai Choonhavan das Angebot auftischte, „die Schlachtfelder Indochinas zu Marktplätzen" zu machen. Im Westen witterten Australien, die Niederlande, Schweden und die Schweiz ihre Chance und finanzierten zusammen mit UNDP von 1986 bis 1991 mit 35 Millionen US-Dollar neue Datenerhebungen und Machbarkeitsstudien für weitere Staudämme am Mekong.

Die Zerstörungen durch Staudämme

Nach dem Pariser Friedensvertrag von 1991 und der Wahl zur Nationalversammlung von 1993 war Kambodscha wieder in der Lage, sich an der wirtschaftliche Nutzung des Mekong zu beteiligen. Im April 1995 unterzeichneten die vier Länder am Unterlauf des Mekong ein neues und anspruchsvolles Statut zur „Entwicklung, Bewahrung und Management des Mekong-Flußwassers für die soziale und wirtschaftliche Entwicklung und Wohlfahrt aller Anrainerstaaten in Übereinstimmung mit den Bedürfnissen der Menschen, um das außergewöhnliche ökologische Gleichgewicht in diesem Fluß-Becken zu erhalten". Das Komitee wurde in Mekong River Commission (MRC) umbenannt und ist für die Mitgliedschaft Burmas und Chinas am Oberlauf offen. Ein Rat auf Ministerebene ist für Richtlinien und Schlichtung von Konflikten zuständig, ein Komitee für die Umsetzung von Entscheidungen und ein Sekretariat für die Administration. Der Sitz des Sekretariats wurde von Bangkok nach Phnom Penh verlegt. Die UNO setzten den japanischen Wasserbauingenieur Yasunobu Matoba, einen Technokraten mit Erfahrung in der Weltbank und japanischen Entwicklungsinstitutionen, als neuen Leiter ein. Gegen den Einwand Vietnams und Kambodschas und im Unterschied zum Mekong-Komitee ist das Vetorecht gegen Projekte weggefallen, und nationale Komitees sind lediglich verpflichtet, „vorherige Beratungen" einzuholen. Die thailändische Regierung hatte mit dem Austritt und der Gründung eines eigenen Komitees der Anrainerstaaten des Oberlaufs gedroht, falls die Bestimmungen nicht in diesem Sinne geändert würden. Vor Abschluß des neuen Statuts hatte das nationale Mekong-Komitee Thailands vergeblich versucht, das Khong-Chi-

Mun Projekt durchzusetzen, ein Mammut-Unternehmen mit Staudämmen und Speicherseen zur Umleitung eines Großteils des Mekong-Wassers in den trockenen Lam-Pao-Speichersee und zur Bewässerung des dürren Nord-Ostens.
Schon 1993 hatte die thailändische Energiebehörde Electricity Generating Authority (EGAT) mit der laotischen Regierung ein bilaterales Abkommen über die Lieferung von 1.500 Megawatt Energie bis zum Jahre 2000 abgeschlossen, das 1996 weiter aufgestockt wurde. Dafür hat Laos seit 1991 zahlreiche Abkommen mit Konsortien aus neun Ländern, darunter auch aus Deutschland, über Untersuchungen und den Bau von Staudämmen abgeschlossen. Wie die thailändische Regierung über die Kooperation mit Mekong-Anrainern denkt, machte Staatsminister Savit Bothivihok in einer Erwiderung auf Kritik am Kok-Ing-Nan-Projekt deutlich, einem weiteren Großprojekt zur Umleitung von Mekong-Wasser in den trockenen Sirikit-Speichersee und das Chao-Phraya-Fluß-Becken in Nord-Thailand: „Mit unseren Flüssen machen wir, was wir wollen. Das ist eine Frage der nationalen Souveränität." Nur durch die Finanzkrise von 1997 ist das aggressive Vorgehen Thailands vorläufig gebremst worden.
Aber auch Thailand ist auf die Zusammenarbeit mit der Mekong River Commission angewiesen, um gemeinsame Vereinbarungen über die Nutzung des Mekong-Wassers mit dem mächtigen Nachbarn im Norden zu treffen. Denn inzwischen hat die chinesische Regierung zusammen mit der Provinzverwaltung Yünnans auf den Oberlauf des Mekong zugegriffen und baut Staudämme quer durch den Mekong, ohne Rücksprache mit den Anrainerstaaten am Unterlauf und ohne Rücksicht auf die Auswirkungen auf das Ökosystem des Mekong. 15 hydroelektrische Staudämme mit einer

Kapazität bis zu 5.000 Megawatt sind geplant. Das erste Projekt, der Manwan-Staudamm mit 1.500 Megawatt, wurde 1994 fertiggestellt, das zweite, der Dachaoshan-Staudamm mit ebenfalls 1.500 Megawatt, ist im Bau. Beide werden von der chinesischen Regierung finanziert. Das dritte Projekt, der Xiaowan-Staudamm mit 4.000 Megawatt, wird mit einem Kredit von 800 Millionen US-Dollar der japanischen Bank für Internationale Wirtschaftliche Zusammenarbeit gebaut. Alle Länder im unteren Mekong-Becken sind über den Bau der riesigen Staudämme am Oberlauf in Yünnan beunruhigt. Doch die thailändische Firma MDX hat angekündigt, sich an der Finanzierung des großen Jinghong-Projekts zu beteiligen, der südlichste Staudamm in Yünnan mit 1.500 Megawatt, der Energie nach Thailand liefern soll.
Selbst die Asian Development Bank, die seit 1995 als Vorreiter für den Bau von Wasserkraftwerken auftritt und dafür den privaten Sektor mobilisiert, hat angesichts der sozialen und ökologischen Folgen für das Mekong-Becken die Finanzierung für den Jinghong-Staudamm und Projekte dieser Größenordnung in Yünnan abgelehnt. Die laotische Regierung, bei den Vertragsabschlüssen über Wasserkraftwerke eher unkritisch, befürchtet die Zerstörung des Mekong und fordert jetzt von der Asian Development Bank, die sozialen und ökologischen Auswirkungen von Staudämmen besser zu prüfen.
Der kambodschanische Umweltminister Mok Mareth lehnt Staudämme wegen der verheerenden Auswirkung auf die Fischerei ab. Andere Regierungsmitglieder, ungebrochen von technologischer Fortschrittsgläubigkeit geprägt, plädieren für den Ausbau der Wasserkraft, wie der Vize-Direktor des nationalen Mekong-Komitees Khy Taing: „Ich bin nur nach Kambodscha zurückgekehrt, um gute Projekte mit hohen Investitionen und zu angemessenen Kosten zu bauen. Wir sollten verkaufen und exportieren, was wir exportieren können, und das ist Energie."
Obwohl das Delta in Süd-Vietnam durch Großprojekte am stärksten betroffen ist, reagiert die vietnamesische Regierung wohl deswegen nicht, weil man selbst einen umstrittenen Staudamm an den Yali-Fällen gebaut hat und über Kredite für fünf weitere Projekte am oberen Se San auf dem Hochland Mittel-Vietnams verhandelt. Vietnam möchte vom Energie-Geschäft profitieren und Strom nach Thailand exportieren. Ironischerweise gräbt es sich mit den Staudämmen am Mekong-Zufluß Se San selbst das Wasser im Mekong-Delta ab. Umweltorganisationen, die in anderen Ländern solche Widersprüche und Gefahren für eine ganze Region öffentlich zur Sprache bringen, sind in Vietnam nicht zugelassen. Resigniert stellt Professor Vo Tong Xuan, Agronom und Vize-Rektor der Universität in Can Tho, im Gespräch mit dem regionalen Umweltverband TERRA fest: „Was immer unsere Freunde oben am Fluß machen, wir werden es ausbaden."

Widerstand von unten

Der Widerstand gegen den Pak-Mun-Staudamm am größten Zufluß des Mekong in Thailand ist ein Fanal für den Kampf für soziale Gerechtigkeit und Schutz der Ökologie am Mekong geworden. Auch wenn der Bau nicht verhindert werden konnte, hat die Allianz von unmittelbar Betroffenen, entwicklungs- und umweltpolitischen Nichtregierungsorganisationen, einer liberalen städtischen Mittelschicht und den Medien gezeigt, welche Widerstandskraft gegen den Bau von Staudämmen möglich ist.

Am Tage vor der Neugründung der Mekong River Commission im April 1995 in Chiang Rai haben 30 thailändische regierungsunabhängige Entwicklungs- und Umweltorganisationen eine Novellierung der Vereinbarung und Statuten der Mekong River Commission gefordert: „Wir protestieren gegen den Einfluß der Staudamm-Industrie auf die Planung und Festlegung von Zielen und Abkommen, die nur ein einziges und zentral gesteuertes Konzept von Entwicklung verfolgen."

1991 hat der Dachverband führender thailändischer Umwelt-Organisationen, Project for Ecological Recovery (PER), die Initiative für eine regionale Allianz aller Mekong-Länder ergriffen und die „Towards Ecological Recovery and Regional Alliance" TERRA gegründet. Der Verband verfolgt und beobachtet die Projekte der Mekong River Commission und Asian Development Bank. Er setzt sich kritisch mit den Machbarkeits- und Umweltstudien auseinander und fordert die Beteiligung der betroffenen Bevölkerung an Entscheidungsprozessen. Von den Geberorganisationen und -ländern wird Rechenschaft über ihre Vergabepolitik und Verwendung der Gelder verlangt. Außerdem wird die Einbeziehung von Burma und China in die Mekong River Commission gefordert. Die vierteljährlich erscheinende Zeitschrift „Watershed – People's Forum on Ecology – Burma, Cambodia, Lao PDR, Thailand, Vietnam" informiert über die Mekong-Projekte und bietet ein Forum für die Debatte und Aktionen von Umweltorganisationen.

Seitdem das Sekretariat der Mekong River Commission 1998 von Bangkok nach Phnom Penh verlegt worden ist – auch, um der Auseinandersetzung mit

thailändischen Umweltorganisationen auszuweichen –, haben unabhängige Institutionen in Kambodscha die Kritik an den Mekong-Projekten aufgegriffen. Dr. Kao Kim Huorn, Direktor des unabhängigen Cambodian Institute for Cooperation and Peace (CICP), fordert eine Überprüfung der Entwicklungs-Strategie und Vergabepolitik der Asian Development Bank für die Greater Mekong Subregion (GMS). Er beklagt, daß von 1992 bis 1999 eine Milliarde US-Dollar für Infrastrukturprojekte und Energiegewinnung ausgegeben wurden, die für 80 Prozent der 250 Millionen Menschen der Region keine Verbesserung ihrer Lebens- und Arbeitsbedingungen gebracht hat. Sie leben unverändert in Armut und Rückständigkeit. Nach seiner Meinung reichen die jährlichen Treffen der Mekong River Commission auf Ministerebene nicht aus, es müsse eine Verständigung und Kooperation auf der Ebene der Zivilgesellschaft organisiert werden. Ohne die Einbeziehung Chinas in die Arbeit der Mekong River Commission werde die „Rechnung ohne den Wirt" gemacht, und alle Projekte seien zum Scheitern verurteilt. Aber China wird sich nur durch den Regionalverband ASEAN oder die UNO zu Verhandlungen drängen lassen. Möglicherweise bedarf es der Vermittlung Dritter, wie zwischen Ägypten und dem Sudan am Nil, zwischen Indien und Pakistan am Indus oder zwischen den Anrainerstaaten von Euphrat und Tigris. Dafür hat die UNO mit der Flußgebietskonvention vom Mai 1999 ein Regelwerk zur friedlichen Nutzung von grenzüberschreitenden Wasserressourcen und zur Konfliktbeilegung im Streitfall geschaffen.
Das große Problem ist, daß in China, Burma, Vietnam und Laos keine und in Kambodscha nur bedingt öffentliche Kritik geduldet wird, und bis auf Kambodscha in keinem Land regierungsunabhängige Organisationen zugelassen sind. Es gibt jedoch viele Einzelpersonen und Gruppen, die sich kritisch mit der Entwicklung in der Mekong-Region auseinandersetzen und sich über die Gefahren und Alternativen äußern.
h.k.

„Erbfeindschaft" zwischen Kambodscha und Vietnam

Unsichere Grenzen

In der Nähe von Chau Doc, wo die beiden Mekong-Arme die Landesgrenze zwischen Vietnam und Kambodscha passieren, erhebt sich ein 230 Meter hoher Felshöcker mitten im Schwemmland des Mekong-Deltas, der heilige Berg Nui Sam, und eröffnet eine Vogelperspektive auf das Grenzgebiet zwischen den beiden Ländern. Der Berg ist ein Wallfahrtsort mit bunten Tempeln und alten Schreinen, wo alle Religionen und Kulturen des Deltas versammelt sind und sich in prächtiger Vielfalt den Pilgern präsentieren. Woran die Khmer seit Jahrhunderten glauben und was die Vietnamesen seit dem 17. Jahrhundert ins Mekong-Delta gebracht haben, existiert friedlich nebeneinander. Der mit Goldpapier beklebte Buddha meditiert im Lotussitz und strahlt die Einfachheit und den inneren Frieden des alten Theravada-Buddhismus Kambodschas aus. Neben ihm steht in goldene Pracht gehüllt Konfuzius, der Leistungsstreben, Hierarchie und Machtfülle verkörpert, Eigenschaften der vietnamesischen Mandarine, von ihren chinesischen Meistern im hohen Norden übernommen. Die Reisfelder ringsum reichen bis an den Horizont, am Fuße des Berges auf vietnamesischer Seite in wogendem Grün und von silbern glitzernden Wasseradern durchzogen, dazwischen langgezogene Dörfer an den Ufern der Kanäle mit Schulen, Märkten und buddhistischen Tempeln. Über einen breiten Wasserlauf hinweg, den Vinh Te-Kanal, reicht das Auge weit nach Kambodscha hinein. In der Ferne sind Dörfer zu erkennen, Ansammlungen von Hütten, die an Militärposten erinnern, aber die Felder sind braun und ausgetrocknet. Hölzerne Lastkähne tuckern halb verdeckt hinter der dicht bewachsenen Uferböschung auf dem Vinh Te-Kanal (siehe Foto rechts), der wie ein Festungsgraben von 100 Kilometern Länge von Chau Doc am Mekong bis Ha Tien am Golf von Siam reicht. Der Kanal vermittelt den Eindruck, als solle er zwei verfeindete Völker voreinander schützen. Er wurde tatsächlich um die Wende zum 19. Jahrhundert zum Schutz Vietnams gegraben, aber nicht vor den benachbarten Khmer, sondern den Siamesen, den heutigen Thais, die sich seit dem 14. Jahrhundert das Reich von Angkor unterworfen hatten und im 18. Jahrhundert ins Mekong-Delta vordrangen. Der Bauherr war Thoai Ngoc Hau, ein Mandarin des Kaisers Gia Long, der im Mekong-Delta mit

eiserner Faust die Macht des Hofes von Hue festigte. Zusammen mit zwei Ehefrauen und einer Reihe hoher Beamter liegt er in einem Schrein am Berg Nui Sam begraben. In der Erinnerung der Bevölkerung war er ein grausamer Herrscher, der mit militärischer Gewalt Steuern von den Reisbauern erzwang und in harter Fronarbeit den Kanal erbauen ließ, dem Tausende von Menschen von beiden Seiten des Wasserlaufs zum Opfer gefallen sind.

Der Kanal fordert unverändert bis in die Gegenwart Opfer unter der kambodschanischen und vietnamesischen Bevölkerung, weil der Grenzverlauf nicht geklärt und die „Erbfeindschaft“ zwischen den beiden Ländern nicht überwunden ist. Die französische Kolonialverwaltung schlug 1873 die Kanalzone ihrem Territorium zu und verlegte die Grenze 1,4 Kilometer jenseits des Kanals, wogegen Kambodscha protestierte, jedoch als französisches Protektorat nichts ausrichten konnte. Der Hunger vietnamesischer Siedler nach brachliegendem Land hinter dem Kanal war immer sehr groß und hat die Regierungen in Hanoi, Hue oder Saigon zu Übergriffen auf kambodschanisches Territorium verleitet.

Anfang 1999 ist am Berg Phnom Den, im mittleren Abschnitt des Kanals, ein scharfer Konflikt ausgebrochen. Vietnamesische Pioniere bauten eine neue Brücke über den Kanal und zogen eine breite Verbindungsstraße zu einem „Grenztor“ 1,4 Kilometer hinter dem Kanal, um eine Verbindung zwischen dem Mekong-Delta auf vietnamesischer Seite und dem Süden Kambodschas bis zur Provinzstadt Takeo herzustellen. Die „Technische Kommission für Grenzangelegenheiten“ in Phnom Penh legte dagegen Mitte 1999 Protest ein, gleichzeitig versuchte Va Kim Hong, Direktor der Kommission, die Grenzbewohner zu beschwichtigten, um blutige Auseinandersetzungen wie in der Vergangenheit zu verhindern. Nach 20 Jahren Unterbrechung wurde im September 1995 zum ersten Mal wieder eine „Gemeinsame Grenzkommission" gebildet, um ungeklärte Abschnitte am 1.130 Kilometer langen Grenzverlauf zwischen Kambodscha und Vietnam zu regeln und Spannungen und Konflikte friedlich beizulegen. Eine vergleichbare kambodschanisch-thailändische Grenzkommission wurde 1994 ins Leben gerufen, um ähnliche Probleme entlang der 798 Kilometer langen Grenze mit dem westlichen Nachbarland zu klären. An der stark besiedelten Grenze zwischen Ha Tien und Tay Ninh, besonders am „Papageienschnabel" von Svay Rieng und am „Angelhaken" von Mimot, sind Übergriffe von vietnamesischen Siedlern auf kambodschanisches Gebiet an der Tagesordnung. Im Januar 1996 hatten 400 vietnamesische Bauern auf kambodschanischer Seite Siedlungen errichtet und 1.000 Hektar Land für sich reklamiert, ein kambodschanischer Polizist wurde in der Auseinandersetzung getötet, und zwei vietnamesische Bauern wurden verletzt. Im Januar 1997 waren Bauern unter dem Schutz des vietnamesischen Militärs über die Grenze vorgedrungen und hatten Siedlungen und militärische Stützpunkte errichtet. Selbst die Außenminister Kambodschas und Vietnams waren nicht in der Lage, die Zwischenfälle zu klären und die Spannungen zu entschärfen. Trotzdem beteuerten sie, eine „Grenze des langandauernden Friedens, der Freundschaft und Stabilität" zu schaffen. Auf einem Treffen der Ministerpräsidenten im April 1996 wurde neben der Grenzfrage auch zum ersten Mal das heikle Thema der vietnamesischen Immigranten behandelt und angekündigt, die Frage „in friedlicher und kooperativer Weise zu lösen". Die Grenzkommission brachte im Juni 1998 auch das Problem der Seegrenze zur Sprache, an der sich die Spannungen mit Vietnam in der Vergangenheit besonders scharf entladen haben. Kambodschas Außenminister Ung Huot erklärte zum Abschluß der Verhandlungen: „Wir konnten uns prinzipiell über eine einvernehmliche Regelung der Landgrenze einigen, nicht jedoch über die Seegrenze."

Während der Wahlen zur kambodschanischen Nationalversammlung im Mai 1993 und Juli 1998 verlangten vietnamesische Siedler im Grenzgebiet, zur Wahl zugelassen zu werden, um dadurch von der Regierung die Anerkennung ihrer Einwanderung und einen Schutz ihrer Siedlungen zu erhalten. Die Oppositionspolitiker Prinz Norodom Ranariddh und Sam Rainsy mißbrauchten im Wahlkampf 1998 die Ressentiments der kambodschanischen Bevölkerung gegen Vietnam und die vietnamesische Minderheit und schürten ganz offen Haß gegen sie, was dazu führte, daß vier vietnamesische Händler in Phnom Penh auf offener Straße erschlagen wurden. Um die Eskalationen blutiger Zwischenfälle zu verhindern und eine „Normalisierung" der Beziehungen zwischen Vietnam und Kambodscha voranzubringen, setzten Regierung und regierungsunabhängige Organisationen gemeinsam auf eine regionale Vermittlung. Premierminister Hun Sen erklärte Mitte 1999 anläßlich der Aufnahme Kambodschas in den südostasiatischen Staatenbund: „ASEAN bietet uns eine Menge Möglichkeiten zur Grenzregelung. Als Mitglied können wir bilaterale Verhandlungen mit Thailand, Laos und Vietnam führen."

Das Trauma vergangener Größe

Der Konflikt zwischen Kambodscha und Vietnam hat tiefe Wurzeln, die in der Geschichte und Kultur der vergangenen Jahrhunderte und im Widerspruch des kommunistischen Systems sowie in der Rolle der beiden Länder im Kalten Krieg in diesem Jahrhundert zu suchen sind.

Die letzten 500 Jahre der kambodschanischen Geschichte bestanden aus Niederlagen und Demütigungen, die das Trauma vom nationalen Untergang der Khmer und von der Auslöschung ihrer Kultur ausgelöst haben. Dagegen ist in der Bevölkerung ein messianischer Traum verankert, die verlorene Macht und Größe Angkors zurückzugewinnen. Mit König Jayavarman VII. um die Wende zum 13. Jahrhundert hatte Angkor mit dem Bau des Tempels Bayon und der Einführung des Buddhismus als Staatsreligion seinen Höhepunkt erreicht und bald überschritten. Die an den Flußläufen des unteren Mekong-Deltas angesiedelten Khmer gerieten durch die Expansion Vietnams in Bedrängnis. Die Vietnamesen im Delta des Roten Flusses hatten nach jahrhundertelangen Kämpfen 1471 das letzte Fürstentum der Cham im heutigen Mittelvietnam unterworfen, damit das Reich Champa zerstört und das Volk fast vollständig ausgerottet, so daß der Weg in den Süden und ins fruchtbare Mekong-Delta frei war. Bis zum Ende des 17. Jahrhunderts hatten landlose Bauern, Ex-Soldaten und Abenteurer aus dem Norden in mehreren Schüben alle florierenden Dörfer und Städte der Khmer im Mekong-Delta besetzt. Aus Prey Nakor wurde das heutige Saigon, das fruchtbare Schwemmland des Deltas wurde der „wilde Süden“ Vietnams, und die Khmer wurden in abgelegene Sumpfgebiete zwischen den Flußläufen abgedrängt. Nur die Schwäche der vietnamesischen Verwaltung infolge von Fehden zwischen den Fürstentümern der Trinh in Hanoi und der Nguyen in Hue verhinderte eine systematische Besiedlung und ein weiteres Vordringen stromaufwärts in das Gebiet des heutigen Kambodscha.

Das besorgten die französischen Kolonialisten in der Mitte des 19. Jahrhunderts, die sich geschickt die Schwäche des kambodschanischen Hofes und die Fehden der vietnamesischen Fürstentümer zunutze machten. Sie spielten die Könige gegeneinander aus und setzten sich unter dem Vorwand, französische Missionare zu schützen, auf der Halbinsel fest. Das von Khmer und vietnamesischen Siedlern bewohnte und von keiner Zentralmacht kontrollierte Mekong-Delta erklärten sie zur Kolonie Cochinchina mit unumschränkter Willkürherrschaft für die Kolonialverwaltung und französische Unternehmer. Um möglichem Widerstand der Khmer wegen ihres Landverlustes vorzubeugen, erhielt Kambodscha den Status eines Protektorats, das gleiche geschah mit Tonkin im Norden, Annam im Zentrum Vietnams und Laos. Diese Länder wurden 1887 zur Union Indochinas zusammengefaßt. Wie schwach der kambodschanische Hof und wie groß die Willkür Frankreichs waren, zeigt die Krönung König Norodoms, Großvater von Norodom Sihanouk, zum nominellen Oberhaupt des französischen Protektorats Kambodscha im Jahre 1864. Die geraubten Throninsignien – Krone, Siegel und Reichsschwert – wurden dem König von Siam abgehandelt, wofür er die west-kambodschanischen Provinzen Batambang und Siem Reap, einschließlich der Stadt- und Tempelanlagen der historischen Hauptstadt von Angkor, erhielt. Die Provinzen wurden 1907 zwar zurückgegeben, waren aber im Zweiten Weltkrieg vorübergehend wieder in thailändischer Hand. Ebenso wenig Rücksicht nahm man auf die Bevölkerung. Eine halbe Million Vietnamesen wurde als Arbeiter und Kulis auf die Kautschukplantagen von Kompong Cham geholt oder zusammen mit chinesischen Beamten in der französischen Kolonialverwaltung eingesetzt. Die Khmer galten als unfähig, faul und dekadent, worauf der traumatische Komplex einer angeblich minderwertigen Rasse zurückzuführen ist. Das verschärfte die Spannung zu Vietnam und den Vietnamesen. Phnom Penh hatte beispielsweise nach dem Zweiten Weltkrieg 110.000 Einwohner mit einem Bevölkerungsanteil von 33 Prozent Chinesen und 26 Prozent Vietnamesen.

Das kambodschanische Territorium wurde von der Kolonialverwaltung ständig weiter beschnitten und die Grenze Cochinchinas nach Westen und Norden verschoben, besonders in der Zeit des europäischen Heißhungers auf Rohstoffe in den Kolonien von der Jahrhundertwende bis zum Ausbruch des Ersten Weltkriegs. Koloniale Gesellschaften eigneten sich ausgedehnte Reisfelder an und gründeten Plantagen zum Anbau von Kautschuk für die aufstrebende Autoindustrie in Europa. Die Kolonie wurde auf Kosten des Protektorats vergrößerte, um ein höheres Steueraufkommen zu erzielen. In der Zeit wurden weite Teile der Provinzen Stung Treng und Kratie im Hochland der vietnamesischen Provinz Dac Lac zugeschlagen, das fruchtbare Plateau der Provinz Kompong Cham an die Plantagen von Loc Ninh überschrieben, und Reisland von Prey Veng an die Provinz Tay Ninh gegeben sowie die reichen Kalkberge der Provinz Kampot an die Zementindustrie von Ha Tien am Golf von Thailand. Die Gebietsvorsprüge auf vietnamesischer Seite, der „Papageienschnabel" von Svay Rieng oder der „Angelhaken" von Mimot, sind Reste territorialer Ausweitungen auf kambodschanisches Territorium. Die neuen Grenzen zerstörten traditionelle Siedlungsgebiete, schafften Minderheiten und zerschnitten die Lebensräume ethnischer Minderheiten des Hochlandes.

Noch dramatischer ist die ungeklärte Seegrenze, die ursprünglich für Kambodscha überhaupt keinen Zugang zum Golf von Thailand vorsah. Nach einer Grenzziehung des französischen Generalgoverneurs Breviè von 1939 wird die dem kambodschanischen Festland vorgelagerte Insel Phu Quoc – kambodschanisch Koh Tral – Vietnam zugeschlagen. Die kleineren Inseln Poulo Way und Koh Tang vor dem Tiefseehafen Sihanoukville werden jedoch zu Kambodscha gerechnet. Der genaue Grenzverlauf und die territoriale Zugehörigkeit von etwa 400 kleinen Inseln ist offen. Der bedrohte Zugang zum Meer hat das kambodschanische Trauma der Einschnürung und Isolation des Landes besonders verschärft, zumal im Golf von Thailand vor den Küsten Kambodschas und Vietnams sowie Thailands reiche Gas- und Ölvorkommen vermutet werden, eine explosive Mischung für Konflikte ohne geregelten Grenzverlauf und zwischenstaatliche Vereinbarungen.

Kriegsschauplatz Kambodscha

Vietnamesen, Kambodschaner und Laoten führten einen gemeinsamen Kampf gegen die französische Kolonialmacht, die nach dem Zweiten Weltkrieg nach Indochina zurückgekehrt war. Der Widerstand führte zum sogenannten Ersten Indochinakrieg, der 1954 mit der französischen Niederlage in Dien Bien Phu endete. Dabei standen Kambodschaner und Laoten unter dem Kommando des Vietminh und der Kommunistischen Arbeiterpartei Vietnams unter Führung von Ho Chi Minh. Auf Anweisung der Komintern in Moskau hatte Ho Chi Minh 1930 die kollektive Kommunistische Partei Indochinas KPI zur Befreiung der drei Länder Indochinas gegründet, sie jedoch 1951 zugunsten nationaler Parteien aufgelöst. Formal war die daraus hervorgegangene „Kommunistische Revolutionäre Volkspartei Kambodschas" (Khanak Pak Pracheachon Pak Devoath Khmer) eigenständig, aber ideologisch und logistisch von Vietnam abhängig. Von den 1934 Mitgliedern stammten beispielsweise nur 150 aus Kambodscha. Ähnlich verhielt es sich auch mit der „Kommunistischen Partei Laos" (Neo Lao Haksat), die sich jedoch nicht gegen den vietnamesischen Führungsanspruch wehrte. Ho Chi Minh nahm auch nach der Auflösung der KPI die traumatischen Ängste und Sorgen um die Eigenständigkeit der kleineren Nachbarländer nicht ernst und verkündete: „Wir werden bald die große Union von Vietnam, Kambodscha und Laos bilden."
Die unabhängigen Linken gründeten daher 1960 in Kambodscha eine eigenständige Kommunistische Partei, die hauptsächlich von der „Vereinigung der Khmer Studenten in Frankreich" unter Führung von Saloth Sar (später Pol Pot genannt), Ieng Sary, Khieu Samphan und Nuon Chea getragen wurde. Im Unterschied zur alten KP orientierte sie sich ideologisch an der Bauernrevolution Mao Ze Dongs und seiner Vorstellung vom nationalen Befreiungskampf unterdrückter Völker in der Dritten Welt, vergleichbar mit den Neugründungen maoistischer Parteien in anderen Ländern Südostasiens zu Beginn der 60er Jahre wie in Thailand und auf den Philippinen.
Zum offenem Bruch zwischen der kambodschanischen und vietnamesischen KP kam es 1954, als Ho Chi Minh und die vietnamesische Führung das Genfer Friedensabkommen mit der Regierung in Phnom Penh unter Norodom Sihanouk unterzeichnete und die kambodchanische KP und die revolutionäre Linke fallen ließen. Die Unabhängigkeit eines kambodschanischen Staates wurde auf der Genfer Konferenz zwar garantiert, jedoch wurden keine Grenzen festgelegt. Die Souveränität Kambodschas ist seitdem eng mit dem Grenzproblem verknüpft. Die Sicherung des nationalen Territoriums und die Absicherung der Grenzen ist das wichtigste außenpolitische Ziel aller kambodschanischen Regime geworden.
In den Zweiten Indochinakrieg, den blutigen Krieg der USA und ihrer Verbündeten in Saigon von 1965 bis 1975 gegen Nord-Vietnam unter Ho Chi Minh und die Nationale Befreiungsfront Süd-Vietnams NLF („Vietcong"), wurde Kambodscha hineingezwungen. Norodom Sihanouk hatte vergeblich versucht, Kambodscha auf dem neutralen Kurs der blockfreien Staaten zu halten und gleich gute Beziehungen zur Sowjetunion,

zu China und zu den USA zu pflegen. Er erlaubte den Vietnamesen, Nachschub über den „Ho-Chi-Minh-Pfad“ in Ost-Kambodscha und den Hafen von Sihanoukville nach Süd-Vietnam zu bringen, wofür er eine Garantieerklärung der Integrität kambodschanischen Territoriums und die Respektierung der bestehenden Grenzen forderte. Ho Chi Minh und die NLF Süd-Vietnams unterzeichneten im Mai 1967 zwar eine Garantieerklärung, an die sie sich jedoch nicht hielten.

Als die Übergriffe auf Kambodscha und bewaffnete Auseinandersetzungen zwischen Sihanouks Armee und der NLF zunahmen, bezog Sihanouk eine pragmatische und rigorose Position. Er verzichtete auf alle „verlorenen Gebiete“ von „Kampuchea Krom“ (unteres Kambodscha) im Mekong-Delta Süd-Vietnams unter der Bedingung, daß Vietnam Kambodscha innerhalb der kolonialen Grenzen von 1954 anerkennt und den Grenzverlauf nie wieder zum Gegenstand von Verhandlungen macht: „Die Thais und Vietnamesen haben immer ihren guten Willen Kambodscha gegenüber beteuert und ihre Absicht erklärt, diese Grenzprobleme auf freundliche Weise ein für alle Male zu bereinigen. Aber aus Erfahrung wissen wir, daß es immer so begann und unvermeidbar zur Annexion von Gebieten und dann ganzer Provinzen führte. Die augenblickliche Grenze ist die letzte Widerstandslinie der Khmer. Vorschläge zu Verhandlungen zu akzeptieren, würde bedeuten, daß wir stillschweigend eine endgültige Unterwerfung anerkennen.“ Die einseitige Anerkennung und Nichtverhandelbarkeit der Grenzen Kambodschas wurde zur „Sihanouk-Doktrin“ erhoben und zur Bedingung diplomatischer Beziehungen mit den Nachbarländern und dem Ausland schlechthin gemacht. Aber während Sihanouk noch mit der Führung Nord-Vietnams und der NLF den Deal aushandelte, putschte im März 1970 auf Betreiben der USA sein Innenminister Marschall Lon Nol gegen ihn, während er sich auf einer Auslandsreise in Frankreich befand. Damit war ganz Kambodscha in den Indochinakrieg einbezogen und die Grenze zwischen Kambodscha und Vietnam für alle Kriegsparteien offen.

Norodom Sihanouk einigte sich mit Pol Pot und dessen neu gegründeter Kommunistischer Partei auf einen Widerstandskampf gegen die USA und ihre Marionette Lon Nol und gründete in Peking die „Königliche Regierung der Nationalen Einheit zur Befreiung Kambodschas“, GRUNK. In Fragen der nationalen Souveränität und Verteidigung der Grenzen des Landes hatte es nie Differenzen zwischen dem König und den Guerillas gegeben. Als es im Januar 1973 zum Abschluß der Pariser Friedensverhandlungen kam, und Le Duc Tho und Henry Kissinger sich über den Abzug der USA aus Vietnam einigten, wurde der Bruch mit Vietnam noch mal vertieft. Denn der Abzug fremder Truppen aus Kambodscha wurde nicht in die Verhandlungen und den Friedensvertrag aufgenommen. Statt dessen drängte die vietnamesische Führung Sihanouk und die GRUNK, sich mit den USA und Lon Nol zu einigen, um für sich selbst ein besseres Verhandlungsergebnis zu erzielen. Kambodscha hat für das vietnamesische Manöver bitter bezahlen müssen. Denn da das Abkommen nur die Einstellung der Bombardierung Vietnams festlegte, wich die USA auf Kambodscha aus und ließ den Ho-Chi-Minh-Pfad und die Untergrundstellungen in Kambodscha bombardieren. In der Zeit vom 27. Januar bis 15. August 1973 wurde Kambodscha mit Bombenteppichen in Schutt und Asche gelegt. Es wurden vier mal mehr Bomben abgeworfen als im Koreakrieg, mit einer Sprengkraft von fünf Hiroshima-Atombomben. Die Toten des Luftkrieges in den sieben Monaten schätzt man auf 200.000 Menschen, ganze Dörfer wurden ausgelöscht. Das Land glich einer Kraterlandschaft. Vietnam zog vereinbarungsgemäß einige Truppen von kambodschanischem Territorium ab, nicht jedoch aus der Grenzregion, durch die der Nachschub aus Nord-Vietnam lief. Beispielsweise hat die Neunte Infanteriedivision den „Papageienschnabel" von Svay Rieng nie verlassen. Es kam zu heftigen Kämpfen mit den Truppen der GRUNK im Gebiet von Tay Ninh und Ha Tien. Sihanouk und die GRUNK waren in den fünf Jahren des Befreiungskampfes fast ganz auf sich selbst gestellt und konnten nicht wie Vietnam mit sowjetischer Militär- und Wirtschaftshilfe rechnen, denn die Sowjetunion hatte sich auf die Seite Lon Nols gestellt. Dafür kam Hilfe, wenn auch nur geringfügige, aus China und Nord-Korea.

Beim Angriff der GRUNK auf Phnom Penh Anfang 1975 schickte der kommandierende vietnamesische General Le Duc Anh ungebeten zwei Divisionen zur Hilfe, so daß die Hauptstadt am 17. April 1975 von zwei Armeen eingenommen wurde. Noch bevor vietnamesische Truppen am 30. April 1975 Saigon einnehmen konnten, kam es zu heftigen Gefechten um die Inseln Phu Quoc, Poulo Way und Koh Tang im Golf von Thailand. Auf einem Treffen der Führung Kambodschas und Vietnams im Juni 1975 in Hanoi rief man eine „Gemeinsame Grenzkommission" ins Leben und einigte sich auf einen Waffenstillstand entlang der Brevié-Linie und tauschte die Gefangenen und Flüchtlinge aus den Gefechten um die Inseln aus. Außerdem erklärte man die Absicht, Grenzprobleme friedlich beizulegen und einen Freundschafts- und Nichtangriffspakt abzuschließen. Konkrete Ergebnisse gab es nicht. Weitere Treffen der Kommission scheiterten an widersprüchlichen Positionen und verhärteten Fronten. Pol Pot bestand in Anlehnung an die „Sihanouk-Doktrin" von der Unverhandelbarkeit der Grenzen auf dem Abzug aller seit 1973 auf kambodschanischem Territorium stationierten vietnamesischen Truppen als Vorbedingung für Verhandlungen. Le Duan, Nachfolger Ho Chi Minhs und Generalsekretär der vietnamesischen KP, verlangte dagegen Verhandlungen über die Beziehungen zwischen Kambodscha und Vietnam, ohne vorher die Truppen abzuziehen.

Die „besonderen Beziehungen" Vietnams zu Kambodscha

Nach Beendigung des Befreiungskampfes von 1975 und der Wiedervereinigung Vietnams im Juli 1976 widmete sich die vietnamesische KP wieder den Beziehungen zu den Nachbarländern und beschloß auf dem Vierten Parteitag im Dezember 1976 ein Programm zur „Wahrung und Entwicklung besonderer Beziehungen zwischen dem vietnamesischen Volk und den Völkern von Laos und Kambodscha". Die „besonderen Beziehungen" Vietnams zu den Nachbarländern weckten in Kambodscha die alten

Alpträume von nationaler Unterwerfung und Auslöschung der Rasse der Khmer. Das Schicksal der Cham, die im 15. Jahrhundert von den Vietnamesen und Khmer aufgerieben wurden und nur noch als kleine Minderheit existieren, ist ein nationales Trauma Kambodschas geworden. Die Könige von Siam und Vietnam hatten Kambodscha aus chauvinistischen Beweggründen bedroht. Hinter den Gelüsten der vietnamesischen KP standen außerdem die Ideologie „brüderlicher Beziehungen" und der Einheit des sogenannten sozialistischen Lagers. Denn nach der „Breschnew-Doktrin" seit der Unterwerfung der Tschechoslowakei von 1968 sollte Ländern im sozialistischen Lager nur eine „begrenzte Souveränität" zukommen. Das bedeutete für Kambodscha und Laos, daß ihnen nur der „Status einer nationalen Minderheit" unter vietnamesischer Vorherrschaft zugebilligt wurde. Der Freundschaftsvertrag über 25 Jahre mit Laos vom Juli 1977 mit der völligen Gleichschaltung von Partei und Regierung zeigte, daß die Unterwerfung unter die Herrschaft des sozialistischen Lagers ebenso repressiv war wie die Knechtschaft feudalistischer Nachbarstaaten. Die Führung der vietnamesischen KP unter Generalsekretär Le Duan hatte sich nach dem Tode Ho Chi Minhs 1969 dem sozialistischen Lager angenähert und 1978 durch einen Vertrag der „Freundschaft und Zusammenarbeit" mit der Sowjetunion sowie den Beitritt zum Wirtschaftsrat COMECON die Rolle eines sowjetischen Brückenkopfes in Südostasien eingenommen und sich der „Verteidigung des Sozialismus als oberste internationale Aufgabe" verpflichtet. Dafür hatte Vietnam sich die Vorherrschaft über die sozialistischen „Bruderländer" Laos und Kambodscha gesichert. Die kambodschanischen Kommunisten wurden vom vietnamesischen ZK als Abweichler betrachtet, gegen die, vergleichbar mit der Tschechoslowakei von 1968, vorgegangen werden mußte. Zur Unterwerfung Kambodschas praktizierte die politische und militärische Führung Vietnams eine kombinierte Strategie des Verhandelns, der Unterwanderung und des militärischen Drucks. Entlang der gesamten Grenze, besonders in der Region Kampot/Ha Tien und Kompong Cham/Tay Ninh, eskalierten der Grenzkrieg und die Übergriffe von beiden Seiten. Die Roten Khmer überfielen vietnamesische Dörfer, zerstörten sie und brachten ihre Bewohner um. Die vietnamesischen Streitkräfte drangen im Dezember 1977 mit 60.000 Soldaten auf der Nationalstraße Eins bis zum Mekong-Übergang Neak Luong vor, 50 Kilometer vor Phnom Penh. Eine friedliche Beilegung des Grenzkonfliktes erschien aussichtslos. Dabei wurde deutlich, daß der Grenzkrieg zwar als primäres Problem erschien, in Wirklichkeit aber ein Symptom für viel tiefer liegende Wurzeln des Konfliktes war. Nach der vietnamesischen Invasion vom Dezember 1977 verließ Kambodscha die Grenzkommission und brach am 31. Dezember 1977 die diplomatischen Beziehungen zu Vietnam ab. War es ein Zufall, daß Vietnam am selben Tag einen Vertrag zur Einrichtung eines Interimkommitees zur Entwicklung des unteren Mekong-Beckens mit Thailand und Laos unterzeichnete und mit Thailand Überflugrechte vereinbarte?

Nach vergeblichen Versuchen, in der unterdrückten und unzufriedenen Bevölkerung Kambodschas einen Widerstand gegen Pol Pot und sein Regime aufzubauen, entschied

das ZK der KP Vietnams im Februar 1978, Kambodscha militärisch anzugreifen und das Land zu besetzen. Oberbefehlshaber Le Duc Anh wurde mit der Vorbereitung einer Invasion beauftragt. Der Schutz vietnamesischer Dörfer oder die Befreiung der kambodschanischen Bevölkerung vom mörderischen Pol Pot-Regime wird in den Protokollen des ZK nicht erwähnt und diente offensichtlich als Vorwand für die Invasion und Besetzung des Landes. Radio Hanoi forderte kambodschanische Soldaten und die Bevölkerung offen zum Sturz der Pol-Pot-Fraktion auf. Dagegen rief Pol Pot zum Völkermord an Vietnamesen auf: „Jeder von uns muß 30 Vietnamesen töten. Bisher haben wir es geschafft. Wir brauchen nur zwei Millionen Soldaten, um 50 Millionen Vietnamesen umzubringen." Ebenso scharf war der Glaubenskrieg um die korrekte Linie der Parteien. Die kambodschanische KP beschuldigte die vietnamesische, daß sie „bei Imperialisten bettelt und den Sozialismus ausverkauft". Dagegen verurteilte Vietnam die „reaktionäre kambodschanische Regierung", attackierte die „brutale und infantile bäuerliche Gleichmacherei" und nannte die Führung „Söldner der chinesischen Machthaber".
In Ost-Kambodscha kam es Mitte 1978 zu einem Aufstand gegen die Führung der Roten Khmer, jedoch nicht zur Unterstützung Vietnams, sondern gegen die harten Lebensbedingungen und die willkürlichen Hinrichtungen von verdächtigen Kollaborateuren Vietnams. In zwei Dörfern der Provinz Prey Veng überwältigten Bauern ihre Aufseher, köpften sie und flüchteten anschließend in den Dschungel oder nach Vietnam. So Phim, Parteisekretär und Kommandeur der Zone Ost, duldete die Revolte von Kadern, offensichtlich, um die völlige Destabilisierung der Region zu verhindern. Er wurde auf der Flucht von Militärs der Südwest-Zone Ta Moks angeschossen und nahm sich am 2. Juni 1978 das Leben. In der darauf folgenden Welle maßloser Verhaftungen, Hinrichtungen und Umsiedlung der Bevölkerung flüchteten viele Bauern und Kader nach Vietnam, darunter auch der stellvertretende Kommandeur Ost-Kambodschas Heng Samrin und ein Distriktchef namens Chea Sim. Anfang 1978 hielten sich 150.000 Flüchtlinge aus Kambodscha in Vietnam auf, aus denen die vietnamesische Führung Widerstandskämpfer rekrutierte und Invasionsbrigaden zusammenstellte.
Am 3. Dezember 1978 meldete sich in der ost-kambodschanischen Kleinstadt Snuol eine „Nationale Einheitsfront Kambodschas zur Rettung der Nation" mit 200 Pol Pot-Gegnern, die Vietnam formal um militärische Hilfe zum Sturz des Pol Pot-Regimes bat. An der Spitze stand ein 14-köpfiges ZK unter Vorsitz von Heng Samrin und seinem Stellvertreter Chea Sim. Diesem Gremium gehörte auch Hun Sen an, der bereits 1977 nach Vietnam geflüchtet war. Die Mitglieder der Einheitsfront waren keine bekannten Persönlichkeiten oder Personen mit einer Verankerung in der Bevölkerung. Die Front diente Vietnam lediglich dazu, der Invasion den Schein der Legitimität zu verleihen. Sihanouks ältester Sohn, Prinz Norodom Ranariddh, war gebeten worden, seinen Vater in der Einheitsfront zu vertreten. Er lehnte ab. Um China von einer Intervention zugunsten Kambodschas abzuschrecken, unterzeichnete Vietnam am 3. November 1978 in Moskau einen „Vertrag über Freundschaft und Zusammenarbeit", der

im Falle eines Angriffs die unverzügliche Beratung mit der Sowjetunion zusicherte, jedoch unterhalb eines militärischen Beistands blieb, worum Vietnam gebeten hatte. Ebenso hatte China Pol Pots Bitte um die Entsendung chinesischer Truppen zur Verteidigung gegen Vietnam abgelehnt. Am 25. Dezember 1978 griffen 13 vietnamesische Divisionen mit 100.000 Soldaten Kambodscha an und stießen in einem Blitzangriff mit vier Keilen auf die Städte Kratie, Kompong Cham, Phnom Penh und Sihanoukville vor. Wie die Frühjahrsoffensive 1975 in Süd-Vietnam befehligte Generalstabschef Van Tien Dung den Angriff, „blühender Lotus" genannt. Im Unterschied zur klassischen Einkreisungsstrategie des Guerillakrieges war der Angriff auf die Kommandozentralen der Roten Khmer gerichtet. Am 7. Januar 1979 fiel Phnom Penh, und am 12. Januar 1979 wurde Pol Pots Hauptquartier in der Nähe des von China gebauten Flughafens in Kompong Chhnang eingenommen. Norodom Sihanouk entkam wenige Stunden vor der Einnahme Phnom Penhs nach Peking, Pol Pots Einheiten zogen sich in den Schutz des Gebirges und Dschungels im Westen und Nordwesten des Landes zurück.

Indochina in vietnamesischer Hand

Die Invasion fand früher als geplant statt, um dem Plan Chinas und der USA zuvorzukommen, die Selbstzerstörung des Pol Pot-Regime zu beenden und Norodom Sihanouk mit der Bildung einer neuen Regierung in Phnom Penh zu beauftragen. Es war bekannt geworden, daß Pol Pot für Anfang 1979 die Eliminierung aller pro-vietnamesischen Kräfte in Kambodscha plante. Die Bevölkerung Kambodschas fühlte sich vom Pol Pot-Regime befreit, aber die Furcht vor Kämpfen und der vietnamesischen Besatzungsarmee löste riesige Flüchtlingsströme aus. Halb verhungerte Menschen, vor allem Kinder und Greise, tauchten an der Grenze zu Thailand auf. Wer sie erreichte, konnte gerettet werden, Tausende sind auf der Flucht verhungert oder zwischen den Fronten umgekommen. 350.000 Menschen lebten über zehn Jahre in den Lagern im Grenzgebiet, bis sie nach dem Pariser Friedensvertrag von 1991 nach Kambodscha zurückkehren konnten.

Am 8. Januar 1979 übernahm ein „Volksrevolutionsrat" unter dem Vorsitz von Heng Samrin die neue Regierung in Phnom Penh. Am 18. Februar 1979 wurde ein „Vertrag über Frieden, Freundschaft und Zusammenarbeit" zwischen Vietnam und der neuen kambodschanischen Regierung unterzeichnet, in dem sich die Vertragspartner zu einer „immerwährenden gemeinsamen Verteidigungs- und Außenpolitik" verpflichteten, um die „militante Solidarität und brüderliche Freundschaft zwischen dem kambodschanischen und dem vietnamesischen Volk zu stärken sowie die Beziehungen zu den sozialistischen Ländern auszubauen". Damit hatte Vietnam das Ziel der „besonderen Beziehungen" zu Kambodscha erreicht, konnte mit Zustimmung der Sowjetunion die Vormachtstellung über Laos und Kambodscha errichten und die Herrschaft der ehemaligen französischen Kolonialmacht über Indochina übernehmen. Zur Manifestation der neuen Beziehung wurden überall im Lande Denkmäler der „Waffenbrüderschaft und Freundschaft" errichtet. Das größte steht im Friedenspark von Phnom Penh in der Nähe des Denkmals der Unabhängigkeit von französischer Kolonialherrschaft. In Stein gehauen stehen die Waffenbrüder schützend hinter einer kambodschanischen Frau, ein Ärgernis für alle Kambodschaner (siehe Foto).

Vietnams Vorgehen weckte nicht nur in Kambodscha wieder das alte Trauma von der Auslöschung des Volkes, sondern löste auch unter den ASEAN-Staaten Besorgnis über Vietnams Expansionsdrang in Südostasien aus und rief China auf den Plan. Die sowjetische Besetzung Afghanistans im selben Jahr zeigte, welche Ambitionen die Sowjetunion hegte. Deng Xiao-ping sprach schon länger davon, man müsse dem „sowjetischem Sozialimperialismus" Einhalt gebieten. China fühlte sich durch die Annäherung an die USA für einen Gegenschlag gestärkt und forderte die UNO, ASEAN, Japan und die EU auf, die Politik des „Appeasement" gegenüber der Sowjetunion aufzugeben. Die Führung der chinesischen KP bereitete sich selbst auf einen Schlag gegen den vietnamesischen „Regional-Hegemonismus" in Asien vor. Die Wirtschafts- und Entwicklungshilfe an Vietnam wurde eingestellt, und alle chinesischen Entwicklungshelfer und Techniker wurden abgezogen. Die vietnamesische Führung setzte dagegen die Vietnamesen chinesischer Abstammung (Hoa) unter Druck, diffamierte sie als fünfte Kolonne Chinas und vertrieb sie aus dem Land. Nach der formalen Aufnahme der diplomatischen Beziehungen zu den USA am 1. Januar 1979 konnte Deng Xiao-ping im chinesischen ZK die Angst vor einem sowjetischen Gegenangriff auf China zerstreuen und erhielt die Rückendeckung für einen begrenzten „Erziehungsfeldzug" gegen Vietnam.

Während sich die gesamte vietnamesische Führungsspitze noch in Phnom Penh zur Unterzeichnung des Freundschaftsabkommens aufhielt, setzte die chinesische Volksarmee am 17. Februar 1979 mit 250.000 Soldaten an 20 Stellen entlang der nordvietnamesischen Grenze zum „Gegenangriff zur Selbstverteidigung" an und drang eine Woche lang tief nach Vietnam vor. Ungeklärte Grenzen und angebliche Provokationen vietnamesischer Truppen mußten zur formalen Rechtfertigung des Angriffs herhalten. Als Begründung wurde jedoch auch bekannt, daß die Kampfkraft der chinesischen Armee getestet werden sollte. Ihr schlechtes Abschneiden diente anschließend als Rechtfertigung für die Modernisierung der Volksarmee und die enormen Rüstungsausgaben. 320.000 Vietnamesen flüchteten aus der Grenzregion, die Provinzstädte Lai Cai, Lang Son und Cao Bang wurden fast völlig verwüstet und die Wirtschaft und Infrastruktur in der Bergregion zerstört. Abgesehen von Spannungen am Usuri, an Chinas Nordgrenze, hielt sich die Sowjetunion zurück und griff nicht militärisch in den Konflikt ein, wodurch möglicherweise die Eskalation zu einem neuen Weltkrieg verhindert wurde.

Die militärische Machtdemonstration Chinas zerstörte alle Hoffnungen auf eine friedliche Konfliktbeilegung. Sie brachte in Kambodscha keine Entlastung für den Widerstandskampf der Roten Khmer und verhärtete die Fronten zu Vietnam. In Vietnam lebte das Trauma der chinesischen Bedrohung und tausendjährigen Besetzung durch China wieder auf.

Kambodscha und Vietnam führten daraufhin zehn Jahre lang einen erbitterten Krieg, hinter dem die Interessen Chinas und der Sowjetunion standen und der verheerende Wirkungen auf beide Länder und ihre Gesellschaften hatte. Die Sowjetunion und der Ostblock leisteten militärische und wirtschaftliche Hilfe für Vietnam und finanzierten die Stationierung von 250.000 Soldaten in Kambodscha. Außerdem übernahmen sie die Finanzierung des Haushalts der „Volksrepublik Kambodscha" in Phnom Penh, das Ganze mit umgerechnet täglich einer Million US-Dollar. China rüstete die Roten Khmer für den Guerillakampf gegen Vietnam auf und unterstützte das Widerstandsbündnis mit Norodom Sihanouk und dem Nationalistenführer Son San. Das geschah mit Zustimmung der USA und der ASEAN-Staaten und in enger Absprache mit der Regierung Thailands, über deren Territorium der Nachschub von China nach Kambodscha lief. Dafür stellte China die Unterstützung für den thailändischen Untergrund ein, die „Thai Patriotische Front", entzog ihm die chinesischen Rückzugsgebiete und lieferte die Kämpfer ans thailändische Militär aus. Die USA betrieben ein Wirtschaftsembargo gegen Vietnam, sorgten für die Isolation des Landes im Westen und setzten sich zusammen mit China für die Aufrechterhaltung der diplomatischen Anerkennung des mörderischen Pol Pot-Regimes mit Sitz und Stimme in der UNO ein. Diesem erneuten Krieg, dem sogenannten Dritten Indochinakrieg, fielen Tausende von Menschen zum Opfer, die Reisfelder und Dörfer Kambodschas wurden zerstört und vermint, und die schwache Wirtschaft und Infrastruktur wurden verwüstet. Norodom Sihanouk (siehe Foto rechts) klagte: „China und Vietnam kämpfen um die Leichen meines unglücklichen Landes."

Der langanhaltende und kostspielige Krieg in Indochina hat sehr dazu beigetragen, daß sich die Sowjetunion durch Rüstungsproduktion und Auslandshilfe wirtschaftlich verausgabte. Michail Gorbatschow leitete schließlich 1985 mit „Perestroika" und „Glasnost" die Kehrtwende der sowjetischen Außenpolitik ein. In seiner außenpolitischen Rede vom Juli 1986 in Wladiwostok kündigte er das Ende der sozialistischen Expansionspolitik, die Normalisierung der Beziehungen zu China und die friedliche

Zusammenarbeit mit allen Ländern Asiens an. Damit war Vietnam gezwungen, den Traum von der Beherrschung Indochinas aufzugeben und sich aus Kambodscha zurückzuziehen. Im September 1989 zogen die letzten Truppen aus Kambodscha ab. Der „Staat von Kambodscha" wurde im April 1989 ausgerufen und eine pro-vietnamesische Regierung mit Hun Sen an der Spitze „bestätigt".
Durch die Vermittlung der ASEAN-Staaten, der UNO und Japan kamen nach dem Ende des Kalten Krieges in Jakarta eine Reihe von informellen Gesprächen zwischen allen Fraktionen Kambodschas zustande, die schließlich zu Friedensverhandlungen und im Oktober 1991 in Paris zum „Vertrag zur umfassenden politischen Regelung des Kambodscha-Konfliktes" führten. Die UNO versuchte in einem aufwendigen Kraftakt mit zweieinhalb Milliarden US-Dollar, Kambodscha zum Modell für den Wandel eines Landes vom Kommunismus zur Demokratie zu machen. Unter ihrer Treuhänderschaft, der UN-Übergangsverwaltung Kambodschas UNTAC, wurden 1993 Wahlen zur Nationalversammlung durchgeführt. Ohne demokratisch legitimierte Parteien und mit wenig Durchsetzungsvermögen der Weltorganisation war das Ergebnis jedoch nicht mehr als ein fauler Kompromiß mit dem Wahlergebnis und eine unsichere Koalitionsregierung aus Kommunisten und Royalisten. Der neue starke Mann Hun Sen entschied die Machtverhältnisse im Juli 1997 durch einen blutigen Putsch zu seinen Gunsten und ließ die Festigung seiner Macht durch die formal demokratischen Parlamentswahlen im Juli 1998 legitimieren. Nach langem Zögern haben die ASEAN-Staaten Kambodscha im Juli 1999 als zehntes Mitglied in die Gemeinschaft aufgenommen und tragen damit Verantwortung für die territoriale Integrität und Demokratisierung des Landes, die Voraussetzung für eine gewaltlose Konfliktbeilegung und stabile Beziehungen zu den Nachbarländern.

Eine friedliche Konfliktbeilegung

„Der Konflikt zwischen Kambodscha und Vietnam ist wahrscheinlich so tief und unaufhebbar wie kaum ein anderer auf der Welt von heute, weil er alte traditionelle und neue revolutionäre Wurzeln hat", meint Professor Steve Heder, Kambodscha-Forscher an der School of Asian and Oriental Studies in London. Alle Analysen und Kommentare der politischen Verhältnisse Kambodschas beziehen sich immer auf das „Schicksal von Champa", den Untergang eines Volkes und einer Rasse. Andererseits wird auf

Angkor als Beweis für die Unsterblichkeit der Khmer und die Größe des Landes verwiesen. Die Extreme von Untergang und Unsterblichkeit erzeugen offensichtlich irrationale Reaktionen und Verhaltensweisen. Die Größe der Vergangenheit verführt zum Mythos einer messianischen Berufung und nationalistischen Ausschließlichkeit der Rasse der Khmer. Daraus bezogen alle Regime seit der Unabhängigkeit von 1954 ihre konservative Legitimation für eine autoritäre Staatsführung – ob Republik, Volksrepublik, konstitutionelle Monarchie oder das mörderische „Demokratische Kampuchea" der Roten Khmer. Alle Verfassungen erklärten jedoch Demokratie zur Grundlage von Rechsstaatlichkeit, Sicherung nationaler Souveränität und stabiler Außenbeziehungen des Landes. Die Türme von Angkor Wat im Staatswappen und auf der Nationalflagge aller Regime sind symptomatisch für das nationale Trauma und eine rückwärts gerichtete Politik des Landes.

Die revolutionären Wahnvorstellungen von Pol Pot und der Kommunistischen Partei zerstörten die innere Stabilität der Gesellschaft und verspielten die schwierigen Beziehungen des Landes zu den mächtigeren Nachbarstaaten, um die sich Norodom Sihanouk mit Fingerspitzengefühl und Geschicklichkeit bemüht hatte. Als Revolutionäre standen die Roten Khmer in Konkurrenz zu Sihanouks nationalistischer Politik und betrieben um so besessener einen Klassenradikalismus. Im Glauben an Mao Ze Dongs Entwicklungskonzept vom Vertrauen in die eigene Kraft übertrugen sie die chinesische Kulturrevolution mechanisch auf Kambodscha. Sie glaubten an die Überlegenheit subjektiver Faktoren wie Willensstärke und ideologische Reinheit gegenüber objektiven materiellen Bedingungen wie militärische Stärke, technologische Kenntnisse und wirtschaftlichen Fortschritt.

Die Überzeugung von der eigenen ideologischen Korrektheit setzt den Irrtum des Gegners voraus. Daher hielten die Roten Khmer die vietnamesischen Kommunisten für Verräter am Sozialismus – wie auch umgekehrt. Der Vorwurf des Revisionismus innerhalb der kommunistischen Bewegung, über den die Beziehungen der Sowjetunion zu China zerbrochen waren, steigerte sich zum Glaubenskrieg zwischen Kambodscha und Vietnam. Und der Haß auf Verräter ist bekanntlich noch stärker als der auf Feinde. Der geschichtliche Ursprung und der koloniale Anteil des Konflikts wurden durch die revolutionäre Geschichtsinterpretation überlagert und vertieft.

Die Führung beider Seiten steigerte sich in paranoide Vorstellungen von der Bedrohung durch den mächtigeren Nachbarn. Für Pol Pot und sein Regime gab es beispielsweise bis 1977 keine Gefahr eines vietnamesischen Putsches. Der Konflikt mit Vietnam eskalierte erst, als Vietnam zum mythologisierten Feind gestempelt und zum Sündenbock für die selbstverschuldeten Probleme gemacht wurde. Vietnam verstand die Annäherung Chinas an die USA als Verrat am „proletarischen Internationalismus", sie bedeutete aber keine Bedrohung der vietnamesischen Revolution, wie die Genossen in Hanoi glaubten. Ebenso wenig gab es eine Verschwörung Kambodschas und Chinas gegen Vietnam und keinen Grund, die in Vietnam lebenden Chinesen als fünfte Kolonne Chinas und Gefahr für Vietnam zu diffamieren und zu vertreiben.

Nur eine relativ kleine Landfläche an sieben Stellen der kolonialen Grenzziehung, die Norodom Sihanouk als verbindliche Landesgrenze anerkannt hat, ist umstritten und dürfte in vernünftigen Verhandlungen, möglicherweise durch Vermittlung der ASEAN-Staaten oder der UNO, einvernehmlich und vertraglich zu regeln sein. Dies sagen regierungsunabhängige Institutionen in Kambodscha. Die Voraussetzung ist jedoch ein Vertrauensverhältnis zwischen der Regierung und Bevölkerung Kambodschas und Vietnams, denn die Grenzen sind in erster Linie ein emotionales Problem. Das gilt auch für die ungeklärte Seegrenze im Golf von Thailand, wenn die Verhandlungen auch durch die Beteiligung Thailands aufwendiger sind und eine vertragliche Regelung wegen der Gas- und Ölvorkommen in der umstrittenen Region schwieriger ist. Die Klärung der Seegrenze dürfte dennoch einfacher sein als eine Vereinbarung über die Spratley- und Paracel-Inseln im Südchinesischen Meer zwischen China und mehreren ASEAN-Staaten. Selbst den Landhunger vietnamesischer Siedler hält man für lösbar, wenn Kambodscha und Vietnam auf der Grundlage rechtsstaatlicher Verhältnisse und stabiler Beziehungen eine vernünftige Einwanderungspolitik vereinbaren. Das vertreten regierungsunabhängige Institutionen in Kambodscha, die sich für eine friedliche Beilegung von Konflikten zwischen Kambodscha und Vietnam und in Südostasien einsetzen.

Der Grenzübergang zwischen Vietnam und Kambodscha an der Nationalstraße Eins, zwischen den Ortschaften Bovet und Mo Duc am sogenannten Papageienschnabel, verläuft mitten durch Reisfelder und ist nicht durch einen Flußlauf oder Kanal markiert. Auf vietnamesischer Seite steht ein mächtiges Portal aus grauem Beton, auf kambodschanischer ein rotes Tor mit den Türmen von Angkor Wat. Dieses Symbol für vergangene Größe und Kultur der Khmer, aber auch für nationale Sicherheit und Prosperität des Landes, begleitet den Besucher überall in Kambodscha. Zwischen den beiden Toren liegt ein unheimliches Niemandsland, in dem die Spannung zwischen den beiden Ländern greifbar zu spüren ist. Mitten im Niemandsland steht ein kantiger Grenzstein mit dem Datum „8. Januar 1986", dem siebten Jahrestag der vietnameischen Machtübernahme in Kambodscha. Er soll die Grenze markieren, wie sie von Premierminister Hun Sen mit Vietnam vereinbart wurde. In Kambodscha wird er „Stein des Anstoßes" genannt und die Grenze eine „Schandlinie". Vietnamesische Fahrer warten auf die Abfertigung ihrer Lastwagen und verhandeln mit kambodschanischen Polizisten, und kambodschanische Marktfrauen schieben bepackte Fahrräder über die Grenze. In den Reisfeldern ist ein „kleiner Grenzverkehr" zu beobachten, für den sich die Grenzpolizisten besonders interessieren. Busse und Taxis können die Tore nicht passieren, unsere Reise endet im Niemandsland. Aber Freunde warten auf uns am Tor auf kambodschanischer Seite und heißen uns herzlich willkommen. Wir gehen zu Fuß von einem Land ins andere.

h.k.

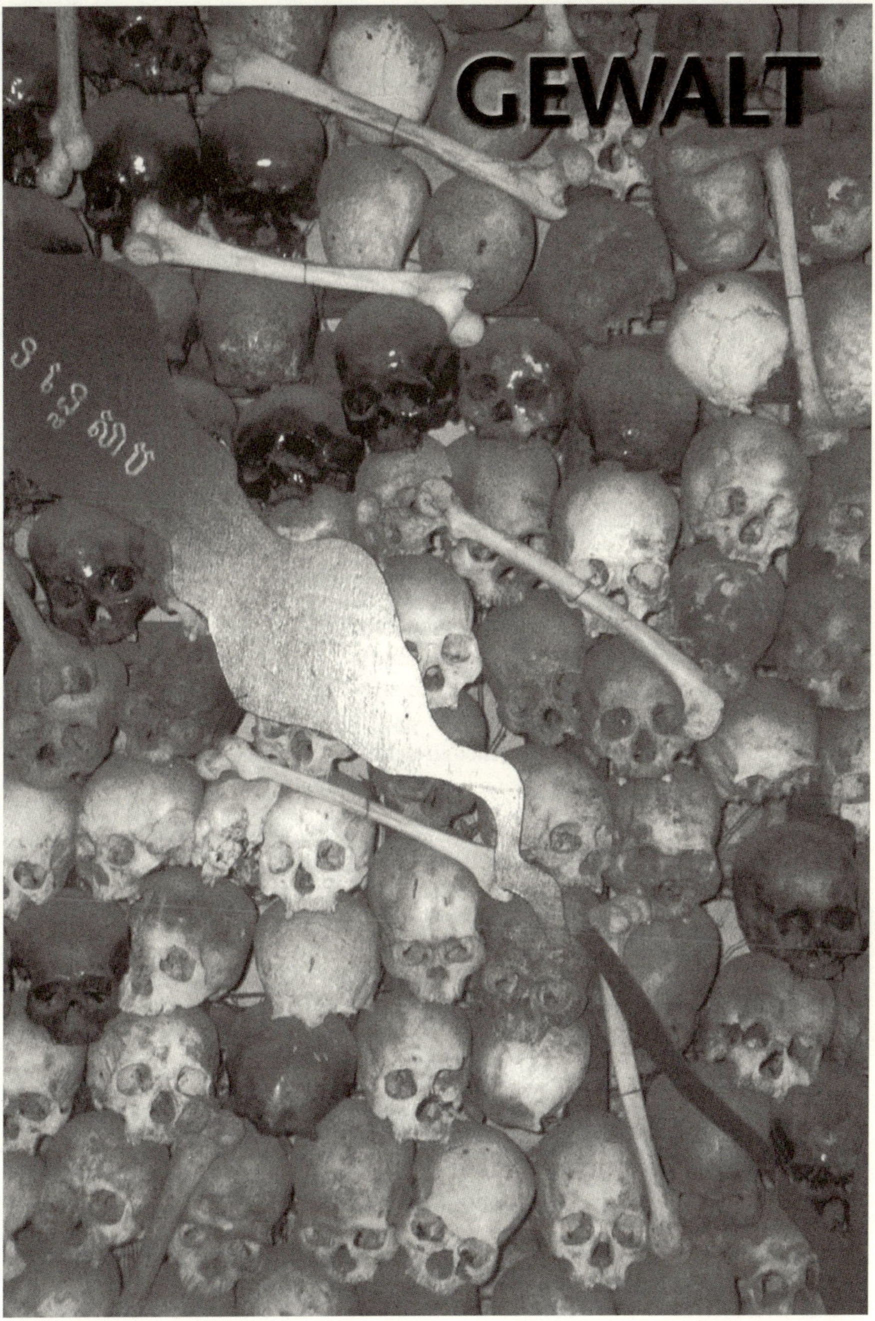
GEWALT

Kambodschanische Totenklage

Trauer in der Nacht

Früh am Morgen in Svay Rieng. Die weitläufige Stadt im äußersten Südosten Kambodschas liegt im Grenzgebiet zu Vietnam. Sie ist von Reisfeldern umgeben. Mit ihren Alleen und den Häusern unter schattigen Bäumen strahlt die Stadt die freundliche Atmosphäre einer großzügig gestalteten Gartenanlage aus. Ein ausgedehnter Markt beherrscht das Zentrum. Gegen 7 Uhr ergießt sich ein schier endloser Strom von Radfahrern in die ansonsten kaum befahrene Hauptstraße. Von allen Seiten biegen junge Menschen ein. Zu Hunderten sind die Jugendlichen auf dem Wege zu verschiedenen Bildungsstätten. Die Jungen und Mädchen sind fröhlich, lachen, rufen sich gegenseitig etwas zu. Sie tragen weiß-blaue Schuluniformen.

Da radelt die Nachkriegsgeneration ihrer Zukunft entgegen. Die Zehn- und 15jährigen haben die Schrecken des Vietnamkrieges und das Morden der Roten Khmer nicht erlebt, die Kambodschas jüngere Geschichte zum Horror verkommen ließen. Etwa zwei Millionen Tote waren zu beklagen gewesen. Doch heute hat Kambodscha mit zwölf Millionen Menschen eine deutlich größere Bevölkerungszahl als zu Kriegszeiten. Das Khmer-Volk überlebte den Genozid, den die eigenen Landsleute radikal und selbstzerstörerisch betrieben hatten.

Die Lebenslust dieser jungen Leute, die in den sonnigen Morgenstunden den Schulen zustreben, prägt das heutige Kambodscha. Das ist Aufbruch, spürbare Begeisterung, jugendliche Unbekümmertheit, die gar nicht wissen will, was Opa im Krieg erlebt, erlitten hat. Da kommt der geballte Wille einer neuen Generation daher, sich ihren Platz in einer friedlicheren Welt als der der Eltern zu erobern. Das jugendliche Kambodscha wirkt auf erfrischende Weise kraftvoll und vital. Nichts erinnert in diesen frühen kühlen Stunden beim Anblick der endlosen Fahrrad-Trupps der Schuljugend an die Tragödie, die zum Trauma des Landes geworden ist. Aber läßt sich der Schmerz von gestern wirklich ausblenden? Es gibt ja kaum eine Familie, die nicht unter den Spätfolgen der Kriege zu leiden hätte und nicht von der mörderischen Ausrottung durch die Roten Khmer betroffen wurde. Das morgendliche Bild vermeintlicher Vergangenheitsbewältigung ist zu schön um wahr zu sein.

Im kambodschanisch-vietnamesischen Grenzland sind Tag und Nacht durch Abgründe getrennt. Spät am Abend liegt das fahle quecksilbrige Licht des Vollmondes über der dunklen Ebene bei Svay Rieng. Die Konturen der Bäume heben sich als Schattenrisse gegen den Himmel ab. Nirgends ein Mensch zu sehen, weder die Jungen noch die Alten. Es wispert und zirpt und zischt. Das Grillengedröhn tropischer Nacht schläfert ein und dringt ins Unterbewußte, das nichts vergißt und nichts vergibt. Es ist die Zeit, da die Ängste wieder aufsteigen und die verdrängten Erinnerungen zurückkehren. Das weite Feld der Nacht ist von Blut getränkt. Auch hier wütete die Kriegsmaschinerie, die vom fernen Washington aus gesteuert worden war. Doch das Grauen reicht weiter zurück in die Geschichte. Dieses umstrittene Niemandsland war immer wieder Kampfgebiet unversöhnlicher Nachbarn gewesen, die sich schon lange vor und nach dem Terror der Roten Khmer mißtrauten und befehdeten.

Über dem Schlachtfeld der toten Seelen breitet sich lastende Einsamkeit aus. Die Blutströme sind versickert in der fruchtbaren Erde, die hier Papageienschnabel genannt wird. Welch poetisches Wort für so viel Elend. Das Stöhnen der Sterbenden ist verebbt. Die Schmerzensschreie hat der Wind davongetragen. Die Tränen von damals sind vertrocknet. Die Trauer ist geblieben. Stimmen dringen durch die Nacht: männliche Stimmen in einem endlosen Klagegesang vereint, dumpf und monoton. Buddhistische Mönche lassen heilige Verse erklingen und wiederholen die altüberlieferten Worte des Schmerzes immer wieder ohne Pause. Irgendwo in der mondbeschienenen Ebene sind Menschen zusammengekommen, einen Toten zu beweinen. Ein Lautsprecher verstärkt die Kunde vom Vergehen und teilt sie den Kreaturen mit, die in der Finsternis noch diesseits der Grenze zwischen Leben und Tod verweilen. Es ist, als werde da nicht nur das Hinscheiden des einen beklagt. Es ist, als gelten die tröstenden, heilbringenden Stimmen in der gesichtslosen Nacht allen, die hier sterben mußten, gemordet von Haß und Verblendung in langer Generationenfolge.

Grauen an der Wand

In frommer Eintracht begegnen sich 11. und 20. Jahrhundert. Ein paar Kilometer westwärts vom hochgelegenen Ufer des Mekong bei Kompong Cham wird Wat Nokor erreicht, im Volksmund auch Wat Angkor genannt. Eine verwinkelte Ruine aus dunklen Steinen gebaut, mit traumhaft schönen, weltentrückten Apsaras verziert. Die teilweise prächtig erhaltenen Reliefs der himmlischen Tänzerinnen an Toren und Außenmauern geben dem verwitterten, moosüberzogenen Gestein eine eigenartige Leichtigkeit. Wat Nokor wurde im 11. Jahrhundert erbaut, eine Tempelanlage auf dem räumlichen wie historischen Wege nach Angkor weit im Hinterland Kambodschas. In das verfallene Gemäuer ist eine Pagode neuerer Bauart einbezogen worden, weitausladend das gelbe Dach auf schlanken Säulen, knallbunt gestrichen, mit farbenfreudigen Gemälden buddhistischer Legenden das Innere ausgeschmückt. Kein Museum, sondern ein spiritueller Ort mit über ein Jahrtausend währender religiöser Anziehungskraft. Solche Kontinuität erstaunt den Besucher, der sich einreiht in die lange Pilgerschar derer, die einkehrten, den Frieden zu suchen: den inneren wie den äußeren.

Im Umkreis sind in jüngerer Zeit weitere Tempel errichtet worden. Ihre Wände boten großflächig Platz für die Maler der so rührend naiv wirkenden Bilder der buddhistischen Welt der Lotosblüten und saffrangelben Mönche und verzückten Liebespaare. Eine heile Welt, so will es scheinen. Der europäische Betrachter vermag die auf asiatische Motive übertragene Phantasie süßlicher Romantik zu erkennen, ein buddhistisches Poesiealbum. Grün und blau und rot. Der Pinsel wurde tief in die Töpfe kräftiger Farben getunkt. Doch was ist das? Eine optische Täuschung? Ein Mißverständnis? Gerade noch mit solch freundlicher Augenweide beschäftigt, werden die Bilder in einem der neuen Tempel zum Schock. Genau ist hinzuschauen, um sicher zu sein, daß dieses Grauen tatsächlich an der Wand steht. Was ist Traum, was Alptraum? Da werden Menschen die Zunge ausgerissen. Köpfe brodeln in Kesseln kochenden Wassers. Aus aufgeschlitzten Bäuchen quellen Därme. Mit Sägen werden Arme, Beine abgetrennt. In handwerklicher Geschäftigkeit morden und massakrieren braunhäutige Schlächter. Die Opfer leiden lautlos, die Hände demutsvoll gefaltet. Brennende Reisfelder im Hintergrund. Welche teuflische Ausgeburt des Schreckens durfte sich hier in grellen Farben austoben! Im selben Stil wie die schwebenden Szenen kindlicher Frömmigkeit ausgeschmückt, tun sich Abgründe von Folterqualen auf. Nur Menschen vermögen Menschen solche Grausamkeit zuzufügen. Eine Phantasmagorie nur oder leidvolle Erinnerung? Es ist, als habe sich da jemand ein Trauma von der Seele gemalt. Auch dies ein Beitrag zur Vergangenheitsbewältigung à la Kambodscha. Ein Überlebender gibt den Blick in die Hölle frei.

Das zerstörte Haus

Ein paar Kilometer hinter Kompong Cham erheben sich zwei Hügel in der flachen, grünbraunen Landschaft im Einzugsbereich des Mekong: Phnom Pros und Phnom Serei, der Männer- und der Frauenhügel. Steile Treppen führen wie Leitern zum Himmel in die Höhe der buddhistischen Pilgerstätten. Der Blick reicht bis zum Horizont. Das ist kambodschanisches Kernland. Die Spiegel der Reisfelder im Sonnenschein. Einzelne Zuckerpalmen mit zerfransten Büschelkronen. In der Ferne das mäandrierende Band des silbergrau leuchtenden Mekong. Dazwischen die bunten Dächer der Pagoden wie von Geisterhand über die Ebene verstreut. Am Fuße von Phnom Pros versammelt sich eine Großfamilie, angetan in weißen Gewändern der Trauer. Aus einem Gerüst mit Bananen- und Bambusstämmen lodern Flammen auf. Ein Verstorbener wird verbrannt. Der Wind trägt graue Rauchfetzen davon. Der Mönche Gesang folgt uraltem Ritus, die kosmische Ordnung beschwörend. Jedes Wort ist festgelegt. Die Hinterbliebenen begleiten einen der ihren, der ihnen auf dem ewigen Weg der Erneuerung vorangeht. Wir stehen an der Schattenlinie zwischen Leben und Tod.

Ein paar hundert Meter weiter, neben Gestrüpp und offenen Grabmälern, steht ein kleines Haus, eingeschossig, die Türen offen, die Fensterrahmen herausgerissen; schon lange keinen Schutz mehr bietend, sondern Abscheu weckend beim zufälligen Passanten. Das Schwarz-Weiß des schachbrett-förmigen Fliesenbodens ist von Geröll, Laub, vertrocknetem Kot bedeckt. Eine Ratte huscht durch eine Ritze des Gemäuers. Im Dreck sind zertrümmerte Knochen zu sehen, grau und kaum zu unterscheiden vom übrigen Unrat. Da ein Unterkiefer. Dort eine Schädeldecke. Einzelne Zähne. Knochensplitter. Fragender Blick zur Bauersfrau, die den Weg zum Hause wies und nun in der Tür stehengeblieben ist, als wolle und dürfe sie eine magische Schwelle nicht überschreiten. Die Frau nickt. Ja, Knochen von Menschen. Da lagen die Skelette. Der Finger weist hinein ins Dämmerlicht der leeren Räume. In diesem Hause waren die als Feinde entmenschten Opfer der Roten Khmer zusammengetrieben worden. Hier wurden sie gequält, gefoltert, hingemetzelt.

Wenn man sieht und mehr noch ahnt, wie bedeutungsvoll die Verbrennung eines Leichnams ist, dann wird auch dem Europäer klar, welch komplizierte Riten zwischen Leben und Tod einzuhalten sind, um mit dem Tod leben zu können. Nichts bleibt dem Zufall überlassen, keine Handlung ist ohne Bedacht, kein Wort nur dahingesagt. Das ist langüberlieferte Zeremonie, nicht jedermann verständlich, das Wissen der Eingeweihten, doch für jedermann um seines Seelenheils willen wichtig.

Welcher Verlust also, welcher Schaden im Harmoniebedürfnis kosmischer Dimensionen, wenn solche Hilfe der Lebenden den Sterbenden versagt bleibt. Welche Eingriff in Grundwerte mitmenschlichen Zusammensein, wenn der Tod nicht nur gewaltsam herbeigeführt, sondern dem Dahinscheidenden auch noch alle den Übergang ins Jenseits erleichternde spirituelle Begleitung vorenthalten wird – wenn also nicht die Gna-

de der von den Familienmitgliedern und Mönchen versorgten Verbrennung erfolgt, sondern der anonyme Absturz in eine Massengrab betrieben wird. Kein Abschied der Ehre, sondern die Beseitigung von Müll. Schande über das Leben hinaus.
Ein Ort des Grauens von so vielen. Neben der Tür starren die Augenlöcher eines Totenkopfs ins Nichts, mit Holzkohle hingekritzelt von ungelenker Hand. Die schmutzigen Wände haben die Farbe eines Leichentuches. Wer hier verendete, entbehrte des tröstenden Wortes. Kein Mönch war hilfreich zur Stelle, zwischen Stirb und Werde zu vermitteln.

Abfalleimer der Geschichte

Unterhalb der auf Hügeln stehenden Pagoden von Udong breitet sich ein schattiger Parkplatz aus. An diesem Ort im Herzen Kambodschas war im 19. Jahrhundert das letzte Machtzentrum in der Erbfolge der großen Khmer-Reiche, bevor die Hauptstadt nach Phnom Penh verlegt wurde. Heute ist Udong mit Ruinen und lauschigen Wäldern ein in der Ebene der Reisfelder weithin sichtbares Ausflugsziel, das die Leute von Phnom Penh an Wochenenden ansteuern. Neben den Autos und Souvenirbuden ragt ein Pavillon auf, ein überdachter Holzbau, um den sich offensichtlich schon lange niemand mehr kümmert.
Der verdreckte Glaskasten unter dem Dach hat die Ausmaße eines überdimensionierten Sarges. Der Deckel ist halb geöffnet. Totenköpfe liegen darin, rötlicher Staub in leeren Augenhöhlen, verstreute Knochen, dazwischen Bierdosen, Pappbecher, Dreck. Ein makabres Durcheinander, das erschreckend kambodschanische Gegenwart illustriert. Über dem Müll der Pietätlosigkeit hängt ein angerostetes Gemälde. In simpelgrausamer Darstellung bildet es die Hinrichtungen der Pol-Pot-Schergen ab. Mit Hakken werden kauernde Menschen erschlagen. Der Besucher blickt auf die verrotteten sterblichen Überreste solchen Wütens. Während der vietnamesischen Besetzung Kambodschas, die 1979 das Regime der Roten Khmer zurückdrängte, waren derartige Gräber von den neuen Machthabern aus Hanoi aus propagandistischen Gründen überall im Lande eingerichtet worden. Der Welt sollten die Greuel der Roten Khmer vorgeführt und die Rolle Vietnams als Retter Kambodschas demonstriert werden. Der Anblick des vergessenen Mahnmals führt das Elend der nationalen Trauer bedrückend vor Augen. Die verwahrloste Gedenkstätte ist zum Abfalleimer der Geschichte geworden. Die Opfer werden noch im Tode um ihre Würde gebracht.
r.s.

Topographie des Terrors

„Jede Nacht polterten die Wachen herein und riefen die Namen von einem, zwei oder drei Gefangenen. Sie wurden abgeführt, und man sah sie nie wieder – sie wurden auf Befehl der Roten Khmer getötet. Meines Wissens bin ich einer der wenigen Gefangenen, die Kach Roteh bei Battambang, ein regelrechtes Folter- und Vernichtungslager, überlebt haben. Ich bin nur deswegen davongekommen, weil ich den Jugendlichen und Kindern, die unsere Wärter waren, Fabeln von Äsop und die klassischen Tiermärchen der Khmer erzählen konnte.“ Kassie Neou, Leiter des Kambodschanischen Instituts für Menschenrechte, in der Phnom Penh Post vom 20. September 1996

Die Dokumentation des Grauens

Ein alter Mann begrüßt uns am Mahnmal für die Opfer der Roten Khmer in Stung, einer ärmlichen Kleinstadt in der Provinz Kompong Thom an der Straße nach Siem Reap und zu den Tempelanlagen von Angkor. Das Denkmal liegt auf einem flachen Hügel unter hohen Palmen, umgeben von Reisfeldern. Es hat die Form eines Tempels, eines kleinen Totentempels, der im buddhistischen Kambodscha zur Beisetzung der Urnen eingeäscherter Toten dient. Der Totenwächter führt uns die Stufen zu der weißgetünchten Grabstätte hinauf und zeigt uns die Pyramide aufgestapelter Totenschädel und Gebeine hinter vergitterten Glasscheiben. Was für ein Anblick! Aus den großen leeren Augenhöhlen starrt uns der Schmerz und das Elend der Menschen an, die unter dem Regime der Roten Khmer gelitten haben, vor Erschöpfung gestorben sind oder zu Tode gefoltert und umgebracht wurden. Zwischen den Schädeln und Gebeinen hängen Fetzen roter und schwarzer Kleidungsstücke und kleine Bündel, in abgewetzte Tücher gewickelte Teller und Löffel der Toten. Am Abend liegt über den Gebeinen im Totenhaus und dem Ausgrabungsfeld am Fuß des Tempels eine lastende Stille voll Schmerz und Trauer. Der alte Mann ist freundlich, sich seiner Aufgabe bewußt, die Trauer des Ortes wach zu halten. Er hat gesehen, wie hier nachts Frauen und Männer von Ochsenkarren gestoßen und mit Hacken erschlagen und anschließend in flachen Gräbern im Reisfeld begraben oder in die nahen Tümpel geworfen wurden. Jetzt kommen Menschen zu ihm auf der Suche nach ihren toten Angehörigen, aber die Identifizierung der Gebeine nach zwanzig Jahren und bei den vielen namenlosen Toten ist nahezu aussichtslos. Dafür darf er nach der Exhumierung auf den zugeschütteten Gräbern Süßkartoffeln und Maniok anbauen. „Dort drüben wurden die Menschen eingesperrt, geschlagen und solange gefoltert, bis sie geständig waren und zur Ermor-

dung abgeführt wurden", erklärt er und zeigt auf ein langgestrecktes Schulgebäude mit neuem Ziegeldach am Rande von Stung, das jetzt wieder für den Unterricht der Kinder des Ortes genutzt wird.
In der Provinz Kompong Thom mit heute etwa einer halben Million Einwohnern hat man erst 1997 mit einer unabhängigen Untersuchung von Massengräbern und der Identifizierung von Toten begonnen, lesen wir in den Unterlagen des Dokumentations-Zentrums Kambodschas zur Untersuchung des Genozids in Phnom Penh. Von acht Distrikten der Provinz wurden bisher vier untersucht, in denen man 783 Massengräber mit vermutlich über 22.000 Toten entdeckte. Unmittelbar nach der Vertreibung des Pol-Pot-Regimes wurde von der Regierung die Zahl der Toten in der Provinz mit 325.000 angegeben, eine Statistik, die nicht belegt ist und offensichtlich der Propaganda und politischen Rechtfertigung der vietnamesischen Invasion und Besetzung Kambodschas diente. Mit der Statistik wurde Politik gemacht. Doch das Grauen läßt sich ohnehin nicht in Zahlen fassen.
Auf der Suche nach den Spuren von Chenla, dem Königreich hinduistischer Prägung aus der Zeit vor Angkor, und auf der Fahrt zu den neuerdings freigelegten Tempelruinen von Sambor Prei Kuk in der Provinz Kompong Thom stoßen wir ständig auf unvollendete Bewässerungsbauten aus der Zeit der Roten Khmer von 1975 bis 1979. Es sind Ausschachtungen breiter Kanäle, jetzt versandet und von bunten Wasserhyazinthen überwuchert, Ruinen von großen Stauwehren aus Beton und die Überreste von Pumpstationen zur Bewässerung eines Labyrinths von Kanälen in endlosen Reisfeldern. Hier haben Tausende von Menschen an hastig und unprofessionell entworfenen Großprojekten gearbeitet, waren getrennt von ihren Familien in Arbeitsbrigaden gezwungen und sind ohne ausreichende Nahrung und Versorgung an Erschöpfung zugrunde gegangen.
Wir treffen Frau Kung Samath, die überlebt hat. Sie hat als junge Frau von 1975 bis 1979 täglich zwölf Stunden in solchen Projekten gearbeitet, in der Trockenzeit im Kanalbau und in der Regenzeit auf den Reisfeldern. Sie ist eine bescheidene Frau mit einem freundlichen Lächeln, aber tiefen Falten im Gesicht. Die Mitarbeiter des Büros

der deutschen Gesellschaft für Technische Zusammenarbeit (GTZ) in Kompong Thom City, wo sie tätig ist, nennen sie voller Respekt und Zuneigung „Madame“ Kung. Weil sie körperlich stark war, hat sie die fast vierjährige Strapaze überlebt, Kranke galten als renitent, wurden ausgesondert und umgebracht. Ihre älteste Tochter, 1977 in einem Arbeitslager geboren, wurde ihr gleich nach der Geburt weggenommen und in einer Kinderkrippe untergebracht. Ihr Mann überlebte die Zwangsarbeit und Entbehrung in einer Forstbrigade im Gebirge, sie konnte ihn nur alle sechs Monate einmal sehen. Die jungen Frauen wie sie waren sexuellen Belästigungen und Vergewaltigungen durch die Kader der Roten Khmer ausgesetzt. Frau Kung ist dankbar, daß sie die schreckliche Zeit überstanden hat und noch lebt, aber Alpträume quälen sie jede Nacht. Sie hofft für ihre drei Kinder, daß sie nie eine solche Zeit erleben müssen. Die Brutalität der Roten Khmer erklärt sie mit der Auflösung der Familien und der Zerstörung aller emotionalen Bindungen der Menschen. Wo sind die Kader und Verbrecher aus jener Zeit geblieben? „Sie leben in unserer Umgebung, wir kennen sie. Sie müssen vor Gericht gestellt werden, damit sich solche Verbrechen in Kambodscha nie wiederholen“, sagt sie.

In Phnom Penh machen wir einen Besuch im Dokumentations-Zentrum Kambodschas (DC-Cam), um mehr über das Ausmaß des Völkermords, die „Topographie des Terrors“, zu erfahren und zu hören, welche Chancen für ein Tribunal zur Verurteilung der verantwortlichen Führungskader der Roten Khmer bestehen. Das Zentrum liegt in einem Privathaus versteckt, ohne Hausnummer und Namensschild, ein Wachdienst weist ungebetene Besucher zurück. Nach Personenkontrolle und Durchsuchung unserer Taschen führt man uns eine schmale Treppe in die kleinen Räume der oberen Stockwerke. Dr. Youk Chhang, der Direktor des Zentrums, entschuldigt sich für den ungastlichen Empfang und bittet um Verständnis, denn er und die Mitarbeiter des Zentrum werden bedroht, und man rechnet mit Anschlägen. Das Team des Zentrums hat 1999 einer UN-Juristenkommission das Memorandum zur Anklage der Roten Khmer vorgelegt, exemplarisch von fünf führenden Kadern, die fast alle in der Enklave des Überläufers Ieng Sary in Pailin leben. Aber man befürchtet auch Angriffe der Regierung, denn Premierminister Hun Sen und sein halbes Kabinett stammen aus den Reihen der Roten Khmer. Sie müssen damit rechnen, daß in den Unterlagen über die Roten Khmer auch belastendes Material über sie gefunden wird.

Dr. Youk Chhang, ein junger Intellektueller mit Studium in den USA, sitzt inmitten von Akten, Tagebüchern und Biographien, die in Schränken und Bücherregalen gestapelt sind, umgeben von Mitarbeitern, die Dokumente sortieren und am Bildschirm bearbeiten. Wir sitzen mit ihm an seinem Schreibtisch und stellen ihm Fragen nach der Arbeit des Zentrums und auch nach seinen persönlichen Erfahrungen mit den Roten Khmer. Er selbst ist am Umgang mit den Stasiakten in Deutschland interessiert und würde sich einen Austausch von Erfahrung und Zusammenarbeit mit der Gauck-Behörde wünschen. Das Zentrum besteht seit 1997 als unabhängige kambodschanische Institution. Es ist aus einem Außenbüro des Kambodschanischen Genozid-Programms (CGP) der Yale-Universität in den USA hervorgegangen, das 1995 von den amerikanischen Kambodschaforschern Prof. Ben Kiernan und Dr. Craig Etcheson gegründet und von der US-Regierung bis 1997 mit insgesamt 1,5 Millionen Dollar finanziert wurde.

Man verfügt über einen umfangreichen „Nachlaß" der Roten Khmer von über 350.000 Seiten Dokumente und 12.000 Fotos und Karten, die bearbeitet, archiviert und veröffentlicht werden. Darunter sind 104.737 Seiten Akten des Geheimdienstes Santebal, 11.000 Seiten Biographien und Protokolle von 6.000 Kadern und Helfern der Roten Khmer, auch ein Tagebuch von 152 Seiten des Außenministers Ieng Sary mit Einblick in Ideologie und Politik des Außenministeriums. Viele Dokumente mit möglicherweise brisantem Inhalt fehlen jedoch und sind noch nicht zugänglich, sie wurden von den vietnamesischen Invasionstruppen 1979 sichergestellt und werden in Hanoi unter Verschluß gehalten. Ebensowenig sind die Unterlagen über die Intervention des CIA in Kambodscha von 1970 und die US-Bombardierungen von 1970 bis 1975 vom Pentagon in Washington freigegeben. Zum Bestand gehören auch die 1,2 Millionen Petitionen der RENAKSE, Nationale Front für Solidarität, Verteidigung und Wiederaufbau Kambodschas, die im Auftrag der Regierung in den Jahren 1979 bis 1983 gesammelt wurden, um die Verurteilung der „Pol Pot-/Ieng Sary-Clique" und die Anerkennung der Volksrepublik Kambodscha durch die UNO zu unterstützen. Die Petitionen sind Propagandamaterial und haben geringen dokumentarischen Wert, sind aber ein wichtiger Beleg für die Forderung eines Tribunals zur Verurteilung der Roten Khmer durch die Hun-Sen-Regierung.

Auf dem Tisch des Direktors werden große Landkarten und Meßtischblätter Kambodschas ausgebreitet, von Planquadraten überzogen und Markierungen übersät. Die bisher identifizierten Todesgefängnisse, die „Killing Fields“ und Massengräber in allen sieben Zonen, 32 Regionen und 150 Distrikten des Verwaltungssystemes der Roten Khmer sind markiert. Mit Hilfe von Satellitenaufklärung sind bisher 9.139 Massengräber in 81 von insgesamt 170 untersuchten Distrikten gefunden worden, vermutet werden 20.000. Die wahre Landkarte Kambodschas ist die von Massengräbern und Landminen, einer anderen blutigen Hinterlassenschaft des Krieges.
Die „Statistik des Grauens“ – eine Studie des CIA – beziffert den Bevölkerungsverlust Kambodschas in der Zeit des Bürgerkriegs von 1970 bis 1975 und des Regimes der Roten Khmer von 1975 bis 1979 mit 3,8 Millionen Toten. Die Bevölkerung Kambodschas betrug nach der Vertreibung der Roten Khmer 1979 nur noch 5,2 Millionen, sie ist jedoch in einem rasanten Wachstum inzwischen wieder auf über 11 Millionen gestiegen. Von 1970 bis 1975 sind etwa 300.000 bis 800.000 Menschen umgekommen, vor allem durch die „geheime Bombardierung“ der USA in den sechs Monaten von März bis August 1973. In Kambodscha wurden Bomben von der Sprengkraft von fünf Hiroshima-Atombomben abgeworfen. Die Opfer des knapp vierjährigen Pol Pot-Regimes von 1975 bis 1979 werden nach vorliegenden Untersuchungen auf 1,5 bis 2 Millionen beziffert, fast ein Viertel der gesamten Bevölkerung, wobei die Angaben über die Todesursachen durch Erschöpfung und Krankheit oder Folter und Ermordung auseinandergehen, man nimmt an, daß 400.000 bis 600.000 Menschen gewaltsam umgebracht wurden, davon ein Drittel in den Todesgefängnissen und auf den „Killing Fields“. Und nach 1979 sind im Krieg gegen die vietnamesische Besatzungsmacht noch mal 30.000 bis 40.000 Menschen umgekommen. Eine endlose Kette von Gewalt, Tod, Verstümmelung, Schmerz, Leid und Traumatisierung!
An der Wand des Büros hängt ein Zeitungsartikel über Dr. Youk Chhang mit der Schlagzeile „Ein Überlebender, der nicht vergessen will“, für uns ein Anknüpfungspunkt, ihn nach seiner Biographie und seinen eigenen Erfahrungen während des Regimes der Roten Khmer zu fragen. Seine Miene wird ernst, aber er bleibt freundlich, und sein Bericht ist ganz persönlich.
Die anonyme Statistik bekommt ein Gesicht: „Ich war 14, als die Roten Khmer an die Macht kamen, noch ein Junge, der das Leben mit seinen Schulfreunden genießen wollte. Statt dessen wurde ich von den Roten Khmer gezwungen, ohne ausreichendes Essen und Medikamente und getrennt von meinen Eltern auf den Feldern zu arbeiten. Ich bin ins Gefängnis geworfen worden, weil ich für meine schwangere Schwester Gras zum Essen gesammelt hatte. Ich wurde von Kadern der Roten Khmer fast zu Tode geprügelt. All das ist bis heute immer noch in mir. Ich erinnere mich an alle Details, die ich in der Zeit unter den Roten Khmer erlebt habe, es ist wie ein Alptraum, der jede Nacht über mich kommt. Aber ich habe entschieden, meine Zukunft dadurch nicht ruinieren zu lassen. Statt dessen habe ich nach dem Ende des Regimes der Roten Khmer das Land verlassen, bin in die USA gegangen, habe studiert und mein Diplom

gemacht. Ich bin zurückgekehrt, um die Roten Khmer zu verfolgen und sie vor Gericht zu bringen. Denn ich bin ganz sicher, was sie mir angetan haben, war ungerecht und unfair. Ich habe kein Verbrechen begangen, aber sie haben mich bestraft und gefoltert. Ich möchte auch beweisen, daß ein Mensch stark ist, daß man mich foltern und schlagen, aber nicht meine Seele zerstören kann. Ich komme gestärkt zurück, um sie zu verfolgen. Daher ist alles im Genozid-Projekt für mich sehr persönlich. Aber es hat auch eine Beziehung zu meiner Mutter, die alt ist und sehr unter dem Regime der Roten Khmer gelitten hat. Ich möchte ihr zeigen, daß ihr Sohn jetzt zurückgekommen ist und ihr Gerechtigkeit verschafft. Auch wenn das sehr persönlich ist, so bin ich doch sicher, daß jede Familie in Kambodscha unter demselben Problem leidet und während des Regimes der Roten Khmer dieselbe Erfahrung gemacht hat und durch dasselbe Leid gegangen ist. Um die Erinnerung zu bewältigen und den Alptraum zur Ruhe zu bringen, sollte ein Gericht über die Verbrechen der Roten Khmer urteilen. Wie kann man vergessen, daß die Roten Khmer zwei Millionen Kambodschaner umgebracht haben und akzeptieren, daß sie ohne Strafe davonkommen? Ich denke, die Bestrafung der Roten Khmer für ihre Verbrechen trägt auch dazu bei, daß Kambodscha ein Rechtsstaat wird. Ich meine, es wird ein starkes Signal für alle Kambodschaner sein: Wenn du jemanden umbringst, wirst du bestraft. Und andererseits, wenn man diejenigen nicht bestraft, die einen Menschen umbringen, wie kann man jemanden bestrafen, der ein Motorrad gestohlen hat? Es ist eine starke Botschaft, die der kambodschanischen Bevölkerung hilft, das Gesetz zu achten. Das ist der Grund für meine Tätigkeit."

Stätte des Grauens

Die erschütterndste Stätte des Mordregimes der Roten Khmer ist eine ehemalige Mittelschule im Süden von Phnom Penh, das Tuol Sleng-Folterzentrum des Sicherheitsdienstes Santebal S 21, in dem bis zu 20.000 Menschen inhaftiert, selektiert und gefoltert wurden, bevor man sie zur Hinrichtung auf dem „Killing Field" von Choeung Ek, einem großen Reisfeld etwa 12 Kilometer südwestlich von Phnom Penh, abtransportierte. Dank der umfangreichen Recherche des Dokumentations-Zentrums und der sorgfältigen Archivierung von Unterlagen läßt sich das Ausmaß der Grauens verhältnismäßig gut rekonstruieren. Von Anfang 1976 bis Ende Juni 1978 wurden beispielsweise 14.345 Gefangene namentlich in Tuol Sleng registriert. Keiner hat überlebt. Nur sieben Personen haben Tuol Sleng überhaupt überlebt, darunter der Maler Vann Nath, der geschont wurde, um Großportraits der Nomenklatur der Roten Khmer zu malen und Büsten von Pol Pot anzufertigen. Seine Darstellung des Schreckens, im Stil populären Realismus gemalt, hängen jetzt an den Wänden von Toul Sleng. Er hat die Zeit seiner Tortur und Zeugenschaft 1998 in einem Buch veröffentlicht: „Portrait eines kambodschanischen Gefängnisses – Ein Jahr in S-21 der Roten Khmer." Die letzten 14 Gefangenen wurden vor dem Einmarsch der vietnamesischen Truppen am 7. Januar

1979 in Phnom Penh vom Chef des Sicherheitsdienstes, Kang Kek Ieu („Duch“ genannt), eigenhändig umgebracht. Ihre Namen kennt man nicht, aber ihre Gräber liegen jetzt als Mahnmal für die vielen unbekannten Opfer unter dem Galgen im Innenhof der Schule. In den Klassenzimmern des dreigeschossigen Gebäudes sind Massen- und Einzelzellen mit den Folterwerkzeugen erhalten. In den Mauern sind die Löcher für die Stahlstangen zu sehen, an die Gefangene an den Gelenken mit Schellen aus rohem Baustahl gefesselt wurden. An den Wänden hängen endlose Galerien von Portraits inhaftierter Frauen, Männer und Kinder, die vor ihrem Tod pedantisch genau numeriert und fotografiert wurden, insgesamt 5.000 Fotos sind erhalten. Ihre Augen sind vor Angst weit aufgerissenen und ihre Gesichter von Schmerz verzerrt. Eine Sammlung gequälter und todgeweihter Opfer, Trophäen zynischer Macht über wehrlose Menschen! Da ist das verängstigte Gesicht der jungen Frau Kong Saman, am 17. Mai 1978 aufgenommen, so die Kennzeichnung auf ihrer Bluse. Dort die namenlose Mutter mit dem Flehen im Gesicht um das Baby auf ihrem Arm, Tagesnummer 462 vom 14. Mai 1978. Daneben der unbekannte alte Bauern mit zusammengepreßten Lippen und der Nummer 454 auf dem Kittel. Dem 18-jährigen Keo Sarun ist das Schild Nummer 17 mit einer Nadel an den nackten Oberkörper geheftet worden. Zu sehen sind auch Andenkenfotos in arroganter Pose vom Chef des Folterzentrums „Duch“ und seinen Mitarbeitern in Begleitung ihrer Frauen und Kinder.

In Tuol Sleng wurden 10.000 erpreßte Geständnisse von Folteropfern gefunden. Jedes Geständnis enthält neue Namen von Verdächtigten, die wiederum festgenommen und gefoltert wurden, eine Lawine von Verdacht, Folter und Tod. Erhalten sind auch etwa 1.000 Berichte von Spitzeln über verdächtigte Kader der Roten Khmer mit Angaben über ihre Gesinnung und Loyalität zur Partei. In der ersten Phase von 1975 bis 1976 wurden Angehörige des Militärs und der Verwaltung des besiegten Lon-Nol-Regimes unter dem Vorwand der Umerziehung festgenommen, jedoch alle ermordet. Dann folgten Angehörige der Khmer Vietminh, die auf der Seite Vietnams in den Indochinakriegen gegen Frankreich und die USA gekämpft hatten, und darauf die Intellektuellen mit Auslandserfahrung, denen willkürlich Kollaboration mit dem CIA oder dem vietnamesischen Geheimdienst unterstellt wurde. Dazu zählten auch die vielen Fachkräfte, die 1976 aus Frankreich und den USA zum Wiederaufbau Kambodschas zurückgekehrt waren. Während der eskalierenden Grenzkonflikte mit Vietnam ab 1977 steigerte die Parteiführung, auch Angkar genannt, den Terror gegen die Bevölkerung in den Dörfern und Kommunen entlang der Grenze zu Vietnam, die sich auch in der Säuberung der Partei und Militärstruktur der östlichen Zone entlud. So Phim (auch Sos Sar Yan oder So Vanna genannt), Parteisekretär und Kommandeur der Zone Ost und Nummer 4 in der Parteihierarchie, wurde von Pol Pot ohne Grund für die Spannungen an der Grenze verantwortlich gemacht. Aus Angst vor der Folter in Tuol Sleng nahm er sich am 2. Juni 1978 das Leben, was als Eingeständnis seiner Schuld gewertet wurde und worauf alle Familienangehörigen und sein gesamtes Dorf mit 120 Familien und 700 Personen umgebracht wurden. Sippenhaft und Ausrottung ganzer Familien zählen zum Gipfel von Verbrechen der Roten Khmer und wurden bis zum Tode von Pol Pot am 15. April 1998 und der Entmachtung der Roten Khmer mit der Festnahme des letzten Kommandeurs Ta Mok am 6. März 1999 praktiziert. Im Tagesprotokoll von Tuol Sleng vom 1. Juli 1977 wird beispielsweise von 114 hingerichteten Frauen bei 90 als Hinrichtungsgrund „Ehefrauen" vermerkt, außerdem werden 74 Kinder von ihnen ebenfalls umgebracht. Die Anklage der Täter ist auch deswegen so schwierig, weil Zeugen beseitigt wurden. Ein Beispiel aus jüngerer Zeit stammt vom 9. Juni 1997. Son Sen, stellvertretender Premierminister für Verteidigung und Sicherheit und Nummer acht in der Parteihierarchie, wurde in den letzten Flügelkämpfen der Partei auf Anordnung von Pol Pot zusammen mit 14 Familienangehörigen umgebracht, einschließlich seiner Frau Yun Yat, ehemals Ministerin für Information, und eines fünfjährigen Enkelkindes. Das Zentrum der Partei – Generalsekretär Pol Pot und die Stellvertreter Nuon Chea und Ieng Sary – verfiel in eine Manie der Verdächtigungen und Säuberungshysterie in den eigenen Reihen. Im Jahre 1978 waren zwei Drittel der Gefangenen von Tuol Sleng Angehörige der Partei. Von den ursprünglichen 22 Mitgliedern des Zentralkomitees der Partei haben nur sechs überlebt, auf den Listen von Exekutierten stehen 148 hochrangige Funktionäre und Diplomaten der Roten Khmer. Der Säuberungsmanie ist schließlich auch Pol Pot selbst zum Opfer gefallen, durch die Hand seines Generalstabschefs Ta Mok, auch „Schlächter von Kambodscha" genannt. Er ist der eigenen Verfolgung durch Pol Pot zuvorgekommen und ließ ihn am 25. Juli 1997 in einem Schauprozeß im Untergrund von Anlong Veng im Norden Kambodschas verurteilen, unter Hausarrrest stellen und trieb ihn durch ein Auslieferungsangebot an die USA in den Selbstmord. Ta Mok selbst wurde am 6. März 1999 an der thailändischen Grenze festgenommen.

Daß die Informationen über Tuol Sleng so umfangreich und gut erhalten sind und das Dokumentations-Zentrum jetzt in der Lage ist, daraus Beweismaterial über die Täter und ihre Verbrechen zusammenzustellen, ist der bürokratischen Leidenschaft des verantwortlichen Gefängnisleiters „Duch" zu verdanken, wofür ihn „Bruder Nummer zwei", Nuon Chea, einen „Idioten" schilt: „Alle Unterlagen der Partei sind verbrannt worden, nur Deine nicht." Geboren 1942 in Kompong Thom, erwarb sich „Duch" die Voraussetzungen für bürokratische Leidenschaft an der Eliteschule Lycee Sisowath und im Studium von Mathematik und Pädagogik an der Universität und Pädagogischen Hochschule von Phnom Penh. Er kontrollierte die Verhöre, ordnete die Form und den Grad der Folter an und entschied über den Abtransport zur Exekution. Auf der Akte von Men San (auch „Kamerad Ya" genannt), Kommandeur in der Nordost Region und der Verschwörung verdächtigt, ist beispielsweise handschriftlich die Anweisung von „Duch" vermerkt: „Die Partei hat entschieden, diesen Burschen hinzurichten und seine Spielchen zu beenden, falls er sich hartnäckig weigert, seine konspirativen Verbindungen offenzulegen und seine Verschwörung einzugestehen. Darum kann bei Ya mit Nachdruck die ‚heiße Methode' für einen längeren Zeitraum angewandt werden, selbst wenn sie übertrieben wird und er dabei zu Tode kommt. Ya soll

das lesen, damit er darüber nachdenken kann.“ Selbst zwei Brüder von „Duch“ wurden in Tuol Sleng gefoltert und nach ihren Geständnissen hingerichtet.
Einem Korrespondenten der in Hongkong erscheinenden Wochenzeitschrift „Far Eastern Economic Review“, Nate Thayer, ist es Anfang 1999 gelungen, „Duch“ im Nordosten Kambodschas aufzuspüren und ihm Geständnisse zu entlocken. Er hat sich ins Christentum geflüchtet und ist Mitglied des „Cambodian Ministry of Christ“, einer aus Kalifornien stammenden Sekte, geworden: „Nach meiner Lebenserfahrung habe ich erkannt, daß ich meinen Geist Gott anvertrauen muß. Meine Seele gehört Gott.“ In Anlehnung an das Bekenntnis und die Bekehrung des Apostels Paulus nennt er sich den „schlimmsten aller Sünder“, und nach der häufigen Flucht von Christen und Sektenanhängern aus gesellschaftlicher und mitmenschlicher Verantwortung beichtet er: „Man kann meinen Körper haben, Jesus hat meine Seele.“ Jedenfalls äußert er in beachtlicher Offenheit, wie er und seine Schergen mit dem Leben ihrer Mitmenschen umgegangen sind: „Wir hatten keine Anweisung der Partei, auf welche Art wir töten sollten, aber wir brauchten keine Kugeln... Wir töteten sie wie Hühner“, womit er auf die gängige Tötungsmethode anspielt, bei der den Menschen Hände und Füße auf dem Rücken zusammengebunden und den wehrlosen Opfern die Kehle durchgeschnitten wurde. Seine Aussagen belasten auch führende Parteikader: „Die Entscheidung zu töten, wurde nicht von einer Person getroffen, nicht allein von Pol Pot, sondern vom gesamten Zentralkomitee... Nuon Chea war der Hauptverantwortliche für das Töten, Pol Pots Interesse galt der militärischen Strategie. Khieu Samphan hatte keine Befugnis über Festnahmen und Töten, er hatte die Rolle eines Sekretärs.“ Und die Säuberung Tausender Kader aus der östlichen Zone? „Pol Pot hat sie angeordnet, an der Sitzung haben Nuon Chea, Khieu Samphan, Pol Pot und Son Sen teilgenommen.“ Als 1978 bei einer Verhaftung von 300 Kadern in Tuol Sleng der Platz nicht mehr ausreichte, ordnete Nuon Chea laut „Duch“ an: „Stell die Befragung ein, bringt sie einfach um. Und ich habe es getan.“ Auf „Duchs“ Vorschlag kurz vor Einmarsch der vietnamesischen Truppen, einige Gefangene der vietnamesischen Minderheit für Propagandasendungen im Radio am Leben zu lassen, entschied Nuon Chea: „Töte sie alle, wir können immer genügend von ihnen besorgen.“
Verunsichert durch die Freigabe der Unterlagen über ihn im Dokumentations-Zentrum und die Veröffentlichung des Interviews mit ihm am 22. April 1999, gab „Duch“ sein Versteck auf und flüchtete zu seinem Freund So Someth, ehemals Luftwaffenkommandeur der Roten Khmer, unter Hun Sen General der Armee des Königlichen Kambodscha in Batambang. Aufgrund der Intervention des UN-Beauftragten für Menschenrechte in Phnom Penh und infolge internationaler Reaktionen fühlte sich die Regierung Hun Sen veranlaßt, „Duch“ zu verhaften und in Untersuchungshaft zu nehmen. Er ist nach der Verhaftung von Ta Mok Anfang März 1999 der zweite Tatverdächtige, der aus der Führungsschicht der Roten Khmer in Haft sitzt. Die kambodschanische Staatsanwaltschaft hat ihn formal wegen Beteiligung am Völkermord angeklagt. Aber über einen Prozeß gegen ihn, Ta Mok und möglicherweise noch andere

Führungskader besteht noch keine Einigung zwischen der UNO und Premierminister Hun Sen.
Alle Verantwortlichen und Schergen von Tuol Sleng sind namentlich bekannt, aber bisher ist keiner verfolgt und verurteilt worden. Da ist Him Huy, jetzt 45 Jahre alt und nach Aussagen des Malers Vann Nath, einem der sieben Überlebenden, neben einem ausgesprochen zynischen Schergen mit Namen Peng der brutalste Aufseher, zuständig für die Selektion der Zugänge und den Abtransport der Gefolterten zur Exekution in Choeung Ek, seit 1977 Stellvertreter „Duchs". Vann Nath charakterisiert ihn als „wildes Tier im Wald. Ich wagte nicht, ihn anzuschauen... Wir hatten höllische Angst vor ihm." Er war es, der den Müttern vor dem Transport zur Exekution die Babys und Kinder entriß, die Kinder wurden anschließend ebenfalls ermordet. Er lebt unbehelligt als Bauer mit Frau und acht Kindern in der Ortschaft Anlong San in der Provinz Kandal, nicht weit von Phnom Penh entfernt. Nach 1979 bekannte er in einem Verhör der Polizei, vielleicht 2.000 Gefangene hingerichtet zu haben, wofür er sieben Monate in die Umerziehung geschickt und drei Monate in Haft genommen, aber ohne Prozeß und Verurteilung wieder freigelassen wurde. 1999 gibt er lediglich zu, „vier oder fünf Menschen persönlich" umgebracht zu haben. Mam Nay ist ein anderer Scherge von Tuol Sleng, zuständig für Verhöre. Viele Anweisungen tragen seine Unterschrift, in denen die Folterung der Gefangenen genau festgelegt wird, besonders die berüchtigten und schmerzlichen Elektroschocks. Er wird auch für den Tod von acht ausländischen Gefangenen verantwortlich gemacht, wodurch internationaler Druck auf Premierminister Hun Sen entstanden ist, ihn und die anderen Täter vor ein Tribunal zu stellen. Mam Nay ist jetzt Maisfarmer und lebt mit seiner Familie in Pailin, der Enklave von Ieng Sary und 1.500 Überläufern der Roten Khmer an der thailändischen Grenze im Nordwesten Kambodschas. Die Nummer vier in Tuol Sleng war Sous Thy, Buchhalter und Protokollant des Grauens, jetzt 48 Jahre alt, Besitzer eines Motorradtaxis und wohnhaft in der Nähe von Phnom Penh, eine Stunde Fahrzeit von der Hauptstadt entfernt. Sein Informant für die pedantisch genau geführte Statistik der Toten war Teng, Henker und verantwortlich für die Ermordung auf dem „Killing Field" Choeung Ek. Im Dokumentations-Zentrum sind auch Unterlagen und Fotos einer weiblichen Foltergehilfin aufgetaucht, Frau Tuy Kin, die in früheren Aussagen die Verantwortung für 300 Morde zugibt, aber alle Verantwortung ihren Vorgesetzten anlastet: „Ich hatte Mitleid, aber konnte nichts tun, es gab Anordnungen... („Duch") war brutal und verhaftete jeden, der gegen seine Befehle handelte."
Pol Pot (Saloth Sar mit bürgerlichem Namen), „Bruder Nummer Eins", Generalsekretär und Vorsitzender des Zentralkomitees der Partei, Premierminister und Oberkommandierender der Streitkräfte, also die Spitze des Machtapparates Angkar oder Büro 870, leugnet Tuol Sleng noch kurz vor seinem Tode in einem Interview mit Nate Thayer und wäscht seine Hände in Unschuld: „Nein, ich habe nie davon gehört. Zum ersten Mal habe ich in Voice of Amerika von Tuol Sleng gehört. Man hat bei genauem Hinsehen festgestellt, daß die Schädel kleiner als von Khmer und nicht älter als zehn Jahre

sind. Tuol Sleng ist eine vietnamesische Propagandaausstellung. Mein Gewissen ist rein. Alles was ich getan und geleistet habe, war in erster Linie für meine Nation, für das Volk und die Rasse Kambodschas." In der Tat ist Tuol Sleng nach dem Einmarsch der vietnamesischen Truppen 1979 als Gedenkstätte zur Rechtfertigung ihrer Besetzung Kambodschas eingerichtet worden. Dem dient in der Eingangshalle auch eine makabre Landkarte Kambodschas aus Totenschädeln und blutgefärbtem Mekong und Tonle Sap, aber jeder Schädel verkörpert ein Opfer des am „besten organisierten Verwaltungsmordes seit der Vernichtung der europäischen Juden", wie Birgit Schwarz, Asienredakteurin des „Spiegel", schreibt.

Wie konnte das geschehen?

In vielen Gesprächen mit buddhistischen Mönchen und Pagodenleitern auf dem Lande sowie Vertretern von Menschenrechtsorganisationen und Intellektuellen in Phnom Penh haben wir nach Erklärungen für die Brutalität und den Massenmord der Roten Khmer gesucht. So sprachen wir auch mit Dr. Lao Mong Hay, einem Intellektuellen, der nach Ende der Herrschaft der Roten Khmer aus England zurückgekehrt ist und sich kritisch mit den Verhältnissen des Landes auseinandersetzt. Er ist Direktor des Khmer Institute for Democracy, KID, eine regierungsunabhängige Forschungs- und Bildungsstätte in Phnom Penh, die sich für die Verfolgung und Verurteilung der Roten Khmer einsetzt und darin die Voraussetzung für Demokratie sieht. Wir sitzen im geräumigen Büro des Direktors inmitten von Literatur und Akten und stellen unsere Standardfrage: Wie konnte das passieren, was sind die Ursachen des Massenmordes? Dr. Lao Mong Hay antwortet spontan und ohne lange darüber nachdenken zu müssen. Es ist die Frage, die einen Mann wie ihn seit Jahren beschäftigt und beunruhigt: „Macht und Politik, Ignoranz, Fanatismus und Extremismus, aber auch die Verhältnisse. Die Roten Khmer haben den Krieg zu früh und zu schnell gewonnen. Sie wollten die kambodschanische Gesellschaft schnell verändern, sie mußten es, um nicht selbst entmachtet zu werden. Sie wandten Marxismus und Leninismus in der extremsten Form an, ohne Fragen zu stellen und Rücksicht auf die Realität zu nehmen. Außerdem hatten sich zu der Zeit die besser gebildeten Gruppen der Gesellschaft auf die Seite der Lon-Nol-Regierung gestellt. Sie galten als Angehörige der Klasse der Bourgeoisie, die die Armen und weniger Gebildeten ausbeuteten. Die Armen hatten sich den Kämpfern der Roten Khmer angeschlossen. Als sie die Macht errungen hatten, nahmen sie Rache, ließen ihrer Wut freien Lauf und mißhandelten ihre kambodschanischen Mitbürger, von denen sie glaubten, daß es ihnen besser ging als ihnen."
Aber selbst die ganz Armen wurden Opfer, wie ist das zu verstehen? „Ich kann es selbst auch nicht begreifen. Aber zu der Zeit herrschte der Terror in solchem Ausmaß, daß man sein eigenes Leben verlor, wenn man nicht andere tötete. Es gibt auch noch andere Gründe. Mit der Abschaffung des Geldes zerstörten die Roten Khmer soziale Beziehungen. Alle Kambodschaner waren auf die Organisation der Roten Khmer, Angkar,

angewiesen, die nichts anderes war als die brutale Führung. Sie wollten beweisen, daß sie fähig waren, das Land mit Hilfe menschlicher Arbeit schnell wieder aufzubauen. Sie isolierten aber sich selbst und das Land. Hinzufügen möchte ich, daß die schlechte Beziehung der Roten Khmer zu Vietnam ein fortdauernder außenpolitischer Faktor des Konfliktes war. Unter den Roten Khmer gab es die Khmer Vietminh, die mit Vietnam in Beziehung standen und denen man mißtraute. Als es zu Konflikten über die Meeres- und Landgrenze kam, wurden die Khmer Vietminh und andere Gruppen der Roten Khmer als Verbündete Vietnams betrachtet, die eliminiert werden mußten. Viele von ihnen sind im Tuol-Sleng-Folterzentrum inhaftiert und getötet worden. Wenn man später die Statistiken vergleicht, wird man vielleicht eine Parallele zwischen der Anzahl von Insassen und den Konflikten in den Grenzregionen feststellen."

In solchen Gesprächen stoßen wir ständig auf die Erklärung, daß die Roten Khmer vom kambodschanischen Trauma der bedrohten Existenz des Landes besessen waren und keine Verhandlungslösungen mit inneren und äußeren Feinden kannten, sondern Problemlösungen durch Vernichtung betrieben. Das ist offensichtlich das „Leitmotiv" der Politik und des persönlichen Verhaltens der Führungskader der Roten Khmer, verbunden mit der Fixierung auf die einstige Größe Angkors und der Wahnvorstellung, die Geschichte zurückdrehen und die Machtfülle des verlorene Reiches aus eigener Kraft wiedererlangen zu können. Der Feind schlechthin ist Vietnam, die Kommunistische Partei, der Staat und das gesamte Volk, in Kambodscha abfällig „Youn" („Wilde") genannt. Sie dienen als Sündenböcke für alle selbstverschuldeten Desaster. Haß auf Vietnam und Größenwahn haben auch 1977 zu dem Versuch geführt, „Kampuchea Krom" (die „Niederlande" Kambodschas), das seit dem 17. Jahrhundert verlorene Territorium im Mekong-Delta auf vietnamesischer Seite, zurückzugewinnen, was zu blutigen Grenzkonflikten führte und 1979 der Anlaß für die vietnamesische Invasion und Besetzung Kambodschas war.

Die Führer der Roten Khmer standen während ihres Studiums in Paris unter dem Einfluß des Marxismus und Leninismus und orientierten sich nach ihrer Rückkehr in Kambodscha am Maoismus und der chinesischen Kulturrevolution. Aber ein Parteiprogramm mit Vorstellungen von gesellschaftlichen Verhältnissen und der Gemeinwohlverpflichtung der staatlichen Organe existierte nicht, wie es in kommunistischen Staaten wenigstens auf dem Papier steht. Der reale Sozialismus der Roten Khmer bestand eher aus einer primitiven Lebensvorstellung, getragen von puristischen und rücksichtslosen Partei- und Staatseliten, die ihre eigene Mentalität zum Maßstab für die Führung des Landes machten.

Saloth Sar, der Lehrer aus Kompong Thom und zeitweise Student der Elektrotechnik in Paris, schlüpft in die Maske Pol Pots und bildet mit den gleichgesinnten Kommilitonen Ieng Sary, Nuon Chea, Khieu Samphan und Ta Mok das geheime Parteizentrum, die ominöse Organisation Angkar, das gefürchtete Schreckgespenst des Landes. Mitte 1978, als sich der Zusammenbruch abzeichnet und die Führung sich um internationale Unterstützung befreundeter Parteien und Staaten bemüht, enthüllt Pol Pot vor der Kamera des schwedischen Fernsehens auf die Frage des Publizisten Jan Myrdal, was er für den größten Erfolg seiner Regierung hält: „Die wichtigste Errungenschaft des Demokratischen Kampucheas in den letzten dreieinhalb Jahren ist die Tatsache, daß wir eine Serie von Siegen über alle Formen und Aktionen von Einmischung, Sabotage, Putschversuchen und Aggressionen unserer Feinde aller Couleur errungen haben."

Nuon Chea, „Bruder Nummer zwei", auch unter den Namen Long Bunruot oder Long Rit geführt, die graue Eminenz, Parteiideologe und in der Parteiführung für die Todesgefängnisse des Sicherheitsapparates zuständig, macht in einer handgeschriebenen Geschichte der Partei vom März 1998 das Mißtrauen und den Verfolgungswahn zum Gesetz: „Unsere Kader haben ein doppeltes Gesicht. Eines ist offen, das sie uns zeigen und womit sie uns glauben machen, daß sie sauber sind. Das andere ist verborgen, das wir nicht durchschauen, so daß wir nicht wissen, was sie denken." Von ihm stammt auch die Anweisung für den Sicherheitsdienst: „Besser einen Unschuldigen festzunehmen, als einen Schuldigen laufen zu lassen." „Bruder Nummer drei" und Schwager Pol Pots, Ieng Sary, auch Kim Trang oder Van genannt, ist Außenminister und von demselben tödlichen Verfolgungswahn besessen. In seinem Tagebuch heißt es: „Die Feinde sind in unserem Körper, im Militär, unter den Arbeitern, in den Genossenschaften und selbst in unseren Reihen. Um die sozialistische Revolution zu verankern und zu stärken, müssen wir diese Feinde kontinuierlich ausrotten." Nachdem er das ausgiebig betrieben hat, ist er opportunistisch genug, um rechtzeitig vor der Auflösung der Roten Khmer seine Interessen zu sichern. Er setzt sich 1996 mit 1.500 Kämpfern von Pol Pot ab, wird von seinem Ex-Kollegen Hun Sen, seit 1979 an der Macht in Phnom Penh, amnestiert und betreibt seitdem in der Enklave von Pailin einen lebhaften Handel mit Edelsteinen und Tropenholz an der thailändischen Grenze.

Khieu Samphan, alias Hem, hat mit seiner Doktorarbeit in Paris über nachkoloniale Wirtschaftsentwicklung die Blaupause für den Umbau des Landes in ein riesiges Arbeitslager geliefert. Er stützt sich auf die Thesen des ägyptischen Entwicklungstheoretikers Samir Amin von der Unterdrückung der Dritten Welt an der Peripherie durch kapitalistische Monopole in den Zentren der Weltwirtschaft, die durch Abkoppelung des Landes vom

Weltmarkt überwunden wird. Diese autozentrierte Wirtschaftsstrategie, wie sie genannt wird, hat durchaus Vorzüge für die wirtschaftliche Entwicklung eines rückständigen Landes. Aber in Kambodscha wird sie ins Absurde gesteigert, indem die Wirtschaft auf den Reisanbau und die dafür erforderlichen Bewässerungsbauten reduziert wird, wie es in der Propaganda heißt: „Haben wir Wasser, haben wir Reis – haben wir Reis, können wir uns alles leisten." Der forcierte Bau großangelegter Kanäle und Bewässerungsanlagen mit menschlicher Arbeitskraft ohne Einsatz von Maschinen (siehe Foto rechts), inspiriert von den Wasserbauanlagen Angkors, überfordert die Menschen und treibt das vom Krieg geschwächte Land an den Abgrund. Tausende fallen dem Entwicklungswahnsinn durch Hunger, Erschöpfung, Krankheit und Exekution wegen angeblicher Sabotage zum Opfer. „Bruder Khieu Samphans Theorie", wie es in seinem Tagebuch heißt, befaßt sich auch mit praktischer Lebenshilfe und intimen Beziehungen, wörtlich: „Liebe ist wie ein ungezügeltes Tier", womit er meint, daß die sexuelle Leidenschaft den Mann zu Zügellosigkeit und Zerstörung verführt, denn eine „Frau ist wie kaltes Wasser, das den Mann umbringt oder ist so tief, daß er darin ertrinkt." Daraus folgt die Formel für das Verhältnis zwischen den Geschlechtern: „Eine Frau ist wie ein Haus, und der Mann stattet es mit Wohlstand aus." Er ist es auch, der sozialistische Pädagogik für den Kindergarten bereithält, nach maoistischem Verständnis vom unbeschriebenen Blatt, auf das die Revolution geschrieben wird, in Khieu Samphans Lebensweisheit Nummer 22: „Der Lehm kann geknetet werden, solange er noch weich ist." Das führte zur Rekrutierung von Fünf- und Sechsjährigen, den berüchtigten und bemitleidenswerten Kindersoldaten, die sich auf den „Killing Fields" durch besonderen Eifer hervortaten.

Ta Mok, auch unter den Namen Ek Choeun oder Chhit Choeun geführt oder „Schlächter" genannt, autokratischer Herrscher der Südwest-Zone und Oberkommandierender der revolutionären Streitkräfte, ist der letzte Führungskader der Roten Khmer, der den Machtkampf mit Pol Pot überlebte. Er scheiterte 1998 mit der Einrichtung und Anerkennung einer autonomen Zone in Anlong Veng nach dem Vorbild von Pailin und wird seit März 1999 von Hun Sen im Militärgefängnis von Phnom Penh als Alibigefangener gehalten, um von der Straffreiheit der anderen Führungskader abzulenken. Die Unterlagen über ihn weisen eine lange Blutspur durch Kambodscha auf. Schon 1974 ordnete er zusammen mit dem Militärkommandeur der Zentralen Zone, Ke Pauk, die Ermordung von 300 Bauern und die Ausrottung ihrer Familien in Udong, der ehemaligen Hauptstadt Kambodschas, an, die sich gegen Zwangsarbeit wehrten. Er gibt zu, daß er persönlich gemordet hat, aber nur Vietnamesen: „Fragen Sie die Menschen, sie lieben mich. Ich habe niemals Khmer umgebracht." Die Konspirationsbesessenheit gipfelt in der Verdächtigung: „Pol Pot war ein vietnamesischer Agent, ich habe die Dokumente."

Es mag stimmen, was Nayan Chanda, Chefredakteur der „Far Eastern Economic Review" und langjähriger Korrespondent in Indochina schreibt: „Wir werden es nicht begreifen, woraus Pol Pots Gewissen bestand, oder welche Interpretation der Vergan-

genheit, welche Erfahrung und welche Erziehung zu der monströsen Doktrin geführt hat, die Zehntausende Bauern zu Killern ihrer eigenen Landsleute und Zerstörern ihrer Familien, Gesellschaft und Kultur machte.“ Ähnlich tappen wir ja auch immer noch weitgehend im Dunkeln, die Ermordung der europäischen Juden in Deutschland, das größte Verbrechen gegen die Menschlichkeit in diesem Jahrhundert, zu erklären. Andere Verbrechen gegen die Menschlichkeit sind ebenso wenig aufgeklärt, wie gegen die Armenier in der Türkei zu Beginn des Jahrhunderts, die Chinesen in Indonesien 1965, die Kurden in der Türkei und im Irak, die Hutu und Tutsi in Ruanda, Moslems in Bosnien und am Ende des Jahrhunderts gegen Albaner und anschließend gegen Serben im Kosovo. Die Aufzählung kann fortgesetzt werde.
Inzwischen wagen sich aber auch Genozid-Forscher nach Kambodscha, wie der amerikanische Ethnologe Alexander L. Hinton von der Universität Chicago. Nach seiner Hypothese ist eine Ursache der Greuel im radikalen Umbau der Gesellschaft unter Anwendung einer „gewaltsamen Ideologie“ zu suchen. Die forcierte Auflösung aller gesellschaftlichen Strukturen und Ablösung individueller Verhaltensweisen in ganz kurzer Zeit bewirken eine völlige Zerrüttung der Orientierung: die Umsiedlung der Stadtbewohner aufs Land, die Kollektivierung des wirtschaftlichen Lebens, die Abschaffung des Geldes, das Verbot aller vertrauten kulturellen Lebensäußerungen und die Einstellung der formalen Erziehung, die Vorgabe der Berufswahl und die Einschränkung der Mobilität, das Verbot des Buddhismus und aller religiösen Betätigungen, die Auflösung der Familie nach Geschlecht und Alter in Arbeitskolonnen, die Unterdrükkung und Ausmerzung von Emotionen und Mitleid sowie die Unterstellung des gesamten Lebens und der Gesellschaft unter Angkar, einer anonymen, absoluten und mit Furcht und Angst besetzten Autorität.
Durch den Sieg über das korrupte und gehaßte Lon-Nol-Regime legitimiert und mit absoluter Herrschaft ausgestattet baut das Machtzentrum „im Jahre Null“ ein von Bauern getragenes kommunistisches System im Interesse einer neuen politischen Grup-

pe auf. Beim Abbruch des alten und bei der Errichtung eines neuen hierarchischen Systems, im Übergang von der alten zur einer neuen Ungleichheit, werden das praktische soziale Bewußtsein aufgelöst und die Regeln des individuellen Verhaltens zerstört, wodurch in der Regel soziale Beziehungen stabilisiert und Gewaltanwendung im sozialen Umgang verhindert werden. Wenn in ein solches Vakuum des Übergangs eine „Ethik der Gewalt" als Instrument zum Aufbau der neuen Struktur eingeführt wird, sind für Gewalt und Greueltaten aller Art die Schleusen geöffnet und entladen sich gegen die offiziell zu Feinden und Sündenböcken erklärten Menschen. Die im Krieg praktizierte und legitimierte Gewaltanwendung wird auf den Frieden und das zivile Leben übertragen. Produzieren heißt unverändert kämpfen und ist die Fortsetzung des Krieges auf den Reisfeldern und Großbaustellen, gearbeitet wird in militärischen Formationen wie Einheiten, Bataillone und Kompanien. Wie im Krieg gibt es nur Feinde oder Freunde. Wer sich dazwischen bewegt und einen Freiraum beansprucht, macht sich verdächtig. Der vom Verdächtigen durch Folter gewaltsam zum Feind gemachte Mitmensch wird zum Sündenbock für alle Schwierigkeiten gestempelt und muß im Interesse realer oder imaginärer Ziele eliminiert werden.

Der hinduistische Hintergrund der kambodschanischen Kultur kommt nach Hintons Interpretation der Machtclique der Partei gut zustatten, denn mit einem absoluten Machtanspruch und einer unerbittlichen Hierarchie läßt sich gut regieren, genau so wie es die Könige von Angkor und deren Vorgänger in Funan verstanden. Außerdem profitiert der hierarchische Machtapparat vom buddhistischen Verständnis des Karma, des Heils, das auf den Verdiensten des individuellen Handelns beruht und nicht als Ergebnis verfehlter Politik gewertet wird. Die Scham über das eigene Mißgeschick verhindert, nach der Ursache der Misere zu fragen und Verantwortliche zur Rechenschaft zu ziehen. Alle Wut und Rachegedanken, die Energie zur Revolte, lehrt der Buddhismus zu unterdrücken. Das neue Machtzentrum der Partei kann somit auf absolute Loyalität des Volkes und eine stabile Akzeptanz der zugewiesenen Rolle des Individuums bauen. Hinton gibt aber auch zu bedenken, daß die Genozid-Forschung in Kambodscha weitgehend mit Hypothesen arbeitet und die historischen, sozialpolitischen und kulturellen Faktoren zur Erklärung der Verbrechen und des Greuels intensiver zu erforschen sind.

Auf alle Fälle kann aber festgehalten werden, daß die kambodschanische Kultur an sich kein genozides Verhalten fördert und menschliches Handeln determiniert, sondern auch in Kambodscha Menschen vor der Entscheidung standen, zu töten und sich am Töten zu beteiligen oder nicht.

Wir sprechen mit Youk Chhang, dem Direktor des Genozid-Dokumentations-Zentrums, bei einer Tasse Tee in seinem kleinen Büro, auch ganz persönlich über ihn, seine Familie und die Zukunft seiner Kinder. Aber wir reden auch über uns selbst und die Schwierigkeit, den tiefverankerten Ungeist des Faschismus in Deutschland zu überwinden. Deutschland und die Deutschen werden ständig von ihrer Vergangenheit eingeholt. Ein halbes Jahrhundert nach dem Nazi-Regime gibt es einen heftigen Streit

um eine Wehrmachtsausstellung und ein Holocaust-Denkmal, um die Entschädigung von Zwangsarbeitern und die Rückgabe von Nazi-Gold. Youk Chhangs ist besorgt, ob in Kambodscha die Menschen vom Alptraum der Greuel befreit werden: „Im Vergleich zum Völkermord in Deutschland ist das Schlimmste bei uns, daß Nachbarn täglich mit ihren Killern zusammenleben müssen, daß sie sich sehen und physisch und emotional nahe sind. Wie soll eine Frau damit umgehen, wie kann sie damit leben, denjenigen in Freiheit zu sehen, der ihren Ehemann umgebracht hat? Es ist eine psychische Tortur. Darin ist auch die Ursache zu suchen, weshalb die Gesellschaft keine schnelleren Fortschritte macht. Die Menschen leiden unter der psychischen und emotionalen Belastung der Vergangenheit und Geschichte. Kambodschanern beizustehen, sich von der Last der Vergangenheit zu befreien und Fortschritte zu machen, besteht darin, die Verbrecher zu bestrafen, die Menschen umgebracht haben. Der Völkermord Kambodschas muß verfolgt werden, damit Menschen nicht länger mit Killern zusammenleben müssen."
h.k.

Der lange Marsch zum Frieden

Buddhistische Mönche gelten als weltabgewandt, den Blick aufs Nirvana gerichtet, nicht auf das Elend dieser Welt. Anders in Kambodscha. Mönche verlassen die Pagoden und mischen sich ein bei der widerspruchsvollen, gefährlichen Suche nach Frieden und Versöhnung in einem blutgetränkten Land. Auch Ta Mok sei einmal ein buddhistischer Mönch gewesen. Venerable Nhem Kim Teng erwähnt den Namen eher beiläufig. Der Schlächter? Wir haken nach. Ta Mok – einer der wenigen Top-Kader aus der Führungsriege der Roten Khmer, die unter der Hun-Sen-Regierung 1999 gefangengenommen und ins Gefängnis gesteckt worden sind? Ein solcher Mann, der Massenmorde auf dem Gewissen hat, einst in der saffrangelben Robe der Mönche? Schwer vorstellbar. Venerable Nhem Kim Teng nickt ohne Gemütsbewegung in den abgeklärten weichen Zügen seines vollen Gesichts. Wir blicken wieder einmal in kambodschanische Abgründe der Widersprüche. Viele der Männer, die in der schwarzen Pyjama-Uniform der Roten Khmer zu menschenverachtenden Schlägern und Schlächtern verkamen, seien in früheren Jahren als sanftmütige Jünger der Lehre des Lord Buddha gefolgt. So fügt der Mann an, der trotz oder gerade wegen all der selbst erlittenen Verfolgung, Anfeindung, Bedrohung ein Mönch geblieben ist. Ein ganz besonderer, wie weithin in Kambodscha bekannt ist. Das Lächeln ist seine Stärke. Grenzbereiche sind ihm schmerzlich vertraut.

Wir sitzen vor dem Wat Prey Chlak am Rande von Svay Rieng. Abendfrieden liegt in der milden, vom Duft der vielen Blüten und Blätter gewürzten Luft. Die Gärten der Pagode gehen über in die endlos weiten Reisfelder. Ein Hütejunge rennt vergnügt zwei dicken Wasserbüffeln hinterher. Kinder lassen ihre Drachen mit langen wehenden Schwänzen tanzen. Weißen Pfeilen gleich, von einem mystischen Bogen abgeschossen, fliegen Reiher durch das flammende Farbenspiel des Sonnenuntergangs. Abermals ein Ort, an dem der Besucher nicht begreifen kann, daß auch hier Killing Fields ein Teil der Wirklichkeit sind. Leben *und* Tod. Überall maßten sich die Menschen verblendet und willkürlich in mörderischem Wahn an, über Leben und Tod der Nachbarn zu entscheiden. Eine der Stupas hinter der Pagode ist zerschossen und zerstört. Als schwarze gezackte Ruine hebt sich die einstmals glockenförmige Gedenkstätte gegen den Himmel ab. Von Roten Khmer attackiert, so berichten die Mönche, die alle so jung sind, daß sie solchen Überfall nicht aus eigenem Erleben in Erinnerung haben. Die Gnade der späteren Geburt.

Aber Venerable Nhem Kim Teng ist Zeitzeuge. Ein kräftiger Typ, muskulös und kompakt. Von ihm geht zupackende Kraft aus, eine Stärke, die weit über physische Energien hinausreicht. Seine geistigen und familiären Wuzeln liegen in diesem fruchtbaren, blutgetränkten Land nahe der Grenze zu Vietnam. 1949 wurde er in einem der Dörfer

bei Svay Rieng geboren. Auch der Vater hatte in jungen Jahren die Mönchsrobe angetan, war dann Bauer und Dorfvorsteher geworden. 1970 trat der Sohn in die Sangha, die Mönchsgemeinschaft, des Wat Prey Chlak ein, nicht ahnend, welchen Leidensweg er bald einzuschlagen hatte: ein Wanderer zwischen den politischen Welten.
„Vergessen Sie nicht, daß auch die Roten Khmer eine Entwicklung durchmachten; sie waren ja nicht von Anfang an die mordgierigen Schlächter, die das Land später an den Abgrund trieben", so erinnert sich der Mönch und verweist darauf, daß sich Geschichte nur in ihren Prozessen verstehen läßt. „Die Frauen und Männer der Roten Khmer bekamen während der Zeit im kambodschanischen Untergrund auch Unterstützung in den Klöstern. Das änderte sich schlagartig nach der Machtübernahme. Was sich da in den Köpfern der Führungsmannschaft der Roten Khmer tat, bleibt auch mir unverständlich. Gebildete Leute, Intellektuelle, die in Frankreich studiert hatten", er schüttelt Jahrzehnte danach den Kopf, „warum sie zu Mördern wurden? Ich weiß es nicht. Auch für uns Mönche begann die Hölle. Die Roten Khmer sahen in uns Parasiten, Würmer, die man vernichten mußte."
Bereits 1973 floh er in den Wirren der Kämpfe zwischen Lon-Nol-Truppen und den Roten Khmer nach Vietnam, lebte in Saigon, in Hué, schließlich in einem der Klöster des Mekong-Deltas in der Nähe von Tra Vinh. In Kambodscha hatte er das nackte Leben gerettet. In Vietnam forderten ihn die kommunistischen Behörden immer wieder auf, die Robe abzulegen. Er widerstand. 1979 kehrte er in die Heimat zurück, getrieben von Friedenssehnsucht, beseelt von dem Gedanken, aus buddhistischem Selbstverständnis heraus zu Frieden und Versöhnung beizutragen.
Während des Jahrzehntes der vietnamesischen Besatzung nahm er in der Pagode von Svay Rieng Waisenkinder auf, versorgte Flüchtlinge, richtete eine Schule unter den Bäumen ein, weil die meisten Gebäude in Trümmern lagen. Über die Tagespolitik durfte nicht gesprochen werden, von Dharma war die Rede, von buddhistischer Ethik. Der Mönch, der Frieden predigte, wurde überwacht und abermals bedrängt, die Robe

an den Nagel zu hängen. Sein Tun und Trachten war den vietnamesischen Herren und ihren einheimischen Helfern in Kambodscha suspekt.
Nach 1992 zog er durch Kambodscha, reiste nach Thailand, lernte englisch, traf sich mit anderen Mönchen, um diese Botschaft weiterzugeben: „Wir können nicht alleine in unseren Tempeln sitzen und meditieren. Wenn wir wandernd meditieren und jemanden weinen sehen, dann müssen wir stehenbleiben und fragen, warum er weint und wie wir helfen können, um die Tränen zu trocknen, bevor wir weitergehen. Wir können doch nicht einfach nur meditieren und all diejenigen übersehen, die in unserer unmittelbaren Nähe hungrig und krank sind und unter dem Krieg zu leiden haben."
Das waren und sind auch für kambodschanische Mönche ungewohnte Worte. Venerable Nhem Kim Teng griff auf, was Maha Ghosananda zum Kern seines Verständnisses buddhistischer Aufgabe gemacht hat: „Wir Buddhisten müssen den Mut finden, unsere Tempel zu verlassen und die Tempel der menschlichen Erfahrung zu betreten, die Tempel des Leidens. Wenn wir Buddha, Christ oder Ghandi folgen, dann können wir doch gar nicht anders handeln. Die Flüchtlingslager, die Gefängnisse, die Gettos und die Schlachtfelder werden dann zu unseren Tempeln. Wir haben noch so viel zu tun."
Der charismatische Lehrer Maha Ghosananda, der große alte Weise unter den kambodschanischen Mönchen, wurde das Vorbild für den Bruder aus Svay Rieng. Er gehörte zu den Organisatoren des Friedensmarsches im Mai 1993, der einige hundert Mönche, Nonnen und Laien 350 Kilometer durch Kambodscha führte, um das Land und seine Menschen aufzurütteln, den Haß zu überwinden. Die sanfte Demonstration erregte weltweit Aufsehen. Ein täglich an wechselnden Orten erneuerter Ruf nach Frieden, immer wieder von Widersachern gestört. Die wochenlange Prozession des guten Willens endete in Phnom Penh vor dem Königspalast, wo die Teilnehmer den Segen Prinz Sihanouks erhielten. Begonnen hatte der Marsch beziehungsvoll in Angkor Wat.
Darüber sprechen wir an jenem Abend unter einem üppigen Bambus vor dem Wat Prey Chlak, und ehe Venerable Nhem Kim Teng die aktuellen Probleme aufgreift, ist von Angkor die Rede – nicht nur von jenem magischen Ort, sondern mehr noch von der über die Jahrhunderte wirkenden Idee. „Um in die Zukunft zu schauen, müssen wir die Geschichte kennen", sagt der Mönch. Er beruft sich in seiner Wertung von Angkor ausdrücklich auf den König Jayavarman VII., den Erbauer des einzigartigen Tempelwerkes Angkor Thom mit den in Stein gehauenen, nach vier Seiten blickenden Gesichtern. Jedes Antlitz mit dem geheimnisvollen Lächeln repräsentiere eine der vier buddhistischen Grundwerte. Nämlich Metta: die tätige Güte und Liebe, alsdann Karuna: Mitleid und Barmherzigkeit, und Mudita: Mitgefühl und Freude, schließlich Upekha: Gerechtigkeit und Unparteilichkeit. Wir haben Mühe, die dem originalen Pali entsprechenden englischen und deutschen Begriffe zu finden, aber vorbehaltlos stimmen wir dem geistlichen Manne zu: „Das alles sind gar nicht nur buddhistische Werte, sie sind universell." Er spricht von den Staatskonzepten der Khmer-Reiche in einer gegenwartsbezogenen Unmittelbarkeit, als seien seit jenem Goldenen Zeitalter

nicht bereits acht Jahrhunderte vergangen. Zwei Namen werden symbolhaft genannt: Suryavarman II., der Erbauer des Angkor Wat, sei noch ganz in der altindischen Tradition des Devaraja, des Gottkönigs, verhaftet gewesen. Das war zwischen 1113 und 1150 die Alleinherrschaft von oben, ohne den Bezug zum Volke. Jayavarman VII., der von 1181 bis 1218 regierte, sei dagegen ein einfacher Mann gewesen, der zehn Jahre im Walde meditiert hatte, ehe er den Thron bestieg, den Wechsel vom Hinduismus zum Buddhismus vollzog und sich den geistigen Grundlagen Metta, Karuna, Mudita, Upekha verpflichtet fühlte und danach handelte. Ein Boddhisattva, der als Reinkarnation des Boddhisattva Avalokiteshvara grenzenloses Mitleid verkörpert. Von diesem König ist die bewundernde Rede, die ein Jahrtausend wie einen Tag überspannt.

In der aktuellen Version kambodschanischer Anstrengungen, das Leiden zu überwinden, heißt das: „Put down the gun, take up the Dharma." Der Spruch ist auf einem T-Shirt zu lesen, das einer der Mitarbeiter des Venerable Nhem Kim Teng trägt. Dass Friedensmärsche und friedfertige Ansprachen allein nicht ausreichen, eine menschenfreundliche, gerechte und zivile Gesellschaft aufzubauen, ist allen in der Pagode von Svay Rieng klar. Deshalb gründete der umtriebige Mönch 1994 die Organisation, die den Pali-Namen Santi Sena erhielt: die Armee des Friedens.

„Ist dies nicht ein Widerspruch?" wenden wir ein.

Nhem Kim Teng lächelt verständnisvoll und sagt: „Für Sie vielleicht, nicht für uns. In diesem Lande ist das Militär so dominant und alles und jeden Bereich durchdringend, daß wir dessen Sprache aufnehmen, um verstanden zu werden. Wir haben drei Jahrzehnte Krieg gehabt, vergessen Sie das nicht. Viele Menschen haben nichts anderes gelernt, als in militärischen Begriffen zu denken. Wir greifen 'sena' auf, die Armee, und versuchen, das Wort mit neuem Inhalt zu füllen. Unsere Soldaten: das sind die 40.000 Mönche Kambodschas. Unsere Kasernen: das sind die 3.600 Pagoden im Lande."

„Mit wem wollen Sie zusammenarbeiten?"

„Es gibt keine Berührungsängste. Wir sprechen mit allen Menschen. Wenn Sie ein, zwei, drei Gruppen ausgrenzen, schaffen Sie neue Probleme und Konflikte. Wir wollen die Einheit der Khmer-Gesellschaft. Damit fängt alles an."

Kritischer Einwand: „Wie lang und beschwerlich der Weg zur geeinten, wieder geeinten Khmer-Gesellschaft ist, zeigten beispielsweise die blutigen Zusammenstöße bei Demonstrationen im September 1998 in Phnom Penh. Im Auftrag der Regierung Hun Sen wurden auch Mönche umgebracht."

„Ja, dabei wurden einige Mönche getötet, andere flohen ins Ausland. Das ist sehr, sehr schlecht für Kambodscha…“, er senkt die Stimme und fügt an: „Ich war ja dabei und wurde von Teilnehmern der Demonstration beschützt“, der Mönch zögert ehe er fast entschuldigend sagt: „Es fällt mir sehr schwer, darauf in politischen Kategorien zu antworten. Ich repräsentiere keine politische Partei. Ich verstehe mich als eine moralische Kraft.“

Die Friedensbewegung mit dem martialischen Namen kämpft für den Erhalt einer lebenswerten Umwelt, engagiert sich im Bildungsbereich und fördert die ländliche Entwicklung. Dazu gehören Seminare für Mönche. Unermüdlich reist Venerable Nhem Kim Teng von Pagode zu Pagode, um für seine Sicht des Buddhismus zu werben. Mit einer mobilen Bücherei wird Lesestoff in abgelegene Schulen gebracht, wo bestenfalls die Lehrer über Lektüre verfügen und es an jeglichem bedrucktem Papier mangelt. Das deutsche Kinderhilfswerk terre des hommes unterstützt das Projekt finanziell.

Außerhalb von Svay Rieng, schon in Sichtweite zur Grenze nach Vietnam, wächst Santi Sena im besten Sinne des Wortes heran. Dort treffen wir in den folgenden Tagen wieder auf den Mönch von der Prey Chlak Pagode und verstehen, was er mit der Bemerkung meinte: „Meine Freunde sind die Bäume.“

Von einem Turm aus läßt sich das flache Gebiet überschauen. Junge, frische, grüne Bäume im Rundumblick. Staatsgebiet wurde zur allgemeinen Nutzung freigegeben, nachdem Venerable Nhem Kim Teng hartnäckig bei den Behörden interveniert hatte.

1994 war mit Santi Sena begonnen worden, das von Kriegen verwüstete und von illegalem Holzeinschlag entlaubte Land wieder aufzuforsten. Wir sitzen neben einem Teich. Ab und zu springen Fische übers Wasser. Am Ufer hocken Frauen und Männer der benachbarten Dörfer, Landleute allesamt, kräftige Gestalten, kantige Gesichter. Im Schatten der Bäume hören sie dem Mann aus Svay Rieng gespannt zu. Hier ist seine Pagode ohne Dach und Stupas, ohne Buddhafigur und Glöckchen. Unübersehbar sein leuchtend gelbes Gewand. Da predigt ein Mönch, so der erste Eindruck. Doch der da berichtet von Anbaumethoden, von der Langzeitwirkung der Bäume auf den Erhalt der Natur, von der Investition in die Zukunft. Auf einer Schultafel schreibt er Begriffe, berechnet Kosten, Nutzen, Risiken. Die Bauern wollen Reis pflanzen, der in einem Jahr schon den Ertrag bringt; nicht Bäume, deren Pflege viele Jahre erfordert. Da wird nichts über die Köpfe der Landleute entschieden, nur im Dialog lassen sich praktikable Antworten finden. Die Atmosphäre ist entspannt. Jeder kommt zu Wort. Stundenlang.

Währenddessen erzählt uns Mom Chan seine Geschichte, die die jüngere Geschichte Kambodschas ist. Der 55jährige hat sich von der Begeisterung des tatkräftigen Mönches mitreißen lassen und gehört zum engeren Kreis der Mitarbeiter. Ein kleiner, feinsinniger Mann mit Brille. Ein solches Utensil erregt bei uns immer wieder besondere Neugier, nachdem die Roten Khmer bekanntermaßen darin ein verhaßtes Symbol geistiger Eigenständigkeit erblickt hatten. Der ehemalige Französischlehrer berichtet mit leiser Stimme davon. Auch er war in entlegene Dörfer vertrieben worden. Der Schulmann wurde zum Schwerarbeiter verdammt. Er erzählt von der Schufterei, die bei Vollmond bis in die Nacht anzudauern hatte. Kein Feiertag, nur die politisch relevanten Gedenktage waren arbeitsfrei. Drei Brüder und eine Schwester seien zu Tode gekommen. Keine Nachricht mehr von ihnen. Nirgendwo ein Grab, an dem Trauer zu bekunden wäre. Immer dieselben Geschichten. „Mein Leben ist ein Leben im Krieg gewesen, eine Folge von Kriegen", resümiert der kleine alte Mann. Ob er denn einen der Peiniger von damals persönlich kenne, was aus ihm geworden sei, so fragen wir. Er lächelt das tiefgründige Lächeln der Khmer. „Meine Schwiegermutter wurde massakriert", so erzählt er, und es klingt scheinbar banal, scheinbar nebenher, „der einstige Lagerleiter persönlich schlug zu und mordete. Er war ein Diktator. Zuvor war er ein einfacher Bauer gewesen, und das ist er längst wieder. Er hat überlebt. Ich kenne ihn. Der Mann lebt in seinem Dorf, unauffällig, von niemanden belästigt oder zur Rechenschaft gezogen. Ein einfacher Bürger – nach all dem."

„Haben Sie nicht versucht, etwas zu unternehmen, daß sich ein solcher Mann verantworden muß für seine Taten?"

„Nein, ich habe nie etwas unternommen", die Antwort kommt zögernd, „es war mir nicht möglich. Nein, keine Rache."

„Aber Gerechtigkeit?"

Er lacht verlegen, winkt ab und sagt mit leichtem Schulterzucken: „Da ist etwas, was Sie aus dem Westen wohl nie verstehen werden."

Und dann erzählt er von seinen Kindern. Die Miene hellt sich auf. Die Stimme wieder kräftiger, ein Mann, der nicht zurück, sondern in die Zukunft blicken will: „Sieben Kinder. Ein Sohn ist Arzt geworden, andere arbeiten in der Verwaltung. Die jüngste Tochter geht noch zur Schule. Ein intelligentes Mädchen", sagt er mit dem Stolz des Vaters, der auf diese Generation seine Hoffnungen setzt, und nachdenklich greift er noch einmal das Wort auf, das offenbar doch einen Schlüssel birgt: „Gerechtigkeit? Auch die ist relativ."

Derweil diskutieren die Landleute über die Wiederaufforstung. Wer etwas zu sagen hat, steht auf. Zu uns gewandt zitiert Venerable Nhem Kim Teng seinen verehrten Lehrer Maha Ghosananda: „Um zum Frieden zu kommen ist das wie mit dem Atmen. Wir können nicht aussetzen, nicht innehalten. Wenn wir aufhören, bricht wieder Krieg aus und wir sterben. Wenn wir weitermachen, wird der Frieden dauerhaft sein."

r.s.

Kambodschas verlorenes Gedächtnis

Totenköpfe haben das Bild Kambodschas in der Welt geprägt. Weniger spektakulär, doch folgenreich bis heute ist das Wüten der Roten Khmer bei der Vernichtung des Geistes gewesen. „Die Menschen in Kambodscha müssen wieder lernen, sich selbst zu kennen, ihre Geschichte, ihre wahre Identität." Der das sagt, spricht aus eigener Erfahrung. Dr. Thonevat Pou ist tief in Kambodschas Kultur verwurzelt. Er entstammt einer Familie gebildeter Beamter, die im höfischen Umkreis angesehene Karrieren gemacht hatten. Der Vater war zur französischen Kolonialzeit ein Provinzgouverneur gewesen. Der Großvater hatte das Amt eines Hofrichters inne. Ein Onkel war Chef des Palast-Protokolls. Die Schwester lebt seit Jahrzehnten in Paris und hat einen internationalen Ruf als renommierte Khmeristin, deren Spezialität die Kenntnis alter Schriften ist. Mit leiser, sanfter Stimme erzählt Thonevat Pou davon. Er tut es in ungekünstelter Bescheidenheit, als sei dies alles kaum der Rede wert – eine Rede, die er in brillantem Deutsch beherrscht. 1965 war er ins Land der Dichter und Denker gereist, hatte in Leipzig Germanistik studiert und über deutsche Grammatik promoviert. Im Insel-Verlag zu Leipzig veröffentlichte er eine deutschsprachige Sammlung kambodschanischer Märchen. In Berlin ließ er sich zum Bibliothekar ausbilden.

Mit solcher Professionalität kehrte er im April 1995 zurück in die Heimat, von der protestantischen Entwicklungshilfeorganisation Dienste in Übersee geschickt, von der den Grünen nahestehenden Heinrich-Böll-Stiftung mit finanziellen Mitteln ausgestattet, um einen praktischen Beitrag zu Kambodschas geistiger Selbstfindung zu leisten. Wir sprechen im Buddhistischen Institut von Phnom Penh darüber. Hier arbeitet Thonevat Pou am Wiederaufbau einer Bibliothek, die einmal Weltgeltung hatte und ebenso im Vernichtungsterror der Roten Khmer untergegangen war wie so viele andere Zeugnisse kambodschanischer Kultur auch. Der Archivar, der aus Deutschland kam, weist auf Regale, Kataloge, Zeitschriftenstände und sagt lächelnd: „Alles neu, alles mühsam wieder zusammengetragen – und noch so viel zu tun." Ein wenig Stolz schwingt mit, die verständliche Freude, aus dem geistigen Trümmerhaufen heraus einen neuen Anfang gefunden zu haben.

Die Büchersammlung war 1921 von König Sisowath begründet worden, 1925 erhielt sie den Namen Königliche Bibliothek. Daraus ist 1930 das Buddhistische Institut hervorgegangen; es war das erste und einzige Forschungs- und Bildungszentrum, das sich wissenschaftlich mit der kambodschanischen Kultur im allgemeinen und dem Buddhismus im besonderen beschäftigte. Die Fachleute des Instituts legten Wert auf das intellektuelle Verständnis der religiösen Wurzeln der Khmer-Kultur. In der Blütezeit standen mehr als 40.000 Bücher zur Verfügung; eine Fundgrube zu Philosophie, Reli-

gion, Literatur, Geschichte, Kunst, Archäologie. Dies alles in khmer, französisch, englisch, thai, burmesisch, laotisch, singhalesisch. Die kosmopolitische Textsammlung wurde durch ebenso vielsprachige Periodika aus Europa und Asien ergänzt. Die Bibliothek galt als die umfangreichste Sammlung auf Kambodscha bezogener Werke in Südostasien. Mit einer eigenen Zeitschrift, die 1926 erstmals erschienen war, bot das Institut unter dem Titel „Kampbuja Suriya" ein Forum der geistigen Auseinandersetzung, die Autoren aus Ost und West einbezog. Auch diese „Sonne Kambodschas" wurde vom Verfolgungswahn der Roten Khmer ausgelöscht; das gesamte Institut ging im Ansturm der Kulturrevolution à la Pol Pot zugrunde.

Wer es von den Mitarbeitern schaffte, floh ins Ausland. Die anderen wurden aufs Land verbannt, starben, zerbrachen unter der mörderischen Last ungewohnter Schwerstarbeit. Einer der Überlebenden ist der heutige Direktor des Institutes, Om Khem; ein schmächtiger, alter Herr, der zerbrechlich wirkt. Stockend erzählt er, wie die jungen Intellektuellen aus den Städten vertrieben wurden, wie er im total vorbestimmten Tagesablauf in einem Lager der Roten Khmer und als Folge harter körperlicher Arbeit in seiner Individualität verkümmerte und unter der allabendlichen Indoktrination zu leiden hatte. Es ist eine Erinnerung aus der Unterwelt.

„Nach 1979 existierte das Institut nicht mehr", berichtet Thonevat Pou, „die einstigen Mitarbeiter waren in alle Winde zerstreut. Erst 1992 wurde das Institut wieder gegründet, so viele Jahre später. Damals bot Wat Unnalom mitten in Phnom Penh eine erste Heimstatt. Es gab fast keine Bücher mehr. Kaum ein Fachmann hatte überlebt. Die geistige Elite war ausgemerzt worden. Fehlanzeige bei englischen und französischen Sprachkenntnissen. Niemand mehr, der etwas von der Organisation einer Bibliothek verstand. Das Institut mußte ganz von vorn beginnen."

Als er 1995 von Berlin nach Phnom Penh kam, fand er etwa tausend Bücher vor, völlig ungeordnet, ohne wissenschaftliches System aufgehäuft, die Hälfte gar nicht brauchbar für eine Forschungsstätte mit solcher Vergangenheit. Es war, als sei das Gedächtnis einer ganzen Nation vernichtet worden. Die Suche nach dem verlorenen Geist war zeitraubend und ist noch lange nicht beendet. In Paris, London, Bangkok wurden neue Bücher bestellt, die Restbestände privater Sammlungen durchgesehen, Universitäten in aller Welt um Unterstützung gebeten. „Kambuja Suriya" war regelmäßig bis 1975 erschienen. Nicht ein einziges Exemplar der Zeitschrift hatte im Institut die Zerstörungswut der Roten Khmer überdauert. Mühsam wurde gefahndet, wer noch im Besitz einzelner Ausgaben war. Die wurden fotokopiert. Seither konnten wieder einige Jahrgänge zusammengestellt, gebunden und in einer Auflage von 30 bis 35 Stück an andere Bibliotheken und Institute weitergegeben werden. Die kambodschanische Version des Phönix stieg auf aus der Asche. Nun erscheint die Zeitschrift wieder regelmäßig. Heute zählt die Bibliothek 7.000 Titel.

Das Buddhistische Institut ist eine staatliche Einrichtung mit 22 Außenstellen im ganzen Land, die Mitarbeiter sind Beamte. Ende der 90er Jahre wurde das neue Gebäude bezogen, das in Sichtweite zum Zusammenfluß von Mekong und Tonle Sap-Fluß steht: im Stil einer prächtigen, farbenfreudigen Pagode mit aufragendem Meru-Dach. Das klotzige Hotel Cambodia ist in der Nachbarschaft, der Unabhängigkeitsplatz nicht weit. Die japanische Stiftung Sotoshu Relief Committee hat den Bau finanziert. Sehr luftig ist er gestaltet, großzügig die Innenräume und elegant die Freitreppen. Der Besucher ist beeindruckt und hat doch das Gefühl, ein leeres Gehäuse zu betreten. Es ist, als sei da eine schöne Verpackung geschaffen worden, die erst noch mit Inhalt gefüllt werden muß: mit geistigem Leben, mit kritischem Verstand, mit der Neugier einer neuen Generation, die wissen will, woher sie stammt, wohin sie gehen will.

Ein sensibler, in Ost und West geschulter Mann wie Thonevat Pou erkennt solches Vakuum natürlich besonders hautnah. Er ist einer, der untrennbar dazugehört durch Geburt und Herkunft; und er ist distanzierter Beobachter, der drei Jahrzehnte in der Ferne lebte, um zu überleben. Den Abstand spürt er auch nach Jahren der Wiederkehr jeden Tag aufs Neue. Seine Weltsicht ist eine andere geworden als die der Daheimgebliebenen, deren Haus über den Köpfen zusammengestürzt war. Er spricht Khmer und hat doch einen Tonfall, aus dem die Landsleute den Fremden heraushören. Es ist das Schicksal all jener, die das Exil erfahren haben. Mit dem Wiederaufbau der Bibliothek wird eine Grundlage geschaffen, auf der neues kambodschanisches Selbstbewußtsein erblühen und sich entwickeln kann. Ob aber tatsächlich diese geistig anspruchsvolle Generation heranwächst, die sich auf die mühevolle Suche nach den eigenen Wurzeln macht, ist eine der offenen Fragen im heutigen Kambodscha. Das Vakuum, so ist zu befürchten, wird schneller mit den fragwürdigen Gaben der Coca Cola-Welt gefüllt als mit den Erkenntnissen, die nun wieder im Buddhistischen Institut gespeichert werden. „Ein ganzes Volk muß wieder lernen zu lesen, zu forschen, zu fragen", sagt Thonevat Pou; er sagt es weder anmaßend, noch besserwisserisch, sondern wie ein Arzt, der die Befindlichkeit eines Patienten untersucht.

r.s.

Die Linke und die Roten Khmer

„Die ganze trostlose Geschichte bildet heute einen festen Bestandteil des unglücklichen linken Bewußtseins. Wie sich ein vormals kritisches Bewußtsein unter dem Druck starker Leidenschaften in Apologetik verwandelte, darüber steht die Analyse noch aus." Christian Semler, ehemals Vorsitzender der maoistischen KPD, anläßlich des Todes von Pol Pot in „Die Tageszeitung", Berlin vom 17. April 1998

Im Dokumentationszentrum des Genozids zeigt uns der Direktor, Youk Chhang, eine Sammlung Fotos von ausländischen Gästen, die auf Einladung Pol Pots in der Zeit von 1975 bis 1979 Kambodscha besucht haben. Auf den Fotos ist eine Delegation aus Schweden vom August 1978 zu sehen, darunter der Schriftsteller Jan Myrdal und die Journalistin Marita Wikander. Man sieht, wie sie Brigaden bei der Arbeit auf den Reisfeldern besichtigen und Kollektive in Kantinen besuchen, offensichtlich ausgesuchte Vorzeigeprojekte. Jan Myrdal war Vorsitzender der schwedisch-kambodschanischen Freundschaftsgesellschaft und ein überzeugter Anhänger der Roten Khmer. Nach der Besetzung Kambodschas durch Vietnam organisierte er die internationalen Solidaritätskonferenzen für die Roten Khmer 1979 in Stockholm, 1980 in Paris und 1981 in Tokio. Er sorgte dafür, daß die Greuel der Roten Khmer nicht zur Sprache gebracht wurden, weil eine Kritik angeblich die Kampfkraft der Roten Khmer gegen die vietnamesischen Besatzer schwächen und die Linke im Ausland spalten würde. Marita Wikander war ebenfalls eine prominente europäische Kambodscha-Aktivistin, hatte jedoch aufgrund persönlicher Beziehungen ein widersprüchliches Verhältnis zu den Roten Khmer. Sie war mit dem Botschafter des Demokratischen Kampuchea in der DDR verheiratet, der bei seiner Rückkehr nach Kambodscha von den Roten Khmer ermordet wurde. Der Zwiespalt, für die Befreiung Kambodschas einzutreten und die Menschenrechtsverletzungen der Roten Khmer zu verurteilen, war für sie zu einem ganz persönlichen Problem geworden.

Erst 1978, als die vietnamesische Invasion drohte und die Roten Khmer internationale Unterstützung suchten, wurden Vertreter befreundeter Organisationen aus dem Westen eingeladen. Aus Deutschland reisten die Spitzen der maoistischen Parteien nach Kambodscha, darunter Joscha Schmierer, Vorsitzender des Kommunistischen Bundes West-Deutschlands KBW aus Frankfurt/Main, der nach seiner Rückkehr nichts Kritikwürdiges über das Regime Pol Pots zu berichten wußte. Jürgen Horlemann, Generalsekretär der Kommunistischen Partei Deutschlands KPD in Köln, war auf seiner Reise bis Peking gekommen, als das Pol Pot-Regime von vietnamesischen Truppen gestürzt wurde.

Der Befreiungskampf der „Völker Indochinas" inspirierte im Westen eine ganze Generation und setzte sie für Emanzipation und Solidarität mit unterdrückten Völkern in Bewegung. Die Begeisterung für die Befreiungsbewegungen in Vietnam, Kambodscha und Laos erfaßte auch mich, damals in kirchlichem Dienst tätig. Die Befreiungstheologie Lateinamerikas und engagierte Theologen wie Helmut Gollwitzer, Dorothee Sölle und Karl Rahner hatten mich überzeugt, daß die Kirchen für die Befreiung von Unterdrückung, für soziale Gerechtigkeit und Humanisierung der Gesellschaft einzutreten haben. Ich war überzeugt, daß Befreiungsbewegungen in der Dritten Welt diese Ideale verwirklichten und dafür unsere Solidarität und Unterstützung verdienten.

Die Befreiungsbewegungen in Indochina und der Dritten Welt hatten deswegen einen großen Einfluß auf uns, weil wir uns bei ihnen sozusagen eine neue Identität für den eigenen Aufbruch in Deutschland ausliehen. In Einklang mit der europäischen und amerikanischen Linken demonstrierten wir gegen die Brutalität der amerikanischen Kriegführung, die ich als Sanitäter und Sozialarbeiter in vietnamesischen Flüchtlingslagern von 1968 bis 1974 aus eigener Erfahrung kennengelernt hatte. Unser Protest gegen die Kriegsführung der USA und die Unterstützung der Bundesregierung machte uns jedoch blind für die Realität des Befreiungskampfes und die Opfer der Revolution. Daß die Roten Khmer nach der Einnahme von Phnom Penh 1975 in Kambodscha ein grausames Regime errichten würden, war für uns unvorstellbar und paßte nicht zu unserer Idealvorstellung von einer Befreiungsbewegung. Wir waren überzeugt, daß die Roten Khmer die kambodschanischen Bauern aus Feudalverhältnissen befreiten und das Land im Interesse der unterdrückten Bevölkerung aufbauen würden. Grausamkeiten gegen die Stadtbevölkerung und Anhänger des früheren Regimes hielten wir für unkontrollierte Racheakte einzelner. Wir bewunderten vor allem den Kampf des kleinen kambodschanischen Volkes gegen die USA, die größte Militärmacht der Welt. Die Vorstellung von der Befreiung Kambodschas „aus eigener Kraft" und vom Aufbau einer egalitären Gesellschaft faszinierte uns, war aber ein Traumbild und keine Erkenntnis aus der Realität der kambodschanischen Revolution. Wir haben uns daher nie mit den Greueln auseinandergesetzt, sie nicht verurteilt und daraus keine Konsequenzen gezogen.

Die Blindheit gegenüber den Menschenrechtsverletzungen der Roten Khmer stammte jedoch nicht ausschließlich aus Illusionen und ideologischen Vorurteilen. Sie war auch auf den Mangel an zuverlässigen Informationen und Daten über die Entwicklung in Kambodscha zurückzuführen. Unabhängige Beobachter und Journalisten hatten keinen Zugang zum Land, und die Berichte über Greueltaten in den Medien waren politisch gefärbt und nicht überprüfbar. Es erschienen Fotos von Hinrichtungen in der Presse, die nachweislich in Thailand gestellt waren. „Readers Digest" brachte angebliche Augenzeugenberichte über Hinrichtungen, die offensichtlich gefälscht waren. Sie stimmten fast wörtlich mit alten Berichten über die chinesische Revolution von 1949 überein. Selbst seriöse Zeitungen und Magazine bauten ihre Berichterstattung über Kambodscha darauf auf. Mit manipulierten Berichten für Propagandazwecke und der psychologischen Kriegführung der USA hatten wir viel Erfahrung aus dem Vietnamkrieg. Unsere Skepsis und Kritik an der Berichterstattung der Medien und ihren fragwürdigen Quellen war berechtigt, dagegen war es unverzeihlich, daß wir uns nicht unabhängig davon mit der Realität der kambodschanischen Revolution und dem Schicksal der Bevölkerung unter dem Regime der Roten Khmer auseinandergesetzt haben.

Als 1978 die Informationen über Kambodscha zuverlässiger und die Menschenrechtsverletzungen der Roten Khmer offensichtlich waren, fiel es uns schwer, unseren Irrtum einzugestehen und die Greuel der Roten Khmer beim Namen zu nennen und zu verurteilen.

Die vietnamesische Invasion und Besetzung Kambodschas im Dezember 1978 war für uns unbegreiflich und wie ein lähmender Schock. Obwohl wir die Besetzung Prags durch den Warschauer Pakt von 1968 kannten, schockierte uns, daß ein befreites Land der Dritten Welt ein anderes besetzte. Wir erkannten, wie naiv wir an die „Einheit und Solidarität der Völker Indochinas“ geglaubt hatten und wie tief die „Erbfeindschaft“ zwischen Kambodscha und Vietnam war, die nicht durch eine Revolution überwunden wird. Die Vertreibung der Roten Khmer durch vietnamesische Truppen bedeutete eine Befreiung Kambodschas von einem Greuel-Regime. Andererseits diente sie der vietnamesischen KP als Vorwand, ihre Vormachtstellung in Indochina zu errichten, was der Vorstellung von der Befreiung, Unabhängigkeit und Selbstbestimmung eines jeden Landes widersprach.

Die vietnamesische KP hatte uns nach dem Sieg über Süd-Vietnam 1975 vor die Entscheidung gestellt, ihre Bündnispolitik mit der Sowjetunion und die Einbindung in den Ostblock zu unterstützen oder „kein Freund des vietnamesischen Volkes“ zu sein, wie mir der vietnamesische Botschafter in Bonn zu verstehen gab. Wir fühlten uns in unserer Solidarität mit einem „unabhängigen und blockfreien Vietnam“, wie von Ho Chi Minh propagiert, betrogen. Die Deutsche Kommunistische Partei DKP und alle der DDR und der Sowjetunion nahestehenden Organisationen und Hilfswerke waren die Favoriten der vietnamesischen KP und erhielten das Monopol für Reisen und „freundschaftliche Beziehungen“ zu Vietnam. Die „Deutsch-vietnamesische Freundschaftsgesellschaft“, von der sich viele Sympathisanten eines freien Vietnams angezogen fühlten, war nichts anderes als eine „Frontorganisation“ der DKP und ihrer Verbündeten in Ost-Berlin und Moskau.

Unsere Enttäuschung über die vietnamesische KP und Regierung, die wir unterstützt und mit der wir uns identifiziert hatten, war so groß, daß wir uns leidenschaftlich auf die Seite Kambodschas und damit der Roten Khmer stellten. Die Linke polarisierte sich in ein pro-vietnamesisches und pro-kambodschanisches Lager, analog zu den neuen Fronten des Kalten Krieges nach 1975 mit den USA und China als Unterstützer Kambodschas einerseits und der Sowjetunion mit Vietnam als asiatischem Brückenkopf des Kalten Krieges in Asien andererseits.

Das Dilemma unabhängiger Linker, zu denen ich mich damals als Mitglied der Evangelischen Studentengemeinde in Deutschland zählte, bestand darin, daß wir uns für die Befreiung Kambodschas von der vietnamesischen Besatzung und die Wiederherstellung der Unabhängigkeit und Souveränität einsetzten, uns aber wegen der Menschenrechtsverletzungen nicht mit den Roten Khmer solidarisieren konnten. Sie waren aber die einzige ernst zu nehmende Widerstandskraft Kambodschas. In dem Dilemma steckte auch Prinz Sihanouk, auf den wir uns in unserer Solidaritätsarbeit bezogen. Er war nach langem Zögern ein Bündnis mit den Roten Khmer zur Befreiung Kambodschas eingegangen. Die Hälfte seiner Familie war von den Roten Khmer umgebracht worden, aber zur Rettung des Landes hatte er sich entschieden, mit ihnen zusammenzuarbeiten.

In den Solidaritätskomitees für die Befreiung Kambodschas wurde leidenschaftlich über einen Kompromiß und eine vertretbare Strategie gestritten. Die maoistischen KPs setzten sich durch und bestimmten die Richtung auf den internationalen Konferenzen von Stockholm, Paris und Tokio. Die Kritik an den Menschenrechtsverletzungen der Roten Khmer wurde unterdrückt, weil sie angeblich eine Schwächung ihres Kampfes gegen Vietnam und für die Unabhängigkeit Kambodschas bedeutete. Unabhängige Solidaritätsgruppen, wie wir in der Evangelischen Studentengemeinde, plädierten für ein differenziertes Vorgehen, nämlich die nationale Souveränität Kambodschas zu unterstützen und gleichzeitig die Menschenenrechts-Verletzungen der Roten Khmer anzuprangern und zu verurteilen. Wir konnten uns jedoch mit dieser Position nicht durchsetzen.

Es bleibt festzuhalten: Die „Vietnambewegung“ hat sich vom Dilemma ihrer Beziehung zu Pol Pot und den Roten Khmer nicht wieder erholt und war nicht in der Lage, Impulse für die demokratische Entwicklung Kambodschas und eine friedliche Konfliktbeilegung in Indochina zu gegeben. Dieses Dilemma gehört zur politischen Biographie der Solidaritätsbewegung, auch der meinen.

h.k.

Auf dem Weg zur Zivilgesellschaft

Den Menschenrechtsverletzungen auf der Spur

Durch das Zirpen der Grillen und das Stimmengewirr im Gästehaus in Kompong Thom City dringt bis tief in die Nacht aus dem Nachbarzimmer ein leises Radio. Der so ausdauernde Hörer kambodschanischer Nachrichten und Kommentare von BBC und Voice of America stellt sich am nächsten Morgen als Bun Rithy vor, Mitarbeiter des Regionalbüros vom Khmer Institute for Democracy in Kompong Cham City. Der sympathische Mann mit der ruhigen Stimme ist Professor an der Pädagogischen Akademie in Kompong Cham und organisiert in der Provinz Kompong Thom ein politisches Bildungsprogramm. Ein bewundernswertes Unternehmen tief im Inneren Kambodschas, wo kein Programm der Zentralregierung greift, Übergriffe von Polizei und Militär an der Tagesordnung sind und der größte Teil der Bevölkerung unter dem Existenzminimum lebt.

Am Abend zuvor berichtete uns ein Vertreter der örtlichen Kulturbehörde, daß erst kürzlich ein Polizist ein kleines Mädchen am hellichten Tage auf der Straße erschoß, nur weil ein herumfliegender Gummilatschen beim Spielen das Ziel verfehlte und aus Versehen seine Frau auf einem Moped getroffen hatte. Und als sich die Marktfrauen der Stadt weigerten, die Abgaben an die örtlichen Polizisten zu erhöhen, steckten diese kurzerhand die Markthallen in Brand.

Was steht angesichts solcher Verhältnisse auf dem Stundenplan der Staatsbürgerkunde von Professor Bun Rithy für die Provinz Kompong Thom? Eine Woche lang „Rechtsstaatlichkeit und Gewaltenteilung in der Demokratie“ für Angehörige von Militär und Polizei im Distrikt Stung, eine Woche „Verwaltungssystem und Wahlverfahren“ für Kommunalbeamte in drei verschiedenen Distrikten und „Menschenrechte und Zivilgesellschaft“ für 50 buddhistische Mönche in Kong Svay. Anspruchsvolle Themen für Beamte und Militärs, denen bisher keiner Aufgaben, Rolle und Verhalten in einer Demokratie beigebracht hat. Das Ziel des ländlichen Bildungsprogramms besteht in der Bewußtseinsbildung und Selbstorganisation der Bevölkerung sowie Vernetzung und Lobbyarbeit regierungsunabhängiger Organisationen NRO, klassische Ansätze der Bildung einer Zivilgesellschaft. Steht Herkules oder Sisyphus Pate bei dieser Herausforderung, an die sich kambodschanische Aktivisten herangemacht haben?

Wir sind zu Gast bei der Cambodian Human Rights and Development Association ADHOC in Phnom Penh und haben ein langes Gespräch mit dem Präsidenten Thun

Saray. Er ist Rechtsanwalt, ein erfahrener Mann von Anfang fünfzig mit souveränem Auftreten, ein Profi in Sachen Menschenrechte und Zivilgesellschaft in Kambodscha und häufig Gast internationaler Menschenrechtskonferenzen. Man sieht dem welterfahrenen Juristen nicht an, daß er selbst Opfer all der Gewalttaten war, die er nun bekämpft. Mit einer Gruppe ehemaliger politischer Gefangener hat er 1991 nach der Unterzeichnung der „Vereinbarung zur umfassenden politischen Lösung des Kambodschakonfliktes", kurz Pariser Friedensvertrag genannt, ADHOC ins Leben gerufen, um „die Bevölkerung zur Wahrnehmung und Verteidigung ihrer Rechte auszubilden und zu befähigen". Mit 50.000 Mitgliedern und 18 Provinzbüros ist ADHOC die größte Menschenrechtsorganisation Kambodschas. Die Allianz bildet mit vergleichbaren Organisationen – wie der Liga für Menschenrechte LICADHO, Vigilance, Cambodian Institute for Human Rights CIHR, Khmer Institute for Democracy KID, Kampuchea Krom Human Rights Association KKHRA, der Organisation zur Ausbildung von Menschenrechts-Verteidigern CHARTO, insgesamt 17 Menschenrechtsorganisationen – das „Aktionskomitee Menschenrechte". Das Komitee setzt sich für die institutionelle Verankerung von Menschenrechten in der Nationalversammlung und Regierung ein und bemüht sich um ein öffentliches Klima zur Respektierung von Rechten und Gesetzen. Eine Forderung des Komitees ist die Einrichtung eines internationalen Tribunals zur Verurteilung der Führungskader der Roten Khmer als Voraussetzung für Rechtsstaatlichkeit und Demokratie in Kambodscha.

Willkürliche Verhaftungen und Folter, Todesdrohungen und Verfolgung von Dissidenten, Hinrichtungen und Nichtverfolgung politischer Straftäter charakterisieren die Verhältnisse des Landes und lähmen die Demokratie in Kambodscha, klagt Thun Saray. Kambodscha kennt keine „Kultur der Menschenrechte", Demokratie und die Respektierung individueller Freiheit haben keine Verankerung in der Gesellschaft. Dazu kommen die Chancenlosigkeit und Mißachtung sozialer Rechte. Die Hälfte der Bevölkerung lebt nach dem UN-Index der Sicherung von Grundbedürfnissen unter der

Armutsgrenze, davon 80 Prozent in der ländlichen Subsistenzwirtschaft von Reisanbau und Fischerei. Kambodscha steht trotz günstiger Wirtschaftsbedingungen als siebtärmstes Land auf der Stufe der Armutsländer Afrikas. Daher hat ADHOC, wie fast alle Menschenrechtsorganisationen in Kambodscha, die Verwirklichung individueller Menschenrechte mit dem Recht auf Verbesserung der sozialen Lebensbedingungen der Bevölkerung verknüpft.
Von der Arbeit in den Landprovinzen können wir uns beim Besuch des ADHOC-Büros in Kompong Cham City ein Bild machen. Die fünf Mitarbeiterinnen und Mitarbeiter sind gut über die politischen und sozialen Verhältnisse der Provinz informiert, haben den rechtlichen Status aller 119 Inhaftierten des Provinzgefängnisses untersucht und kennen selbst die Biographie der Häftlinge. Sie kämpfen gegen die täglichen Erpressungsversuche der Polizei und setzten sich in Abstimmung mit vier anderen regierungsunabhängigen Organisationen der Provinz für die Gleichbehandlung der überlebenden Mitglieder der Cham-Minderheit ein.
Es geht den Verteidigern der Menschenrechte darum, das von Polizei, Behörden und Roten Khmer verursachte Leiden aufzudecken, Willkür und Gewalt anzuprangern, öffentlich zu machen, Namen zu nennen und die Schuldigen vor Gericht zu bringen. Das besondere Interesse gilt Frauenrechten, der Gleichstellung von Frauen und Männern in allen Lebensbereichen, aber unter den Bedingungen Kambodschas auch der Bekämpfung häuslicher Gewalt gegen Frauen, dem Frauenhandel und der erzwungenen Prostitution.
Zum Programm sozialer Menschenrechte zählt die Beobachtung und kritische Auseinandersetzung mit den Programmen der Parteien und der nationalen Wirtschaftsentwicklung, der immensen Umweltzerstörung und der Korruption von Beamten. In den Armutsgebieten von Phnom Penh und in den Landprovinzen gibt es technische und finanzielle Hilfs- und Kreditprogramme zur Selbsthilfe und zur Verbesserung landwirtschaftlicher Anbaumethoden und zur Vermarktung von Produkten.
Menschenrechtsorganisationen wie ADHOC beschäftigen sich immer noch mit den politischen Morden vom Juli 1997, von denen kein einziger aufgeklärt, geschweige denn gerichtlich verfolgt wurde. Im Machtkampf Hun Sens mit seinem Rivalen in der Regierungskoalition, Prinz Norodom Ranariddh, wurden 41 Angehörige des Koalitionspartners Ranariddh ermordet. Der Staatssekretär im Innenministerium, Hor Sok, wurde in seinem Büro kaltblütig hingerichtet und zur Beseitigung von Spuren unmittelbar danach eingeäschert.
Nach den Parlamentswahlen vom Juli 1998 wurden bei Demonstrationen der Oppositionsparteien von Norodom Ranariddh und Sam Rainsy wegen angeblichen Wahlbetrugs vier Menschen von der Polizei getötet, darunter ein buddhistischer Mönch. Hunderte wurden verletzt, viele sind immer noch vermißt. 25 Leichen wurden im Mekong treibend oder in flachen Gräbern verscharrt gefunden. Die Anführer gewaltloser Friedensmärsche, die Buddhistenführer, Maha Ghosananda und Yos Hut Khemaracao vom Friedens-Zentrum Dhammayietra, sind ins Ausland geflohen und wa-

gen nicht, ins Land zurückzukehren. Der Abgeordnete aus der Koalitionspartei von Ranariddh und Vorsitzende des bis 1998 bestehenden Menschenrechts- und Petitionsausschusses der Nationalversammlung, Kem Sokha, wurde für alle Schäden der Demonstrationen persönlich haftbar gemacht.
Während der Demonstrationen im September 1998 wurden vier vietnamesische Händler vom Mob erschlagen, weil sie angeblich Nahrungsmittel vergiftet hatten. Schon zuvor waren von den Roten Khmer in der Provinz Kompong Chhnang 22 Menschen umgebracht worden, darunter zwölf vietnamesische Fischer. Die kambodschanischen Menschenrechtsorganisationen riefen gemeinsam mit amnesty international alle Parteien auf, anti-vietnamesische Polemiken zu unterlassen, um keine Verfolgung der vietnamesischen Minderheit zu provozieren.
In Absprache mit Internationalen Organisationen wie amnesty international und Human Rights Watch haben ADHOC und andere Menschenrechtsorganisationen sich auf ein gemeinsames Aktionsprogramm verständigt: allgemeine Verbesserung der Menschenrechtssituation; unabhängige Untersuchung von Menschenrechtsverletzungen, besonders im Zusammenhang mit dem Machtkampf vom Juli 1997, und Suspendierung aller unter Verdacht stehenden Beamten und Militärs; Widerruf gesetzlicher Bestimmungen, die nach Artikel 51 des Beamtengesetztes von 1994 Staatsbeamten Immunität verleihen; Maßnahmen der Regierung zur Verhinderung außergerichtlichen Tötens; Garantie für Versammlungs- und Meinungsfreiheit; Schutz für Familien der Opfer von Menschenrechtsverletzungen und Schutz für Menschenrechtsverteidiger; Gerichtsverfahren und Verurteilung aller für massive Menschenrechtsverletzungen verantwortlichen Roten Khmer und Zusammenarbeit mit der von der UNO beauftragten Juristenkommission zur Vorbereitung eines Tribunals.
Eine besondere Bedeutung wird den Medien beigemessen, weil sie die „öffentliche Kultur“ für Menschenrechte und eine Zivilgesellschaft beeinflussen. Das Fernsehen hat bei der hohen Analphabetenrate in Kambodscha den größten Einfluß auf das Bewußtsein und Verhalten der Bevölkerung. Fast alle Fernsehkanäle sind jedoch in der Hand der Regierung und der Partei Hun Sens. Nur eine Station gehört Prinz Norodom Ranariddh, die beim Machtkampf 1997 von Hun Sen konfisziert, jedoch nach seiner Amnestie Anfang 1998 zurückgegeben wurde. Durch ein drakonisches Pressegesetz von 1995 und das gezielte Vorgehen gegen regimekritische Journalisten ist die Pressefreiheit des Landes stark bedroht. Artikel 14 des neuen Pressegesetzes verbietet die Kritik an nationalen Institutionen und staatlichen Autoritäten, ein Freibrief für Zensur und willkürliche Verfolgung von Journalisten und Redakteuren. Seit 1995 sind vier namhafte Journalisten umgebracht worden. Nou Kimy, Herausgeber der Tageszeitung „Nakor Khmer“ („Reich der Khmer“) und Thong Uy Pant, Herausgeber und Chefredakteur von „Koh Santepheap“ („Insel des Friedens“), sind 1998 knapp einem Attentatsversuch entkommen. Allein 1998 wurden sieben regimekritische Tageszeitungen wegen „falscher Berichterstattung mit schlechtem Einfluß auf die Moral der Regierung und des Militärs“ verboten, wovon zwei nach heftigen Protesten der Her-

ausgeber wieder zugelassen wurden. Nur durch die Intervention des amerikanischen Botschafters konnte im Oktober 1998 verhindert werden, daß das Erscheinen der beiden englischsprachigen Publikationen „Cambodia Daily“ und „Phnom Penh Post“ eingestellt und der amerikanische Korrespondent der Deutschen Presseagentur ausgewiesen wurde. Ihnen wurden „schwerwiegende berufliche Irrtümer“ zur Last gelegt, offensichtlich, weil sie über die Debatte und Resolution des US-Senats zur gerichtlichen Verfolgung aller ehemaligen Angehörigen der Roten Khmer, einschließlich Hun Sen und seiner Kabinettskollegen, berichtet hatten. Aber Journalisten haben ein neues Selbstbewußtsein gegenüber staatlicher Bevormundung und Einschränkung der Pressefreiheit gewonnen. Das manifestiert sich auch in neugegründeten Berufsverbänden und medienpolitischen Zusammenschlüssen, wie Liga Kambodschanischer Journalisten, Khmer Journalistenverband und Unabhängiger Journalistenverband. ADHOC und andere Menschenrechtsorganisationen bieten Journalisten Training und Ausbildung an, um Defizite in beruflichen und ethischen Standards zu beheben, aber auch, um sie für den Kampf für ihre Rechte und die Pressefreiheit zu befähigen.

An demokratische Traditionen anknüpfen

Wir suchen weitere regierungsunabhängige Organisationen und Forschungseinrichtungen („think tanks“) auf, die Menschenrechte, Sozialrechte und die soziale Marktwirtschaft propagieren, um ihr Programm und die konkrete Arbeit in der Zivilgesellschaft kennenzulernen.

Von Dr. Lao Mong Hay, dem Direktor des Khmer Institut für Demokratie KID in Phnom Penh, wollen wir wissen, wie gefestigt die Demokratie seit den Wahlen zur Nationalversammlung von 1993 und 1998 und wie stark die Beteiligung der Bevölkerung am Aufbau zivilgesellschaftlicher Verhältnisse in Kambodscha ist. Das Institut, während der UN-Treuhänderschaft über Kambodscha von 1991 bis 1993 ins Leben gerufen, fungiert als „think tank“ für die zivilgesellschaftlichen Organisationen. Es ist bekannt für fundierte Analysen des gesellschaftspolitischen Zustands des Landes und unerbittliche Kritik am Hun Sen-Regime, in der Presse „der Stachel im Fleische Hun Sens“ genannt. Direktor Lao Mong Hay ist ein scharfsinniger Intellektueller mit Studium der Politik und Soziologie in England, wo er die liberale angelsächsische Tradition der Menschenrechte und Demokratie kennengelernt hat, wie er sagt. Als Symbol dafür steht auf seinem Schreibtisch inmitten von Büchern und

Dokumenten eine Miniatur der amerikanischen Freiheitsstatue. Seine Einschätzung der Situation und Beurteilung des zivilgesellschaftlichen Prozesses in der Gesellschaft, wörtlich ins Mikrophon gesprochen:

„Dank der neuen Offenheit und Kommunikationsmöglichkeit in der Gesellschaft fühlen sich die Menschen freier. Die Infrastruktur der Kommunikation ist verbessert worden. Für Menschenrechte und Demokratie, die 1993 formal eingeführt wurden, gibt es bessere Bedingungen. Die Menschen fühlen sich nicht mehr so abhängig von übergeordneten Hierarchien wie zuvor und besinnen sich wieder auf alte soziale Werte wie gegenseitige Hilfe und Initiativen zur Selbsthilfe. Dank der Erziehung und der Medien – des Rundfunks und der Printmedien – erfahren die Menschen mehr. Zeitungen sind teilweise auch in den Landprovinzen zu haben, Rundfunk und auch das Fernsehen erreichen alle Regionen des Landes. Die Menschen sind selbstbewußter geworden, verfügen über mehr Wissen und haben Mut, sich offen über Mißstände zu äußern. Die Bevölkerung von Sihanoukville hat in einem Giftmüllskandal Ende 1998 selbst die Initiative zum Protest ergriffen. Niemand hat sie dazu angestiftet, der Protest war spontan aus Ärger über den Skandal. Ich habe es selbst gesehen, es waren keine Aktivisten angereist, um sie zum Protest anzustacheln. Ganz spontan ergriff jemand aus der Bevölkerung die Initiative, und die Menschen warfen Steine auf das Büro der Hafenverwaltung, womit sie natürlich zu weit gegangen waren."

Kann man also sagen, daß Kambodscha auf dem Wege zur Demokratie ist? „Wir befinden uns in einem kritischen Stadium. Wir können die Entwicklung zu einer Scheindemokratie nicht ausschließen, was eine große Gefahr bedeutet. Ich lese gerade wieder die Geschichte Ihres Landes, über die Periode, in der Hitler an die Macht kam. Bei uns herrschen ähnliche Verhältnisse, wir müssen wachsam sein. Die internationale Gemeinschaft muß uns zur Seite stehen und darauf achten, was sich in Kambodscha entwickelt. Ein starker Mann mit wenig Rücksicht auf demokratische Prinzipien und Rechtstaatlichkeit regiert unser Land. Das ist eine gefährliche Situation, die uns in eine Scheindemokratie führen kann. Nichts ist so gefährlich wie eine Scheindemokratie."

Mit „Scheindemokratien" hat Kambodscha böse Erfahrungen gemacht. Von der ersten Verfassung von 1947, die König Norodom Sihanouk der französischen Kolonialmacht abtrotzte, bis zur sechsten Verfassung von 1993, die unter Mithilfe der UNO zustande kam, hatten und haben alle hohe Standards einer parlamentarischen Demokratie. Aber konkret wird dem Volk keine Teilhabe an politischen Entscheidungen gewährt und fast keine Chance für wirtschaftlichen Fortschritt ermöglicht. Aus Machtinteresse, aber mit viel Gespür für die Zeichen der Zeit, gründete Norodom Sihanouk nach der Unabhängigkeit von Frankreich 1955 die „Sozialistische Volksdemokratie". Er verzichtete auf den Thron und wurde Premierminister, bis er nach vier Jahrzehnten unendlicher Wirren, Verirrungen und Tragödien des Landes 1993 wieder den Thron der heutigen konstitutionellen Monarchie des „Königreichs Kambodscha" bestieg. Dazwischen liegen die „Scheinrepublik" der Militärdiktatur des Marschall Lon Nol von 1970 bis 1975, das menschenverachtende „Demokratische Kampuchea" der Ro-

ten Khmer von 1975 bis 1979 und die sozialistische „Volksrepublik Kambodscha", von Vietnams Gnaden 1979 installiert und mit Hun Sen als dem starken Mann an der Spitze, der bis heute die Macht in der Hand hat.
In Erwartung eines Neuanfangs und voller Hoffnung auf demokratische Verhältnisse beteiligte sich die Bevölkerung 1993 mit viel Enthusiasmus an den von der UNO mit großem Aufwand organisierten freien Wahlen zur Nationalversammlung. Aber Hun Sen setzte auf Gewalt und drohte mit einem Militärputsch, als er und seine „Kambodschanische Volkspartei" dem royalistischen Parteiführer Norodom Ranariddh und der FUNCINPEC in den Wahlen unterlagen. In einem faulen Kompromiß, vermittelt von König Sihanouk und dem UNO-Beauftragten Yasushi Akashi, wurde eine Scheinkoalition mit der Doppelbesetzung aller zivilen und militärischen Ämter gebildet, die Ursache für ständige Regierungsblockaden und die Quelle endloser Rivalität. Vor Ablauf der fünfjährigen Legislaturperiode bootete Hun Sen im Juli 1997 seinen Rivalen Norodom Ranariddh aus. Er ließ ihn wegen angeblich illegalen Waffenhandels anklagen, konkurrierte jedoch in Wirklichkeit mit Ranariddh um die Gunst der Roten Khmer, die er auf seine Seite ziehen wollte. Er ermordete in einem blutigen Putsch die Schlüsselpersonen der Koalitionspartei von Norodom Ranariddh.
Obwohl Hun Sen seine Partei durch den Staatsapparat landesweit konsolidiert hatte und den Oppositionsparteien nur vier Monate für den Wahlkampf zur Verfügung standen, entschied sich die Bevölkerung bei den Wahlen im Juli 1998 mehrheitlich gegen das Regime. 46 Prozent der Stimmen entfielen auf die beiden führenden Oppositionsparteien von Norodom Ranariddh und Sam Rainsy im Vergleich zu 41,4 Prozent auf Hun Sen. Jedoch durch die Anwendung eines kontroversen Verteilerschlüssels für die Vergabe von Parlamentssitzen kassierte Hun Sen die absolute Mehrheit von 64 gegenüber 58 Sitzen der Oppositionsparteien. Durch die Vermittlung von Prinz Sihanouk arrangierten sich die Parteien, daß wenigstens eine Regierung gebildet werden konnte, die auf eine Zweidrittel-Mehrheit aller Abgeordneten angewiesen ist.
Man müsse mit dem nächsten Putsch rechnen, sobald Hun Sen sich in seiner Macht bedroht fühle, warnen Oppositionspolitiker und Vertreter regierungsunabhängiger Organisationen wie Lao Mong Hay. Denn trotz demokratischer Strukturen steht die Politik Kambodschas ungebrochen unter dem Einfluß royalistischen Absolutismus französischer Kolonialmacht und kommunistischer Alleinherrschaft. Nationale Versöhnung und Kompromisse gelten als Unterwerfung oder Aufstand, die Kehrseite von Unterwerfung. Interessanterweise bedeutet im kambodschanischen Lexikon „regieren" dasselbe wie „beherrschen". Es gibt kein Wort für „Gesellschaft" und „Konsens", wohl aber für „Ausbeutung", „Befehle" und „Verfolgung". Die Mißachtung von Rechten des Volkes hat eine lange Tradition und zieht sich durch die ganze Geschichte des Landes. Die meisten Könige von Angkor waren despotische Herrscher, die ihre Prachtbauten in Fronarbeit errichten ließen und das Volk in Kriege gegen die Nachbarvölker schickten. Das Volk hat Politiker immer als reich, korrupt und ausbeuterisch erlebt und Gesetzte immer als Schutz ihrer Privilegien erfahren. Pol Pot ließ die Besitzenden

umbringen, um die Besitzlosen reich zu machen, aber am Ende besaß niemand etwas. Hun Sen und Norodom Ranariddh sind trotz gewisser moderner Züge traditionelle Politiker und verwechseln Gemeinwohl mit ihren eigenen Interessen und halten Widerspruch und Opposition für Verrat.

Um den Teufelskreis anti-demokratischer Denkweise in der Gesellschaft und autoritäres Verhalten der politischen Elite zu durchbrechen, setzen Institutionen wie das Khmer Institute for Democracy und Dr. Lao Mong Hay auf politische Bildung der Bürger, Beamten, Soldaten und Polizisten, Lehrer und Studenten und selbst der Gefangenen. „Demokratische Werte sind in Kambodscha verankert, im Buddhismus, in der Literatur und sogar in Märchen und Erzählungen", so Dr. Lao Mong Hay. Man muß bedenken, daß alle Kambodschaner unter 35 Jahren keine reguläre Schulbildung erhalten haben und die Bildung mehr aus Indoktrination als Erziehung besteht. Mit der internationalen Entwicklungshilfe sind neoliberale Vorstellungen ins Land gekommen, in denen Menschen vor allem als Arbeitskräfte und nicht als individuelle Persönlichkeiten betrachtet werden.

Bei den Parlamentswahlen im Juli 1998 sind regierungsunabhängige Initiativen und Organisationen (NRO) in Kambodscha auch international bekannt geworden. Sie hatten sich zu den Komitees für freie und faire Wahlen, COMFEL, COFFEL und NICFEC, zusammengeschlossen, ein landesweites Programm zur Wahlerziehung durchgeführt und fast alle 12.000 Wahllokale des Landes mit Beobachtern besetzt.

Die Bandbreite der NRO ist sehr groß, sie bewegen sich in dem weiten gesellschaftlichen Bereich zwischen Familie und Staat und stehen in unterschiedlicher Beziehung zum Staat und den politischen Parteien. Viele sind als Juniorpartner internationaler Nichtregierungsorganisationen (INGO) entstanden und größtenteils noch finanziell von ihnen abhängig. Die meisten verstehen sich als Motor einer Zivilgesellschaft, nehmen durch öffentliche Aufklärung und Mobilisierung der Bürger Einfluß auf Parteien und Regierungspolitik, ohne selbst Teil der Regierung zu werden. Nach einer Umfrage von 57 kambodschanischen NRO gaben 31 als Schwerpunkt das Eintreten ("advocacy") für zivilgesellschaftliche und politische Bürgerrechte an, und 24 nannten politische Bildung, Menschenrechte und Demokratie sowie Bürgerrechtstraining für Beamte, Soldaten und Polizisten als ihre wichtigste Aufgabe. Die Mehrzahl von 42 NRO erhielt internationale Unterstützung.

Einzelkämpfer für demokratische Institutionen

In der Nationalversammlung treffen wir einen Einzelkämpfer für die Demokratie, Dr. Chhim Phaluorun, auch „Vorun" genannt. Er ist Berater für Verfassungsfragen der Nationalversammlung, hat zu DDR-Zeiten in Leipzig Jura studiert und über „Das Rechtssystem in jungen Nationalstaaten" promoviert. Er war zwölf, als er von seinen Eltern und Geschwistern getrennt und von den Roten Khmer zur Arbeit auf den Reisfeldern von Kratie gezwungen wurde. Er hat überlebt und nach der Schulausbildung von der DDR ein Stipendium erhalten. Die Zerstörung aller gesellschaftlichen Institutionen durch die Roten Khmer, aber auch das undemokratische Rechtsverständnis des Sozialismus in der DDR haben ihn motiviert, sich für Rechtsstaatlichkeit und Demokratie in Kambodscha einzusetzen. Mit einem freundlichen Lächeln und in hervorragendem Deutsch berichtet er uns.

Die kambodschanische Verfassung von 1993 beinhaltet ein offenes Demokratieangebot an die Gesellschaft und hat das Verbot einer Verfassungsänderung mit dem Ziel der Abschaffung der liberalen und pluralistischen Demokratie und konstitutionellen Monarchie miteingebaut (Artikel 134). In den Koalitionsverhandlungen von Ende 1998 ist ein Senat als zweite Kammer der Legislative eingerichtet worden, jedoch aus Gründen der Postensicherung für Hun Sens Parteigänger Chea Sim als Senatspräsident und Stellvertreter des Königs. Formal ist die Gewaltenteilung der Staatsorgane festgeschrieben, in Wirklichkeit existiert sie jedoch nicht. Die Exekutive unter Führung von Hun Sen als Premierminister dominiert die Nationalversammlung. Es herrscht eine vollkommene Anarchie beim Zustandekommen und Durchsetzen von Gesetzen. Der Verfassungsrat, der Oberste Richterrat und der Nationale Wahlausschuß stehen unter Einfluß und Kontrolle der Kambodschanischen Volkspartei. Der Staatsapparat ist mit 100.000 Beamten und 150.000 Soldaten aufgebläht und nicht nach Gesichtspunkten von Service und Effizienz, sondern Loyalität zum Regime aufgebaut. Alle 110 Richter des Landes – darunter nur acht Frauen – sind von der Volkspartei ernannt worden. In den vergangenen 30 Jahren Bürgerkrieg, Völkermord, Besetzung und Kommunismus hat kaum eine Aufklärung und keine einzige Strafverfolgung von politischen Verbrechen stattgefunden. Er herrscht eine „Kultur der Gewalt und Straflosigkeit". Daher kann eine strafrechtliche Verfolgung der Roten Khmer auch nur durch ein internationales Gericht erfolgen, zumal die Verfolgung sich auch gegen Hun Sen selbst richtet. Denn die Kambodschanische Volkspartei, dem Ursprung und Wesen nach eine kommunistische Partei, besteht größtenteils aus Dissidenten der Roten Khmer. Sie sind keine Widerstandskämpfer, sondern mitverantwortlich für die Verbrechen in der Zeit von 1975 bis 1979. Die Parteien werden wie Unternehmen geführt, obwohl gerade sie in der Übergangsgesellschaft Kambodschas mehr wahrnehmen müßten, als nur nach politischen Ämtern zu streben. Es ist ein dunkles Bild, was der nüchtern denkende Jurist „Vorun" von seinem Land zeichnet, sicherlich frustrierend, wenn es nicht die Gegenkräfte gäbe, die an zivilgesellschaftlichen Verhältnissen des Landes arbeiten. Der stärkste Beweis für Hoffnung liegt in seiner Person selbst und seiner Arbeit begründet.

Dr. Kao Kim Huorn, Direktor des Cambodian Institute for Cooperation and Peace CICP in Phnom Penh, hat eine ähnliche Vergangenheit. Er war neun Jahre alt, als die Roten Khmer seine Heimatprovinz Prey Veng einnahmen und alle Familien zerrissen und in Arbeitsbrigaden für Bewässerungsbauten gezwungen wurden. Er konnte jedoch mit seinen Eltern nach Thailand flüchten, wo er mit Tausenden von Kindern und Jugendlichen im Flüchtlingslager aufwuchs. Er ist traumatisiert von Ängsten und Mißhandlungen während der Gefechte zwischen den militärischen Fraktionen im Grenzgebiet. Mit einem Stipendium für begabte Flüchtlinge konnte er in Texas studieren, promovierte in Politologie und kehrte 1991 als Berater der UNO für die Durchführung der kambodschanischen Wahlen in seine Heimat zurück. Er zählt sich zur „verlorenen Generation" Kambodschas, entfremdet von Familie und Heimat in der Fremde aufgewachsen und von grauenhaften Erfahrungen verfolgt. Den „kambodschanischen Trommler" nannten ihn seine Kommilitonen im College, wenn er nachts im Schlaf von Alpträumen gequält seinen Kopf gegen die Wand schlug. Aber er hat es geschafft und versucht jetzt, seine Kraft in ein neues Kambodscha zu investieren.

Sein Institut ist in ehemaligen Büros der UNO auf dem Geländer des Gästehauses der Regierung am Wat Phnom in Phnom Penh untergebracht. Er hat es selbst aufgebaut und zum außenpolitischen „think tank" entwickelt, mit Angehörigen des Außenministeriums und der Nationalversammlung in der Leitung. Aus den Veröffentlichungen des Instituts ist zu erkennen, mit welchen Fragen man sich beschäftigt: Konfliktbearbeitung in Kambodscha. Das Verhältnis ASEAN-AFTA. Die Politische Stimme der Frau in ASEAN. Presse und die Außenpolitik. Die Rolle der Medien in der Friedenspolitik. ASEAN-EU-Beziehungen.

Die Isolation Kambodschas und die mangelnde regionale Einbindung ist eine entscheidende Ursache für die desolate wirtschaftliche Situation. Die illegalen Profite aus Schmuggel, Holzeinschlag, Korruption und Menschenhandel haben die Erträge der regulären Wirtschaft des Landes weit überflügelt. Das ist die bittere Bilanz von Dr. Kao Kim Huorn. Der nationale Haushalt wird zu 45 Prozent durch Anleihen von ausländischen Banken finanziert, 60 bis 70 Prozent aller Steuern stammen aus Zolleinnahmen. Die wirtschaftlichen Entwicklungsmöglichkeiten sind sehr gut. In der Zeit vor den Kriegen exportierte Kambodscha jährlich 500.000 Tonnen Reis, dagegen mußten ab 1979 jährlich 200.000 bis 300.000 Tonnen eingeführt werden. Zur Jahrtausendwende bewegt sich die Produktion auf Subsistenzniveau bei allgemeiner Stagnation und Lähmung des wirtschaftlichen Lebens auf dem Lande.

Hoffnung sieht Kao Kim Huorn im wachsenden Selbstbewußtsein der Bevölkerung und in Initiativen zur Selbsthilfe, unterstützt von der städtischen Mittelschicht mit ihrem Vorsprung an Wissen und Geschäftsverbindungen. Besonderes Interesse zeigt er an thailändischen und philippinischen NRO und erwartet vom Erfahrungsaustausch mit ihnen über Umweltschutz, nachhaltige Entwicklung und Aufbau einer Zivilgesellschaft wichtige Impulse für Kambodscha.

Auf seinem Schreibtisch steht eine kleine Büste, ein Männerkopf. Es ist die Replik einer Skulptur von Angkor: König Jayavarman VII. Ob sich aus der Erinnerung an die vergangene Größe eine Inspiration zur Bewältigung der gegenwärtigen Probleme Kambodschas gewinnen läßt?

h.k.

Frauen wehren sich

Wir besuchen Frau Chanthol Oung, die Leiterin des Cambodian Women Crisis Center CWCC in Phnom Penh, und erfahren viel über das Leid junger Frauen in den Klauen von Zuhältern und Frauenhändlern, aber auch über ihren Kampf gegen Bordellbetreiber und ihr Engagement für rechtsstaatliche Verhältnisse im Lande. Chanthol Oung hat selbst einen langen Weg von Not, Verfolgung und Flüchtlingselend hinter sich. Die Roten Khmer ermordeten ihren Vater, nur weil er Soldat in der Armee Lon Nols gewesen war. Ihr jüngster Bruder verhungerte in einem Arbeitslager der Roten Khmer, er war erst sechs Jahre alt. Mit ihrer Mutter flüchtete sie quer durch Kambodscha bis an die thailändische Grenze, wo sie von 1979 bis 1991 im Flüchtlingslager lebte. Erst 1992 tauchten zwei vermißte Brüder wieder auf. Chanthol Oung wurde Sozialarbeiterin, half Frauen im Lageralltag und organisierte sie zum Widerstand gegen die Lagermafia. Im Flüchtlingslager lernte sie auch ihren Mann kennen, damals Leiter eines der größten Lager im Grenzgebiet. Sie knüpfte Freundschaften zu thailändischen Frauen, die Flüchtlinge in den Lagern unterstützten. Die bitteren Erfahrungen ihres Lebens verfolgen sie unablässig, sie möchte ein Buch darüber schreiben, um sich vom Trauma der quälenden Erinnerungen zu befreien. Aber dafür lassen ihr die Frauen keine Zeit, die bei ihr und im Cambodian Women Crisis Center Hilfe suchen.

Im Stadtzentrum von Phnom Penh liegt das Besuchszentrum („Drop-in-Center"), wo Frauen unverbindlich vorbeischauen, ein Gespräch über ihre Probleme führen und Kontakt zu Chanthol Oung und ihren Mitarbeiterinnen knüpfen können. Wer mehr Hilfe braucht, kann in das geräumige Haus mit Wohnmöglichkeiten und Ausbildungsstätten („Confidential Crisis Shelter") am Stadtrand von Phnom Penh ziehen, die eigenen Kinder mitbringen und sich für einen Job ausbilden lassen und auf die Wiedereingliederung in die Gesellschaft vorbereiten.

In den Lehrwerkstätten und im Hof des Zentrums am Stadtrand geht es munter zu. Frauen lernen lesen und schreiben, während sich Mitarbeiterinnen des Hauses um ihre Kinder kümmern. Andere sitzen an Nähmaschinen und schneidern Röcke und Blusen

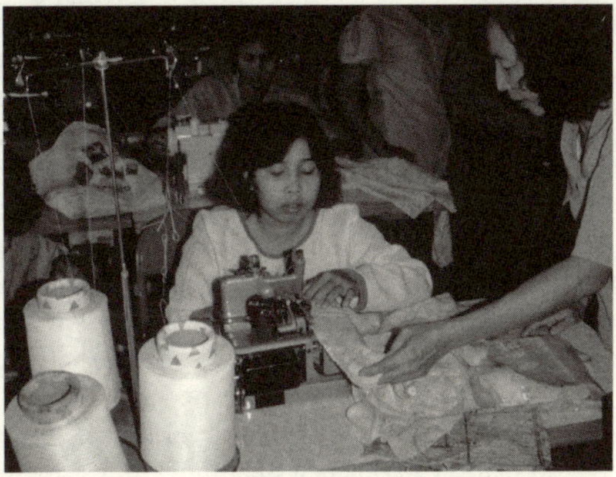

nach vorgegebenen Schnittmustern. Sie machen eine Ausbildung als Schneiderin oder Näherin für die Textilindustrie oder ein eigenes Geschäft. In einem Frisiersalon legen sich junge Frauen gegenseitig neue Frisuren zu und experimentieren mit dem Hairstyling aus Europa und den USA. Sie hoffen alle auf einen Job in Phnom Penh oder auch in ihrer Heimatprovinz. Insgesamt leben 58 Frauen in einer Mischung von Wohngemeinschaft, Schule, Lehrbetrieb und Berufsschule und bereiten sich auf einen neuen Anfang in Beruf und Gesellschaft vor.

So Pheak lebt seit zwei Monaten im Zentrum und macht eine Ausbildung als Industrieschneiderin. Sie ist ein junges Mädchen von sechzehn Jahren und trägt tiefe Spuren von schlimmen Erfahrungen in ihrem kindlichen Gesicht. Ihr langes schwarzes Haar bedeckt das halbe Gesicht, als ob sie nicht erkannt werden möchte und sich vor neugierigen Blicken schützt. Ihre großen Augen wandern zwischen Chanthol Oung und uns Fremden und scheinen zu fragen, ob sie uns vertrauen kann. Ihr Vertrauen zu Frau Chanthol Oung überträgt sich auf uns und sie erzählt uns ihre Geschichte. Ihre Stimme ist weich und wird häufig von Tränen unterbrochen. Sie knetet die Hände in ihrem Schoß und streicht nervös über ihren blauen Rock und zieht an ihrer roten Bluse. Sie hat ein bewegendes Schicksal hinter sich, und es ist gut zu wissen, daß es Frauen wie Chanthol Oung und ihre Mitarbeiterinnen gibt, die sie liebevoll aufgenommen haben und ihr bei der Wiedereingliederung in die Gesellschaft beistehen. So Pheaks Vater ist lange tot, er verkaufte Trinkwasser auf den Straßen von Svay Rieng, der trostlosen Frontstadt in allen Kriegen des Landes an der vietnamesischen Grenze. Ihre Mutter war sehr krank und ist 1998 gestorben, so daß So Pheak mit 15 Jahren die Sorge und Verantwortung für die Familie mit drei kleinen Brüdern übernehmen mußte. Eine ältere Schwester ist verheiratet und hat genug Sorge mit ihren eigenen Kindern. So Pheak war selbst noch ein Kind ohne Erfahrung und mit der plötzlichen Verantwortung überfordert. Wenn es noch Verwandte geben sollte, leben sie irgendwo in Kambodscha, möglicherweise sind sie auch unter der Schreckensherrschaft der Roten Khmer umgekommen. Die Nachbarn versuchten zu helfen, aber waren selbst sehr arm. So Pheak ging nach Neak Luong, die große Mekong-Fähre und Knotenpunkt von Verbindungen zwischen Kambodscha und Vietnam, um irgendwie Geld zu beschaffen. Zuhälter haben ein Auge für solche Mädchen. Einer lockte sie an, versprach ihr einen Job als Kellnerin in einem Nachtclub und verkaufte sie an ein berüchtigtes Bordell in Neak Luong. In der ersten Nacht kassierte der Besitzer 500 US-Dollar für sie. Fünf Monate bediente sie Chinesen, Malaysier und reiche Kambodschaner für einen Hungerlohn. Sie wurde krank und brach zusammen. Bei einer Razzia der Polizei nahm man sie fest und brachte sie nach Phnom Penh ins Women Crisis Center. Zunächst dachte sie, es sei ein anderes Bordell und wollte fliehen, merkte aber bald, daß sie in guten Händen war. Sie möchte ihren jüngeren Brüdern helfen, die auf der Straße leben und sich durchschlagen müssen. Aber dafür braucht sie Geld. Neben der Ausbildung in der Schneiderei lernt sie auch lesen und schreiben, um Schnittmuster entziffern zu können. So Pheak ist zuversichtlich, nach ihrer Ausbildung mit Hilfe des Zentrums eine Arbeit in einer Textilfabrik zu finden. Heiraten und eine eigene Familie gründen will sie nicht, sie kann es sich jedenfalls nicht vorstellen. Kein Wunder, solange das Trauma ihrer Torturen sie noch verfolgt.

Pao Roeun hat den Unterricht im Frisiersalon unterbrochen und ist zum Gespräch gekommen. Sie sitzt neben Chanthol Oung, ist sehr konzentriert und erzählt ihre Geschichte. Sie spricht mit klarer Stimme und blättert gelegentlich in einer Modenzeitschrift mit kessen Frisuren. Selbst hat sie ihr Haar streng nach hinten gekämmt und trägt ein schönes Haarband. Ihre Jeans sind leger, auf der dunkelroten Bluse trägt sie ein großes mit Silberfäden gewebtes Herz. Wie ist sie ins Zentrum gelangt? Sie schaut uns an und berichtet sachlich über ihre leidvolle Biographie. Nur wenn die Erinnerung an Demütigungen, Mißhandlungen und Flucht zu stark werden, kann sie ihre Tränen nicht zurückhalten.

Zuletzt war sie in Toul Kok, dem verrufenen Bordelldorf in der Nähe von Phnom Penh, wo sie vom Frauenzentrum und Chanthol Oung hörte. Sie konnte aus dem Bordell entkommen und ins Zentrum flüchten. Nach der Ausbildung möchte sie in einem Frisiersalon in Phnom Penh arbeiten, eine Wohnung mieten und mit einem älteren Bruder aus Udong und ihren jüngeren Geschwistern zusammenleben.

Ihre Heimat ist in der Provinz Batambang, 30 Minuten von Sisophon entfernt. Sie wurde 1980 geboren, als viertes von zehn Kindern. Als ihr Vater starb, war sie 13, ihre Mutter starb 1998. Seitdem leben alle Geschwister über Kambodscha verstreut. Mit einer jüngeren Schwester zog sie nach Batambang, um Arbeit zu suchen. Sie vertraute sich gutgläubig einem älteren Mann an, der ihr Arbeit versprach. Aber er vergewaltigte sie und verkaufte sie an ein Bordell in Sisophon. Sechs Monate mußte sie Kunden bedienen, wurde eingesperrt, geschlagen und mißhandelt. Sie flüchtete, ging auf eigene Faust auf den Strich, bis sie von einem Polizisten festgenommen wurde. Der brachte sie ins Bordell zurück und ließ sich dafür vom Besitzer bezahlen. Bei einem Angriff der Roten Khmer konnte sie in den Wirren der Kämpfe nach Batambang entkommen. Vom Bordell wurde ein Kopfgeld von 3.000 Riel (zehn US-Dollar) auf sie ausgesetzt. Sie wurde gefaßt, eingesperrt und als Tänzerin an einen Nachtclub in Pursat verkauft. Mit Hilfe eines Besuchers konnte sie schließlich nach Phnom Penh entkommen und tauchte in Toul Kok unter. Einer älteren Schwester erging es ähnlich wie ihr. Sie wurde schwanger, übergab das Kind ihrer jüngeren Schwester und verschwand. Niemand weiß, wo sie geblieben ist. Ihre jüngere Schwester hatte kein Geld und wußte nicht, wovon sie das Baby ernähren sollte und hat es weggegeben. Pao Roeun selbst wurde nicht schwanger, obwohl die Kunden Kondome ablehnten. Sie kann sich nicht vorstellen, mit einem Mann zusammenzuleben und Kinder zu haben. Aber ihren Weg mit einem Job in einem Frisiersalon und in einer gemeinsamen Wohnung mit ihren Geschwistern hat sie klar vor Augen.

Die Kraft der jungen Frauen ermutigt die Mitarbeiterinnen im Frauenzentrum, sagt Chanthol Oung. Aber vor ihnen liegt eine Herkulesarbeit. Kambodscha ist wirtschaftlich und sozial zerrüttet. Junge Frauen strömen nach Phnom Penh und in die Städte, um der Armut auf dem Lande zu entfliehen und am bescheidenen Wohlstand in den Städten teilzuhaben. Die Misere Thailands und der Philippinen in den 80er Jahren scheint sich in Kambodscha zu wiederholen. UNICEF registrierte 6.000 Prostituierte im Jahre 1991, 20.000 im Jahre 1992 und 50.000 im Jahre 1997. Wegen der Ansteckungsgefahr mit Aids sind ganz junge Frauen, Mädchen und selbst Kinder, gefragt. 33 Prozent aller Prostituierten sind jünger als 18 Jahre. Sextouristen zahlen 500 US-Dollar für ein jungfräuliches Mädchen, für eine „kleine Blume", und versprechen sich von ihr eine „verjüngende Wirkung". Die meisten Frauen werden an Bordellbesitzer verkauft, die dann versuchen, maximale Profite mit ihnen zu machen. Pädophilie ist ebenso verbreitet und wird auch im Internet angeboten. Kinderschänder weichen von Thailand und den Philippinen nach Kambodscha aus, weil die Kinder billiger sind und sie keine Verfolgung zu befürchten haben. Phnom Penh-Tourist, die offizielle Tourismusbehörde des Landes, bringt Touristen mit Bussen nach Svay Pak in Phnom Penh und Toul Kork, den Zentren der Prostitution.

Da die meisten Klienten Kondome ablehnen, werden viele Frauen mit HIV infiziert. Nach Angaben des Nationalen Aidsprogramms von 1997 waren 41 Prozent der Prostituierten infiziert, in Grenzdörfern zu Thailand stellte man sogar 60 Prozent fest. 2,7 Prozent der gesamten Bevölkerung ist infiziert. Das ist die höchste Rate in Asien. Die Infektionen stammen von den Militärs, Polizisten und Zivilbeamten der UNO während der Treuhänderschaft und Wahlvorbereitung von 1991 bis 1993. Boutros Boutros-Ghali, der damalige Generalsekretär der UNO, hatte dafür eine zynische Erklärung: „Bei 20.000 heißblütigen Friedenssoldaten muß man wohl mit Prostitution rechnen." 3.000 Prostituierte stammen aus Vietnam, meist junge Frauen und oft gewaltsam verschleppt. Für den Vize-Governeur von Phnom Penh, Chea Sophara, ist das kein soziales, sondern ein nationalistisches Problem. Er will sie abschieben, um „die einheimische Kultur vor der Flut ausländischer Prostituierter zu bewahren".

Das Frauenzentrum bemüht sich, die jungen Frauen auf dem Lande zu erreichen und sie aufzuklären. Denn die meisten haben keine Vorstellung von kriminellen Organisationen und sind eine leichte Beute der Mafia. Viele fallen auf verlockende Heiratsanzeigen herein und landen zumeist in Taiwan, wo sie verschwinden und man nie wieder etwas von ihnen hört. Die Arbeit des Zentrums konzentriert sich auf die armen Provinzen Ost-Kambodschas, Kompong Cham, Svay Rieng, Prey Veng und Takeo, aus

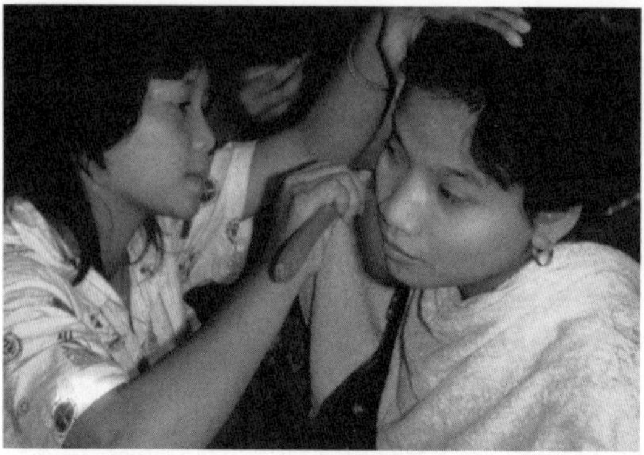

denen die meisten Frauen in Phnom Penh stammen, aber auch auf die Städte entlang der Grenze zu Thailand. In Sisophon, unmittelbar an der thailändischen Grenze, hat das Frauenzentrum 1999 eine Außenstelle eröffnet, um den Frauen zu helfen, die nach Thailand gelockt und verkauft werden. Im Zentrum sind zehn Kurzfilme über den Frauenhandel gedreht worden, die vom nationalen Fernsehen ausgestrahlt wurden und für die Aufklärung eingesetzt werden. Zum Bildungsprogramm gehören auch Trainingskurse für Polizei und Politiker.

Die politischen Verhältnisse des Landes zu verändern, ist eine schwierige Aufgabe, ebenso, Gesetze zum Schutz von Frauen vor häuslicher Gewalt und Vergewaltigung durchzusetzen und den Frauenhändlern das Handwerk zu legen. Wenn Gesetze vorliegen, wie das gegen den Frauenhandel von 1996, fehlt die staatlicher Effizienz, sie durchzusetzen. Seitdem eine Rechtsanwältin im Frauenzentrum mitarbeitet, ist es gelungen, einige Frauenhändler zu stellen und vor Gericht zu bringen. In Neak Luong, 50 Kilometer südlich von Phnom Penh, konnte man einem Frauenhändlerring auf einem Schlag sieben Frauen unter 17 Jahren entreißen. Ein Bordellbesitzer und mehrere verdächtige Frauenhändler wurden festgenommen. In Batambang wurden zwei Frauenhändler vor Gericht gestellt und zu drei Jahren Haft verurteilt.

Das sind kleine, aber wirksame Erfolge, die auch andere Frauenorganisationen ermutigen, mit denen Chanthol Oung und das Zentrum sich absprechen und eng zusammenarbeiten, wie die Frauenorganisation für Entwicklung und „empowerment“ Khemara, Cambodian Center for the Protection of Children's Rights CCPCR, Zentrum für die Hilfe für junge Frauen AFESIP und Cambodian Women Development Agency CWDA.

Es ist eine Sisyphusarbeit, meint Chanthol Oung, aber die Kraft der jungen Frauen, ihr Vertrauen und die Dankbarkeit für die Hilfe motivieren sie und ihre Mitarbeiterinnen für die schwierige Aufgabe. Ein Ende ist nicht abzusehen.

h.k.

Mekong II: Wenn die Wälder schweigen

Es ist dunkel geworden. Bei Kompong Cham zieht ein Schiffskonvoi den Mekong hinunter, alle Schiffe mit Rundhölzern randvoll beladen. Es ist kostbares Holz, in Nord-Kambodscha und Süd-Laos geschlagen, das über Vietnam nach Thailand oder Japan gebracht wird. Überall treffen wir auf Holztransporter, an den Flußfähren stauen sich tagelang mit schweren Bäumen abenteuerlich beladene Lastwagen. In Laos und Kambodscha wird in großem Stil Raubbau an den Wäldern betrieben, die 30 Jahre lang durch die Kriege geschont wurden. Welche Ironie der Geschichte! Die tropischen Tiefland- und Gebirgswälder, die subtropischen mit Koniferen durchsetzten Wälder und die Mangrovengürtel an den Küsten, in Jahrtausenden gewachsen, werden in wenigen Jahren geplündert. Eine ganze Region wird ökologisch zerrüttet. 1960 waren noch 60 Prozent des Mekong-Einzugsbeckens südlich von Yünnan mit einer Fläche von 580.000 Quadratkilometern mit gesundem Primärwald bewachsen. 1995 war die Waldfläche auf 27 Prozent geschrumpft. Der Bestand an Primärwald wird auf nur noch zwölf

Prozent geschätzt. Die brachiale Modernisierung und Ressourcen verschlingende Wirtschaftsstrategie, wie sie seit 1960 in Thailand betrieben wird, greift mit unabsehbaren Folgen, wenn auch mit unterschiedlichem Tempo, auf alle Länder in der Mekong-Region über. Der kostbare Regen des Sommermonsuns wird nicht mehr aufgesaugt und festgehalten. Sturzbäche und Wassermassen zerstören die Uferböschungen und reißen fruchtbaren Boden weg. Fische und Wassertiere haben keinen Sauerstoff und ersticken im schlammigen Wasser des Mekong. Im trüben Wasser ist keine Photosynthese der Flußvegetation mehr möglich. Niederschläge bleiben aus, das Mikroklima ändert sich, und ökologische Kreisläufe geraten in Turbulenzen. In der Trockenzeit sind die Quellen und Bäche trocken und das Grundwasser sinkt ab.

Forscher an akademischen Instituten der Region haben längst erkannt und Umweltschützer werben für die Einsicht, daß mit Staudämmen und Speicherseen das Problem nicht zu lösen ist. Punktuelle Lösungen verschlimmern die Lage in anderen Bereichen. Nur durch den Schutz der bestehenden Wälder und eine Wiederaufforstung im Mekong-Becken kann die dramatische Entwicklung aufgefangen und umgekehrt werden.

In Tibet, an der Quelle des Mekong, ist in der Zeit von 1949 bis 1985 über die Hälfte des Waldbestandes vernichtet worden. Für den Holzeinschlag waren 20.000 chinesische Soldaten und tibetische Gefangene eingesetzt. Viele Gebirgswälder sind für immer zerstört. In Yünnan hat sich die Bevölkerung in den letzten 40 Jahren verdoppelt und ist auf Holz aus den kargen Wäldern am Oberlauf des Mekong für ihren Energiebedarf angewiesen.

In Burma existieren noch reichhaltige Wälder: tropischer Regenwald und feuchter Monsunwald in den Tälern und auf den Plateaus, Teak- und Bambuswald im Gebirge und immergrüne Eichen und Kiefernwälder im östlichen Hochland der Shan-Minderheit. Die Generäle in Rangun vergeben Kahlschlaglizenzen an thailändische Unternehmer. Mit dem Erlös werden Waffen zur Unterdrückung der Minderheiten und Verfolgung der Opposition des Landes gekauft.

In Thailand ist der größte Raubbau an den Wäldern betrieben worden, der sich mit Wassermangel und Trockenheit bitter rächt. Die Modernisierung des Landes ist auf hemmungslosem Verbrauch von Ressourcen aufgebaut. Plantagen und Monokulturen von Jute, Ingwer und Mais und die Papier- und Textilindustrie sowie die großen Golfplätze und Erholungsanlagen verschlingen Unmengen Wasser. Alle Versuche, den Wassermangel durch Staudämme zu beheben, sind gescheitert. In 20 Jahren, von 1970 bis 1990, ist die Waldfläche von 50 auf 25 Prozent geschrumpft. Es gibt kaum noch Primärwald, und was als Wald bezeichnet wird, sind bewaldete Gebiete oder Plantagen mit schnell wachsendem Nutzholz. Auf dem Hochland von Khorat, dem unmittelbaren Einzugsgebiet des Mekong, gab es 1961 noch 80.000 Quadratkilometer oder 42 Prozent Primärwald, 1991 waren es nur noch 7.000 Quadratkilometer oder vier Prozent. Die Höhen sind so kahl wie die Köpfe der Mönche, sagt man in Thailand. Es ist fast nicht mehr möglich, Baumarten zu dokumentieren, die es mal in Thailand gegeben hat. Die Wirtschaft boomt, aber die Wasservorräte versiegen, und in Bangkok und den großen Städten gibt es akuten Mangel an Trinkwasser. Als der Waldbestand fast völlig zerstört war, hat die Regierung Anfang der 90er Jahre ein Moratorium gegen den Holzeinschlag erlassen, jedoch ohne eine Strukturveränderung im Ressourcen-Verbrauch einzuleiten. Das hat dazu geführt, daß die Begierde auf die Wälder der Nachbarländer unermeßlich geworden ist. In Laos gibt es den besten Waldbestand, jedoch auch den größten Raubbau. An den Hängen und in den Tälern der 20 wichtigsten Zuflüsse des Mekong wächst der größte monsunale Fallaubwald und tropische Regenwald. In den Quellgebieten im Norden steht primärer Mischwald, immergrüner und laubabwerfender Eichenwald und subtropischer Kiefernwald. Insgesamt existieren noch 35.000 Quadratkilometer Primärwald mit einer spektakulären Tierwelt wie Elefanten, Nashörner, Tiger und Leoparden. Von der Gesamtfläche Laos von etwa 240.000 Quadratkilometern waren 1970 noch 60 Prozent bewaldet, 1981 waren es jedoch nur noch 110.000 Quadratkilometer oder 48 Prozent. Jährlich werden 35.000 Quadratkilometer Primärwald gerodet, eine Fläche von der Größe des Saarlands. Die Tendenz ist steigend, denn vier Staudämme und hydroelektrische Kraftwerke werden im Bereich von Primärwäldern gebaut, sechs weitere sind geplant. Die Zufahrtsstraßen zu den Baustellen ermöglichen den Zugang zu den Wäldern und werden für den Transport von Rundholz genutzt. Die Gewinne aus dem Holzgeschäft liegen im Dunkeln. 1995 wurden die staatlichen Einnahmen mit 83,4

Millionen US-Dollar angegeben, was 25 Prozent der Exporterlöse des Landes entsprechen würde. Trotz der hydroelektrischen Energieerzeugung wird 80 Prozent des regionalen Energiebedarfs in Laos aus Holz gewonnen. Die Energie aus Wasserkraftwerken steht der Bevölkerung nicht zur Verfügung, sondern wird nach Thailand exportiert. Die vom Holzeinschlag und Bau von Staudämmen betroffenen Bergvölker ziehen sich notgedrungen in höhergelegene Waldregionen zurück, die jedoch sehr empfindlich sind und besonders unter ihrer Brandrodungskultur leiden.
In Kambodscha ist der Waldbestand weitgehend vernichtet, Reste tropischen Regenwaldes existieren nur noch in gebirgigen Grenzregionen. Trotz eines Moratoriums gegen den Holzeinschlag aus dem Jahre 1993 wird unverändert Holz geschlagen. Keiner weiß, wieviel Wald es überhaupt noch gibt. In 20 Jahren, von 1977 bis 1997, ist der Waldbestand von 74 auf 58 Prozent zurückgegangen, so die offiziellen Daten. Die britische Umweltorganisation Global Witness schätzt, daß in der Zeit 30.000 Quadratkilometer gerodet wurden und der Waldbestand nur noch 30 bis 35 Prozent beträgt. Die Weltbank gibt den Bestand sogar nur noch mit 16 Prozent an. Von 1979 bis zu ihrer Auflösung Ende 1998 vergaben die Roten Khmer in den von ihnen kontrollierten Gebieten Konzessionen in großem Umfang an thailändische Unternehmer, die ihnen monatlich 10 bis 20 Millionen US-Dollar einbrachten. Der stärkste Einschlag ist seit 1989 festzustellen. Allein im Jahre 1994 wurden von der Regierung Einschlagskonzessionen für über 10.000 Quadratkilometer vergeben, davon 8.000 an die Holzfirma Samling in Malaysia. Die Einnahmen aus dem Raubbau und Geschäft mit Holz landen größtenteils in privaten Taschen von Angehörigen der kambodschanischen Regierung und des Militärs. In der Zeit von Januar 1996 bis April 1997 wurden von der staatlichen Steuerbehörde 14 Millionen US-Dollar Einnahmen aus dem Holzexport registriert. Nach Untersuchung der UNO ist in der Zeit jedoch Holz im Werte von 117 Millionen US-Dollar verkauft worden. Die Weltbank und der Internationale Währungsfonds sind die größten Kritiker des Holzgeschäftes. Ihre Kritik richtet sich jedoch nicht auf die Zerstörung der Umwelt, sondern auf die fehlenden Einnahmen im nationalen Budget Kambodschas. 1996 sperrte der Währungsfonds 20 Millionen US-Dollar Strukturhilfe wegen zu niedrig angegebener Einkünfte aus dem Holzexport. Als die Weltbank im Juli 1997 nach dem Putsch Hun Sens gegen Norodom Ranariddh die Kredite sperrte, drohte Premierminister Hun Sen, den gesamten Waldbestand des Landes roden zu lassen. Die Weltbank hat festgestellt, daß in 40 Prozent des Landes Holzkonzessionen vergeben sind, für insgesamt 65.000 Quadratkilometer Wald, hauptsächlich an Firmen aus Malaysia, Indonesien und Taiwan.
Die Bevölkerung lebt jedoch in größter Armut und kann sich kaum aus der Subsistenzwirtschaft befreien. Mit jedem gefällten Baum wird das Ökosystem weiter zerstört und die Lebensgrundlage des Landes ruiniert. Dürre und Flutkatastrophen nehmen zu. Der Mekong und seine Zuflüsse verschlammen. Die Fische sterben.
h.k.

HOFFNUNG

Ortstermin mit der Vergangenheit

Die Straße zwischen Kompong Cham und Kompong Thom ist weitgehend restauriert. Streckenweise wird gerade die Asphaltdecke erneuert. Schweres Gerät made in Japan kündet geräuschvoll von Aufbau und neuer Mobilität. Auffallend bei vielen der kleinen Holzhäuser auf Stelzen in den Dörfern entlang der Strecke sind die Dachfirste mit den Jahreszahlen der Fertigstellung. 1995 ist zu lesen, 1997, 1998, 1999. Deutliche Hinweise auf die Wiedererweckung Kambodschas. Ein Prozeß unmittelbarer Gegenwart. Seht her, es geht wieder aufwärts. Der Eindruck verstärkt sich 150 Kilometer weiter nordwestlich in Kompong Thom. Eine geschäftige Provinzstadt, betriebsam rund um den Markt, aber nicht hektisch. Einige Hotels unterschiedlicher Qualität zur Auswahl; eine Restaurant-Terrasse am Fluß lädt zu Rast und Bier ein, dargeboten von den lächelnden Animierdamen der Brauereien internationaler Marken. Zumindest äußerlich ein Bild asiatischer Normalität zwischen Diskothek und Pagode.

Im kleinen, dürftigen Museum gegenüber dem Markt, das eher einer verstaubten Lagerhalle gleicht als einer würdigen Stätte der hier zusammengetragenen Schätze, bereiten wir uns auf das eigentliche Erlebnis der Region vor. Ein kopfloser Buddha, steinerne Löwen, Tafeln mit Khmer-Inschriften, geborstene Stelen, ein aufragender Lingam, das Männlichkeitssymbol des Shiva-Kultes, mehr als tausend Jahre alt. Alles Fund- und Bruchstücke von Sambor Prei Kuk. In Monsieur Om Sok, dem Museumsdirektor, haben wir den Fachmann gefunden, mit dem der Ausflug in das ausgedehnte Grabungsgebiet zur Entdeckungsreise wird. Ohne sachkundige Führung wäre der Vorstoß in Kambodschas Vergangenheit hier pure Zeitverschwendung, zu weitläufig, zu unübersichtlich ist das Gelände. Sambor Prei Kuk ist noch nicht für Touristen erschlossen, nirgends ein Hinweisschild. Die miserable Straße ist nur mit einem Geländewagen oder einer Honda zu befahren. Tafeln mit rot-weißem Totenkopf rufen zur Vorsicht auf und warnen vor dem Verlassen der Wege. Noch immer lauern Minen als mörderische Hinterlassenschaft der Kriege im Boden. Nach einem Regen versinkt alles im Schlamm.

35 Kilometer nördlich von Kompong Thom breitet sich in weiter Ebene einer der größten Tempelbezirke Kambodschas aus. Auf einer Fläche von über zehn Quadratkilometern sind mehr als 170 Bauwerke entdeckt worden. Hier war das Zentrum des Reiches, das in chinesischen Quellen Chenla genannt wurde. Im 6. Jahrhundert trat es die Nachfolge von Funan an. Es war der Übergang von der sogenannten Monddynastie zur Sonnendynastie. Chenla gilt als erste Staatsbildung, die in direktem Zusammenhang mit dem späteren Angkor steht. Aus den Ruinen, die in Sambor Prei Kuk zu besichtigen sind, erstanden 200 Kilometer weiter westlich die Großreiche der Angkor-

Könige. Was dort um die Jahrtausendwende zur monumentalen Vollkommenheit erwuchs, hatte in Sambor Prei Kuk seinen Ursprung; es war gewissermaßen die Generalprobe der Khmerkultur: die Abkehr vom Meer. Hier am mittleren Mekong bildete sich im 6. Jahrhundert ein neues, land- und flußbezogenes Machtzentrum heraus. Zwischen 535 und 802 stieg es zur Vormacht in der Region auf, die einmal Indochina genannt werden sollte.

Die Definition, die Begründung und die Basis von Macht gerieten in den Prozeß epochalen Wandels. Die indochinesischen Küstengebiete verloren an Bedeutung. Die Handelswege richteten sich nach veränderten Interessen aus. Mit dem Aufstieg des indonesischen Reiches Srivijaya entstand an der Ostküste Sumatras eine buddhistisch geprägte Machtbasis, von wo aus das insulare Südostasien und der Seehandel beherrscht wurden. Vom Ende des 7. Jahrhunderts bis hinein ins 13. konnte Srivijaya seine Stellung halten. Das Zentrum lag in der Nähe der heutigen Stadt Palembang am geschützten Oberlauf des Musi-Flusses im Südosten Sumatras. Die militärisch-politische Autorität Srivijayas wurde von tributpflichtigen Fürsten in weiten Teilen Sumatras und entlang der malaiischen Küste anerkannt. Jahrhundertelang war Srivijaya im indonesischen Archipel der Machtfaktor Nummer eins und bot mit seiner Hauptstadt ein bedeutendes Geisteszentrum, dessen Gelehrsamkeit und religiöse Ausstrahlung in ganz Süd- und Südostasien berühmt waren. Srivijaya bildete keinen Territorialstaat mit zentralistischer Verwaltung und wirksamen Einzugsinstrumenten seiner Tributforderungen, es war vielmehr als Stadtstaat mit „Filialen", auch an den Küsten Viertnams und Kambodschas, die vom Zwischenhandel profitierten und mit militärischer Gewalt den Anspruch an Zoll und Vasallentreue durchzusetzen vermochten. Dazu gehörte auch Champa an der südvietnamesischen Küste, land- und seewärts gleichermaßen orientiert. Stets galt es, sich gegen andere Küstenstaaten zu behaupten, die ebenfalls vom Handel profitieren wollten. Die Grenzen zwischen staat-

lich legitimierter Macht und nomadisierenden Seepiraten waren buchstäblich fließend. Von Staaten im modernen Sinne zu sprechen, wäre ohnehin sehr verfrüht.
Vom Glanz des Srivijaya-Reiches ist nichts an baulichen Zeugnissen oder architektonischer Leistung übriggeblieben. Bis heute ist nicht einmal die Hauptstadt genau zu lokalisieren. Eine Erklärung dafür mag die natürliche Beschaffenheit der Region sein, von der aus Srivijayas Herrscher ihre maritimen Plünderungszüge unternahmen. Es ist das Schwemmland des südöstlichen Sumatras, das wohl kaum die solide Basis für eindrucksvolle Prachtbauten gegeben hätte; aber vermutlich war die innere Machtstruktur des nach den Meeresweiten ausgerichteten Staates nicht auf eine bauliche Repräsentation hin angelegt, sondern investierte eher in Kriegsschiffe als in kunstvoll gestaltete Mauern.
Ganz anders die Inlandsreiche, die ihre ökonomische Basis auf der Arbeitskraft der Naßreis kultivierenden Bauern und der immer raffinierter werdenden Bewässerungstechnik begründeten. Mit den Überschüssen der landwirtschaftlichen Produktion und der Urbanisierung, also mit der in einer Großstadt lokalisierten und von dort ausgehenden Machtausübung der Könige, und mit repräsentativen Kultbauten zum höheren Ruhme der Herrscher wurden drei stabile Säulen der künftigen Angkor-Reiche geschaffen. Chenla machte damit den Anfang. Der Name der Hauptstadt wird in den chinesischen Geschichtsbüchern mit Isanapura angegeben, die Kapitale des Königs Isanavarman. Mit seinem Titel verbindet sich erstmals die seit dem von zahlreichen Khmerkönigen gebrauchte Nachsilbe aus dem Sanskrit: nämlich „varman", der Gepanzerte, der Gerüstete, der Beschützer. Um 615 bestieg er den Thron, nachdem er sich aus der Vasallen-Bevormundung durch Funan befreit hatte. Die Daten und Kommentare in der einschlägigen Fachliteratur sind widersprüchlich und weisen auf die dürftige Quellenlage hin. Ob Isanapura tatsächlich im Gebiet von Sambor Prei Kuk gelegen hat, ist mit letztlicher Sicherheit nicht zu behaupten, die Wahrscheinlichkeit indes ist groß.
Stundenlang fahren und laufen wir durch den Dämmer der gelichteten Wälder und beseitigten Unterholzes. Seit 1994 rücken die Landleute der umliegenden Dörfer mit Äxten und Messern der die Tempel überwuchernden Natur zu Leibe. „Work for Food" – ein international finanziertes Programm, das der Bevölkerung die Arbeit mit Nahrung entlohnt, beschäftigt um die 300 Männer und Frauen. Bevor sie sich den Weg durchs Gestrüpp bahnen, um die Ruinen zugänglich zu machen, sind Minensuchtrupps unterwegs. Auch diese heute so abgeschiedene, dünn besiedelte und unzugängliche Region war in jüngster Vergangenheit ein Kampfgebiet. Zugewachsene Bombentrichter zeugen von Abwürfen amerikanischer Kampfjets, die hauptsächlich 1973 ihre tödliche Fracht abluden. Die Erschütterung ließ Tempel einstürzen, beschädigte unwiederbringliche Kunstschätze. Was die Natur nicht verrotten ließ, fiel dem Kriegswahn der Menschen zum Opfer. Später nisteten sich in dem Gebiet die Roten Khmer ein, die das Vorrücken der vietnamesischen Truppen mit Minen zum unkalkulierbaren Risiko machten. Die Gefahr überdauerte die politischen Veränderungen. Bis 1996

war es völlig verboten, sich hier als Besucher umzusehen.
Ein Ort magischer Ausstrahlung. An André Malraux' „Königsweg" ist zu denken. Die autobiografische Erzählung eines Kunstraubes, den der Autor und spätere französische Kulturminister (1901–1976) in den 20er Jahren selbst inszeniert hatte, spielt zwar im Bereich von Angkor, doch die in seinem Roman beschworene Atmosphäre des Geheimnisvollen, des Unheimlichen, des Ausgeliefertsein an Kräfte, die ein Europäer nicht einzuschätzen vermag, diese schwermütige Atmosphäre umgibt den Besucher heutzutage in Sambor Prei Kuk – so, wie es in Angkor war, bevor die Bauten der Khmer dem Massentourismus geöffnet worden: „...wo die Hymnen und Tempel in Ruinen lagen, totes Land zwischen Toten; und all dieses erdige Muschelgetier, das in seinen Schalen gluckerte, unedles Grillengezirp ... vor ihm lag der Wald, feindlich, irdisch, drohend wie eine geballte Faust", so heißt es bei Malraux in seinem „La voie royale" von 1930.

Im Wechselspiel des Lichtes und im Schatten der Bäume durchstreifen wir eine Landschaft voller Rätsel. Ein Ochsenkarren rattert durch das Bild der freigeschlagenen Wege, an deren Ende die Tempeltürme in roten Backsteinen aufragen. Was Gegenwart ist, was Vergangenheit – es verschwimmt. Der Schrei der Schwarzen Tauben dröhnt durch das Gelände: ein dumpfes Tuktuktuk, wie Wassertropfen auf einem straff gespannten Trommelfell. Im Dunkel eingestürzter Bauten stinkt es penetrant nach Fledermäusen und ihrem Kot. Wir stolpern über Geröll und herabgefallene Steinbrocken. Kaum sucht die Hand einen Halt am Gemäuer, kriechen rote Ameisen über die Haut, fast so lang wie ein kleiner Finger. Der Schweiß rinnt.
Der uns begleitende Dorfchef mit rotweiß kariertem Halstuch und geschultertem Gewehr trägt eher zum Zweifel an der Sicherheitslage bei als zur Beruhigung. Monsieur Om Sok, der kleine alte Herr, lächelt. Er ist in seinem Element. Seit Jahren erforscht und katalogisiert er mit seinen geringen Mitteln das steinerne Erbe von Chenla. Geduldig gibt er Auskunft. Er hat selten Gelegenheit dazu. Besucher sind im Jahresablauf hier noch an den Fingern einer Hand abzuzählen. Freigelegt sind die meisten Bauten, restauriert ist kaum einer der Tempel. Es fehlt an Geld, an kompetenten Helfern, an internationaler Aufmerksamkeit – die wird ganz und gar von Angkor absor-

biert. Dafür klagt Monsieur Om Sok über den Kunstraub in unserer Zeit. Längst ziehen keine Abenteurer à la Malraux mehr mit Ochsenkarren ins Ungewisse; es sind bestens organisierte Banden mit Verbindungen zu Polizei und Politik, ausgerüstet mit solidem Werkzeug, die skrupellose Sammler beliefern, die nach vorher aufgenommenen Fotos und Videos die herausgeschlagenen Stücke bestellen. Die ausgedehnte Anlage von Sambor Prei Kuk kann gar nicht geschützt werden. Wieviele der Plastiken, der Reliefs, der Säulen von hier aus bereits auf die schwarzen Märkte Thailands und von dort in dubiose Privatgemächer geraten sind, weiß niemand zu sagen. Was blieb, ist noch immer atemberaubend.

24 Meter erhebt sich der Löwentempel, benannt nach den beiden lebensgroßen steinernen Wächtertieren, die den Haupteingang sichern; gelockt und von martialischer Schönheit. Er gehört zur nördlichen Gruppe von Sakralbauten. Es ist das höchste Bauwerk weit und breit, von einem Baum überragt, dessen blätterreiche Krone über das Doppelte des Tempels reicht. Vor Jahren umschlangen Geäst und Luftwurzeln das Gemäuer, bis der Bewuchs gekappt wurde. 1996 wurde das hohe Tor mit zwei Betonsäulen vor dem Einsturz bewahrt; kein erfreulicher Anblick, aber notwendiger Schutz. Der Löwentempel heißt eigentlich Prasat Dhaow – und Prasat ist der allgemeine Name für Türme dieser Art. Der untere Teil besteht aus einer viereckigen Zelle mit dem offenen Eingang an der Südseite und drei Scheintüren an den anderen Seiten. Jede Türeinfassung ist kunstvoll verziert. Darüber steigen die sich pyramidenförmig nach oben verjüngenden Terrassen auf. Eine klassische Form aus vor-angkorianischer Zeit und zugleich Prototyp und Grundmuster für die Bauten, die in Angkor ins Unermeßliche wuchsen. Dafür standen die Tempel im südlichen Indien Pate; und verblüffend ist die Ähnlichkeit mit den Tempeln, die drei, vier Jahrhunderte später im nördlichen Sumatra gebaut wurden (beispielsweise der Komplex von Muara Takus) oder im zentralen und östlichen Java stehen (dort Candi genannt). Ebenso auffallend ist die geistige wie architektonische Nachbarschaft zu den Türmen der Cham. Zwischen Champa und Chenla hat es dynastische Ehen gegeben.

Wir stoßen zu weiteren Tempeln von Sambor Prei Kuk vor und spüren etwas von dieser ganz Südostasien durchdringenden Kultur. Die südliche Tempelgruppe zählt etwa 20 Bauwerke, 15 Meter hoch das größte. Im Innern liegen verdorrte Seerosen auf den Steinen, abgebrannte gelbe Kerzen, die weiße feine Asche von Räucherstäbchen. Hierher kommen noch immer Menschen, um zu beten, zu meditieren, um etwas von der Kraft einer solchen heiligen Stätte aufzunehmen. Der Boden war in den 80er Jahren von Kunsträubern gesprengt worden. Die viereckige Steinplatte, die Yoni genannt wird, das weibliche Gegenstück zum Lingam, liegt in Trümmern. Die Vielzahl der verstreuten Bauwerke ist verwirrend. Nur die wissenschaftliche Bestandsaufnahme vermag den Überblick zu geben. Da ein Tempel mit der Dreiteilung von Hölle, Erde, Himmel und Reliefs in barocker Formenfülle. Dort ein Tempel aus glattem Sandstein mit einem Fries, an jeder Ecke eine Halbbüste, deren Gesichter den aufblickenden Besucher auf merkwürdig bannende Weise fixieren. Noch weiter im Wald das sogenannte Rhinozeros-Haus: gewaltige schwarze Lateritblöcke, Säulenstümpfe und Fundamente, die das europäische Auge an eine verfallene Kirche erinnern. Niemand weiß mit Bestimmtheit zu erklären, welchem Zweck der Bau diente; vielleicht war es tatsächlich der Zwinger für dickhäutige Tiere. Weitere Bauwerke sind im Gestrüpp verborgen, den Fachleuten wie Monsieur Om Sok hinlänglich bekannt, aber noch unerforscht.

Hier könnte der Mittelpunkt der Chenla-Reiches gewesen sein. Die Ausdehnung der Stadt mit umgrenzenden Mauern und quadratischem Grundriß zog sich über Kilometer hin. Den Schätzungen nach lebten in Isanapura 20.000 Familien, möglicherweise also etwa 200.000 Menschen. Der Anbau von Reis in der ländlichen Umgebung sicherte die Ernährung; der Ertrag reichte aus, viele Menschen mit Tätigkeiten zu beschäftigen, die nicht mehr der bloßen Lebenserhaltung dienten. Es bildete sich eine Arbeitsteilung heraus. Handwerker, Architekten, Priester, Tempeldiener, bewaffnete Wächter, Lehrer, Beamte. Bei Kriegen und Überfällen wurden Gefangene gemacht und als Sklaven in die vielfältige Organisation der Arbeitsabläufe eingespannt. Das von strenger Hierarchie geprägte städtische Leben war von Gesetzen geregelt. Auf den Inschriften der Stelen erscheint erstmals die Khmer-Sprache neben dem bis dahin üblichen Sanskrit. Beide Sprachen erhielten eine deutlich voneinander unterschiedene Zuordnung. In Khmer wurden die eher praktischen Dinge festgehalten, Hinweise auf Territorialgrenzen, die Zahl von Sklaven, administrative Bestimmungen. Sanskrit beschrieb das Sakrale, die ethischen Werte, die Verehrung des Göttlichen. Khmer als Volkssprache; Sanskrit als Sprache der Obrigkeit.
Davon erzählt mit sanfter leiser Stimme Monsieur Om Sok. Wir machen in heißer Mittagshitze eine Rast an einem verwunschenen See, an dessen Ufer die Dorfleute eine Terasse aus Bambus gebaut haben. Durch den Schatten hoher Bäume streicht ein milder Wind. Wir essen winzige, wunderbar süße Bananen und Weißbrot. Die Ein-

fachheit des Seins. Umgeben von den Zeugnissen einer vergangenen Hochkultur, in der Nachbarschaft des Machtzentrums von vorgestern, ist unvermeidbar die Rede von der Gegenwart. Der Hüter von Sambor Prei Kuk stammt aus der Gegend, ist 57 Jahre alt und hat in Phnom Pehn studiert. Auf die beiden Narben angesprochen, die sich über Nase und Stirn hinziehen, schüttelt er den Kopf: „Nein, die stammen nicht aus den Jahren der Pol Pot-Herrschaft. Es war ein Unfall. Ich verletzte mich im Boot beim Wasserfest von 1998.“ Die Wunden aus der Zeit davor sind anderer Art. Der kleine Mann lächelt und schiebt sich die Brille zurecht. Auch er war aus Phnom Penh vertrieben worden. Fronarbeit auf dem Lande. Das übliche Schicksal. Wie er überlebte? „Ich sehe wohl wie ein Bauer aus. Vielleicht hat mich das gerettet“, sagt er und zieht an seiner Zigarette, „ich schuftete wie alle anderen. Niemand erkannte den Intellektuellen in mir.“

1982 kehrte er erstmals wieder an diese Stätten der Chenla-Geschichte zurück. Was war zu retten? Wie war diese ausgestorbene Welt zu beleben? Er veranstaltete Ballett-Abende vor den Kulissen der Tempel. Fremde oder gar Touristen waren damit nicht anzulocken; es waren Veranstaltungen für die verängstigten Menschen der Nachbarschaft. In jenen Jahren ein gefährliches Unterfangen. Noch trieben sich die Roten Khmer herum, schwer bewaffnet, unversöhnlich in ihrem Kampf gegen Vietnam und dessen Statthalter in Phnom Penh. Ein Mann wie Om Sok schaffte es, daß die Untergrundkämpfer den Ablauf solcher Abende mit den klassischen Tänzen der Ramayana-Liebesgeschichten nicht störten; mehr noch: die Männer in den schwarzen Pyjamas legten für ein paar Stunden ihre Waffen weg und ließen sich einbeziehen in die phantastischen Epen mit den Motiven, die so alt sind wie die Menschen. An jenem Mittag, auf dem schwankenden Rost der zusammengebundenen Bambuslatten erinnert sich Monsieur Om Sok an diesen nächtlichen Anflug von Frieden und Entspannung ausgerechnet hier, wo Kambodschas Kultur wurzelt und in ihrer Magie bis heute spürbar geblieben ist. Frieden war immer nur ein Intermezzo.

Gegen Ende des 8. Jahrhunderts zerfiel Chenla als Folge innerer Zerwürfnisse und kriegerischer Auseinandersetzungen in ein südliches Reich, das Wasser-Chenla im Delta des Mekong, das in die Abhängigkeit von Srivijaya geriet und keine eigenständige Bedeutung mehr errang; und es behauptete sich ein nördliches Reich, das Hochland-Chenla, das zum Kerngebiet wurde, aus dem die Angkor-Reiche aufblühten. Drei Namen von Königen ragen aus der Geschichte: Isanavarman, Bhanavarman II. und schließlich Jayavarman I. Zu keinem dieser Männer – wie zu anderen Königen des frühen

Kambodschas – gibt es ausreichend gesicherte Quellen, um sie über die Legendenbildung hinaus als historische Persönlichkeiten zu erfassen und in ihrem politischen Wirken eindeutig zu definieren. Doch bei Jayavarman I. stimmen die Historiker überein: Ihm wird die Einigung der zerstrittenen Khmerstaaten zugerechnet. Mit Jayavarman I. ist der eigentliche Beginn der Angkor-Reiche verbunden. Er lebte um 650.

Die Weiterfahrt von Kompong Thom westwärts nach Angkor verlangt von den Achsen und Federn des Geländewagens besondere Widerstandskraft. Die Schlaglöcher haben höhlenartige Tiefen. Bis hierhin ist noch keine Straßenbaumaschine vorgedrungen. Kambodschanisches Hinterland der Vergessenheit. Dies macht die Brücke Speam Prap Tos beim Dorf Kompong Kdei zum Ereignis von eindringlicher Wucht und Größe. Da rumpeln und schaukeln wir durch eine scheinbar geschichtslose Landschaft; Sambor Prei Kuk liegt bereits 60 Kilometer hinter uns. Bäche und Flüsse führen hin zum Tonle Sap, dessen Wassermassen am westlichen Horizont zur Linken zu erahnen sind. Die üblichen Brücken sind notdürftig geflickt, ein paar Bretter meist nur, geborstene Betonpfeiler, Verfall, Ruinen, verrostete Eisenträger. Jedesmal eine Mutprobe. Und dann diese Brücke, die gänzlich andere: die Brücke über den Fluß Chiekreng, die Brücke über Zeit und Raum. Das Bauwerk aus dunkelbraunen Lateritquadern füllt ein trichterförmig eingeschnittenes Tal aus, festgefügt das Gestein, von keinem Mörtel verbunden. Solche Bauten waren Teil einer Infrastruktur ausgebauter Straßen, die die Städte miteinander verbanden; noch heute wird erkennbar, was da an landesweiter Kommunikation stattfand. Das Bauwerk wurde in der Regierungszeit von Jayavarman VII. geschaffen, dem von keinem Nachfolger mehr übertroffenen Goldenen Zeitalter der Khmerkultur. Die wenigen Autos, die nun das Tal überqueren, reihen sich ein in die Ochsenkarren, die in solcher Art schon damals die Handelsgüter, die Reisernten und die Baumaterialien für

Tempel und Türme transportierten. Massive Bögen stützen die breite Brückenstraße, die beiseitig von einem Band steinerner Schlangen, den mythischen Nagas, gesäumt wird. Ein eindrucksvolles Beispiel der Angkor-Architektur der sogenannten falschen Gewölbe. Die Bogenkonstruktion, die in der römischen, der europäischen und orientalischen Bauweise jener Epoche längst bekannt war und hervorragend beherrscht wurde, blieb den Khmer fremd. Weder bei den Tempeln, noch bei Brücken wurden tatsächliche Gewölbe gebaut, sondern mit Überhangtechnik gegenseitig sich verkragende, stützende Steine aufgetürmt. Deshalb die Vielzahl kleiner Bogen auch an der Brücke über den Stung Chiekreng, dessen Bett einst verbreitert werden mußte, um den Wasserlauf zu gewährleisten.
Es wirkt symbolhaft: Da windet sich eine unbefestigte, miserable schmale Straße durchs Land, und plötzlich, völlig unpassend zu deren kümmerlicher Enge weitet sich diese Brücke. Sie stammt aus der Glanzzeit der Angkor-Zivilisation und verkörpert vortrefflich die Profanarchitektur vor einem Jahrtausend; dem Stil der Tempel ähnlich; aus dem Machtanspruch der damaligen Könige für die Ewigkeit gebaut. Die Solidität läßt keinen Zweifel, daß das Brückenwerk für weitere tausend Jahre seine verbindenden Dienste tut. Wir fahren darüber hinweg und nähern uns unaufhaltsam dem Ziel der Reise.
r.s.

Der „dritte Weltkrieg“ auf den Minenfeldern

Leben mit Prothesen und Rollstühlen

In Siem Reap besuchen wir Tun Channarith, den „Nobelpreisträger im Rollstuhl“. Sein Gesicht ist uns seit der Verleihung des Friedensnobelpreises vertraut, den er stellvertretend für die vielen unbekannten Minenopfer und die International Campaign to Ban Landmines ICBL im Dezember 1977 in Oslo entgegennahm. Er ist ein freundlicher Mann voll Energie und Lust auf Kommunikation. Wir genießen seine Gastfreundschaft und sitzen mit ihm im Schatten des Hauses der Jesuiten-Patres von Siem Reap. Mit Leichtigkeit bewegt er sich im Rollstuhl über das holprige Pflaster des Hofes. Er ist ganz auf den Rollstuhl angewiesen, weil er keine Prothesen tragen kann. Über 60 Splitter stecken in seinem Körper, die Schmerzen verursachen. Er holt Tee und Gebäck aus seinem kleinen Haus auf dem Gelände und erzählt. Niemand kann die Minenopfer, die verstümmelten und entstellten Menschen, so gut verstehen wie er. Zu den körperlichen Schmerzen kommen die sozialen und religiösen Diskriminierungen, unter denen sie in Kambodscha zu leiden haben. Tun Cannarith hat sich deshalb der „Mine Awareness“ verschrieben, der Aufklärung über die mörderischen Minen. Das beinhaltet die Warnung vor den heimtükkischen Minen-Gefahren, die Mobilisierung der Gesellschaft für Verständnis und eine bessere Integration von Minenop-

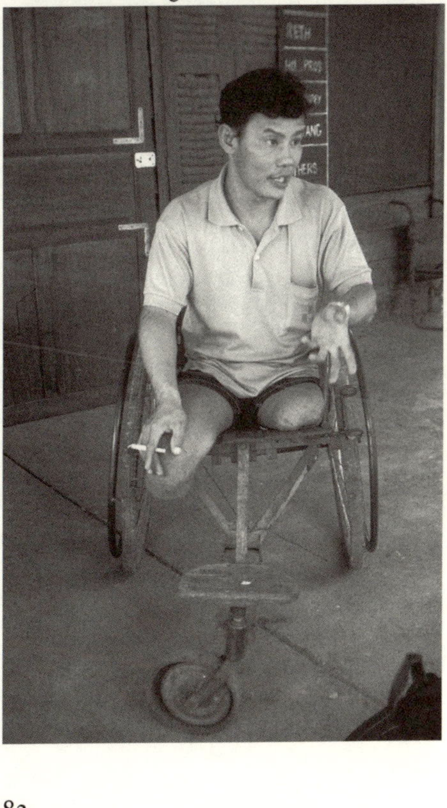

fern und schließlich die Durchsetzung eines internationales Verbots von Landminen. In seiner Biographie lebt das ganze Elend Kambodschas in der jüngsten Geschichte, aber auch die Lebenskraft und Solidarität der Menschen des Landes. Tun Channarith wurde 1960 in Battambang geboren. Seine Eltern zogen 1963 mit ihm und seinen fünf Geschwistern nach Phnom Penh. Sein Vater war Fahrer und seine Mutter Köchin im Haus der Jesuiten-Patres in Phnom Penh. Wie alle Einwohner Phnom Penhs wurde er mit seinen Eltern und Geschwistern 1975 von Roten Khmer aufs Land vertrieben. Als fünfzehnjähriger arbeitete er beim Bau von Kanälen und Wasserspeichern zur Bewässerung von Reisfeldern. Es war Fronarbeit ohne ausreichende Nahrung und gesundheitliche Versorgung. Sein Vater und seine jüngste Schwester haben die Tortur nicht überstanden und sind an Hunger und Erschöpfung gestorben. „Ich muß mein Gesicht verbergen, wenn ich daran denke", sagt er. Bei einem Besuch in Deutschland vor einigen Jahren hatten seine Gastgeber sicherlich die besten Absichten, als sie ihm eine KZ-Gedenkstätte zeigen wollten. „Ich konnte aber kein KZ besuchen, meine Erinnerung an die Arbeitslager und Greuel der Roten Khmer ist zu stark", sagt er fast entschuldigend. Als vietnamesische Truppen 1979 in Kambodscha einrückten, floh er mit seinen Angehörigen an die thailändische Grenze und lebte vier Jahre in Camp Retisen, einem der größten Flüchtlinglager an der Grenze. Pol Pot wurde zwar von der Macht vertrieben, aber unter den neuen Herrschern gab es keine wirkliche Veränderung im Lande. „Es war so, als ob die Vietnamesen nur den Fahrer eines Wagens ausgewechselt hätten", meint er. Er ließ sich von der Koalition unter Prinz Sihanouk anheuern und für den Widerstandskampf gegen die vietnamesischen Besatzer rekrutieren. Und dann passierte es beim Patrouillieren an der thailändischen Grenze, am Berg Phnom Dai in der Provinz Banteay Meanchay. Sein Spähtrupp geriet in ein Minenfeld, das nicht gekennzeichnet war. Er trat auf eine Mine und wurde weit durch die Luft geschleudert. Das war am 18. Dezember 1982 um 17.30 Uhr. Die Stunde wird er nie mehr vergessen. Die Mine hatte ihm beide Beine weggerissen, er lag in seinem Blut und konnte sich nicht bewegen. Er dachte nur ans Sterben, um dem Schmerzen zu entkommen und wollte sich erschießen. Er bat seine Kameraden um eine Axt, um sich die zerschmetterten Beine abzuschlagen. Um 21.00 Uhr traf er im Krankenhaus des Lagers Kao Y Dang ein. Sein linkes Bein wurde am Oberschenkel und das rechte unterhalb des Knies amputiert. Es war eine chinesische Tretmine vom Typ M 69 gewesen, eine Splittermine, die auch eine tödliche Wirkungen haben kann. Drei Monate verbrachte er im Krankenhaus und drei Monate in einem Rehabilitationszentrum im Flüchtlingslager. Das war eine schlimme Zeit, die Wunden heilten nur langsam, und ein Leben im Rollstuhl schien für ihn unvorstellbar. Das Lager wurde ständig von vietnamesischen Truppen angegriffen, und die Patienten mußten in die Berge evakuiert werden. Im Unterbewußtsein wirkte auch auf ihn der verbreitete Aberglaube, daß eine körperliche Verstümmelung zu einer geistigen Behinderung führt. Er kannte auch die soziale Ausgrenzung von Behinderten in Kambodscha. Nach buddhistischem Glauben trägt er selbst die Schuld an seinem Ungemach, möglicherweise wegen Vergehen im früheren

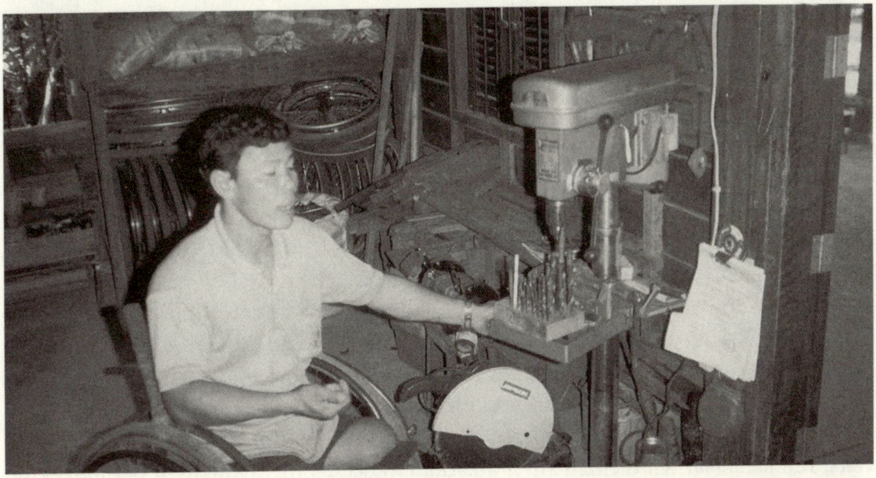

Leben. Eine britische Ärztin des Lagerkrankenhauses machte ihm Mut und überzeugte ihn, daß es auch für ihn trotz der Behinderung eine Zunkunft gibt. Aber es waren vor allem seine Kinder, die beiden ältesten von heute sieben Kindern, die ihm den Lebensmut zurückgaben. Sie brauchten ihren Vater und machten sich nichts aus seiner Verstümmelung. Im Flüchtlingszentrum der Jesuiten-Patres lernte Tun Channarith Schreibmaschine schreiben und in der Werkstatt Don Bosco der Salesianer-Brüder, Motoren und Radios zu reparieren und Metall zu bearbeiten. Als die Flüchtlinge nach dem Pariser Friedensabkommen mit der Unterstützung der UNO zurückgeführt wurden, kehrte auch er 1993 mit seiner Familie nach Phnom Penh zurück. Er hatte eine gute Berufsaubildung vorzuweisen, fand aber wegen seiner Behinderung keine Tätigkeit. Eine britische Hilfsorganisation heuerte ihn schließlich für den Bau von einfachen Rollstühlen aus lokalem Material an. So wurde er zum Konstrukteur und Fachmann für die Herstellung kambodschanischer Rollstühle.
Er zeigt uns seinen Betrieb auf dem Geländes der Jesuiten in Siem Reap. Da stehen seine Rollstühle aus robustem Material, gebogenen Wasserrohren und bearbeiteten Brettern, alle nach Maß angefertigt. Die kleinen Rollstühle sind für behinderte Kinder und die großen schweren für die Bauern auf dem Lande. Kinder brauchen ständig neue Rollstühle, weil sie schnell aus ihren „herauswachsen". Die alten nimmt er in Zahlung. An den Wänden hängen Räder und Reifen aus Vollgummi. Bis auf die Kugellager stammen alle Materialien aus Kambodscha. In einer Ecke sind Krücken gestapelt, die aus Holz und Rohren hergestellt sind. Der Stolz des Betriebes sind eine elektrische Bohrmaschine und eine Elektro-Metallsäge. Vor der Werkstatt stehen die Gasflaschen zum Schweißen. Tun Channarith und seine drei Mitarbeiter träumen von einem Elektro-Schweißgerät, das jedoch über 1.000 US-Dollar kostet. Ein kambodschanischer Rollstuhl kostet 80 US-Dollar, müßte man ihn einführen, würde er 1.000 US-Dollar kosten. Thun Channarith hat noch einen anderen Zahlenvergleich im Kopf,

den er uns nicht vorenthalten möchte: „Eine Mine, wie sie mich verstümmelt hat, kostet fünf US-Dollar in der Herstellung, sie zu räumen, kostet 1.000 US-Dollar."
Mit neuen Rollstühlen sind die Probleme der Minenopfer jedoch noch nicht gelöst, das weiß Tun Channarith nur zu gut. Uns fällt auf, daß in der Öffentlichkeit nur wenige Behinderte zu sehen sind, wir haben einige in den Tempelanlagen von Angkor und an anderen Zentren des Tourismus oder gelegentlich auf den Märkten der Kleinstädte angetroffen. Aber im Verhältnis zu den 40.000 bis 50.000 Verstümmelten des Landes, fallen sie kaum auf. Tun Channarith hat eine Erklärung dafür: „Die Behinderten scheuen die Öffentlichkeit und leben zurückgezogen. Sie zeigen sich schon gar nicht fremden Besuchern. Obwohl sie arm sind und Not leiden, gehen sie gewöhnlich nicht auf die Straße, um Reiche anzubetteln. Die meisten leben auf dem Lande, weit entfernt von den Städten, auf den Reisfeldern oder in den Wäldern. Man muß zu ihnen gehen, um sie zu treffen. Ich möchte, daß Menschen sehen, wie sie leben. Viele vegetieren unter schlimmen Verhältnissen, sie müssen Wasser aus weit entfernten Flüssen holen und ernähren sich von Knollenfrüchten aus dem Wald." Tun Channarith besucht seine Leidensgenossen und versorgt sie mit Rollstühlen und Krücken. Er sieht, was ihnen alles fehlt. Die materielle Grundlage ihres Lebens muß zu allererst ausreichend gesichert werden, damit sie sich und ihre Familie besser in die Gesellschaft integrieren können. Dafür brauchen sie ein Stück Land, Vieh und Kredite für Anschaffungen und die Ausbildung ihrer Kinder.
Neben der konkreten Unterstützung der Minenopfer engagiert sich Tun Channarith für das Verbot von Landminen. „Landminen sind die schlimmsten Mord-Waffen, sie sind hinterhältig und treffen gewöhnlich die Schwächsten. Sie wissen nicht, wenn Frieden ist, sie setzen den Krieg gegen die Bevölkerung auch im Frieden fort. Auf den

Minen-Feldern herrscht der ‚dritte Weltkrieg'", wie er es nennt. Zusammen mit den kambodschanischen Jesuiten-Patres und der katholischen Nonne Denise Coghlan aus Irland hat er die kambodschanische Anti-Minen-Initiative ins Leben gerufen. Mit 500.000 Unterschriften aus Kambodscha haben sie die International Campaign to Ban Landmines unterstützt. Mit dem Abkommen von Ottawa über das Verbot von Anti-Personen-Minen von 1997 hat die Kampagne zu einem guten Erfolg geführt und mit dem Friedensnobelpreis 1997 eine internationale Anerkennung gefunden. Eine Ermutigung, die Arbeit bis zum Verbot aller Landminen fortzusetzen. Wir wollten von Tun Channarith wissen, was der Nobelpreis für ihn und die Minenopfer in Kambodscha bedeutet. Seine Meinung: „Ich war stolz, als Repräsentant der International Campaign to Ban Landmines den Friedensnobelpreis entgegenzunehmen. Mit dem Preis können wir die Menschen weltweit ansprechen und sie über die Opfer von Landminen aufklären. Denn die meisten Menschen wissen nicht, welches Elend Landminen verursachen. Sie wollen mit Sicherheit nicht, daß Landminen Menschen umbringen, Gliedmaße abreißen und ganze Familien zerstören. Darum ist der Preis eine wichtige Hilfe, Menschen weltweit über das Problem der Landminen zu informieren."

Minenräumen unter Lebensgefahr

Wir besuchen das Minenfeld im Dorf Kuon Thnor im Distrikt Prasat Balang, 17 Kilometer nördlich der Provinzhauptstadt Kompong Thom. Das Gebiet an der Straße nach Nord-Kambodscha, nicht weit von den Tempelruinen von Sambor Prei Kuk entfernt, war in allen Kriegen umkämpft. Nach Auflösung der Roten Khmer Ende 1998 kehrten die Bauern nach Kuon Thnor zurück. Wo ihre Häuser standen und sie ihre Felder bestellten, ist das Land vermint und von Gras und Buschwerk überwachsen. Zuletzt hatten vietnamesische Truppen 1980 auf ihrem Land einen Stützpunkt errichtet und ihn gegen die Roten Khmer vermint. Aber wo die vietnamesischen Minen aufhören, beginnen die Minen der Roten Khmer. Fünf Soldaten, ein Zivilist und 28 Tiere sind bereits auf dem verödeten Gelände durch Tretminen umgekommen. Jetzt warten 20 Familien darauf, ihr Dorf wieder aufzubauen und Reis auf den sieben Hektar Land der Kommune zu pflanzen. Entlang der Straße stehen rote Warnschilder mit einem schwarzen Totenkopf. Die weißen Fähnchen und Pflöcke bedeuten, daß Entminer (Deminer) an der Arbeit sind. Sie haben schmale Korridore abgesteckt, die bereits geräumt sind und auf denen sie zu den „scharfen" Minen-Feldern gelangen. In kleinen Kratern stecken gelbe Pflöcke, die besagen, daß hier Minen oder Blindgänger gefunden und gesprengt wurden. Zwei kambodschanische Gruppen von je fünf Personen der britischen Hilfsorganisation Mine Advisory Group MAG arbeiten seit einigen Monaten im Dorf. Ihre „Ausbeute" sind fünf Minen und 89 Blindgänger, UXO (Unexploded Ordnance) genannt. Aber etwa 1.000 Metallstücke, Granatsplitter, Löffel aus Aluminium oder Kronkorken, auf die der Metalldetektor genau so wie auf eine Mine reagiert, sind ebenso vorsichtig behandelt und ausgegraben worden.

Zwei Entminer zeigen uns auf einem Übungsfeld, wie sie Minen suchen und unschädlich machen. Es ist ein Demonstrationsfeld für Schulkinder zur Aufklärung über die Minengefahr. Zunächst wird das Gras sorgfältig mit einem Bambusstock nach Stolperdrähten abgesucht. Mit einer Gartenschere schneidet man das Gras und Buschwerk von oben bis auf fünf Zentimeter über dem Boden weg und achtet genau darauf, daß der Boden nicht berührt wird. Mit einem empfindlichen Metalldetektor, einer kreisförmigen Sonde an einem Stab, wird der freigelegte Bereich abgesucht. Auf jedes Stück Metall im Boden reagiert das Gerät mit einem hohen Pfeifton. Eine solche Stelle wird mit einem leichten Drahtgestell markiert. Dann legt sich ein Entminer auf den Bauch und stochert mit der Spitze eines Bajonetts im Boden neben dem Gegenstand und legt ihn mit einer kleinen Handschaufel frei. Ist es eine scharfe Mine, wird die Stelle so weit freigelegt, daß man eine Sprengladung anlegen kann. Man gräbt sie nicht aus, sondern sprengt sie, um kein unnötiges Risiko einzugehen. Die Entminer sind offensichtlich gut auf einander eingespielt und machen einen gelassenen Eindruck. In ihren blauen Uniformen, mit hohen Stiefeln, dicken Bleiwesten und großen Stahlhelmen mit einem Visier aus Panzerglas wirken sie wie Archäologen von einem anderen Stern, die tödliche Spuren auf der Erde suchen. Die Arbeit ist sehr gefährlich, und die Schutzkleidung bewahrt sie nicht wirklich vor den möglichen Gefahren. Der Stahlhelm und das Visier aus Panzerglas würden nicht einmal einer Splittermine mit 30 Gramm TNT standhalten. Aber die kleinste Anti-Personen-Mine, die in Kompong Thom gefunden wird, ist bereits mit 200 Gramm Sprengstoff geladen. Gesichtsverletzungen führen fast immer zur Erblindung, denn die Splitter durchschlagen wie Schrotkugeln eines Jagdgewehrs alle weichen Teile des Körpers. Aber auf den Minenfeldern von der Mine Advisory Group hat es seit 1992 nur fünf Unfälle gegeben, wobei ein Entminer ein Bein verloren hat. Ein Entminer erhält 150 US-Dollar im Monat, im Vergleich mit dem Monatslohn eines Lehrers von 20 US-Dollar ein gutes Einkommen. Die Differenz gilt als Gefahrenzulage. Ihr Leben ist mit 5.000 US-Dollar versichert.

Die Minensuche ist nicht nur gefährlich, sondern auch äußerst mühsam. Die Handarbeit nimmt sehr viel Zeit in Anspruch. Ein Entminer schafft durchschnittlich 25 bis 60 Quadratmeter am Tage. Man hat ausgerechnet, daß es bei der angewandten Technik der Handarbeit 370 Jahre dauert, bis die vier bis zehn Millionen Minen in Kambodscha geräumt sind. Bisher ist erst ein Drittel des Landes vollständig minenfrei. Ein Gelände wird erst an die Bevölkerung zurückgegeben, wenn es absolut minenfrei ist. Die vier Organisationen der Minenräumung in Kambodscha haben sich auf die „humanitäre Quote" von 99,6 Prozent Minenfreiheit festgelegt. Mit verbesserten Technologien und mehr Personal könnten die Minenfelder wesentlich schneller und vor allem gefahrloser geräumt werden. Die bisher von der Rüstungsindustrie entwickelten Minenräumer für Truppenbewegungen in Kriegsgebieten haben eine hohe Tagesleistung, sind aber für zivile Zwecke und kambodschanische Bodenverhältnisse ungeeignet. Sie sind nicht zuverlässig und in der Regel auch unbezahlbar. Die sogenannten Minendrescher fräsen den Boden, aber treffen häufig nicht den Zünder und schleudern nicht explodierte Minen nur aus der Fahrbahn. In Kambodscha drängt die Zeit, die Menschen brauchen ihr Land für Ansiedlungen und die Landwirtschaft. Täglich gibt es zehn Minenunfälle, wovon etwa ein Drittel tödlich verläuft. Die meisten ereignen sich in den Landprovinzen, auf den Reisfeldern, beim Umtreiben von Vieh und Sammeln von Feuerholz.

Auf dem Demonstrationsfeld des Dorfes Kuon Thnor liegen die tödlichen Instrumente, die man vollständig ausgegraben und entschärft hat, um sie zur Information und Abschrekkung vorzuführen. Da sind die schweren Anti-Panzer-Minen mit 8 bis 9 Kilogramm Sprengstoff TNT, die aus der ehemaligen Sowjetunion stammen und von vietnamesischen Truppen gegen die Roten Khmer eingesetzt wurden. Sie sehen aus wie unförmige Salatschüsseln, aber das Gewicht eines Kindes reicht aus, den Zünder zu betätigen und die tödliche Explosion auszulösen. Eine solche Mine kann eine ganze Gruppe Menschen zerreißen. Eine kleine Anti-Personen-Minen mit 200 Gramm Spengstoff kommt ebenfalls aus Rußland. Sie ist eine nachgebaute Mine der deutschen Wehrmacht und so groß wie eine Keksdose, aber sie kann einen Fuß oder ein Bein unterhalb des Knies abzureißen oder ein Kind töten. Anti-Personen-Minen sind so konstruiert, daß sie gewöhnlich nicht töten, sondern die Truppe des Gegners durch Verletzungen belasten und demoralisieren. Besonders gefürchtet sind die russischen Anti-Personen-Splitterminen POMZ, die in Kambodscha überall zu finden sind. Es sind Granaten aus rohem Gußeisen mit perforierer Oberfläche, so daß man sich die Größe der Splitter und die Schwere der Verletzungen vorstellen kann, die sie verursachen. Sie werden mit einen Bambusstock 50 Zentimeter über dem Boden aufgestellt und mit einem Stolperdraht verbunden. Ähnlich sind die Todesfallen (booby trap) chinesischer Minen, die wie eine Getränkedose aussehen. Der Zünder löst sie aus, wenn sie sich bei der Berührung nur um zehn Grad neigen. Eine chinesische Mine mit der Typenbezeichnung T 72 A ist deshalb besonders gefährlich, weil sie mit Plastiksplittern geladen ist und kaum Metallteile enthält. Die Mine kann nur mit großer Mühe von einem Metalldetektor geortet werden. Ebenso schwierig ist es, die Plastiksplitter im Körper eines Verletzten am Röntgenschirm zu erkennen. Andere unscheinbare Minen sind sehr raffiniert gebaut, sie liegen im Boden und haben eine doppelte Ladung. Die erste katapultiert die Mine auf Bauchhöhe, und die zweite schießt die scharfen Metallsplitter in alle Richtungen bis zu einer Entfernung von 50 Metern. Solche Mi-

nen werden auch in Deutschland von den Industriewerken Karlsruhe Augsburg; sie werden auch von der Bundeswehr eingesetzt, wo sie die Soldaten zynisch „schwarze Witwe“ nennen.

In Kambodscha werden 28 verschiedene Minen-Typen gefunden, von weltweit 750 angebotenen Minen-Sorten. Die meisten Minen stammen aus der ehemaligen Sowjetunion, China, Vietnam, den USA, Thailand, Bulgarien, Jugoslavien und Belgien. Das Land ist aber auch noch voll von scharfen tennisballgroßen Splitterbomben (bombies), die in großen Kanistern, den sogenannten „Mutterbomben“, von der US-Airforce von 1969 bis 1975 zur Verminung großer Flächen Kambodschas abgeworfen wurden. Ebenso liegen noch Millionen schmetterlingförmige Miniminen im Land, die in der ehemaligen Sowjetunion für den Einsatz in Afghanistan entwickelt und von vietnamesischen Flugzeugen von 1979 bis 1989 über Gebiete der Roten Khmer abgeworfen wurden. Die kleinen Splitterbomben wirken fast ausschließlich gegen Kinder. Wenn sie aufgegriffen werden, reißen sie ihnen die Hände am Gelenk ab und verursachen schlimme Gesichtsverletzungen, die fast immer zu Erblindung führen. Außerdem liegt sehr viel nicht-explodierte Munition in Kambodscha, die hochgeht, sobald der Zünder berührt wird.

„Killing Fields" und Minenfelder

An den Minen und Blindgängern ist die ganze Kriegsgeschichte Kambodschas abzulesen. Alle sechs Mächte, die seit dem Zweiten Weltkrieg in Kambodscha Krieg führten, haben Minen gelegt: die französischen Kolonialtruppen von 1945 bis 1954, die USA von 1968 bis 1975, die Truppen Lon Nols von 1970 bis 1975, die vietnamesischen Besatzungstruppen von 1979 bis 1989, das Regime Hun Sens von 1979 bis 1999 und die Roten Khmer von 1968 bis 1999. Keiner weiß, wieviel Minen in Kambodscha liegen, man schätzt sie auf vier bis zehn Millionen, fast eine Mine auf einen Bewohner des Landes. Davon sind noch keine 25 Prozent geräumt worden. Karten über ihre Lage wurden nicht angefertigt oder vernichtet. Manche Gebiete sind mehrfach vermint oder nur vermeintlich sicher. Denn in der Trockenzeit lösen sich Minen häufig nicht aus, weil der Zünder von der eingetrockneten Erde eingeschlossen wird. Häuser und Schu-

len stehen gelegentlich auf Minen, die manchmal mehrfach übereinander liegen. Sie stehen im wörtlichen Sinn auf einem Pulverfaß. Militärgelände, strategische Straßen und Kreuzungen sind am stärksten vermint, aber auch Wohngebiete in umkämpften Regionen. Alle Städte und Dörfer am Ufer des Tonle Sap-Sees wurden vermint. Die Grenzregion zu Thailand, vor allem die Provinzen Battambang und Banteay Meanchay, ist ein einziges Minenfeld. Im Distrikt Rattanak Mondul südlich von Battambang ist die Verminung so dicht, daß man auf einem Quadratmeter auf durchnittlich drei bis vier Minen stößt.
Die vietnamesischen Besatzungstruppen haben an der thailändischen Grenze einen 600 Kilometer langen „Westwall“ mit zwei bis drei Millionen Minen angelegt, „Kor Pram“ (Barriere Nummer fünf) genannt, einen dichten Minengürtel vom Westen über den Nord-Westen Kambodschas bis tief nach Laos hinein. Damit wollten sie das Vordringen der Roten Khmer und der Widerstandsfront von Prinz Sihanouk aus den Flüchtlingslagern im thailändischen Grenze unterbinden. Die kambodschanische Bevölkerung wurde für die Anlage der Minenfelder und Panzergräben zwangsverpflichtet. Seitdem ist „Kor Pram“ in Kambodscha ein Synonym für Zwangsarbeit und „Arbeitslager“. Beim Arbeitseinsatz auf dem bereits früher verminten Gelände sind sehr viele Menschen umgekommen und verletzt worden. Beim Abzug 1989 haben die vietnamesische Truppen keine Karten der Minenfelder übergeben. Die ersten Karten von 2.400 Minenfeldern haben die Militärs der UN Transitional Authority of Cambodia (UNTAC) von 1991 bis 1993 zu ihrer eigenen Sicherheit angefertigt. Die Minen-Felder sind neben den „Killing Fields“ der Roten Khmer die andere Topographie des Schreckens und Todes in Kambodscha. Minen sind in Kambodscha billig und werden für absurde Zwecke gebraucht. Die Armee verfügt über einen Bestand von vier Millionen Minen, die auf den Markt gelangen. Felder und Häuser werden vermint, weil Minen billiger als Zäune und Schlösser sind. Mit Minen und der Verminung von Streitobjekten werden Zwistigkeiten unter der Bevölkerung ausgetragen. Militärs und Regierungsbeamte lassen entmintes öffentliches Land wirder verminen, um es für sich zu sichern und eine Nutzung durch andere zu verhindern.

Vom Minenleger zum Minenräumer

Der uns in die Welt des tödlichen Hinterhalts der Minen in Kambodscha einführt, ist Sam McCloud aus Großbritannien, Leiter des Minen-Räumprogramms von Mine Advisory Group (MAG) in Kompong Thom. Er hat Minen auf der Seite der Kriegsführung kennengelernt und weiß, wie man sie gegen die Bevölkerung einsetzt. Er ist Armee-Ingenieur und war in der Royal Army ein Spezialist für die Kriegsführung mit Landminen, davon sechs Jahre auf dem britischen Stützpunkt im deutschen Hameln stationiert. Wir haben einen Saulus vor uns, der zum Paulus wurde. Nach einer einträglichen Karriere im kommerziellen Entminungsgeschäft in Afghanistan, Mosambik und Kuweit stieß er 1992 zur gemeinnützigen Mine Advisory Group in London und kam nach Kambodscha. Der militärische Drill ist dem diszipliniert und nüchtern reagierenden Mann anzusehen. Mit Disziplin führt er auch die beiden kambodschanischen Teams der Provinz von 20 Entminern, mit je einem Einsatzleiter, Sanitäter und Fahrer. Er führt es auf die strikte Disziplin der Teams zurück, daß es bisher keinen Unfall unter den Entminern in Kompong Thom gegeben hat. Auch unter der Bevölkerung sind Minenunfälle zurückgegangen. Sie liegen bei durchschnittlich 13 Opfern im Monat, am häufigsten im Februar und März, wenn die Felder für den Reis bestellt werden. Der Anteil von verletzten Kindern liegt unter zehn Prozent, während er landesweit 25 Prozent beträgt. Das ist sicherlich auf ein gutes Aufklärungsprogramm in den Schulen zurückzuführen. Die Information über Minen gehört zum Lernstoff aller Schulen. Die Gefahren und Vorsichtsmaßnahmen werden Schülern auf Videos gezeigt und auf Demonstrationsfeldern konkret vorgeführt. Wenn der Schulweg durch gefährliche Minenfelder führt, werden Schülerlotsen zur Begleitung der Kinder ausgebildet. Auf den Schulhöfen und an Straßenkreuzungen hängen überall große Tafeln mit Hinweisen auf die Gefahren und Verhaltensregeln, teils von Coca Cola gesponsert. Gemeinnützige Organisationen von Minenräumern wie Mine Advisory Group haben Prioritäten und räumen Minen in erster Linie für kommunale Einrichtungen wie Schulen, Märkte, Pagoden und Brunnen, aber auch Gärten, Reisfelder und Bewässerungskanäle zur Sicherung der Existenz von armen Bauern. In Kompong Thom, aber auch in Kompong Speu und Battambang, besteht eine enge Zusammenarbeit mit der britischen Hilfsorganisationen Handicap International und Action North-South für die physische Rehabilitation und Integration von Minenopfern durch landwirtschaftliche Selbsthilfeprojekte. Die Arbeit wird durch private Spenden und Zuwendungen finanziert. Daneben gibt es in Kambodscha noch zwei weitere regierungsunabhängige Organisationen zur Räumung von Minen, die eine vergleichbare Zielsetzung haben und eine ähnliche Arbeit leisten. Es sind die britische Halo Trust, die älteste Minen-Räum-Organisationen, die von Lady Diana bis zu ihrem Tode unterstützt wurde und bei der viele Frauen tätig sind, und das Programm zur Minenräumung von Norwegian Peoples Aid, die größtenteils im Auftrag der norwegischen Regierung tätig ist.

Wir schauen uns in Kompong Thom auch beim Mine Action Center MAC um, dem Minenräumprogramm der Regierung, das 1993 aus der Mine Clearing Training Unit MCTU der UNTAC hervorgegangen ist. Das Programm ist sozusagen eine Hinterlassenschaft der UNTAC, die man der Regierung übertragen hat, ohne sie jedoch im Lande zu verankern und finanziell abzusichern. Cheng Rady, ein ehemaliger Offizier der Armee, leitet sieben Einheiten (platoons) der Provinz mit je 30 Mitgliedern. Er war Mitarbeiter der UNTAC und hat 1993 die Position eines Einsatzleiters übernommen. Die militärische Herkunft ist ihm anzusehen, er ist Soldat, pocht auf Disziplin und hält sich an Befehle, wie er uns erklärt. „Standard Operational Procedures – SOP" der Minenräumung ist sein Lieblingswort; die SOP unterscheiden sich jedoch kaum von denen der gemeinnützigen Organisationen. Auf dem Programm steht vor allem die Entminung von Land für die Wiederansiedlung von Flüchtlingen und landwirt-

schaftliche Entwicklungprojekte. Dazu gehören auch kommunales Land und Gelände für Infrastrukturvorhaben der Regierung. Die Prioritäten werden im Zentralbüro in Phnom Penh festgelegt, wobei Sonderinteressen von Regierungsangehörigen und des Militärs offensichtlich besonders berücksichtigt werden.
Das jährliche Budget von Cambodian Mine Action Center ist mit zwölf Millionen US-Dollar veranschlagt, wird jedoch ständig vom UN-Entwicklungsprogramm UNDP unterschritten, das für die Finanzierung zuständig ist. Es fehlt an ausländischer Kooperation zur finanziellen Absicherung und Qualifizierung des Programms. Der kambodschanische Staat steuert jährlich nur eine Million US-Dollar bei. Das Räumen von Minen stand in Kambodscha nie hoch im Kurs. Die UNTAC hatte von 1991 bis 1993 insgesamt nur 14 Millionen US-Dollar dafür eingeplant, ein geringe Summe im Vergleich zu anderen Posten, wie 89 Millionen US-Dollar für Fahrzeuge und zehn Millionen US-Dollar für Generatoren. Das bei einem Gesamtbudget von drei Milliarden US-Dollar für das bisher teuerste UN-Programm zur „Rehabilitierung" eines von Kriegen zerstörten Landes. Noch grotesker ist die Relation zu sieben Milliarden US-Dollar, die von den USA von 1969 bis 1975 für den „geheimen" Krieg gegen Kambodscha ausgegeben wurden, oder der amerikanischen Finanzierung des Lon-Nol-Regimes von 1970 bis 1975 mit täglich einer Million US-Dollar.
Die Bundesregierung Deutschland hat 1997 ein neues Ausbildungs-Zentrum des Cambodian Mine Action Center in Svay Chrum bei Kompong Chhnang mit 475.000 DM finanziert, wo die bisherige Ausbildung von Battambang und Phnom Penh zusammengelegt wurde. Im Zentrum werden ständig 120 Personen zum manuellen Minenräumen ausgebildet. Zum Zentrum gehört auch ein großes Übungsgelände, das Areal eines ehemaligen Militärflughafens. Zum ersten Mal werden auch Minen-Suchhunde ausgebildet, von der schwedischen Regierung finanziert. Sonst zeichnet sich keine wesentliche Verbesserung der Methoden zum Auffinden und Räumen von Minen durch neue angepaßte Technologien ab. Für 1,7 Millionen DM hat die Bundesregierung ein Exemplar der Minen-Räum-Maschine „Rhino" finanziert, deren Nutzen in Kambodscha umstritten ist. Der Panzer-ähnliche Minendrescher wird von der Kieler Firma MaK hergestellt, einer Tochterfirma des Rüstungskonzerns und Minenproduzenten Rheinmetall in Düsseldorf.

Das Geschäft mit dem Minen-Tod

Die Frauen und Männer von der Minenräumung leisten eine frustrierende Sisyphusarbeit auf den Minen-Feldern der Welt, denn für jede geräumte Mine werden 20 neue verlegt. Weltweit liegen 60 bis 200 Millionen Landminen auf den Feldern und in den Dörfern von 64 Ländern, hauptsächlich in Armutsländern der Dritten Welt. Ein Arsenal von 250 Millionen Anti-Personen-Minen wird weltweit gelagert und für den Einsatz bereitgehalten. Alle 53 Minuten wird jemand von einer Mine zerfetzt und getötet, alle 27 Minuten ein Mensch verstümmelt. Jedes Jahr sterben 10.000 Menschen durch

Minen und 20.000 werden verletzt, zu 90 Prozent Zivilisten. Das bedeutet Tod und Verstümmelung von jährlich einer Kleinstadt von 30.000 Menschen. Eine erschütternde Statistik des Grauens! Am stärksten sind Angola, Mosambik, Senegal, Guinea-Bissau, Afghanistan, Kambodscha, Laos, Vietnam, Irak und Bosnien von Minen verseucht. Die meisten neuen Minen werden in Angola, Burma, der Türkei, Israel und Sri Lanka verlegt.
Hier muß die Frage nach der Produktion und dem Handel mit Minen und der Information der Bevölkerung über die verheerende Wirkung von Minen in den Herkunftsländern gestellt werden. Wie kommt es, daß Minen Tausende Menschen töten und verstümmeln und in den USA und den europäischen Staaten, wo die meisten Minen und Minensysteme hergestellt werden, so wenig darüber bekannt ist und kaum etwas dagegen unternommen wird? Die andere Frage richtet sich an das Verhältnis von der Produktion und Räumung von Minen durch ein und dieselbe Firma. Firmen, die Minen herstellen und verlegen, treten als private und gemeinnützige Organisationen auf und verschaffen sich profitable Verträge zur Minenräumung. Sie verdienen doppelt am Minengeschäft. In Deutschland ist eine ganze Reihe Firmen an einem solchen Doppelgeschäft beteiligt. Nach Recherchen des Hamburger Journalisten Ekkehard Launer gehört die Firma Diehl GmbH in Nürnberg zu den größen Minenproduzenten und ist über das Tochterunternehmen Flensburger Fahrzeugbau GmbH am Bau und Vertrieb des „Minebreaker 2000" beteiligt, eines aus einem Panzer konstruierten Minendreschers. Eine Organisation aus Münster mit dem christlichen Namen St. Barbara ist als Verband mit geschäftlichen und humanitären Interessen bei der Minenräumung in Angola bekannt geworden. Zu St. Barbara gehören der Rüstungskonzern Rheinmetall, Deutschlands größter Prothesenhersteller Otto Bock, die Metro und der Bundesverband der Deutschen Industrie. St. Barbara wird jährlich mit 1,7 Millionen DM vom Auswärtigen Amt zur Minen-Räumung gefördert, trägt selbst aber nur 400.000 DM dazu bei. Es ist auffällig, daß Firmen sich immer dann für die Räumung ihrer eigenen Minen interessieren, wenn Wirtschaftsinteressen im Spiel sind, wie der Abbau von Bodenschätzen oder Öl- und Gasförderung in Minen verseuchten Gebieten.
Man schätzt, daß jährlich wenigstens für 10 Millionen DM Minen für Krisengebiete in Auftrag gegeben werden. Am 1. Oktober 1989, zwei Tage vor der Vereinigung Deutschlands, wurden aus Beständen der DDR 100.000 Landminen zum Stückpreis von 25 DM verkauft, vorwiegend in Krisengebiete. Alle großen deutschen Rüstungsfirmen stellen Minen her und sind am internationalen Markt mit der tödlichen Munition beteiligt. Kritikern halten sie entgegen, daß sie an der Entwicklung sogenannter „intelligenter" Minen arbeiten, die keine Zivilisten treffen. Die Dynamit Nobel AG in Troisdorf bei Bonn baut Panzer-Abwehr-Minen in großem Stil und ist an der Entwicklung des europäischen Minen-Abwurfsystem MARS beteiligt, seitdem die Minen-Lege-Maschinen „Skorpions" aus den 70er Jahren veraltet sind und von der Bundeswehr ausgesondert werden. Die Firma Diehl in Nürnberg produziert die Anti-Personen-Minen DM 11 und rüstet Tornado-Bomber mit Panzer-Abwehr-Minen aus, die we-

gen der Steuerungsmöglichkeit des Auslösers als „Submunition“ deklariert werden. Die Firma Rheinmetall Industrie GmbH baut Splitterminen unterschiedlicher Arten und ist an mehreren Entwicklungsprojekten für Minensysteme beteiligt. Daimler-Benz Aerospace AG, DASA, in München baut Mehrzweck-Minen, die Streuminen LASSO und das Abwurfsystem MARS. Es ist eine lange Liste der deutschen Beteiligung am tödlichen Geschäft mit Minen.

Das Verhältnis von Herstellung und Räumung von Minen steht in Deutschland auf dem Kopf. Die Bundesregierung gibt ein Vielfaches mehr für die Entwicklung, den Bau und die Beschaffung als für die Räumung von Minen aus. Von 1980 bis 1992 wurden 763 Millionen DM für Anti-Panzer-Minen und 192 Millionen DM für Minenwerfer ausgegeben. Für 1998 wurden für die Entwicklung sogenannter „intelligenter“ Minen100 Millionen DM bewilligt, hauptsächlich für die Firma DaimlerChrysler zur Entwicklung der Minenbomben PARM-1 für die Luftwaffe der Bundeswehr. Das Verteidigungsministerium hatte sogar 320,9 Millionen DM dafür gefordert. Dem stehen nur 18 Millionen DM für zivile Minenräumprogramme zur Verfügung. Die Räumprogramme in den am stärksten von Minen betroffenen Ländern – Angola, Mosambik und Kambodscha – wurden bisher nur insgesamt mit 30 Millionen DM aus öffentlichen Mitteln gefördert.

Mit der herkömmlichen manuellen Entminung würde es Hunderte von Jahren dauern, um alle Minen zu beseitigen. Die Kosten dafür werden auf 33 Milliarden US-Dollar geschätzt. Technologien und Methoden für ungefährliches und schnelles Räumen liegen bereit und könnten zur Anwendungsreife entwickelt und hergestellt werden. Das sind elektronische Schnüffler, thermale Sensoren, Radar-Erkennung, luftgestützte Infrarotsysteme und ferngesteuerte Luftaufklärung. Auch eine präzise Karthographierung der Minenfelder durch Satellitenaufklärung wäre möglich. Die Rüstungsindustrie wittert darin einen neuen und profitablen Markt, der auf eine Milliarde DM Markt geschätzt wird. Doch es bewegt sich nichts, solange die andere Seite des Geschäfts, die Herstellung und der Verkauf von Minen, profitabler ist und sich kein öffentlicher Widerstand regt.

Der Nobelpreis für die Anti-Minen-Kampagne

Im November 1991 haben Bobby Muller von der Stiftung Vietnam Veterans in New York und Thomas Gebauer von der Hilfsorganisation Medico International in Frankfurt/Main die Initiative zu einer weltweiten Kampagne zum Verbot von Landminen ergriffen und Nicht-Regierungsorganisationen zum Beitritt aufgefordert. Organisationen, die für Minenopfer tätig sind, wie Handicap International, Physicians of Human Rights, Mine Advisory Group und Human Rights Watch, schlossen sich dem Aufruf an, so daß im Mai 1993 in London die International Campaign to Ban Landmines ICBL gegründet werden konnte. Nach fünf Jahren zählten 1300 Basisinitiativen aus 60 Ländern zu der Kampagne. Auch das Internationale Komitee des Roten Kreuzes IKRK schloß sich der Kampagne an. Der bundesdeutsche Initiativkreis für das Verbot von Landminen wird von zahlreichen Initiativen und 15 größeren Hilfsorganisationen getragen, wie Misereor, Brot für die Welt, terre des hommes und UNICEF, und legte dem Auswärtigen Amt 1996 eine Liste mit 500.000 Unterschriften vor.
Der öffentliche Druck auf die UN-Abrüstungskonferenz in Genf führte 1996 dazu, daß die Minen-Konvention von 1980 revidiert und um ein neues Minenprotokoll erweitert wurde. Doch die UN-Konvention bleibt weit hinter den Forderungen der internationalen Kampagne zurück. Tretminen werden nicht generell verboten, Übergangsfristen sind zu lang, und es gibt keinen Kontrollmechanismus. Die Parlamente und Regierungen von Norwegen, der Schweiz, den Niederlanden, Belgien, Österreich, Schweden, Dänemark und Kanada reagierten auf die Kampagne und luden für den 3. Dezember 1997 zu einer Minen-Konferenz in Ottawa ein. Sie wurde zum Teilerfolg. Von 186 Mitgliedsstaaten der UNO unterzeichnen 134 das Verbot von Anti-Personen-Minen, das durch die Ratifizierung durch 64 Staaten rechtzeitig zum 1. März 1999 in Kraft getreten ist. Danach sind der Einsatz, die Herstellung, Lagerung und Weitergabe von Anti-Personen-Minen aller Art verboten. Die Bestände sind innerhalb von vier Jahren zu zerstören, und in zehn Jahren sollen alle von Anti-Personen-Minen verseuchten Gebiete geräumt sein. Für die Räumung wurde eine internationale Kooperation vereinbart, die vor allem Ländern zugute kommt, die nicht selbst die Minen in ihrem Land räumen können. Die Vertragsstaaten vereinbarten ein jährliches Treffen zur Rechenschaft über die Umsetzung des Vertrags. Damit ist ein Durchbruch zur Beseitigung von Anti-Personen-Minen erreicht worden. Was die Konvention jedoch wert ist, muß die Realität zeigen. Die USA, China und Rußland haben die Vereinba-

rung nicht unterzeichnet und müssen noch dafür gewonnen werden. Die Rüstungspolitik der Unterzeichnerstaaten ist mit der Vereinbarung in Einklang zu bringen. Mitte 1999 fand in Maputo in Mosambik die erste Konferenz der Unterzeichner-Staaten statt, auf der die International Campaign to Ban Landmines einen Monitoring-Bericht vorlegte. Die Länder, die Anti-Personen-Minen herstellen, sind von 54 auf 16 zurückgegangen. Ein guter Anfangserfolg! Aber gleichzeitig werden neue Minensysteme hergestellt und Minen umdefiniert, Anti-Personen-Minen werden zu Landminen erklärt, und Anti-Fahrzeug-Minen werden sogar als gewöhnliche Waffen deklariert. Es ist noch ein langer Weg, die Herstellung und Verbreitung aller Minen zu unterbinden, aber der Anfang ist geschafft.

Der Friedensnobelpreis für die International Campaign to Ban Landmines von 1997 hat eine Signalwirkung für das Verbot aller Minen, wie es auch die Jury sieht: „Das norwegische Nobelkomitee möchte der Hoffnung Ausdruck verleihen, daß der Ottawa-Prozeß noch mehr Unterstützung findet. Als Modell für ähnliche Prozesse in der Zukunft könnte er sich als von entscheidender Bedeutung bei internationalen Anstrengungen für Abrüstung und Frieden erweisen." Die Koordinatorin der Kampagne, Jody Williams, die den Preis zusammen mit Tun Channarith am 10. Dezember 1997 in Oslo entgegennahm, macht die nüchterne Feststellung: „Es ist eine Ermutigung für das, was wir noch erreichen wollen, und eine Belohnung für das, was wir erreicht haben."

h.k.

Selbsthilfe im Schatten der Pagoden

„Die Kinder sind wie zarte, empfindliche Bambussprößlinge. Wir müssen sie hegen und pflegen. Wir müssen sie stärken, damit sie einmal gesunde kräftige Bambusbäume werden." Der das sagt mit sanfter Stimme, trägt die gelbe Robe der buddhistischen Mönche. Venerable Sekchhengon ist 30 Jahre alt. Der Mann, kahlköpfig wie es seinem Stand geziemt, steht dem Wat Danloor vor, einem Kloster im Distrikt Stung im zentralen Kambodscha.

Der Ort liegt ziemlich in der Mitte zwischen den Tempelanlagen von Angkor Wat und der Stadt Kompong Thom. Das ist abgeschiedenes Hinterland, nur mit geländegängigem Auto über endlose Schlaglöcher zu erreichen. Die große weite Welt mit ihren vielfältigen Programmen, die dem geschundenen Kambodscha wieder auf die Beine helfen sollen, scheint einen Ort wie diesen vergessen zu haben. Oder doch nicht?

Wir sind in den frühen Morgenstunden von Kindern umringt, lärmend, lachend, in fröhlicher Unbekümmertheit. Neben der Pagode steht ein langgestrecktes Schulhaus. Ebenerdig ist es, sehr einfach gebaut, aber stabil und funktional. Der Mönch Sekchhengon deutet darauf und erwähnt die GTZ, die Gesellschaft für Technische Zusammenarbeit mit Sitz in Eschborn bei Frankfurt am Main. Die Gesellschaft betreibt im Auftrag der deutschen Regierung weltweit Entwicklungshilfe. Sie hat den Schulbau finanziert. Am Vormittag drücken die Kinder die Schulbank. Am Nachmittag versammeln sich darin die 15 Mönche des Klosters.

Dieses Schulhaus ist nur ein Teil eines viel umfangreicheren Selbsthilfeprojektes. Es soll das soziale Geflecht, das traditionellerweise zwischen einer Pagode als dem geistigen Zentrum eines Dorfes und dessen Bewohnern existiert, fördern und neu beleben. „Die Pagode hilft den Menschen und die Menschen helfen der Pagode", sagt deren Vorsteher; und er weiß aus eigener Erfahrung, daß dieser uralte Zusammenhalt, der im buddhistisch geprägten Kambodscha über Jahrhunderte das Leben der Menschen bestimmte, wie so vieles seit den düsteren Jahren des Vietnamkrieges und der Schrekkensherrschaft der Roten Khmer brüchig geworden ist und erst mühsam wieder aufgebaut werden muß.

Der würdige Mann im gelben Gewand hat selbst erlebt, was Krieg und Vernichtung bedeuten. Ende der 80er Jahre war er Soldat und daran beteiligt, Leben zu nehmen und nicht Leben zu schützen. Erst nach diesen Erfahrungen wurde er Mönch, der nun lachend sagt: „Wir können nicht einfach passiv auf das Nirwana warten, auf das alles Materielle auflösende Nichts. Wir müssen uns organisieren, die Menschen anleiten, das Leiden zu erkennen und bereits hier auf Erden zu überwinden."

Das sind auch in Kambodscha aus dem Munde eines Mönches ungewöhnliche Worte.

Doch Venerable Sekchhengon gehört zu den ungewöhnlichen Mönchen, die mit der Autoriät ihres Amtes und der populären Achtung, die den Pagoden zuteil wird, das irdische Leben der Menschen erträglicher machen wollen.

In Narak Souvan hat er einen Mitstreiter gefunden, der derselben Generation angehört, ähnliche Lebenserfahrungen hat und von der Idee besessen ist, die alten, zerstörten Dorforganisationen wieder aufzubauen. Narak Souvan ist einer der einheimischen Mitarbeiter der GTZ, die für dieses Projekt der Armutsbekämpfung in Kompong Thom ihre Büros hat. Mit GTZ-Mitteln werden einheimische Helfer ausgebildet und eine gewisse Zeit bezahlt. Es werden Kredite vergeben, mit denen Saatgut gekauft werden kann, Versammlungshäuser gebaut oder wieder aufgebaut werden. Eine Reisbank ist organisiert worden, die Saatgut lagert und verteilt. Es werden Seminare finanziert. Dabei geht es beispielsweise um Bewässerungstechniken, um die Mobilisierung dörflicher Mitarbeit.

Die Hälfte der Ausgaben wird aus Projektmitteln bezahlt, die andere Hälfte bringen die beteiligten Leute in Pagoden und Dörfern selbst auf. Narak Souvan umschreibt das so: „Wir von der GTZ sind die linke Hand, die Leute sind die rechte Hand. Nur so wird Zusammenarbeit möglich.“ Als Gremium der lokalen Selbsthilfe fungieren die sogenannten Pagoden-Komitees, ein Team aus Mönchen und Dorfbewohnern. Solche Komitees gab es lange vor der GTZ-Hilfe, aber auch diese traditionelle Form gegenseitiger lokaler Hilfe wurde in den 70er Jahren zerschlagen. Da liegt noch immer ein großes Potential an religiös motivierter Nachbarschaftshilfe brach. Dazu Narak Souvan: „Es gibt so etwa 40.000 Mönche in Kambodscha. Sie sind traditionellerweise sehr einflußreich. Mönche leben in der Gesellschaft und können dazu beitragen, die Lebensbedingungen in den Dörfern zu verbessern. Umgekehrt können die Dörfler den Mönchen helfen."

So weit das Auge reicht, breiten sich in der Ebene grüne Reisfelder aus. Dazwischen Flußläufe, kleine Seen, Bambushaine und die für Kambodscha typischen Zuckerpalmen. Eine Wolke weißer Reiher schwebt darüber hinweg. Reisanbau und Fischfang sind die üblichen Erwerbszweige. Man lebt aus der Hand in den Mund. In den meisten der Pfahlhäuser wären nicht mal 100 Riel zu finden, ein paar Pfennige. Bargeld ist auf dem Markt zu bekommen, wenn man ein paar Eier anbieten kann oder geräucherten Fisch. Meist werden die kümmerlichen Erträge für den eigenen Bedarf gebraucht – und reichen nicht einmal dafür aus. Das Land sieht friedlich aus. Nichts, was auf den ersten Blick die tiefen Wunden Kambodschas sichtbar machte. Der Augenschein vermittelt nur den oberflächlichen Eindruck. Breite Kanäle aus neuerer Zeit durchziehen das Land, fast idyllisch anzusehen mit Lotusblüten und Seerosen. Kaum mehr zu erahnen, aus welchem Leid heraus solche Wasserwege entstanden sind. Zu Tausenden, Hunderttausenden waren die Männer und Frauen während der Pol Pot-Herrschaft gezwungen worden, diese Kanäle auszuschachten. Die Vision vom wiedererstarkenden Reich der Khmer in der Nachfolge der einstigen Könige sollte mit äußerster Brutalität verwirklicht werden. Wasser und Reis als Voraussetzung der Selbstversorgung. Die Utopie von vorgestern versank im blutigen Schlamm.

Kambodscha gehört zu den ärmsten Nationen der Welt. Das wird sofort spürbar, wenn man die wenigen wiederhergestellten Fernstraßen verläßt und sich in die dörfliche Welt begibt, wo noch immer die Mehrheit der zwölf Millionen Kambodschaner lebt. Es gibt kaum öffentliche Verkehrsmittel. Die Landwirtschaft kommt nur langsam in Gang. Die in Jahrzehnten der Kriege zerstörte Infrastruktur liegt vielerorts noch immer in Trümmern.

Zu Mittag waren wir im Dorf Prasath gewesen, einem der vielen Weiler der Region. Dort ist der Schatten der Pagode besonders kümmerlich. Das einstmals prächtige Gebäude ist bis auf die Grundmauern ruiniert. Hier hatten Pol Pots Truppen gehaust. Von Wiederaufbau keine Spur. Dazu fehlt das Geld. Die Opferstätte ist unter freiem Himmel eingerichtet. Ehedem lebten 13 Mönche im Kloster, nun sind es wieder acht. Von ihrem Holzhaus blicken sie hinüber zu einem uralten Baum, dessen Äste und Luftwurzeln sich um die Überreste eines Tempels aus der Angkor-Zeit schlingen. Geschichtsträchtiger Boden. Die Überlebenden aller Greuel achten den Ort. Fährt jemand mit dem Rad vorbei, läuft eine Gruppe von Jungen und Mädchen über den Platz vor Pagodenmauern und überwucherten Tempelresten, so wird der Kopf entblößt.

Wir waren zu Gast gewesen; und die Frauen und Männer der kleinen Siedlung hatten uns köstlich bewirtet. Gebratene Fische, scharfgewürzte Bohnen, Reis, Wassermelonen. Es war ein Festessen. So selbstverständlich, so freundlich auf Matten dargeboten; und doch auch klar, daß die alltägliche Nahrung karger und bescheidener ist. Die Mitglieder des dortigen Pagoden-Komitees erzählten uns, daß sie sehr wohl wissen, wie sie sich zu organisieren haben. So etwas hat schließlich eine lange Tradition. Aber was fehle, seien neue Ideen und Anregungen für veränderte Anbaumethoden, verbessertes Saatgut, Tips für die Vermarktung. Man lebe zu abgeschieden und sei sich zu sehr allein gelassen. Deshalb schätzten sie die Mitarbeit im Projekt. Da klang wieder diese Bereitschaft an, ja, das Verlangen nach sozialen Verbindungen mit der Außenwelt; das Bedürfnis, nach Jahren der Bevormundung und des gebrochenen Willens wieder ernstgenommen zu werden und an Entscheidungen selbst teilzunehmen. Die nicht sichtbaren Wunden als Folge der traumatischen Verletzungen, die einem ganzen Volk zugefügt wurden, werden erst in solchen Gesprächen offengelegt. Es ist erstaunlich, mit welcher Bereitschaft die heute 30jährigen und die Menschen der älteren Generation, die den Vernichtungswahn der Roten Khmer überlebt haben, reden wollen. Es ist ganz so, als müßten sie sich die alptraumhaften Erinnerungen von der Seele räumen. Die Erinnerung, als Kind von den Eltern getrennt und in Jugendlager gepreßt worden zu sein. Die Erinnerung, den verschleppten Ehemann, den ermordeten Vater verloren zu haben. Die Erinnerung ans Joch der Zwangsarbeit, die zum physischen Zusammenbruch führte.

Was weiterwirkt bis in die Gegenwart ist dies: Ein menschenverachtendes Regime zerstörte das Gemeinschaftsgefühl. Niemand traute mehr den anderen. Das totalitäre Überwachungssystem hat die Grundlagen jeglichen friedlichen, vertrauensvollen Zusammenlebens ruiniert. Wer an einem Posten mit Macht über Leben und Tod war, konnte nie sicher sein, morgen nicht selbst ein Opfer des mörderischen Apparates zu werden. Es herrschte völlige Rechtlosigkeit. Erst allmählich normalisieren sich die zwischenmenschlichen Beziehungen. Das alles macht den Neuanfang so schwierig. Und der Anfang ist mehr als Straßenbau und das Verlegen von Telefonleitungen.
Die Aufräumarbeit im sozialen Umfeld ist die eigentliche Herausforderung des Pro-

jektes, das die Pagoden-Komitees stützt. Da wird an ein Verantwortungsbewußtsein angeknüpft, das neu gestärkt werden muß. 115 Dörfer und Pagoden sind in dieses Unternehmen der Selbsthilfe einbezogen. 6.000 Familien arbeiten mit. Narak Souvan beschreibt das Ziel der Aktivitäten: „Wir wollen zum Nutzen einer zivilen Gesellschaft arbeiten. Als erstes geben wir den Armen eine Chance, ihr Einkommen zu verbessern. Zum zweiten wollen wir sie darin bestärken, die natürlichen Gegebenheiten in ihrer unmittelbaren Nachbarschaft zu nutzen. Wir reden mit ihnen auch über die segensreiche Lehre des Lord Buddha und deren Bedeutung für die Gegenwart."

Der Zusammenhang der buddhistisch geprägten Lebensweise und den Erfordernissen von heute wird immer wieder angesprochen. Narak Souvan: „Der Buddhismus und die Gesellschaft bedingen sich wechselweise und gegenseitig. Buddhismus, Demokratie, die zivile Gesellschaft sollen gestärkt werden. Das klingt vielleicht etwas zu ambitioniert, zu anspruchsvoll. Aber genau das versuchen wir hier." Narak Souvan ist der Typ des Machers mit Visionen. Auch er hat gekämpft in den ersten Jahrzehnten seines Erwachsenendaseins; er weiß, was Gewalt bedeutet und welche langfristigen Folgen das Morden hat. In originellem Englisch, das weit entfernt von Oxford angesiedelt ist, erzählt er mit bitterer Selbstironie: „Militärs – was und wie waren wir denn? Hungry, angry, nasty. Alle schlechten Eigenschaften können sich in Uniform austoben." Er lacht. Die kantigen Züge seines Gesicht, der Bürstenhaarschnitt lassen in ihm noch immer eher einen Soldaten oder Polizisten vermuten als einen Mann, der sich der Sozialarbeit verschrieben hat. 32 Jahre ist er alt, Vater eines fünfjährigen Sohnes, einer dreijährigen Tochter. Sein Geschichtsbewußtsein ist an kambodschanischer Größe orientiert. „Zu Zeiten der Khmer-Reiche von Angkor waren wir so stark wie heute die USA", sagt er pfiffig, stets aufgelegt, Geschichten und Anekdoten zu erzählen. Beispielsweise: Eine Maus war so von ihrer Bedeutung überzeugt, daß sie mehr sein wollte als bloß eine Maus. Bei einem Eremiten schmeichelte sie sich ein, der die Schwarze Magie beherrschte. Er verwandelte den grauen winzigen Nager zuerst wunschgemäß in eine Katze, dann in einen Hund. Schließlich wurde aus der größenwahnsinnigen Maus ein Tiger. Und was tat das Raubtier? Es stürzte sich auf den Eremiten und wollte seinen Gönner auffressen, um mächtiger als der zu sein. Und dann? Narak Souvan genießt unsere Neugier wie jeder Erzähler, der sich seiner Wirkung bewußt ist. „Nun, als der Maus-Tiger zum Sprung ansetzte, die Krallen gerade in den Eremiten schlagen wollte – schwupps, da wurde aus der gefährlichen Bestie wieder eine harmlose Maus." Und die Moral der Geschichte? „Niemals über seine Verhältnisse leben wollen", sagt Narak Souvan, der Buddhist, „und niemals vergessen, woher man kommt."

Wir wenden ein: Also still und duldsam dort bleiben, wo man ist; keine Veränderungen? Keine Auflehnung gegen Ungerechtigkeit? Ist das buddhistische Weisheit? Er schüttelt den Kopf mit dem militärischen Haarschnitt. „Aber nein", wehrt er ab, „natürlich nicht diese Art von passiver Duldsamkeit. Die Veränderungen müssen angepaßt an die tatsächlichen Lebensumstände sein."

Wir stehen vor dem Wat Danloor mit hohem Dach farbiger Ziegel, erst in jüngerer

Zeit restauriert. Die meisten dieser Pagoden sind während der Schreckensjahre der Roten Khmer zerstört oder als Lagerhallen entwürdigt worden. Der Mönch Sekchhengon stimmt zu, als Narak Souvan sagt: „Wir wirken darauf ein, daß ein Mönch nicht nur in der Pagode bleibt, dort ißt und schläft und heilige Gesänge zelebriert. Das ist nicht genug. Ein Mönch sollte die Leute motivieren, sie zur Selbständigkeit ermutigen. Buddha lehrt uns, auf eigenen Füßen zu stehen."
Mitte der 90er Jahre war von Kompong Thom aus mit der ländlichen Entwicklungsarbeit im Schatten der Pagoden begonnen worden. Als 1998 eine erste umfassende Projekt-Prüfung vorgenommen wurde, konnten die Evaluierer in ihrem Bericht vermerken: „Der Ansatz zur Selbsthilfe des GTZ/Provinz-Entwicklungs-Projektes ist eine einzigartige Erfahrung aus dem Zusammenwirken einer internationalen Organisation und den traditionellen Pagoden-Komitees. Sie werden bei eigenständigen Aktivitäten in der Dorfgemeinschaft ermutigt. Der Wert des Projektes liegt in der Leistung, die Armut zu überwinden, indem die bereits bestehenden Organisationen gestärkt werden; Organisationen auf der Ebene der Graswurzeln."
r.s.

Das überfällige Tribunal

Als wir von der Reise durch die Provinzen nach Phnom Penh zurückkommen, ist in der Stadt eine große Nervosität zu spüren, erregte Diskussionen auf den Märkten und in den Restaurants und viel Polizei auf den Straßen. Was ist geschehen? Khieu Samphan und Nuon Chea, die prominentesten Kader aus der Führungsriege der Roten Khmer nach dem Tode Pol Pots, sind zur Regierung übergelaufen und werden in Phnom Penh von Hun Sen „mit Blumen statt Handschellen" empfangen. Am Abend des 29. Dezember 1998 kann man auf fünf Fernsehkanälen sehen, wie sie von Hun Sen in der Privatresidenz des Premierministers empfangen werden und ein fröhliches Fest des Wiedersehens und der Versöhnung feiern. Vom Leid der Bevölkerung, dem organisierten Völkermord und ihrer Verantwortung und einem Prozeß vor einem kambodschanischen Gericht oder internationalen Tribunal ist keine Rede. Auf der einzigen Pressekonferenz mit ihnen antworten sie auf die Fragen danach mit leeren Floskeln. „Ja, es tut mir leid, sehr leid", sagt Khieu Samphan und: „Wir sollten die Vergangenheit vergessen und uns auf die Zukunft konzentrieren. Wenn wir feststellen wollen, wer Recht und Unrecht usw. getan hat, gibt es keine nationale Versöhnung und kein Ende des Krieges." Und fast zynisch und aggressiv reagiert Nuon Chea: „Es tut mit leid für die Menschen und die Tiere, die während des Krieges umgekommen sind. Manche wollen ein Tribunal. Wir essen und trinken zusammen, wer soll denn vor Gericht gestellt werden? Wenn Außenstehende keinen Frieden für Kambodschaner wollen, müssen sie als Provokateure auftreten, die einen Krieg auslösen können."

Mit ihrer Rückkehr nach Phnom Penh und dem fürstlichen Empfang durch Hun Sen wird in der Bevölkerung die Forderung nach der Verurteilung der Führungskader der Roten Khmer von einem Tribunal neu belebt.

Wir verabreden uns mit Dr. Lao Mong Hay im Khmer Institute for Democracy (KID) und fragen ihn nach der öffentlichen Meinung über einen Prozeß zur Offenlegung der Verbrechen und Verurteilung der Schuldigen. Lao Mong Hay: „Viele Menschen sind entsetzt über den herzlichen Empfang, den unsere Regierung und unser Premierminister den beiden führenden Kriminellen bereitet haben. Die beiden werden wie Staatsgäste behandelt, auf Banketts bewirtet und in Luxushotels in Ferienorten untergebracht. Für viele Kambodschaner ist das zu viel, und sie reagieren entsprechend. Der Empfang ist der Auslöser für eine Auseinandersetzung mit dem schwelenden Problem der Roten Khmer. Einige protestieren, andere schließen sich den Forderungen von Organisationen an, die ein internationales Tribunal zur Verurteilung der Führung der Roten Khmer fordern."

Auf Initiative von Lao Mong Hay und des Instituts ist das „Kambodschanische Men-

schenrechts-Aktionskomitee“ gebildet worden, in dem die großen Menschenrechtsorganisationen ADHOC und LICADHO und viele kleinere, insgesamt 17 regierungsunabhängige Organisationen (NRO), zusammengeschlossen sind. Dieses Komitee hat eine Petition mit 84.195 Unterschriften an die UNO gerichtet mit der Bitte um Unterstützung, die Führungskader der Roten Khmer vor ein internationales Tribunal zur bringen. Der Forderung nach einem internationalen Tribunal hat sich auch der kambodschanische Rechtsanwaltsverein angeschlossen, weil die Gerichte im Lande von der Regierung abhängig und bestechlich seien.

Wie jedoch die Bevölkerung über einen Prozeß und die Verurteilung denkt, ist schwer einzuschätzen. Nach traditioneller buddhistischer Auffassung hat das Karma mehr Gewicht als die Verantwortung. Schuld schlägt sich schicksalhaft im Karma nieder, woran ein Gericht nichts ändert. Nach einer Umfrage des Genozid-Dokumentations-Zentrums in Phnom Penh fordern jedoch 75 Prozent der Befragten einen Prozeß für die Führungskader, davon 35 Prozent ein internationales Tribunal und 70 Prozent ein Tribunal im Ausland. Über 40 Prozent sind auch bereit, als Zeugen auszusagen. Über 50 Prozent halten nach einem Schuldbekenntnis eine Amnestie für akzeptabel, 30 Prozent dagegen nicht und verlangen eine gerichtliche Verurteilung.

Auch König Norodom Sihanouk, eher zu bedenklichen Kompromissen im Namen von „nationaler Versöhnung“ bereit, lehnte die Amnestie von weiteren Führern der Roten Khmer ab. Angesprochen auf seine engen Beziehungen zu den Roten Khmer während der Befreiungskriege, ließ der 76jährige Monarch vom Krankenbett in Peking aus mitteilen, daß er freiwillig vor einem Tribunal erscheinen werde und: „Ich werde jedes mögliche Urteil und jede gegen mich verhängte Strafe akzeptieren.“ Noch 1996 hatte er Ieng Sary amnestiert und ihn zur Versöhnung im Palast empfangen. Auf sein Betreiben ist zurückzuführen, daß im Pariser Friedensabkommen von 1991 die Menschenrechtsverletzungen der Roten Khmer nicht als „Völkermord“ gewertet, sondern „Politik und Praxis der Vergangenheit“ genannt werden, wodurch ein internationales Tribunal erschwert wird.

Premierminister Hun Sen hat eine Kehrtwende vollzogen. Nach der Vertreibung der

Roten Khmer 1979 setzte er sich als damaliger Außenminister Kambodschas für die Verurteilung ihrer Führer ein. Pol Pot und die Führungskader der Roten Khmer wurden vom Stadtgericht von Phnom Penh in Abwesenheit zum Tode verurteilt. Als Premierminister ließ er 1994 das Gesetz zur „Illegalisierung der Roten Khmer" verabschieden, und 1997 wandte er sich an UN-Generalsekretär Kofi Annan mit der Bitte um Rechtshilfe, denn: „Kambodscha fehlt die Voraussetzung und das Fachwissen, einen so wichtigen Prozeß durchzuführen." Nach der Kehrtwende konstruierte er einen Gegensatz von „Gerechtigkeit und Frieden" und meldete nach der Festnahme von Khieu Samphan und Nuon Chea Bedenken an: „Ist es im Interesse unseres Landes, diese beiden Personen ins Gefängnis zu bringen, oder führt das zu einem neuen Bürgerkrieg? Heute geht es nicht um ein Tribunal, sondern um Versöhnung." Er spricht vom Vergraben der Vergangenheit in einem „tiefen Loch" und der Priorität wirtschaftlicher Entwicklung. Das ist um so verwunderlicher, weil die Kambodschanische Volkspartei CPP ihre historische Legitimation aus dem Kampf gegen die Roten Khmer bezieht und Hun Sen noch 1997 den Staatsstreich gegen Prinz Norodom Ranariddh und die blutige Verfolgung seiner Partei mit einer angeblichen Kooperation mit den Roten Khmer begründete. Den Befürwortern eines Tribunals droht er sogar mit Konsequenzen: „Viele Führer der Roten Khmer halten schriftliche Unterlagen für mich bereit, die eine Bombe bedeuten. Personen, die darin verwickelt sind, werden sich wundern und ihr Gesicht verlieren."

Der Meinungsumschwung ist offensichtlich darauf zurückzuführen, daß Ende 1997 der US-Senat auf Antrag der Senatorin Dana Rorabacher eine Resolution mit der Forderung verabschiedete, auch Hun Sen und alle ehemaligen Angehörigen der Roten Khmer in seinem Kabinett vor Gericht zu stellen. Dieselbe Forderung erhebt auch die kambodschanische Opposition, vor allem Sam Rainsy und die nach ihm benannte Sam Rainsy-Partei SRP. Neben Premierminister Hun Sen sind vier weitere Minister ehemalige Angehörige der Roten Khmer und seit 1993 Mitglieder des Kabinetts: der Verteidigungsminister, Innenminister, Finanzminister und Außenminister. Außerdem waren Heng Samrin, Generalsekretär der Kambodschanischen Volkspartei, und selbst Chea Sim, Senatspräsident und Vertreter des Königs, vor ihrem Seitenwechsel 1977 und 1978 hochrangige Führungspersönlichkeiten der Roten Khmer.

Unerwartet plädieren die USA seit 1995 für ein Tribunal, obwohl sie mit der Offenlegung der massiven Bombardierung und Zerstörung des Landes von 1970 bis 1975 zu rechnen haben. Es wird dann auch zur Sprache kommen, daß sie die von den Roten Khmer angeführte Widerstandsfront gegen die vietnamesische Besatzungsmacht nach 1979 militärisch unterstützt haben. Außerdem haben sie sich diplomatisch für das Demokratische Kampuchea der Roten Khmer stark gemacht und für den Verbleib in der UNO eingesetzt. Aus genau den Gründen lehnt die chinesische Regierung ein internationales Tribunal ab und kann es durch ihr Veto im Sicherheitsrat verhindern. Die Warnung des chinesischen UN-Botschafters Qin Hua enthält die übliche Begründung: „Die Frage Kambodschas ist ausschließlich eine interne Angelegenheit Kambo-

dschas und muß von der Regierung und dem Volk Kambodschas ohne Einmischung von außen gelöst werden."

Eine dreiköpfige UN-Juristenkommission unter Leitung des australischen Ex-Governeurs Sir Ninian Stephen ist der Bitte der kambodschanischen Regierung um Rechtshilfe von 1997 nachgekommen und hat eine erste Untersuchung über Völkermord und Verbrechen gegen die Menschlichkeit der Roten Khmer in der Zeit von 1975 bis 1979 durchgeführt. Die Ergebnisse dienen zur Vorbereitung eines Tribunals und wurden im März 1999 dem UN Menschenrechts-Ausschuß in Genf vorgelegt. Die Kommission, die ihren Bericht wesentlich auf den Recherchen des Genozid-Dokumentations-Zentrums aufbaut, hält die Beweislage für ausreichend, um einen Prozeß zu eröffnen, zunächst beispielhaft gegen die fünf ranghöchsten Führungskader: Nuon Chea, Ieng Sary, Ta Mok, Ke Pauk und Kang Kek Ieu („Duch"). Sie empfiehlt jedoch, den Prozeß nicht in Kambodscha, sondern außerhalb, womöglich in einem benachbarten Land, durchzuführen, denn: „Es ist die Auffassung der Gruppe, daß die kambodschanischen Gerichte gegenwärtig drei Voraussetzungen für einen fairen und glaubwürdigen Prozeß entbehren: kompetente Richter, Anwälte und Strafverfolger, eine angemessene Infrastruktur und ein Klima des Respekts vor einem ordentlichen Prozeß." Zusammenfassend bestätigt die Kommission auch: „Das Verlangen des kambodschanischen Volkes nach Gerechtigkeit und das Bewußtsein, daß die Vergangenheit nicht ignoriert werden kann. Denn es ist unerläßlich, die Vergangenheit zu begreifen und sie durch gerechte Strafe für diejenigen, die dafür verantwortlich sind, zu überwinden. Dieser Prozeß ist schon zu lange für Kambodscha aufgeschoben worden. Die Zeit ist reif zum Handeln."

UN-Generalsekretär Kofi Annan teilt die Bedenken, den Prozeß in Kambodscha durchzuführen und hat die weise Formel von einem dem „Charakter nach internationalen Prozeß" geprägt. Der schwedische Diplomat Thomas Hammarberg, Sonderbeauftragter für Menschenrechte des UN-Generalsekretärs in Kambodscha, empfiehlt, in Ergänzung zu einem Tribunal, eine Wahrheits- und Versöhnungskommission nach südafrikanischem Vorbild einzurichten, denn: „Keiner sollte der Gerechtigkeit entkommen. Die Roten Khmer müssen vor ein Gericht gestellt werden, aber alle, die sie unterstützt

haben, sollten ebenfalls erscheinen." Bischof Desmond Tutu, der ehemalige Vorsitzende, und Dumisa Nitsebeza, ehemals Leiter des Untersuchungsbüros der Wahrheitskommission in Johannesburg, haben ihre Unterstützung für Kambodscha angeboten. Premierminister Hun Sen hat den Vorschlag zwar aufgegriffen, aber nur als Alternative zur gerichtlichen Verfolgung und anstatt eines Tribunals.
Dagegen haben sich vehement die kambodschanischen Menschenrechtsorganisationen ausgesprochen, so Lao Mong Hay: „In diesem Land gibt es keinen Nelson Mandela und keinen Desmond Tutu. Es existiert keine Kultur der Rechenschaft und Schuld, wir haben keine unabhängige Rechtsprechung, die Menschen motivieren würde, vor einer solchen Kommission zu erscheinen. Nur ein Tribunal kann Gerechtigkeit garantieren, eine Wahrheitskommission ist ein Täuschungsmanöver."
Als Kompromiß und zur Umgehung der Widerstände gegen ein internationales Tribunal hat die UNO die Ausarbeitung eines Gesetzes zur Einrichtung eines Sondergerichtes in Kambodscha angeboten, um die Mitarbeit internationaler Richter und Strafverfolger zu ermöglichen. Das ist auch deswegen erforderlich, weil die kambodschanische Regierung zwar die UN-Genozidkonvention von 1948 unterzeichnet, aber keine gesetzliche Grundlage zur Anwendung im Lande geschaffen hat.
Die kambodschanische Staatsanwaltschaft hat bereits Vorgriffe gemacht und die Vorbereitung eines Prozesses gegen die beiden inhaftierten Kader der Roten Khmer mit Hilfe von Juristen aus Frankreich eingeleitet. Im September 1999 wurden Ta Mok vom Militärgericht und Kang Kek Ieu von der Staatsanwaltschaft wegen Menschenrechtsverletzungen angeklagt. Gleichzeitig ließ Hun Sen UN-Generalsekretär Kofi Annan ein Memorandum überreichen, in dem er die Beteiligung der UNO an einem Gerichtsprozeß als Verletzung der kambodschanischen Souveränität und Verfassung ablehnt. Außerdem ließ er ihm mitteilen, daß die Anwesenheit eines UN-Sonderbeauftragten für Menschenrechte wegen der politischen Stabilität des Landes nicht länger erforderlich sei. Kambodschanische Anwälte für Menschenrechte halten die Beteiligung der UNO an einem Prozeß unverändert für unabdingbar. Während der Verhandlung einer Delegation mit Hun Sen über eine UN-Beteiligung am Prozeß demonstrierten 5.000 Menschen in Phnom Penh und forderten ein UN-Tribunal zur Verurteilung aller Führer der Roten Khmer.
Nayan Chanda, Chefredakteur der „Far Eastern Economic Review" in Hongkong, bringt es auf den Punkt, was in Kambodscha ansteht: „Um den Ungeist Pol Pots auszutreiben, bedarf es mehr, als nur seinen Leichnam zu verbrennen. Wenn seine überlebenden Kumpane aus vier Jahrzehnten nicht Strafe erfahren und wenn die Verantwortlichen für zahllose politische Morde nicht vor Gericht gestellt werden, werden wir nie erfahren, welche tödliche Mixtur von Geschichte und Hybris den Holocaust Kambodschas verursacht hat. Wer die Vergangenheit nicht begreift, ist dazu verdammt, sie zu wiederholen."
h.k.

Das große Finale

Mekong III: Von Fischen und Menschen

Das Schnellboot kann am Ausgang des Tonle Sap nur im Schrittempo fahren, der Kapitän hält ständig an und vertreibt die Fischerboote aus der Fahrrinne. Überall haben Fischer ihre Netze ausgelegt und ziehen Unmengen silbern glitzernder Fische aus dem zurückströmenden Wasser in ihre Boote. Ende Dezember ist Erntezeit der Weißfische, die überall am See und Tonle Sap-Fluß bis Phnom Penh in großen Körben ans Ufer gebracht werden. Aus dem ganzen Land kommen Bauern mit Ochsenkarren an den Tonle Sap, um sich mit Fisch zu versorgen. Die Ufer in der Provinzstadt Kompong Chhnang sind ein riesiger Umschlagplatz und Verarbeitungsbetrieb für Fisch. Die aufgehäuften Fänge werden an der Uferböschung nach Größe und Qualität sortiert, die vollen Körbe an langen Bambusstangen gewogen und von Marktfrauen an Händler aus dem Hinterland verkauft. Die gute Ware wird mit Eisbrocken konserviert, gesalzen und in der Sonne getrocknet oder zwischen Bambusstöcke geklemmt und geräuchert. Die minderwertigen und kleinen Fische werden zu „prahok" verarbeitet, dem gepökelten und streng riechenden Fischprodukt, Proteinversorger und Geschmacks-träger für die Reistafel in allen Dörfern des Landes. „Zu jeder Jahreszeit werden bestimmte Fische am Tonle Sap gefangen, in der Regenzeit ganz andere als in der Trockenzeit. Die Fische sind ständig auf Wanderschaft, sie kommen zur Regenzeit vom Mekong rauf, laichen im Tonle Sap und ziehen gut gemästet mit dem abfließenden Wasser wie jetzt im Dezember wieder zurück", erklärt uns Sin Nary vom Fischereiamt der Provinz, der sich auf einen Tee zu uns gesellt und im Straßencafé oberhalb des Ufers unsere Neugier auf Fische und ihre Gewohnheiten stillt. „Das Problem ist die Überfischung. Fischer halten sich nicht an die Schonzeit während des Sommermonsuns und fangen rücksichtslos trächtige Muttertiere und nicht ausgewachsene Jungfische." Viele Fischsorten wandern zum Laichen in die Quellgebiete der Mekong-Zuflüsse und Binnenseen. Im Tonle Sap finden die Fische in den bis zu 40 Kilometern weit gefluteten Uferwäldern eine Schlemmerküche und das beste Kraftfutter aus Beeren und Insekten für sich und ihre Brut.

Ganz Kambodscha feiert im Monat Kattik, zum Vollmond im Oktober-November, den Wechsel der Strömung im Tonle Sap. Zum Dank an Erde und Wasser lassen die Menschen leuchtende Laternen auf dem Fluß schwimmen. Der König gibt am Anleger des Tonle Sap vor seinem Palast in Phnom Penh den Startschuß für Bootswettkämpfe. Der Binnensee und Fluß Tonle Sap sind ein faszinierendes Ökosystem des

Mekong und von der UNESCO in die Liste der schützenswerten biologischen Reservate aufgenommen worden. Auch Angkor am nordöstlichen Ufer des Sees verdankt seine Existenz und Blüte diesem Naturereignis des fruchtbaren Schwemmlandes und großen Fischreichtums.

Die Fischbestände sind jedoch um die Hälfte zurückgegangen, seitdem die Wälder rund um den Tonle Sap abgeholzt wurden, die Laichplätze und Brutstätten der Fische. Von ursprünglich 10.000 Quadratkilometern Flutwald sind nur noch etwa 6.000 übrig geblieben. Außerdem werden von der Regierung 15 mal 20 Kilometer große Fanggründe im seichten Wasser des Sees für zwei Jahre an meistbietende Geschäftsleute versteigert, die sie in kurzer Zeit völlig leerfischen. Ebenso rücksichtslos werden auch die zu öffentlichen Fanggründen erklärten Parzellen des Sees überfischt. „Die Gemeinden der Fischerdörfer am Ton Le Sap müßten das Recht auf die Fischgründe zurückerhalten und die Verantwortung für die Fischerei übernehmen", meint Sin Nary. „Das wäre die beste Lösung zum Schutz des Fischbestandes und für eine sinnvoll betriebene Fischerei." Dafür müßten jedoch die nationalen Fischereigesetze geändert und die Vergabe von Fischgründen an Geschäftsleute eingestellt werden. Sechs Provinzen mit 500 Fischereigemeinden grenzen an den Tonle Sap.

Wir fragen Sin Nary auch nach dem Verhältnis der kambodschanischen Bevölkerung zu den vietnamesischen Saisonfischern am Tonle Sap. Denn ständig gibt es Spannungen und blutige Auseinandersetzungen zwischen Kambodschanern und Vietnamesen. Er zögert mit der Antwort, denn das ist ein heikles Thema. „Die Fischer leben friedlich zusammen, solange keine Scharfmacher auftreten und die Vietnamesen zu Sündenböcken für Probleme in der Fischerei stempeln", sagt er schließlich und blickt über die Weite des Flusses.

Im Tonle Sap und im Flußsystem des Mekong gibt es über 1.000 Fischarten, aber nur von 600 Arten weiß man etwas über ihr Verhalten, erfahren wir vom dänischen Meeresbiologen Jorgen Jensen, Leiter der Fischereiabteilung im Sekretariat der Mekong River Commission MRC in Phnom Penh. Die bekanntesten Fische, wie Heringe und Fadenflosser, gehören zur Gruppe der Karpfen, auch Weißfische genannt. Die Gruppe der Katzenfische oder Welse, wie Plattfische und Schlangenköpfe, werden entsprechend als Schwarzfische bezeichnet. Diese beiden Gruppen machen 70 Prozent aller Mekong-Fische aus. Charakteristisch für alle Fischarten des Mekong und seiner Zuflüsse ist ihre Wanderlust, sie haben anadrome Lebensläufe, wie ein Fischereiexperte wie er es nennt. Weißfische wandern ständig, Schwarzfische legen Ruhepausen ein, wenn sie laichen und ihre Brut aufziehen. Zehn Prozent aller Fische ziehen zur Laichzeit solange flußaufwärts, bis sie ein nahrhaftes Gewässer zur Aufzucht ihrer Larven finden, die meisten bevorzugen den Tonle Sap-See. Katzenfische wandern grundsätzlich zum Laichen ins Quellgebiet der Zuflüsse des Mekong. Aale dagegen zieht es umgekehrt zum Laichen ins Meer. Besonders beliebte Laich- und Brutplätze sind Binnenseen und Flußtiefen sowie Ausspülungen in Stromschnellen. Bereits geringfügige Eingriffe in das Flußsystem des Mekong und eine Veränderung der Wasserqualität und der Nährstoffe im Wasser wirken sich verheerend auf den Fischreichtum aus. Der Bau von hydroelektrischen Staudämmen ist die größte Bedrohung für den gesamten Fischbestand am Mekong.

Fisch ist neben Reis die Ernährungs- und Lebensgrundlage der gesamten Mekong-Region. In Kambodscha spielt Fisch in der Ernährung eine ganz besondere Rolle, der Konsum ist mit jährlich 50 Kilogramm pro Person weltweit am höchsten. Mit einem Marktwert von durchschnittlich 75 US-Cent pro Kilo ist Fisch die Haupteinnahmequelle der kambodschanischen Landbevölkerung, das sind immerhin über 80 Prozent der Gesamtbevölkerung.

In der thailändischen Ortschaft Pha Thaem, unmittelbar am Zusammenfluß des Nam Mun mit dem Mekong, sind 3.000 Jahre alte Höhlenzeichnungen von zahlreichen Tierarten zu sehen, die längst ausgestorben sind. Nur von einigen Fischungetümen mit spitzen Flossen und flachem Kopf existieren noch unmittelbare Nachkommen im Mekong. Das ist vor allem der Pla Buek, ein Riesenkatzenfisch, von dem noch einige Exemplare im mittleren Lauf des Mekong leben. Sie sind drei Meter lang und werden bis zu 300 Kilogramm schwer. Obwohl sie von den Fischern als heilige Tiere verehrt werden und unter Naturschutz stehen, ist ihr Bestand stark gefährdet. Ein Riesenkatzenfisch bringt in Bangkok bis zu 4.000 US-Dollar ein, sein Fleisch ist eine Delikatesse und gilt bei thailändischen Männern als Aphrodisiakum. Verhalten und Lebensgewohnheit der Riesenkatzenfische sind fast unbekannt. Sie sind mit 150 Kilogramm geschlechtsreif und ziehen dann offensichtlich paarweise den Mekong bis zu 3.000 Kilometern hinauf, um in günstigen Gewässern zu laichen und ihre Jungen aufzuziehen. Die Versuche, sie im thailändischen Forschungszentrum für Riesenkatzenfische des Mekong in Chiang Khong zu züchten, sind fehlgeschlagen. Die gezüchteten Tiere

sind nicht überlebensfähig, sie verlieren den Wanderinstinkt und pflanzen sich nicht fort. Der Schutzbund des Mekong-Riesenkatzenfisches hatte dem Forschungszentrum 1994 anläßlich des 50. Thronjubiläums des thailändischen Königs seinen Fang für die Züchtung zur Verfügung gestellt.

So ähnlich verhält es sich auch mit den wenigen verbliebenen Exemplaren des siamesischen Riesenkarpfen, der ausgewachsen 300 Kilogramm wiegt, oder den Süßwasser-Stechrochen, die bis zu 600 Kilogramm schwer werden und lebendige Junge zur Welt bringen. Das Weibchen hält die Jungen so lange im Maul, bis es nahrhaftes Gewässer für die Aufzucht findet.

Südlich der Khone-Wasserfälle leben noch 30 Exemplare Süßwasser-Delphine im Mekong, Irrawaddy-Delphine genannt, die sonst nur noch im Ganges und Mahakam auf Borneo vorkommen. Die Fischer nennen sie „pla kaa", „menschenähnliche Fische", und glauben, daß sie ihnen beim Fischen helfen und die anderen Fische ins Netz treiben. Verfangen sie sich in ihren Netzten, läßt man sie wieder frei, aber sie sind durch das in Kambodscha weit verbreitete Fischen mit Dynamit besonders gefährdet. In der Vergangenheit bevölkerten die intelligenten und liebenswürdigen Tiere den ganzen Mekong. Der französische Indochinaforscher Henri Mouhot, der „Entdecker" von Angkor, schrieb 1860 auf seinen Mekong-Expeditionen: „Schwärme von Delphinen ziehen vorbei, ihre Nase im Wind, und springen immer wieder aus dem Wasser."

Die Eintrübung des Mekong durch Erosion, die Eingriffe in den Migrationszyklus durch Staudämme und die Verseuchung des Wassers mit Chemikalien machen den Fischen und Wassertieren zu schaffen und gefährden ihr Überleben. Die chemische Belastung der Mekong-Gewässer stammt vor allem aus giftigen Abwässern der thailändischen Industrie und vom überhöhten Einsatz von Agrochemie in Thailand und Vietnam. 1995 importierte Thailand beispielsweise 39 Millionen Tonnen Künstdünger und chemische Pflanzenschutzmittel, darunter das international verbotene Endosulfan. Die Gifte gelangen in den Wasserkreislauf und greifen das empfindliche Nervensystem der Fische an, wodurch sie ihren Bewegungs- und Ernährungsinstinkt verlieren. Ihr Immunsystem wird geschwächt, und die Chemikalien zerstören den Schutz ihres Schuppenpanzers. Außerdem wirken sich immer noch die chemischen Entlaubungsmittel aus dem Vietnam-Krieg auf den menschlichen und tierischen Organismus aus. In der Leber von Fischen wird bei Stichproben ständig ein stark überhöhter Toxinwerte festgestellt.

Staudämme bedeuten den Tod von Fischen vor allem, weil sie ihren Zyklus der Wanderung zum Laichen, für die Aufzucht der Brut und Futtersuche im Flußsystem des

Mekong unterbrechen und abschneiden. Fische brauchen ein funktionierendes Ökosystem, das aus mehr als nur Wasser besteht. Dafür ist der Nam-Ngum-Staudamm in Laos aus den 70er Jahren ein trauriger Beleg. Am gesamten Flußlauf, oberhalb wie unterhalb des Staudamms, ist die Fischerei zusammengebrochen. Das große Fischaufkommen im Stausee in der ersten Zeit – der Triumph der Befürworter und Betreiber des Staudamms – beruhte auf den vorübergehend verbesserten Futterbedingungen in den überfluteten Wäldern und der Irreführung des Instinktes der Fische durch das ansteigende Wasser. Am Nam Mun in Thailand gab es sechs Monate nach Fertigstellung des Staudamms 1994 weder oberhalb noch unterhalb im Mekong noch nennenswerte Fischbestände. Man hat eine Lachstreppe, eine Fischleiter von 17 Metern Höhe und drei Metern Breite, eingebaut, die jedoch nicht mehr als eine Alibifunktion hat. Zur Laichzeit ziehen riesige Fischschwärme vom Mekong ins Quellgebiet des 300 Meter breiten Nam Mun hinauf und kehren anschließend mit den Jungfischen in den Mekong zurück. Fische, die nicht durch die Turbinen verstümmelt werden, sterben aufgrund veränderter Druck- und Stömungsverhältnisse des Wassers an inneren Verletzungen, Brüchen, Blutungen und geplatzten Schwimmblasen. Mit bitterer Ironie sprechen die Fischer von der neuen Fischart am Nam Mun, den „pla mai mee hua“, den „Fischen ohne Köpfe“, die den Kraftwerksturbinen des Staudamms zum Opfer gefallen sind.

All das beschäftigt uns beim Tee mit Herrn Sin Nary am Ufer des Tonle Sap-Flusses über dem Anleger in Kompong Chhnang und später bei der Fahrt über den Tonle Sap. Das Boot gleitet über die leicht vom Wind bewegte Oberfläche des weiten blaugrünen Wassers. Wo Bambuspfähle die Fahrrinne im seichten Wasser des Ufers anzeigen, dümpeln ganze Fischerdörfer im Wasser. Da schwimmen Fischerhütten und Restaurants, Werkstätten für Schiffsmotore und Tankstellen, eine Schule und Frisörgeschäfte. Wie der schwimmende Reis des Tonle Sap und die Fische des Mekong passen sich die Menschen und ihre Dörfer dem Wasser an, lassen sich mit der Flut weit ins Land treiben und gleiten mit dem zurückströmenden Wasser auf den See zurück.

h.k.

Geometrie der Macht

Die Herausforderung

Zu früher Stunde ziehen wir los in Siem Reap. Ein beglückendes Gefühl von Aufbruch. Jeder auf dem Rücksitz einer Honda. Die beiden Fahrer lassen sich von unserer Neugier und Begeisterung anstecken. Wieder sind wir auf historischem Boden in Begleitung junger Menschen, die mit uns ein Stück ihrer eigenen Herkunft erkunden. Wie die Entdeckungsreise auf den Spuren der Khmer-Kultur begann, in den amphibischen Weiten des Mekong-Deltas, so endet sie im großen Finale, das Angkor heißt und sich mit seinen steinernen Zeugnissen im nordwestlichen Kambodscha über mehr als 200 Quadratkilometer erstreckt. Die vollständige Auflistung der mehr als 900 Angkor-Bauwerke bleibt dem Fachbuch vorbehalten; die kunsthistorische Würdigung füllt Bibliotheken. Natürlich reicht eine Reise nicht aus, diese gigantische Hinterlassenschaft zu besichtigen. Es ist eine Herausforderung, zurückzukehren – im Abstand der Jahre immer wieder aufs Neue. Über uns ein wolkenlos blauer Himmel. Frischer Fahrtwind. Die Hondas sind das ideale Beförderungsmittel, sich mit allen Sinnen auch dem gewaltigen Kunst-Werk Angkor zu nähern und bei angemessener Geschwindigkeit zu schauen, zu riechen, zu hören. Wir setzen die Reise durch die Zeiten fort.
Die dynastische Folge der Khmer-Könige und die ihnen zugeordneten Tempel in der Chronologie des Entstehens bestimmen als Schauplätze der Geschichte unsere Route. In Jayavarman II. sehen die Historiker den Begründer Kambodschas und der Khmer-Reiche, die das alle verbindende Gütesiegel Angkor tragen. Das Wort stammt aus dem Sanskrit, ursprünglich „nagara“, die Stadt, das begrenzte, gesicherte urbane Zentrum, das Macht repräsentiert und Macht ausstrahlt. Nahezu fünf Jahrhunderte sollte diese Macht, die Jayavarman II. um das Jahr 800 erstmals auf sich vereinte, in wechselnden und häufig rivalisierenden Händen seiner Nachfolger Bestand haben. Die Herkunft des Königs bleibt im Dunkel. In jungen Jahren soll er sich in „Java“ aufgehalten haben, so die Inschriften, die zumindest in geografischer Benennung nicht mit dem heutigen Java identisch sind. Mit jenem Java kann auch Sumatra gemeint sein; ob der junge Mann dort als Gefangener oder als Gast an malaiischen Höfen war, ist ebenso unbestimmt, aber ein weiterer Hinweis auf die vielfältigen Verbindungen zwischen dem Mekong-Delta, dem südlichen Vietnam und Kambodscha mit dem insularen Südostasien und dessen Herrschern. Deren Politik und Hofhaltung erlebt zu haben, könnte durchaus wie ein Praktikum für den späteren Khmer-König gewesen sein. Von „Java“ lernen, hieß siegen lernen.

Skizze der Tempelanlagen von Angkor

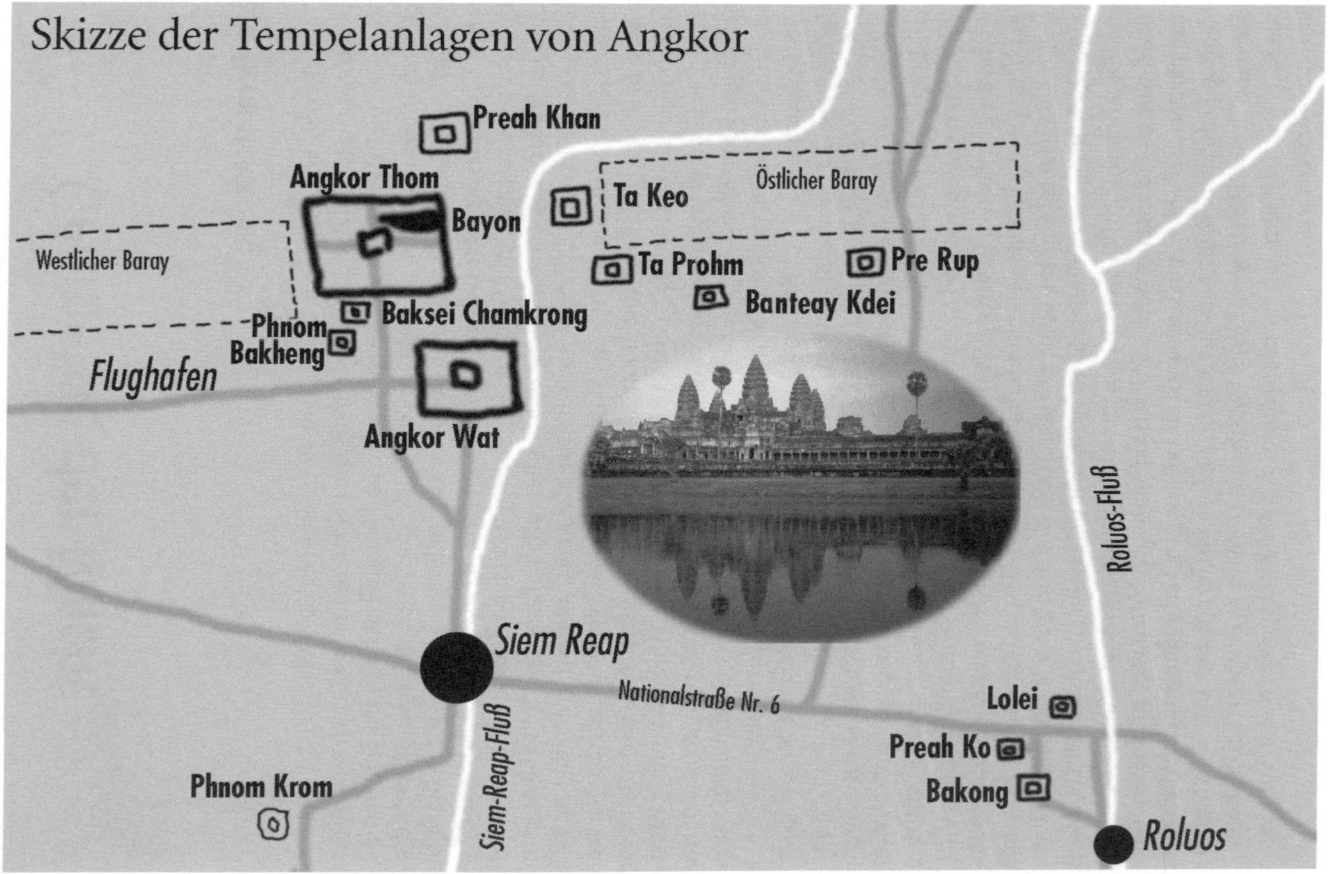

Zum Ende des 9. Jahrhunderts mischte er sich in die Streitigkeiten um die Vormacht in der Ebene des unteren und mittleren Mekong ein. Es gelang ihm, die Konkurrenten zu entmachten und die verschiedenen Reiche zu einen, bevor er sich in die Berge von Kulen zurückzog, nur wenige Kilometer nördlich vom heutigen Angkor entfernt. Dort vollzog er den Schritt zur Unsterblichkeit, die zum wesentlichen Bestandteil aller Angkor-Herrscher werden sollte: die kultische Verbindung von weltlicher und göttlicher Kraft. In einem vom Brahmanen Hiranyadama ausgeführten Ritus ließ sich Jayavarman zum „Weltherrscher" und zur Inkarnation von Shiva ernennen. Dies wird mit dem Jahr 802 datiert und war – im modernen Sprachgebrauch – die Unabhängigkeitserklärung Kambodschas. Es war die Abkehr von „Java".
Die bis dahin bestehende Vasallenpflicht und Abhängigkeit einzelner verfeindeter Khmer-Reiche gingen in dem neuen Staatsprinzip eines Gottkönigs auf: der „Devaraja"-Kult wurde zum politisch-spirituellen Leitbild für oben und unten. Einem König hatten die Untertanen zu huldigen, einem hinduistischen Gottkönig aber hatten sich auch die anderen Fürsten und Könige unterzuordnen. Die doppelte Oberherrschaft hatte, wie wir gesehen haben, eine lange, in Indien wurzelnde Vorgeschichte; Jayavarman war der erste der Khmer-Könige, der mit dieser Doktrin ein Großreich begründete. Dabei streiten sich heute die Gelehrten, ob ein solcher König tatsächlich als Gott verehrt wurde oder ob er sich nur als gottgleich darstellte. Er berief sich ja ausdrücklich auf eine göttliche Kraft neben ihm, auf Shiva beispielsweise. Außerdem behielten all die Geister und Dämonen für das Volk ihren segensreichen Schutz oder bedrängende Gefahr, die in die vor-hinduistischen Einflüsse zurückreichten. Die Natur galt es, mit uralten Beschwörungsriten zu besänftigen. Den Ahnen war zu huldigen. Da vermischten sich in undurchschaubarem Synkretismus die Geister und die Lehren. Ein Devaraja vereinte beides in seiner Person und verkörperte die höchste Autorität im Staate.
Gottkönig zu sein, schützte indes nicht vor Rivalen, vor Intrige und Palastrevolutionen. Auch ein Gottkönig blieb Mensch und den Anfeindungen um Macht und Pfründe ausgeliefert. Solange er seinen Günstlingen die Privilegien schützte, solange er den einflußreichen Clans und religiösen Führern als Protegé ihrer Interessen genehm war, solange er staatliche Stabilität repräsentierte, konnte ein Khmer-König sich seiner Position sicher sein. Wie umstritten sie war, ist daran zu erkennen, daß es zu keinen dynastischen Erbfolgen über längere Epochen kam. Die Historiker fanden heraus, daß nur acht von 26 Angkor-Königen leibliche Söhne oder Brüder oder sonstwie Verwandte der Vorgänger waren. Es ging bei der Nachfolge nie zimperlich zu. Wer den König tötete, wurde selbst König. Deren numerische Katalogisierung ist übrigens das Werk der späteren Historiker, um Aufstieg und Fall von Angkor übersichtlich zu machen. Der Bau von befestigten Städten und aufragenden Tempeln wurde zum Inbegriff der Khmer-Reiche und ihrer Könige.
Auf dem Berg von Kulen richtete Jayavarman II. seine Hauptstadt Mahendraparvata ein, „Berg des großen Indra", von der keine eindrucksvollen Ruinen überdauerten.

Der Baustil orientierte sich noch ganz an Sambor Prei Kuk, so bekunden die Funde. Chenlas Erbe wirkte nach. Später ließ sich Jayavarman mit seinem Hofstaat nördlich des Tonle Sap in der Ebene nieder und schuf die Hauptstadt Hariharalaya, „Wohnort Vishnus und Shivas". Er regierte nahezu ein halbes Jahrhundert. Seine Idee vom zentralistisch geführten Staat trug Früchte. Aber kein Bauwerk, das auf Jayavarman II. zurückzuführen ist, scheint den Kriegen, Wettern und Winden getrotzt zu haben.

Den ersten Lokaltermin mit Angkor haben wir in ländlicher Umgebung. Von Siem Reap aus, dem betriebsamen, touristischen Städtchen am gleichnamigen Fluß, fahren wir ostwärts zu den Tempeln, die nach einem Dorf in der Nähe als Roluos-Gruppe bezeichnet werden. Sie wurden in der Zeit des Königs Indravarman I. in der zweiten Hälfte des 9. Jahrhunderts errichtet. Nach knapp 20 Kilometern eine Abzweigung zur Rechten. Schattige Bäume in domartiger Allee. Dann eine Lichtung. Die sechs Ziegelsteintürme von Preah Ko stehen plötzlich an einem ansteigenden Hang vor uns wie auf einer Bühne: zu dritt in zwei Reihen wie eine Kulisse des Welttheaters. Hier sind die ersten Akte des Menschheits-Dramas Angkor in Steinen überliefert. Drei Löwen und drei Nandis, Shivas Reittier, halten Wacht. Das warme Rot der pyramidenförmig aufragenden Mauern ist vom Grün der Moose und Flechten gesprenkelt. Das überschaubare Ensemble wirkt wie das freundliche Vorspiel zu jener Anlage, die sich wenige hundert Meter weiter in bombastischer Größe auftürmt und auch dem zufälligen, uninformierten Besucher noch heute das abverlangt, was schon vor tausend Jahren zur beabsichtigten Wirkung auf jene gehörte, die ganz unten zu verharren hatten: stummes Staunen mit dem Gefühl der eigenen Bedeutungslosigkeit. Es ist der Bakong, der erste Staatstempel Angkors.

Der nach Osten ausgerichtete Komplex besteht aus einer Stufenpyramide, deren fünf Terrassen ganz auf das hoch aufragende Heiligtum bezogen ist. Schon von Ferne wirkt dieser Turm merkwürdig vertraut. Déjà vu. Der moderne Nachbau steht als Denkmal der kambodschanischen Unabhängigkeit in Phnom Penh, symbolhaft die historischen Zusammenhänge des nationalen Werdens über den Zeitraum eines Millenniums bekundend. Der Turm des Bakong wurde zum Grundmuster feierlich-theatralischer

Selbstdarstellung zwischen Himmel und Erde; zwischen Leben und Tod. Die Umrisse des sich nach oben hin verjüngenden Turmes bestimmten auch die Form der übers Land verteilten Beinhäuser mit den Totenköpfen und Knochenresten der Opfer der Roten Khmer. Was heute nicht mehr so recht vorstellbar ist: der Bakong lag in Trümmern. Das Heiligtum ist als gewaltiges Puzzle aus den Steinhaufen der Geschichte während der Restaurierung 1936 neu entstanden.
Wir nähern uns, und das Monument wächst, wird scheinbar größer. Ein merkwürdiger Eindruck. Mit abnehmender Distanz verstärkt sich das Gefühl von Größe und Respekt. Die kleineren Backstein-Türme ganz unten und auf den Terrassen wären jeweils für sich imposant, doch hier wirken sie nebensächlich, zweitrangig, den Blick nach oben leitend zu dem Heiligtum, das Shiva gewidmet war. Wir steigen auf, und wir schauen auf. Der in Stein gefaßte Devaraja-Kult. Ein solcher Staatstempel war spirituelles Zentrum und Politikum zugleich. Von den so konsequent in rechten Winkeln angelegten Terrassen, Stufen, Türmen geht die alles beherrschende Ruhe einer Autorität aus, die über den Dingen steht. Der Bakong am Beginn einer Folge Hunderter von Bauwerken und der erste, der den Reichsgedanken repräsentiert, ist bereits Musterbeispiel und Prototyp. Jeder dieser Tempel ist Abbild der Welt, eine in sich geschlossene Miniatur des Universums. Der Tempel ist die Nachbildung des Berges Meru, Mittelpunkt des Kosmos', umgeben vom mythischen Ozean, der von den Wassergräben im abgrenzenden, den Tempel schützenden Viereck symbolisiert wird. Der Gipfel ist Sitz der Götter, erreichbar nur dem König und den einflußreichsten Priestern. Damit ist ein Tempel nicht Kirche, keine Versammlungsstätte, kein Wohn- oder Lebensraum; er bietet keinen Zugang für Massen, sondern ist der heilige Ort der Götter und Könige und der Brahmanen. Der Tempel ist in des Wortes wahrem Sinne exklusiver, alles und jeden überragender Berg der Eingeweihten.

Der Aufbau folgt strenger, exakter Gliederung voller Symbolik. Es ist die Geometrie der Macht. Der Besucher spürt diese Ordnung; und sie erschließt sich ihm vollends bei der Betrachtung des Bauplanes, des Grundrisses und seiner bis ins kleinste Detail gestalteten Regelmäßigkeit. Nichts ist dem Zufall überlassen. Es ist die Konzentration auf das Wesentliche, nach oben gerichtet, von wo aus das irdische Chaos beherrscht wird. Jeder König ließ neue Tempel bauen, um seinen Regierungsanspruch zu legitimieren. Dies erklärt die ungeheure Vielzahl der sakralen Bauwerke. Sie waren der in Stein geschlagene Machtwille zu Lebzeiten; und manche dieser Tempel wurden zum Mausoleum des Herrschers für das Sein danach.

Angkor wird zum Zentrum einer Weltmacht

Der Drang und Zwang zum Tempelbau führte zu Ortswechseln. Yasovarman I. verlegte seine Hauptstadt zwischen 890 und 910 in das Gebiet des heutigen Angkor. Yasodharapura begründete damit das Zentrum einer Weltmacht. Der König weitete den Einflußbereich über das südliche Kambodscha aus, rückte bis Laos und in das Gebiet des späteren Thailand vor und brachte Champa in seine Abhängigkeit.

Wir dringen via Siem Reap in den schier unendlichen Bezirk von Angkor ein. Der in Yasovarmans Regierungszeit errichtete Phnom Bakheng wird zum phantastischen Aussichtspunkt. Als einziger der Tempel steht er auf einem natürlichen Hügel, 65 Meter hoch. Steil und verfallen die Treppen. Da oben, dem Himmel ein Stück näher, dem Sonnenuntergang zuzuschauen und der Größe Angkors nachzusinnen, gehört zu den eindrucksvollsten Erlebnissen auf den Spuren der Khmer-Kultur. Hinter Bäumen sind in der Ebene die anderen der noch zu besuchenden Großtempel zu sehen oder zu erahnen. Unter uns breitet sich das fruchtbare weite Land aus, dessen Flußläufe die verlöschende Sonne blutrot färbt, pulsierenden Adern gleich im Leib der Mutter Erde. In der Ferne ist eine von hier oben unbestimmbar große Wasserfläche auszumachen. Da liegt der westliche Baray, eines dieser gigantischen Reservoires, aus deren lebensspendendem Naß die Wirtschaft Angkors erblühte und das geistliche Gebot der Reinigung erfüllt werden konnte. Der Himmel spielt in allen Farben des Spektrums und wird zum gewaltigen Gemälde, das sich ständig verändert, bis das samtene Dunkelblau der Nacht mit glitzernder Sternenpracht die letzten pastellnen Streifen der entschwundenen Sonne verdrängt. Durchdringend und schrill beginnen die tropischen Insekten ihr Konzert. Die Luft ist wie elektrisiert. Man ahnt die Hochspannung, die einen Ort wie diesen seit tausend Jahren mit Magie auflädt.

Nicht von der jeweiligen baulichen Nachbarschaft, sondern vom geschichtlichen Ablauf lassen wir uns auch bei den weiteren Vorstößen in Angkors Vergangenheit leiten. Mit Rajendravarman II. verbindet sich zwischen 944 und 968 die Konsolidierung des Reiches, das sich als imperiale, landbezogene Vormacht verstand. Es dehnte seinen Einfluß immer mehr aus, bezog das südliche Vietnam ein, Burma und sogar Teile Chinas; abermals konnten sich die Khmer gegen die Konkurrenz von Champa durchsetzen. In der Regentschaft Rajendravarmans wurde die Verwaltung perfektioniert und als zentralistisch ausgerichtete Machtbasis stabilisert. Dem König gelang gewissermaßen eine Interessenbalance zwischen Gott und der Welt.

Der in seiner Zeit errichtete Pre

Rup macht dies auf eindrucksvolle Weise sichtbar bis heute. Ein Pyramidentempel, um 950 gebaut. Drei Materialien herrschen vor: die rötlichen Ziegel der Türme, die Lateritblöcke für die Terrassen, der helle Sandstein der Türstürze und Reliefs. Ein zeitloses Bild prägt sich ein. Vor dem aufsteigenden Tempelgebirge breitet sich ein Reisfeld aus; und mehr als nur symbolhaft scheint das Bauwerk aus diesem grünend-fruchbarem Untergrund erwachsen zu sein. Über den holprigen Weg rollt gemächlich mit zwei mannshohen Holzsrädern ein Ochsenkarren. Eine Bäuerin schneidet mit der typisch kambodschanisch geschwungenen Sichel die Halme. Ihr weißrot kariertes Kopftuch, zu einer Art Turban gebunden, leuchtet weithin. Ein paar Kühe weiden. Ein friedliches Bild, das die Wirrren und Kriege, die apokalyptischen Plagen Kambodschas, fast vergessen läßt. Der Tempel und das Reisfeld in gegenseitig bedingender Einheit.

Gut einen Kilometer weiter dehnte sich einst der östliche Baray aus. Zur Zeit des Erbauers Yasovarman I. war der künstliche, rechteckige See sieben Kilometer lang und zweieinhalb breit. Unter dem König Suryavarman I. wurde zwischen 1002 und 1050 der westliche Baray angelegt, mit acht Kilometern Länge und zwei Kilometer Breite noch umfangreicher als der östliche. Damit wurde eine Reihe von Wasserspeichern fortgesetzt, deren Ausmaße immer größer wurden. Der westliche Baray, der erhalten geblieben ist, führt 70 Millionen Kubikmeter Wasser. Welche Arbeitsleistung mit dem Ausheben der Seen und dem Aufschichten der sie umgebenden Dämme erforderlich gewesen war, ist heute kaum vorstellbar. Ganze Heere von Arbeitern hatten schuften müssen. Um eine Größenordnung zu haben: Für den östlichen Baray mußten zwölf Millionen Kubikmeter Erde umgeschichtet werden. Für einen Kilometer heutiger Autobahn werden 150.000 Kubikmeter Erde bewegt.
Daß die künstlichen Wasserbecken solch riesenhafter Ausmaße der Bewässerung der Reisfelder dienten, erscheint überzeugend zu sein. Der Überschuß an Reis bildete neben dem Fischreichtum in Tonle Sap und Mekong die Ernährungsgrundlage, die überhaupt erst die komplizierte Arbeitsteilung zwischen Bauern und den vielen nichtproduzierenden Nutznießern und die Spezialisierung der verschiedensten Fachleute der Khmer-Reiche möglich machte. Ob die gewaltigen Seen im rechten Winkel aber doch nur zu solch profan-wirtschaftlichem Zwecke angelegt worden waren, weckt unter den Historikern in jüngerer Zeit einige Zweifel und Kontroversen. Bislang galt die These, es handele sich um die pragmatische Anlage von Wasservorräten, die für die Landwirtschaft genutzt wurden. Neuerdings wird in Fachkreisen darüber diskutiert, ob diese Seen nicht doch einzig zum religiösen Ritus gehörten und neben den Tem-

peln eine weitere Demonstration von königlicher Macht darstellten. Immerhin stehen mitten im östlichen und westlichen Baray große Tempelanlagen. Jeder Tempel von Angkor ist von Wassergräben umgeben, die den kosmischen Ozean symbolisieren. Welche Interpretation sich durchsetzen wird, bleibt abzuwarten. Wer sich auf Angkor einläßt, ist davon überzeugt, daß beides gar nicht voneinander zu trennen ist. Die hohe Kunst, Wasser zu stauen und zu leiten, um die Erde zu befruchten; und der tiefe Glaube, den Geist des Wassers wohlstimmen zu müssen, um zu überleben. Die Technik der Ingenieure und die Religiosität der Gottesfürchtigen wirkten zusammen. Pragmatiker und Brahmanen als Leitfiguren im Staate der alten Khmer.

Augenweide in Augenhöhe

Wieder dieser Kontrast. Da fahren wir durch armselige Dörfer, sehen die dürftigen Bretterhütten auf Pfählen, sind 30 Kilometer nördlich von Siem Reap von bäuerlicher Einfachheit im heutigen Kambodscha umgeben. Und dann, wie eine Offenbarung, stehen wir vor Banteay Srei. Eben noch Bilder des Elends, und plötzlich ohne Übergang, ohne Schranke, ohne einen Bezug zu dieser Umgebung der Not das schönste Kleinod im überschwenglich reichen Erbe der Khmer. Banteay Srei wurde in der zweiten Hälfte des 10. Jahrhunderts erbaut. Ein Brahmane und Lehrer zweier Könige hatte den Tempel errichten lassen, der Shiva geweiht wurde. Ein kleines Bauwerk nur, das – stünde es nicht so weit entfernt von den Staatstempeln – wahrlich in deren Schatten verschwände. Doch alles, was Angkor-Architektur hervorgebracht hat, vereint Banteay Srei in seiner Miniatur auf vollkommene Weise. Er wird zur Augenweide in Augenhöhe.

In warmem Ziegelrot leuchtet die Anlage mit ihren Türmchen und Mauern aus dem grünen Schatten der das einzigartige Kunstwerk überragenden Bäume heraus; und wie ein verwunschenes Heiligtum, einem Eremiten in Waldeseinsamkeit vorbehalten, spiegeln sich die Umrisse in den Banteay Srei umgebenden Wassergräben. Wir stehen gebannt vor einem Zeugnis, das den Anfang der angkorianischen Klassik markiert. Es ist, als seien die Steinmetzen und ihre Auftraggeber von der Sorge getrieben gewesen, auch nur ein Stückchen der Steine könnte unbearbeitet bleiben. Über und über sind sie zu Reliefs, Dekors, Figuren geformt. Ist es wirklich rötlicher und ockerfarbener Stein? Man schaut genau hin. Der Meißel wurde wie ein Schnitzmesser gebraucht, das Material wie Holz bearbeitet. Ein Bilderbuch voll quellender, üppiger Geschichten, Szenen, Aktionen tut sich auf.

Da kämpfen die Affen aus dem Ramayana-Epos. Dort ist Garuda zu entdecken, das geflügelte Reittier des Vishnu. Mit Kampfwagen, Kriegselefanten und Zauberpfeilen werden die Schlachten des Maha-bharata geschlagen. Schlangenspeiende Monster bewachen Eingänge. Vollbusige Mädchen strahlen eine Sinnlichkeit aus, die den Betrachter beim Rundgang immer wieder anzieht. Die Sanftmut in manchem Gesicht fasziniert. Der lebendige Ausdruck des Mienenspiels fordert zum Augenzwinkern heraus. Jede Figur eine Persönlichkeit. Das alles ist von Schwung und Eleganz in die Steine gebannt. Totes Material nur? Nicht hier. Steine können erzählen. Steine sind wie Gedichte.

Daß die Kunst der Khmer nicht nur zum bloßen Anschauen reizt, sondern zum Habenwollen und Verhökern verführt, hat an dieser Stelle einen prominenten Franzosen kriminell werden lassen, der den Raub später literarisch verarbeitete und verbrämte. Hier schritt jener André Malraux zur schändlichen Tat, die dem späteren Kultusminister Frankreichs so gar nicht zur Ehre gereichte. Als 22jähriger war er im Oktober 1923 in Begleitung seiner Frau nach Kambodscha gereist, als Student der Archäologie und Sinologie wohl wissend, welche Schätze in den Wäldern von Angkor verborgen waren; wohl kalkulierend, welchen Ertrag einzelne Skulpturen schon damals auf den schwarzen Märkten erbrachten. Mit einheimischen Führern und Ochsengespannen drang er bis zu Bantaey Srei vor, der damals in Trümmern lag, von der wuchernden Natur fest im Griff. Nachzulesen im „Königsweg“, der literarischen Beichte ohne Schuldeingeständnis des Autors: „Steine, Steine, einige lagen flach, die meisten ragten kantig in die Luft: ein vom Busch eroberter Werkplatz. Mauerstücke aus violettem Sandstein, teils mit Skulpturen geschmückt, teils nackt, von Farben umwuchert. Etliche trugen die rote Patina des Feuers. Und vor ihm – Claude trat etwas näher – Basreliefs aus sehr früher Zeit, von indischem Einfluß zeugend, aber sehr schön. Sie umrahmten einstige, jetzt unter Geröll halb verborgene Türöffnungen. Darüber die Ruinen von drei Türmen, zerstört bis auf zwei Meter über dem Boden...“

Sorgsam wurde ausgewählt: „Die Ecksteine waren auf beiden Seiten bearbeitet und stellten zwei Tänzerinnen dar. Das Motiv verteilte sich auf drei übereinanderliegende Steine. Der oberste von ihnen würde, wenn man nur stark genug stieß, sicherlich zu Boden fallen. ‚Wieviel ist das wert, Ihrer Meinung nach?‘ fragte Perken. ‚Die beiden Tänzerinnen?‘ – ‚Ja.‘ – ‚Schwer zu sagen, auf jeden Fall mehr als fünfhunderttausend Francs.‘

Dieser Größe im Verfall rückten die Diebe mit Metallsägen, Hämmern, Steinbrechern zuleibe: „Da war nur dieser Stein: trotzig, ein lebendiges Wesen, passiv und dennoch fähig, sich zu verweigern. In Claude stieg ein dumpfer, sinnloser Zorn auf. Er stemmte sich gegen den Block und begann mit aller Kraft zu stoßen."

Eine Tonne Tempelgestein schaffte André Malraux nach Siem Reap und auf dem Wasserweg schließlich bis Phnom Penh. Pech für ihn, daß einer der einheimischen Helfer bei der Polizei vorstellig geworden war. Es kam zu einer Gerichtsverhandlung. 1924 wurde Malraux zu zwei Jahren Gefängnis auf Bewährung verurteilt. Doch Pariser Geistesgrößen wie Gide, Aragon, Breton, Mauriac setzten sich für den jungen Mann ein. Die Strafe wurde auf ein Jahr verringert. Malraux saß nicht einen Tag hinter Gittern. Das alles ein Kavaliersdelikt. In Phnom Penh hatten die Franzosen das Sagen. Heute sind die Kambodschaner selbst am Regierungsruder. Kunstraub hat Dimensionen angenommen, die zu Malraux' Jugendjahren tatsächlich noch unvorstellbar waren. Neuerdings geraten Tempel wie der Banteay Chhmar, die so unzugänglich geblieben sind wie einst der Bantey Srei, unter die Brecheisen und Preßlufthämmer bestens organisierter Banden mit vorzüglichen Verbindungen zu Militärs und Politik. Der Fall erregte im Sommer 1999 weltweit Aufmerksamkeit, als mehr als hundert Einzelteile des Tempels in Thailand ausfindig gemacht wurden.

Malraux' „La voie royale" als Reiselektüre und der jüngste Kunstklau als Zeitungsbericht steigern das Staunen vor dem Wunderwerk Banteay Srei. Er ist zugleich der göttlichste und der menschlichste aller Tempel von Angkor. Seine steinernen Tänzerinnen erwidern auf geheimnisvolle Weise den zärtlichen Blick ihrer Bewunderer.

Die aufbrechende Lotosblüte

Surya ist der Name des hinduistischen Sonnengottes. Eine Inschrift von Angkor verkündet: „Es war einmal ein König Suryavarman, dessen Tugend, in Nachahmung der Sonne, die den Lotos wachsen läßt, das unaufhaltsame Gedeihen jedes begonnenen Unternehmens bewirkte." Jener gepriesene König bestieg als Suryavarman II. im Jahre 1113 den Thron; und was in der Inschrift wie ein Märchen klingt, ist zum Gipfel der Khmer-Kultur geworden: Angkor Wat. Das größte sakrale Bauwerk der Erde. Angkor Wat ist von einem Wassergraben umgeben, der ein Rechteck von 1,5 mal 1,3 Kilometer bildet. Von 500 und 450 Meter langen Pfeilergalerien umgeben, steigt der 60 Meter hohe, von Menschenhand aufgeschichtete Berg von Angkor Wat mit drei großen Terrassen empor. Auf der obersten Plattform ragen fünf kegelförmige Türme in den Himmel. Eine ins Jenseits weisende, im Diesseits aufbrechende Lotosblüte.

Es ist ja nicht nur die gigantische Größe, nicht die zu solcher Monumentalität aufgetürmte Materie, die den Betrachter sprachlos macht. Angkor Wat ist ein überirdisches Ereignis, seit acht Jahrhunderten aufragend und für jeden einzelnen Besucher im Moment des Daraufzugehens, des Erlebens, des Eindringens in das Labyrinth aus Gängen, Stufen, Winkeln ein atemberaubendes Jetzt. Bevor man sich auf Einzelheiten einläßt, wirkt der Gesamteindruck so überwältigend und doch so harmonisch, so be-

ruhigend, daß man vor dieser geformten steinernern Masse nicht zurückweicht, sondern sich in eher heiter gestimmter Erwartung nähert. Da ist nichts Bedrohliches, nichts Bedrückendes, sondern sofort das ungläubige, das fassungslose Staunen darüber, wie eben diese Masse zu schweben scheint; Teil der Erde, aus der sie stammt, und doch ihrer physikalischen Gesetze, ihrer Anziehungskraft scheinbar nicht mehr angehörend.

Und dann das „Innenleben" des Tempelareals. Auch hier scheint der Bau mit seinen Türmen zu wachsen, je näher man kommt. Über die neuneinhalb Meter breite und 475 Meter lange Straße, von Naga-Balustraden gesäumt, schreitet man auf den Haupteingang zu, wähnt sich bereits im Innern des Tempels und ist verblüfft, erst nach diesem Tor den eigentlichen Komplex mit den Türmen vor sich zu sehen, noch immer in Distanz. Stunden, Tage, Wochen braucht es, die Einzelheiten der Flachreliefs an den Innenwänden der Außengalerien zu schauen. Zwei Meter hoch ziehen sie sich nahezu einen Kilometer hin. Als Fresken in Stein wurden sie bejubelt, als steinerne Gobelins umschrieben. Was da zu sehen ist, gilt als die längsten zusammenhängenden Flachreliefs der Welt. Die Motive aufzuzählen, bedarf es eines eigenen Buches. Das indische Großepos Mahabharata lieferte ebenso den Stoff wie das Liebesleid von Ramayana. Himmel und Hölle sind dargestellt. Kämpfe zwischen Khmer und Cham. In der Südseite des Ostgalerie wird der Milchozean gequirlt, ein zentrales Motiv indischer Mythologie, bei dem das Elixier der Unsterblichkeit gewonnen wird.

Es ist viel gerätselt worden über die Wirkung von Angkor Wat. Das Tempelwerk gehört zu den spektakulärsten und vollkommensten Bauten, die menschliche Schaffenskraft je hervorbrachte. Was macht die Wirkung aus? Es ist die reine Harmonie, die Ausgewogenheit der einzelnen Teile, die ein in sich schlüssiges Ganzes bilden. Offenbar sprechen die Proportionen etwas im Innersten des Betrachters an, was sein Ver-

hältnis zu Natur, Erde und Universum bestimmt. Es ist dieses Einbezogensein in eine Welt, die von wissenschaftlich zu definierenden Gesetzen zusammengehalten wird und dennoch Grenzbereiche aufweist, die sich der sachlichen Erklärung entziehen. Was bereits beim Staatstempel Bakong, knapp drei Jahrhunderte zuvor gebaut, den Betrachter begeistert, ist beim Angkor Wat zur höchsten Vollendung gebracht worden: die Geometrie der Macht, das Berechenbare und das Unerklärliche; die perfekte Symmetrie, erfüllt von transzendentalem Geist und Glauben.
Suryavarman II. ließ in 40jähriger Bauzeit den Tempelkomplex als sein Grabmal errichten und weihte ihn dem Gott Vishnu. Mit Suryavarman, dem Sonnenkönig, war das Reich der Khmer auf dem Höhepunkt seiner geschichtlichen Bedeutung angelangt. Dies repräsentiert in unnachahmlicher Größe Angkor Wat. Der imperiale Staat hatte sich durchgesetzt in Südostasien. Champas Machtansprüche waren zurückgewiesen. Das Verhältnis mit China als der Großmacht im Norden war freundschaftlich geregelt. Alles, was die Khmer-Reiche aufblühen ließ, war zu größtem Erfolg vereint. Die verschiedenen Aspekte von Macht und Machtausübung wirkten zusammen. Vom König ging wie in strahlenförmiger Ausbreitung unbestrittene Autorität aus. Solcherart zentralistisch geführt, konnte der natürliche Reichtum der fruchtbaren Felder, das Übermaß an Fisch in Mekong und Tonle Sap genutzt werden. Das komplizierte Bewässerungssystem setzte genau diese straff organisierte Lenkung voraus. Eine funktionierende Bürokratie bot den Apparat, der Machtanspruch in praktische Arbeit umsetzte. Mit Kriegen wurden immer wieder neue Arbeitskräfte beschafft, um die aufwendigen Bauwerke überhaupt bewältigen zu können. Es ist bei Historikern umstritten, ob es sich dabei um Sklaven handelte und wie deren Status war. Mit Sicherheit kann angenommen werden, daß die Tempel vom Ausmaß eines Angkor Wat auch mit Zwangsarbeit errichtet wurden. Es gibt keine historischen Quellen, die aus der Sicht der „Werktätigen" die Zeitumstände beschreiben. Brechts Fragen eines lesenden Arbeiters bleiben auch hier unbeantwortet: Haben die Könige die Felsbrocken herbeigeschleppt? War nicht wenigstens ein Koch dabei? Ein weites Feld der Spekulation, unter welchen Bedingungen ein Angkor Wat entstehen konnte. Genialität läßt sich nicht mit Befehlen erzwingen. Da spielt

etwas hinein, was mit dem modernen Begriff vom Zeitgeist benannt werden kann. Schauen wir uns die Hochhauskästen der heutigen asiatischen Metropolen an. Singapur, Hongkong, Jakarta, Bangkok. Überall himmelaufragende Paläste aus Glas, Beton und Stahl. Manches originelle Bauwerk, keine Frage, doch insgesamt von Nüchternheit, Funktionalität und vom Profitstreben der Investoren in die Höhe getrieben. Keine Bank, kein Superhotel, kein Bürohochhaus weckt auch nur andeutungsweise Regungen wie sie der Besucher vor den Tempeln in Angkor empfindet. Es ist die Geistlosigkeit, die die Bauwerke des 20. Jahrhunderts von denen des 10. und 11. Jahrhunderts in Angkor unterscheidet. Das macht die Glanzzeit von Angkor zur historischen Besonderheit: das Zusammenwirken von weltlicher Macht, wirtschaftlicher Blüte und religiösem Sendungsbewußtsein. Sternstunden der Geschichte.

Das gewisse Lächeln

Es ist eine Abenteuer-Story wie aus einem Kung-Fu-Film. Da strandet ein chinesischer Mandarin aus Fukien an der Küste von Champa, also an den Gestaden des zentralen Vietnams. Die westliche Zeitrechnung schreibt das Jahr 1171. Suryavarman II. war bereits seit zwei Jahrzehnten tot. Von den Nachfolgern jener Zeit ist wenig bekannt. Die Cham bereiteten wieder einmal einen Angriff auf die Khmer vor. Der Schiffbrüchige gibt gute Ratschläge. Die Chamkrieger sollten sich nicht so sehr auf ihre Kampfelefanten, sondern mehr auf schnelle Pferde verlassen; er bringt ihnen bei, reitend mit Pfeil und Bogen zu schießen. Und was noch folgenreicher sein wird: Mit chinesischer Navigationshilfe dringen die Cham zu Wasser ins Gebiet der Khmer ein. Mit einigen hundert schwer bewaffneten Schiffen rudern sie den Mekong aufwärts, durchqueren den Tonle Sap und überfallen die auf solchen Angriff völlig unvorbereiteten Khmer in Angkor, im Herzen des Reiches. Der Sieg ist rasch erstritten. Die Cham rauben und brandschatzen. Alle Zeichen deuten auf das Ende der Angkor-Reiche hin.

Da betritt ein Mann die Bühne der Macht, der als Jayavarman VII. in die Geschichte eingehen sollte und als letzter König von imperialer Bedeutung das Reich von Angkor während seiner Regentschaft zwischen 1181 und 1218 noch einmal zu Weltgeltung brachte. Er hatte lange gezögert, war im Land der Cham gewesen, hatte meditiert und den Weg zum Mahayana-Buddhismus gefunden. War es die Enttäuschung, daß mit Shivas und Vishnus Beistand den Cham kein Paroli zu bieten gewesen war? Fühlte sich ein Mann wie Jayavarman, der offenbar Jahre seines Lebens volksverbunden zugebracht hatte, dem mitleidenden Buddha näher als den entrückten Gottheiten? Es gibt keine klare Antwort, doch die Folgen sind erkennbar. Dieser Wechsel nach den Jahrhunderten der hinduistischen Ausrichtung der Khmer-Könige leitete eine neue Ära von Politik und Herrschaftsverständnis ein. Jayavarman war bereits 50 Jahre alt, als er die Macht übernahm. Angkor hatte den Höhepunkt seiner Geschichte erreicht. Jayavarman ließ eine neue Hauptstadt anlegen und nannte sie Angkor Thom. Es sollten die letzten Bauwerke werden, die das alte Reich der Khmer hervorbrachte.

Ein letztesmal setzte ein Herrscher all seine Kraft, seine Energie, seine Autorität ein, die Werke der Vorgänger zu übertreffen. Angkor Thom, nördlich von Angkor Wat und zwischen dem westlichen und östlichen Baray gelegen, war von einer acht Meter hohen und zwölf Kilometer langen Mauer und einem hundert Meter breiten Wassergraben geschützt; ein gigantisches Viereck von zehn Quadratkilometern in der flachen Landschaft. Schätzungsweise eine Million Einwohner sollen in dieser Stadt mit zahlreichen Tempeln und Palästen gelebt haben; weitaus mehr als zu jener Zeit in irgendeiner europäischen Metropole. Teile der Mauer und die Tore sind erhalten geblieben. Darauf zuzufahren oder zuzugehen, vermittelt den packenden Eindruck, den der Besucher auf den Spuren des Jayavarman VII. fortan nicht mehr loswerden wird: beobachtet und einbezogen zu werden in ein Herrschaftsgefüge, dessen Gesicht, dessen Gesichter allgegenwärtig sind. Bereits die pagodenhaften Tore mit ziemlich engem Durchlaß, 20 Meter hoch, werden von gewaltigen Köpfen gekrönt, die in die vier Himmelsrichtungen weisen. Der Bayon schließlich, genau im Mittelpunkt der einstigen Hauptstadt als Tempelgebirge aufragend, zwingt den Besucher zum Hinschauen, weil er ständig das beklommene Gefühl hat, angeschaut zu werden. Von 54 Türmen blikken 216 steinere Antlitze. Wohin sich der Besucher wendet, welche Terrasse des Bayon er erklimmt, um welche der Winkel und Ecken er wandelt – überall diese Gesichter. Es gibt kein Ausweichen; selbst im düsteren Innern der Türme geben fensterartige Öffnungen immer wieder den Blick frei auf eines der Gesichter. Fleischig die leicht nach oben gezogenen Lippen, sinnlich und voll verzehrenden Lebens. Wer je das darin spielende Lächeln sah, wird es nicht mehr vergessen und wird es nach eigenem Empfinden zu deuten versuchen: ein Anflug von Arroganz schwingt da mit, übermenschlich abwesend, was durch die weit geöffneten Augen verstärkt wird, die den Betrachter fixieren und doch auf geheimnisvolle Art nach innen gerichtet sind: der Blick aus einer anderen Welt, in eine andere Welt. Ausdruck der Allwissenheit. Eisig und abschätzig wähnt sich der Besucher beobachtet. Diesem Lächeln ist alles zuzutrauen, den Tod mag es verkünden oder die Einkehr ins Nirvana. Henker oder Heiler?

„Der Besucher verspürt eine bedrückende Ahnung des Bösen“, bekannte der französische Gelehrte Henri Parmentier, der Jahre in Angkor verbrachte. Der Landsmann Pierre Loti, berühmter Schriftsteller, schrieb in den 20er Jahren angesichts des Bayon: „Das Blut gerann mir in den Adern.“ Der heutige Zeitgenosse wird an den Big Brother des

Überwachungsstaates erinnert, von George Orwell im Roman „1984" als omnipotende Instanz anonymer, überall präsenter Bedrohung dargestellt. Wer oder was steckt nun in den Gesichtern am Bayon? Lange Zeit waren sie für Shiva gehalten worden; doch diese Interpretation paßte nicht zu Jayavarmans Hinwendung zum Buddhismus. Deshalb erscheint die heutige Deutung überzeugend: es ist Avalokiteshvara, einer der Bodhisattvas; ein Mensch also, der aufgrund seiner guten Taten die vollkommene Erleuchtung erlangt hat, aus Erbarmen mit den noch leidenden Geschöpfen den Eintritt ins Nirvana aber hinausschiebt: ein Mensch größtmöglicher Güte, der sich als Mittler zwischen Leid und Erlösung versteht, der das Jenseits schon geschaut hat, aber im Diesseits helfend verharrt. So gesehen, könnten die Gesichter am Bayon ihren Schrecken verlieren. Auch die Deutung, in den Antlitzen könne sich Jayavarman ein Denkmal gesetzt haben, ein steinernes Abbild seiner selbst, beschäftigt die Gelehrten.

Wie kaum ein anderer König erscheint er in der Überlieferung mit menschlichen Zügen. Aus den Trümmern, die die von ihm zurückgeschlagene Invasion der Cham hinterlassen hatte, baute er ein Gemeinwesen auf, das fast in modernem Sinne soziale Belange der Menschen berücksichtigte. Die Organisation des Reiches und dessen Einflußgebiet erreichten in den vier Jahrzehnten seiner Herrschaft die größte Perfektion und weiteste Ausdehnung. Feste Straßen durchzogen das Land. Eine der stabilen Brücken ist ja auf dem Wege nach Siem Reap bis heute erhalten und befahrbar geblieben. Mit einem Netz von Rasthäusern waren Reisen und damit Verwaltung und Handel möglich. Deren Zahl ging in die Hunderte, ebenso die Zahl der Hospitäler. Diese Einrichtungen entsprechen sicher nicht heutigen Krankenhäusern, waren jedoch mit festem Personal ausgestattet und dienten dem Wohl der einfachen Leute. Jayavarmans Hinwendung zum praktiziertem Buddhismus – und zwar in der Version des volksnahen Mahayana – hatte den König herabsteigen lassen vom entrückten Thron. In dieser Rolle sehen ihn jedenfalls die heutigen Sozialarbeiter, Aktivisten und Mitarbeiter vieler Nicht-Regierungsorganisationen in Kambodscha.

Auf ihn berufen sie sich in ihrem Traum von Angkor: dem Traum von einem neuen, menschlichen Kambodscha in der Nachfolge des Jayavarman VII.
Der Wandel im Herrschaftsanspruch läßt sich auch am Bayon ablesen. Die stützenden Sockelmauern sind mit einzigartigen Reliefs bedeckt. Derartige in Stein geschlagene Bilderfolgen, wie wir sie am Angkor Wat bewundern, waren über die Jahrhunderte der Khmer-Könige stets zu deren höherem Ruhm angebracht worden; die Motive entstammten religiösen Legenden und höfischem Leben. Der Alltag der Menschen blieb unbeachtet. Anders am Bayon. Über Hunderte von Metern ziehen sich da Reliefs mit Szenen aus Dörfern und dem ländlichen Leben hin. Die Experten haben mehr als 10.000 Figuren gezählt. Da wird gefischt, gekocht, gegessen. Da werden Kinder geboren und Tote zu Grabe gebracht. Hahnenkämpfe sind ebenso zu sehen wie die Bestellung der Reisfelder. Nirgendwo sonst in den Weiten von Angkor ist das Menschliche, das Allzumenschliche so plastisch, erfrischend, so lebendig festgehalten wie hier. Geradezu verblüffend. Die Figuren, die andernorts bis dahin in feierlicher Pose und in stilisierter Gespreiztheit in die Steine gemeißelt worden waren, dürfen am Bayon gelöst und ohne dekorativen Zierrat auftreten. Die Künstler haben genau hingeschaut, bevor sie ihre Nachbarn abbildeten. Der Besucher von heute braucht sich nur umzudrehen, um in der näheren und weiteren Umgebung des Bayon dieses ländliche Leben noch immer leibhaftig zu erleben. Wie sich die Bilder gleichen.
Ebenso realistisch sind die Kampfszenen ausgearbeitet, die an die Kriege zwischen Khmer und Cham erinnern. Das sind keine verklärenden Bilder von Heldenverehrung, das ist keine Regierungssicht, wie sie in unserem Jahrhundert einen sozialistischen Realismus hervorbrachte. Nichts vom Pathos eines Kriegerdenkmals; nein, auf den Reliefs am Bayon wird gekämpft, gelitten, gestorben. Da wird nichts beschönigt. Der heutige Betrachter hat den Eindruck, so muß es gewesen sein: der Krieg als Trauerspiel. In dieser die Zeiten überdauernden Botschaft rührt das bewegende Geschehen der Reliefs so unmittelbar an.
Mit den Reliefs haben wir authentisches Anschauungsmaterial zum Leben hinter der und neben der offiziellen Fassade, die die Tempel als einziges materielles Erbe von Angkor erkennen lassen. Für das Selbstverständnis der Könige spricht, daß sie selbst in Palästen aus Holz und anderen verderblichen Materialien residierten. Der Stein war den Göttern und der Repräsentation vorbehalten. Außer den Inschriften der Stelen gibt es kaum schriftliche Quellen, die die Khmer selbst verfaßt hatten. Wiederum war es chinesische Beobachtungsgabe, die den erklärenden Text zu den Reliefs am Bayon hinterließ. 1296 kam der chinesische Gesandte Chou Ta-Kuan (auch Zho Daguan geschrieben) nach Angkor Thom. Jayavarman VII. war bereits tot. Den Thron zu jener Zeit hatte Indravarman III. inne. Angkors Größe hatte den Zenit überschritten. Was aber Chou Ta-Kuan sah und einige Jahre danach in Buchform veröffentlichte, spiegelt gerade das alltägliche Leben und die Beziehungen zwischen Herrscher und Volk wider.
Er schildert den aufwendigen Prunk des Königshauses, das sich mit Tausenden von

Bediensteten umgab. Bei öffentlichen Auftritten des Königs bewegten sich riesige Prozession von Kriegern, Tempelmädchen, Elefanten und Pferdegespannen durch die Straßen. Bei Chou Ta-Kuans Ankunft hatte sich das Herrscherhaus bereits vom Mahayana-Buddhismus ab- und dem bis heute in Kambodscha verbreiteten Theravada-Buddhismus zugewandt. Offenbar war die volksnahe Zuwendung eines Jayavarman bereits Vergangenheit. Der Markt spielte eine zentrale Rolle im Leben der Stadtbevölkerung; und die Frauen hatten das Geschäft fest in Händen. Noch wurde getauscht und mit Gold und Silber bezahlt; Geld war nicht im Umlauf. Der Handel hatte internationale Ausdehnung. Stoffe beispielsweise wurden aus Siam und aus Champa importiert. Die Wirtschaft wurde weitgehend vom Reisanbau, vom Fischfang, von den Erzeugnissen aus den Wäldern bestimmt und hatte den Wohlstand des Staates als Binnenreich begründet; doch via Tonle Sap und Mekong und über die Landwege zum Norden nach China florierten die Außenbeziehungen.

Der Gast aus dem Reich der Mitte weist ausdrücklich auf die vielen Chinesen in Angkor hin. Sie waren als Seefahrer gekommen, hatten das klimatisch angenehme Leben schätzen gelernt und waren als eingeheiratete Fremde geblieben, weil es denn so leicht war, seinen Reis zu verdienen und sich zu ernähren. Nur so war es zu erklären, wie der personalaufwendige Pomp und Tempeldienst überhaupt bestehen konnte. Doch der scharfsinnige Beobachter gibt in seinem Bericht freimütig zu, daß er eben doch nicht hinter die Kulissen des Staates und dessen, was ihn im Innersten zusammenhielt, hatte schauen können. Er beruft sich auf Hörensagen; erklärt, daß er dieses Ritual und jene Begebenheit nicht persönlich hatte sehen dürfen. Heute wissen wir, daß er Angkors Glanz bereits im historischen Abendschein erlebt hatte.

Der Niedergang vollzog sich allmählich. Auch nach Jayavarman VII. regierten Könige, bekriegten sich, schlossen Allianzen. Doch keiner ließ mehr Tempel bauen, keiner erlangte mehr das Format seiner Vorgänger. Es ist, als hätten sie die magische Kraft verloren, die den Aufstieg Angkors erfüllte. Ehe man sich in westlicher Fragestellung nach dem Warum auf die politischen, ökonomischen Veränderungen einstellt, bleibt zumindest die Frage nach dem Verlust an spiritueller Energie ein für das Asien jener Epoche bedeutsamer Aspekt, um das Ende von Angkor zu verstehen. Angkor: das war auch der Glaube an die eigene Größe, vielleicht sogar der Wahn, diese Überhöhung in Tempelbauten auszudrücken. Als diese geistige Triebfeder an Spannung einbüßte, war der Niedergang nicht mehr aufzuhalten. Ein Gelehrtenstreit wird es bleiben, was dabei Ursache, was Wirkung ist, was an Fremdeinflüssen hinzukommt und einen beginnenden Prozeß beschleunigt.

Mit dem Autoritätsverlust der Könige ging auch die Stärke verloren, die das komplizierte Irrigationssystem in Schwung gehalten hatte. Möglicherweise war das Land durch die intensive Bearbeitung ausgelaugt, der Boden versalzen und unfruchtbar geworden. Ein ökologisches Problem, das im heutigen Mekong-Delta eine Brisanz von katastrophalen Folgen erreicht hat. Es gibt die Vermutung, daß in diesem Stadium der Khmer-Herrschaft in Angkor die Malaria-Plage zunahm. Die Menschen starben. Das

Gleichgewicht zwischen deren Anzahl als arbeitender Bevölkerung und den Erträgen des Bodens und der Abgaben fordernden Verwaltung, das Gleichgewicht zwischen oben und unten, kippte um. Angkor hatte sich verausgabt. Ebenso hatte sich die politische Großwetterlage geändert. Vom Norden drangen im 13. Jahrhundert die berittenen Krieger des Dschingis Khan und seiner Nachfolger in den Süden. Vietnam befreite sich von der Bevormundung der Chinesen. Das Cham-Reich wurde von den nach Süden rückenden Vietnamesen ausgelöscht. Die wiederum machten Territorialansprüche in Kambodscha geltend. Von Westen her breitete sich das aufstrebende Reich Siam aus, das spätere Thailand. Zwischen diesen beiden Mächten zu liegen, sollte bis heute zum Existenzproblem der Khmer werden.
Die Handelsplätze verlagerten sich an die Südküsten. Der Wechsel von der reinen Agrarwirtschaft hin zum überseeischen Handel setzte ein. Die Herren von Angkor agierten nicht mehr, bestimmten nicht mehr die Politik und deren Maßstäbe; die Könige reagierten nur noch. Die Zentren wurden mehrfach verändert und immer mehr nach Süden verlagert, bis schließlich Phnom Penh zur neuen und dauernden Hauptstadt erklärt wurde. Angkor blieb im Gedächtnis der Kambodschaner verankert. Entgegen der Annahme europäischer „Wiederentdecker" der Tempelanlagen waren sie nie vergessen worden. Aber die Bauten hatten keine machtpolitische Bedeutung mehr, verfielen, wurden von der Natur zurückerobert.

Tempel in wuchernder Umarmung

Hart und trocken knisternd fällt ein welkes Blatt auf geborstenes Gestein. Das Geräusch hat etwas Endgültiges, tönt hoffnungslos, ist beziehungsreich gerade im Ta Prohm. Es klingt so leise, so leblos, ein kaum hörbarer Schlußakkord. Der einstige buddhistische Tempel, unter Jayavarman VII. im späten 12. Jahrhundert erbaut und seiner Mutter geweiht, zeigt das Chaos nach der über Jahrhunderte gehüteten strengen Ordnung. Unermüdlich werden die anderen Bauwerke restauriert und zumindest notdürftig vor weiterem Verfall bewahrt. Ta Prohm aber ist zum Symbol des Untergangs geworden. Die Dächer eingestürzt. Gewaltige Steinbrocken liegen in einem Durcheinander, das ein Gigant angerichtet zu haben scheint. Wie unerbittliche Riesenschlangen winden sich Luftwurzeln um Reliefs, erdrosseln noch immer lächelnde Apsaras, sprengen mit lautloser Kraft tonnenschwere Mauern. Krakenhaft umschlingen die Äste der Würgefeigenbäume die Türstürze. Unter gewaltigen Laubdächern breitet sich schwarzgrüne Düsternis in tropisch feucht-heißer Luft aus. Kakerlaken kriechen über Steintorsi feinster Dekore. Aufgeregtes Vogelgeschrei und Grillengezirp nun, wo einst der Mönche Gesang ertönte und wohlgeregeltes Tempelleben die festgefügte Welt Angkors bestimmte. Ta Prohm wird als das Zentrum des Hospital-Netzes bezeichnet, das Jayavarmans Reich bedeckte. Es war eine Stadt in der Stadt. Unvorstellbar, daß in dem weitläufigen Areal einmal – so hinterließen es die Angaben von Inschriften – 12.640 „Angestellte" beschäftigt waren, versorgt von 79.356 Menschen, die in umliegenden Dörfern für deren Wohl zuständig waren.

Als die europäischen Forschungsreisenden vor mehr als 130 Jahren erstmals in den Dschungel von Angkor eindrangen, fanden sie die meisten der Tempelanlagen in ähnlichem Zustand vor. Ta Prohm, so wurde später entschieden, sollte im Stadium seiner Wiederentdeckung erhalten bleiben. Als Monument des Verfalls. Die täglich in ihrer Aussage sich verstärkende Mahnung der Vergänglichkeit. Was Menschen mit göttlichem Beistand schufen, holt sich die Natur in unaufhaltsamer Beharrlichkeit zurück. Die Franzosen waren keineswegs die ersten Europäer an diesen Orten. Portugiesische und spanische Reisende, die von Malakka und von den Philippinen aus gekommen waren, berichteten bereits im 16. Jahrhundert über Angkor und ihr Unverständnis, auf welche Zeugnisse und auf welche Kultur sie da wohl gestoßen sein könnten. Waren Inder die Bauherren gewesen, Juden? Oder die alten Römer? Bartholomeo L. de Argensola notierte 1609: „...ein Schriftgelehrter nimmt an, daß die Stadt das Werk des Kaisers Trajan sei." Die europäische Phantasie wurde beflügelt, aber sie reichte nicht aus, die Bauten solcher Hochkultur dem kambodschanischen Volk zuzutrauen. Die frühen Berichte nahm in Europa kaum jemand zur Kenntnis.

Das änderte sich schlagartig im 19. Jahrhundert. Mit den kolonialen Interessen Frankreichs wuchs in Paris die Neugier auf Kambodscha. So war zwar auch Henri Mouhot nicht der erste Franzose, der bis Angkor gekommen war, aber seine Aufzeichnungen wurden wie eine Entdeckung bei den Landsleuten aufgenommen. 1858 war er mit dem Segen der englischen Royal Geographical Society nach Südostasien aufgebrochen und hatte sich gründlich im Dickicht von Angkor umgesehen, Notizen gemacht, gezeichnet, kartographiert. Ihm blieb es versagt, die Wirkung seiner Beobachtungen zu erleben. 1861 starb er 35jährig in Laos an Fieber. Sein Tagebuch mit Skizzen und ausführlichen Texten zu Thailand, Kambodscha, Vietnam, Laos hatte er seiner Frau geschickt. Posthum wurde das Material veöffentlicht und erschien als Serie 1863 in der französischen Zeitschrift „Tour du Monde", dem „GEO" jener Jahre. Mouhots Reiseberichte lösten eine wahre Angkor-Begeisterung aus. Für die Romantiker war es die exotische Herausforderung; ihnen wurde Angkor eine Wallfahrtstätte auf der Suche nach einer heilen Welt von vorgestern. Sehr früh setzte sich freilich auch das Verlangen durch, Kunstwerke wenigstens teilweise mitzunehmen. Von Louis Delaporte, einem Marineoffizier und Kartographen, ist überliefert, daß er in offiziellen Auftrage 1873 mit 70 Plastiken und Steinfragmenten von Angkor nach Frankreich zurückkehrte. Mit Beginn der Kolonialzeit nahm die Verwaltung das Erbe der Khmer in Beschlag, setzte die ersten Restaurierungsarbeiten in Gang und verschaffte sich auch auf diesem kunsterhaltenden Wege eine Legitimierung der eigenen Vormacht. Nirgends sonst auf der Welt außerhalb Kambodschas ist so umfangreich das vielfältige Zeugnis von Angkor zu bewundern wie in Frankreich. In Paris ist das Musée Guimet zum Mekka der Khmer-Kunst geworden.

Bis zum 23. März 1907 gehörten Battambang, Sisophon und Siem Reap – und damit die gesamten Anlagen von Angkor – zum thailändischen Hoheitsgebiet. Durch den an jenem Tag unterzeichneten französisch-siamesischen Vertrag kam die alte Grenzziehung wieder zur Geltung. Damit hatten die Franzosen den vollen Zugriff auf Angkor. 1900 wurde die École française d'Extrème Orient gegründet und damit eine Einrichtung geschaffen, die für die folgenden sechs Jahrzehnte das Monopol bei der Erforschung, Erhaltung und touristischen Vermarktung der Anlagen innehatte. Beim Angkor Wat wurde die Sisyphus-Arbeit der Restaurierung begonnen; der Bayon war als zweites Objekt der Erneuerung auserkoren worden. Erst 1966 schloß die französische Regierung mit der Königlichen Regierung Kambodschas ein Abkommen, das den Kambodschanern die Hauptrolle bei der Erhaltung ihres Erbes zuerkannte. Im März 1970 mußten die Baustellen wegen des Krieges geschlossen werden. In den 90er Jahren kamen die Arbeiten wieder in Gang. Sie sind zur Aufgabe der weltweiten Staatengemeinschaft geworden. Angkor ist nicht nur die Hinterlassenschaft der Khmer für die Khmer. Angkor ist ihr Beitrag für das Kulturerbe der ganzen Menschheit. Einzigartig und von keiner nachfolgenden Generationen mehr in seiner Größe erreicht oder gar übertroffen.

Es ist Leben in den Ruinen. Eben noch schauten wir gebannt die Apsaras, die tanzenden Nymphen. Zu Hunderten heben sie sich in den Außenwänden der Galerien des Angkor Wat als Reliefs hervor, verführerisch lächelnd, in anmutiger Körperhaltung, vollbusig, die Haare zu pflanzenartigem Geäst geformt. Schönheiten, die gerade aus himmlischen Gefilden herabgeschwebt zu sein scheinen. Von erotischem Reiz, doch in beschwingter Andeutung zärtlich lokkend; ganz anders als jene Divas, die an indischen Tempeln fleischliche Fülle darbieten und in artistischer Akrobatik bedenkliche Verrenkungen bei Akt und Aktionen vollführen. Die Apsaras bewegen sich auf bezaubernde Weise zwischen Traum und Wirklichkeit, von duftigen Gewändern umhüllt, die verbergen und preisgeben zugleich. Eine Augenlust.

Doch was ist das? Sind die Apsaras der steinernen Verbannung entflohen? Sind sie herausgetreten aus ihrer Starre? Auf dem Vorplatz des Angkor Wat tanzen die göttlichen Wesen in anregender Leiblichkeit und Lieblichkeit. Sie haben das Okker und Gelb ihrer Kleider auf den Reliefs mit bunten Röcken und Blusen vertauscht. Auf jugendlichen Gesichtern liegt nun ein dezentes Rouge. Ihr Lächeln lebt. Eine Gruppe von bezaubernden Mädchen aus dem Ballett der königlichen Tanzschule gibt eine Aufführung. Ein touristisches Ereignis, natürlich auch dies. Aber die Schwestern der Apsaras bieten mehr als Folklore. Die leichten Schritte, die seit vielen Generationen überliefertem Tanzkult folgen, sind eingeübt in der Tradition von Angkor. Jeder Fingerzeig hat eine uralte Bedeutung. Im warmen Schein der sinkenden Sonne leuchten die Apsaras an den Wänden von Angkor Wat zu unerhörter Lebendigkeit auf. Über 800 Jahre sind die Tänzerinnen jung geblieben; so jung wie ihre Gespielinnen heute, die leichtfüßig die Beschwörung der guten Geister fortsetzen. Tanzend wird der Tod überwunden. Trotz allem.

r.s.

Anhang

Zeittafel

1. – 6. Jahrhundert n. Chr.:

Im Mekong-Delta des heutigen Vietnam und im südlichen Teil des heutigen Kambodscha herrscht das hinduistisch geprägte Reich Funan. Ausgrabungen von Oc Eo im nördlichen Mekong-Delta zeugen von hochentwickeltem Reisanbau, Handelsbeziehungen mit China und dem Römischen Reich sowie hinduistischen Tempelbauten.

6. – 8. Jahrhundert n. Chr.:

Das Reich Chenla mit der Tempelstadt Sambor Prei Kuk in der heutigen Provinz Kompong Thom umfaßt zu Beginn des 7. Jahrhunderts etwa das Territorium des heutigen Kambodscha und fällt im 8. Jahrhundert in die Hände der Cham im heutigen südlichen Mittel-Vietnam. Mit dem Tode von König Jayavarman I. löst sich das Reich im 8. Jahrhundert auf.

802 – 850:

Jayavarman II. kehrt von Java oder Sumatra zurück und läßt sich zum Gottkönig und Herrscher des Universums weihen. Er begründet das Reich Angkor und baut die Hauptstadt Indrapura am Berg Kulen nordwestlich des Tonle Sap-Sees. Seine Nachfolger bauen die Tempel Preah Ko und den Staatstempel Bakong am Tonle Sap-See und prägen den Stil von Angkor.

1113 – 1150:

Suryavarman II. unterwirft die Cham, festigt das Reich Angkor und läßt den Staatstempel Angkor Wat erbauen.

1181 – 1218:

unter Jayavarman VII. erhält das Reich die größte Ausdehnung, er läßt die großen Tempel Ta Prohm, Preah Khan und als Ausdruck seiner Machtfülle den Tempelbezirk Angkor Thom und Bayon bauen. Straßen und Krankenhäuser entstehen, und der Buddhismus wird als Staatsreligion eingeführt.

1393 – 1431:

Das durch Großbauten und Expansion geschwächte Angkor gerät unter siamesischen Druck, wird von König Ramesuen erobert und verliert die königlichen Insignien. Ein Teil der Bevölkerung wird nach Ayudhya, der Hauptstadt Siams, verschleppt.

1431 – 1862:

Nach der Eroberung des Champa-Reichs (1471) dringen die Vietnamesen in den Süden des Reiches Angkor im Mekong-Delta vor, kämpfen mit Siam um die Vorherrschaft über Kambodscha und machen das Land zum Vasallen. Die Hauptstadt wird von Angkor nach Lovek und schließlich nach Udong am Tonle Sap-Fluß verlegt (1688).

1863 – 1953:

König Norodom vereinbart mit Frankreich den Status eines Protektorates für Kambodscha, um das Land vor Vietnam und Siam zu schützen. Die Hauptstadt wird nach Phnom Penh verlegt (1866). Norodom Sihanouk wird mit 19 Jahren von Frankreich zum König eingesetzt (1941). Er gewinnt nach dem II. Weltkrieg durch Verhandlungen die Unabhängigkeit Kambodschas von Frankreich (1953).

1955 – 1970:

Norodom Sihanouk dankt zugunsten seines Vaters als König ab, gründet die nationalistische Sangkum-Partei und läßt sich zum Staatschef wählen (1960). Revolutionäre Studenten und Akademiker gründen im Untergrund die „Roten Khmer“ und nehmen den bewaffneten Kampf gegen Sihanouk auf (1968). Die USA beginnen die „illegale“ Bombardierung von Stellungen des Vietcong in Kambodscha (1969).

1970 – 1975:

Norodom Sihanouk wird mit Hilfe der USA vom Premierminister, Marschall Lon Nol, gestürzt (1970) und bildet mit den Roten Khmer die Allianz GRUNC zur Befreiung Kambodschas. Im Pariser Friedensvertrag von 1973 wird der Kambodscha-Konflikt ausgeblendet. Dem Bürgerkrieg und der massiven amerikanischen Bombardierung von Stellungen der Roten Khmer und des Vietcong in Kambodscha (1973) fallen Tausende Menschen zum Opfer.

1975 –1979:

Die Roten Khmer marschieren in Phnom Penh ein (17. April 1975) und errichten eine agrarrevolutionäre Schreckensherrschaft, der etwa ein Viertel der Bevölkerung durch Hunger und Terror zum Opfer fällt. Die historischen und ideologischen Spannungen zwischen Kambodscha und Vietnam eskalieren, jeweils von China und der Sowjetunion unterstützt. Vietnamesische Truppen besetzen Kambodscha und entmachten die Roten Khmer (Dezember 1978). Hanoi setzt in Phnom Penh ein Vietnam höriges Regime ein (7. Januar 1979).

1979 – 1989:

Chinesische Truppen führen einen „Straffeldzug“ gegen Vietnam (Februar 1979). Norodom Sihanouk bildet erneut mit den Roten Khmer eine Widerstandsfront gegen die vietnamesische Besatzung. Michail Gorbatschow ändert die sowjetische Asien-Politik und zwingt Vietnam zum Rückzug aus Kambodscha (1989).

1991 – 1993:

Nach langen Verhandlungen wird der Friedensvertrag von Paris zwischen allen kambodschanischen Konfliktparteien geschlossen und von 18 Staaten unterzeichnet (23. Oktober 1991). Die UN Transitional Authority in Cambodia UNTAC übernimmt die Treuhänderschaft über Kambodscha und organisiert freie Wahlen (23. – 28. Mai 1993). Norodom Ranariddh, ein Sohn Sihanouks, schließt mit dem unterlegenen Hun Sen eine brüchige Koalitionsregierung. Norodom Sihanouk wird erneut zum König der konstitutionellen Monarchie Kambodschas gekrönt.

1997 – 2000:

Der zweite Premierminister Hun Sen putscht in einem blutigen Staatsstreich (Juli 1997) gegen Norodom Ranariddh. Nach Flügelkämpfen der Roten Khmer wird Pol Pot von einem Gericht verurteilt, unter Hausarrest gestellt und stirbt offensichtlich durch Selbstmord (April 1998). Hun Sen wird trotz massiver Proteste der Opposition zum Sieger der Parlamentswahlen vom 26. Juli 1998 erklärt und bildet durch Vermittlung von König Sihanouk mit Norodom Ranariddh eine Koalitionsregierung. Mit der Festnahme des letzten Kommandeurs, Ta Mok (5. März 1999), gelten die Roten Khmer als entmachtet und aufgelöst. Premierminister Hun Sen lehnt eine gerichtliche Verfolgung ihrer Führungskader wegen Völkermords ab, obwohl weite Kreise der Bevölkerung und die UNO ihre Verurteilung für eine Voraussetzung für eine stabile Demokratie in Kambodscha halten.

Glossar

Agent Orange:
Sammelbezeichnung für etwa 70 Millionen Liter chemischer Entlaubungsmittel mit einem Anteil von 170 Kilogramm reinem Dioxin, zwischen 1961 und 1971 über dem „Ho-Chi-Minh-Pfad" und Stellungen des Vietcong in „Indochina" versprüht, mit offensichtlich krebserregendem Effekt und die Erbsubstanz schädigender Wirkung ohne absehbare Langzeitfolgen

Angkar (khmer):
Kurzform von Angkar Pakdevoath – Revolutionäre Organisation, Bezeichnung der Roten Khmer für den Machtapparat der Partei

Angkor (khmer-sanskrit):
Abgeleitet von Nagara – Hauptstadt, auch in der Form Nokor anzutreffen und häufig Teil einer Ortsbezeichnung

Apsaras (sanskrit – wird stets im Plural benutzt):
Weibliche Gottheiten oder himmlische Tänzerinnen, gefallenen Helden zugeordnet

ASEAN:
Association of South East Asian Nations, 1967 von fünf Staaten Südostasiens zur wirtschaftlichen und kulturellen Kooperation gegründet, 1995 Laos und Vietnam und 1999 Kambodscha als Mitglieder aufgenommen

Chenla (chinesisch):
Khmer-Königreich im 6.–8. Jahrhundert n. Chr. am Mekong mit der hinduistisch geprägten Tempelstadt Sambor Prei Kuk in der heutigen Provinz Kompong Thom in Kambodscha

Funan (chinesisch):
Königreich im 1.–6. Jahrhundert am Mekong mit der von Archäologen als Oc Eo bezeichneten Hauptstadt im nördlichen Mekong-Delta des heutigen Vietnams, archäologische Zeugnisse von hochentwickeltem Reisanbau, Handelsbeziehungen mit China und dem römischen Reich und hinduistisch geprägten Tempelanlagen

GRUNC:
Gouvernement Royal d'Union National du Cambodge – Königliche Regierung der Nationalen Einheit Kambodschas, 1970 gegründete Widerstandsbewegung und Exilregierung von Norodom Sihanouk und den Roten Khmer zur Befreiung Kambodschas von Marschall Lon Nol und der US-Intervention

GTZ:
Gesellschaft für Technische Zusammenarbeit, eine deutsche Bundesbehörde, die im Auftrag des Ministeriums für Wirtschaftliche Zusammenarbeit Entwicklungsprojekte im Ausland durchführt

Kampuchea Krom:
Niederkambodscha, Gebiete vergangener kambodschanischer Reiche im heutigen Mekong-Delta Vietnams mit einer großen Khmer-Minderheit

Karma (sanskrit):
Die „Tat", „Lebensbilanz" von Belohnung und Bestrafung für Taten des einzelnen Menschen

Kompong (khmer):
Stadt, häufig Teil eines Ortsnamens; malaiisch = kampung

Mekong (thai-laotisch):
Abgeleitet von Mae Nam Khong – Mutter aller Wasser, Lebensader und Kulturraum in Yünnan, Burma, Laos, Thailand, Kambodscha und Vietnam, mit 4.842 Kilometern der fünftlängste Strom der Erde

Meru (sanskrit):
Heiliger Berg im Mittelpunkt des Universums in der hinduistischen Mythologie, von den Königen der Khmer auf die Staatstempel als Mitte der Hauptstadt oder des Königreiches übertragen

Phnom (khmer):
Berg oder Hügel, häufig Teil eines Ortsnamens

Rote Khmer oder Khmer Rouge:
Von Norodom Sihanouk geprägte Bezeichnung für die pro-maoistischen Kommunisten, die seit 1968 mit Waffengewalt aus dem Untergrund seine Politik bekämpften

Shiva (sanskrit):
Hinduistische Gottheit, der die meisten Tempel Angkors geweiht wurden

Stung (khmer):
Fluß, häufig Teil einer Ortsbezeichnung

Stupa (sanskrit):
Kuppelförmiges Grabmonument, in dem nach buddhistischem Brauch die Urnen eingeäscherter Toten zum Gedenken aufbewahrt werden

Theravada (sanskrit oder pali):
Die „Lehre der Alten", Rückbesinnung auf den ursprünglichen Buddhismus, von Ceylon aus in Südostasien verbreitet, identisch mit Hinayana, dem „kleinen Weg" oder der „kleinen Fähre", im Unterschied zu Mahayna, der „großen Fähre" zur Überquerung des Meeres der Existenzen zum Heil im Nirwana

Thom (khmer):
Groß, häufig Teil von Ortsbezeichnungen

UNTAC:
United Nation Transitional Authority in Cambodia, von der UNO nach dem Pariser Friedensvertrag von 1991 eingesetzte Verwaltung zur Vorbereitung und Durchführung von Wahlen zur Nationalversammlung im Jahre 1993

Vietcong:

Kurzform von Vietnam Cong San – vietnamesische Kommunisten, von den USA geprägte Bezeichnung für den kommunistischen Widerstand Süd-Vietnams

Vietminh:

Kurzform von Vietnam Doc Lap Dong Minh Hoi – Liga für die Unabhängigkeit Vietnams, 1941 von den vietnamesischen Kommunisten gegründete Einheitsfront zum Kampf gegen die japanische Besatzung und französische Kolonialherrschaft

Vishnu (sanskrit):

Hinduistische Gottheit, der viele Tempel in Angkor geweiht wurden, gewöhnlich mit vier Armen dargestellt

Wat oder Vat (khmer / sanskrit):

Buddhistische Pagode oder Tempelbezirk mit Kloster und Ausbildungsstätten für Mönche

Informationsquellen im Internet

„Cambodian Information Center“: http://www.cambodia.org
„NGO Forum on Cambodia“: http://www.camnet.com.kh
„Documentation Center of Cambodia“: http://www.yale.ed

Literaturauswahl

Aschmoneit, Walter/Werning, Rainer: Kampuchea. Lesebuch zur Geschichte, Gesellschaft, Politik. SZD-Verlag, Münster 1981

Barth, Ariane/Tiziano, Terzani: Holocaust in Kambodscha. Rowohlt-Verlag, Hamburg 1980

Beckaert, Jacques: Kampuchea Diary 1983. Bangkok 1987

—: Cambodian Diary 1. Tales of a divided Nation, 1983-1986. White Lotus, Bangkok 1998

–: Cambodian Diary. Vol. 2. A Long Road to Democracy, 1987-1993. White Lotus, Bangkok 1998

Chanda, Nayan: Brother Enemy – The War after the War – A History of Indochina since the Fall of Saigon. New York 1986

Chandler, David: Brother Number One. Allen and Unwin, Sidney 1993

—: Facing the Cambodian Past. Silkworm Books, Chiang Mai 1996

—: A History of Cambodia. Silkworm Books, Chiang Mai 1998

Duong Thu Huong: Roman ohne Titel. Roman. Horlemann Verlag, Unkel 1995

—: Liebesgeschichte, vor der Morgendämmerung erzählt. Roman. Horlemann Verlag 1992

Duras, Marguerite: Heiße Küste. Roman. Suhrkamp-Verlag, Frankfurt/M 1950

—: Der Liebhaber. Roman. Suhrkamp-Verlag, Frankfurt/M 1984

—: Der Liebhaber aus Nordchina. Roman. Suhrkamp-Verlag, Frankfurt/M 1991

Dragun, Werner/Schier, Peter (Hrsg.): Indochina. Der permanenete Konflikt? Mitteilungen des Instituts für Asienkunde Nr. 117, Hamburg 1981

Füsser, Ulrich: Der 3. Indochinakonflikt im Spiegel der Wissenschaftlichen Forschung und vier Deutschsprachigen Tageszeitungen. Bonner Beiträge zur Politikwissenschaft Band 9. Lit-Verlag, Münster 1997

Giesenfeld, Günter: Land der Reisfelder – Vietnam, Laos, Kambodscha. Köln 1981

Girrbach, Bernd u.a.: Mekong. Marino-Verlag, München 1995

Heder, Steve: The Kampuchea-Vietnamese Conflict. Singapur 1979

Horlemann, Jürgen/Steinhauer, Erwin (Hrsg.): Kampuchea 1979. Befreiung oder Aggression? Verlag Rote Fahne, Berlin 1979

Jacques, Claude: Angkor. Könemann-Verlagsgesellschaft, Köln 1999

Kiernan, Ben: How Pol Pot Came to Power. London 1985

—: The Pol Pot Regime. Race, Power, and Genocide in Cambodia under the Khmer Rouge, 1975-79. Silkworm Books, Chiang Mai 1997

Kim De Paul (Hrsg.): Children of Cambodia's Killing Fields. Memoirs by Survivors. Yale University Press, New Haven 1999

Kotte, Heinz/Siebert, Rüdiger: Vietnam. Die neue Zeit auf hundert Uhren. Lamuv-Verlag, Göttingen 1997

Krasa, Miloslav/Cifra, Jan: Das Lächeln von Angkor. Werner-Dausien-Verlag, Hanau/Main 1963

Launer, Ekkehard: Zum Beispiel Landminen. Über 1000 Nicht-Regierungsorganisationen kämpfen für ein Verbot der heimtückischen Waffen. Lady Diana unterstützt sie. Lamuv-Verlag, Göttingen 1997

Lies, Ursula: Literaturakademie der 28 Sterne. 1000 Jahre Literaturtradition in Geschichte und Theorie. Horlemann Verlag, Unkel 1991

Mabbett, Ian/Chandler, David: The Khmers. Blackwell Publishers, Oxford 1995

Malraux, André: Der Königsweg, Deutsche Verlagsanstalt, Stuttgart 1986

Mazzeo, Donatella/Silvi, Chiara: Angkor. Monument großer Kulturen. Hasso-Ebeling-Verlag, Luxemburg 1979

Merian: Vietnam. Laos. Kambodscha. Hoffmann und Campe Verlag, Hamburg 1995

Mouhot, Henri: Travels in the Central Parts of Indo-China, Siam, Cambodia and Laos during the Years 1858, 1859 and 1860. London 1864

Pavie, Auguste: Eine friedliche Eroberung. Indochina 1888. Horst-Erdmann-Verlag, Herrenalp 1972

Ponchaud, François: Cambodia – Year Zero. Holt, Rinehart and Winston, New York 1978

Rohde, Manfred: Abschied von den Killing Fields. Bouvier-Verlag, Bonn 1999

Scharlau, Winfried: Vier Drachen am Mekong – Asien im Umbruch. Stuttgart 1989

Shawcross, William: Schattenkrieg. Kissinger, Nixon und die Zerstörung Kambodschas. Ullstein-Verlag, Frankfurt/M 1980

Schier, Peter/Schier-Oum, Manola (Hrsg.): Prince Sihanouk on Cambodia. Interviews and Talks with Prince Norodom Sihanouk. Mitteilungen des Instituts für Asienkunde Nr. 22, Hamburg 1985

Sihanouk, Norodom: Mein Krieg mit dem CIA. Oberbaum-Verlag, Berlin 1974

—: Kambodscha. Chronik des Krieges und der Hoffnung. Ullstein-Verlag, Frankfurt/M 1980

Sluiter, Lisbeth: The Mekong Currency. Project for Ecological Recovery/TERRA, Bangkok 1992

Sontheimer, Michael: Kambodscha. Land der sanften Mörder. Ein Bericht aus Indochina. Reinbeck 1990

Sopong Peou: Foreign Intervention and Regime Change in Cambodia. Towards Democracy? ISEAS Publications, Singapur 1999

Strassner, Renate: Der Kambodscha-Konflikt von 1986-1990 unter besonderer Berücksichtigung der Rolle Vietnams. Lit-Verlag, Münster 1991

Vann Nath, A Cambodian Prison Portrait – One Year in the Khmer Rouge's S-21. White Lotus, Bangkok 1998

Velder, Christian (Hrsg.): Liebesgeschichten aus Kambodscha. Manesse-Verlag, Zürich 1971

Vickery, Michael: Cambodia 1975-82. Sydney 1985

Weggel, Oskar. Indochina. Vietnam, Kambodscha, Laos. München 1990

Will, Gerhard: Vietnam 1975 – 1979. Von Krieg zu Krieg. Mitteilungen des Instituts für Asienkunde Nr. 156, Hamburg 1987

Die Autoren

HEINZ KOTTE war während des Vietnamkriegs (1968–74) in der umanitären Hilfe für Kriegsopfer in Vietnam tätig und schreibt aus persönlicher Erfahrung und mit kritischem Blick über die Entwicklung am Mekong

RÜDIGER SIEBERT ist Redaktionsleiter der Deutschen Welle und Autor zahlreicher Bücher über Südostasien. Er schreibt aus langjähriger journalistischer und publizistischer Beschäftigung mit Geschichte und Kultur der Region.

Rüdiger Siebert

Indonesien

Inselreich in Turbulenzen

256 S., Broschur
zahlr. s/w-Fotos und Karten
ISBN 3-89502-086-9

„Indonesien – Inselreich in Turbulenzen" spiegelt die Hintergründe, Machtkämpfe und Lebensbedingungen im größten Archipel der Welt wider. Es ist auch ein sehr persönliches Buch, das von Menschen erzählt, von ihrer Bedrängnis und ihrer Kreativität, die daraus erwächst. Rüdiger Siebert spürt der Vitalität Indonesiens nach, das aus gegenwärtiger Not neue Kräfte und Ideen entwickelt. Er sprach mit Repräsentanten der Macht, mit Tätern und Opfern, mit Intellektuellen, Kritikern, Künstlern, mit Bauern und Arbeitern. In Reportagen, Interviews, Kurzgeschichten, Porträts und Skizzen fängt er die atemberaubende Vielfalt einer insularen Welt ein, die die Indonesier selbst „Tanah Air" nennen: Erde und Wasser als Inbegriff ihrer Heimat.

Fordern Sie unser aktuelles Gesamtverzeichnis an:

Horlemann Verlag · Postfach 1307 · 53583 Bad Honnef
Telefax (0 22 24) 54 29 · e-mail: info@horlemann-verlag.de
Internet: http://www.horlemann-verlag.de